Jean-Pierre Pernaut

L'Almanach 2016 des RÉGIONS

Michel LAFON

Préface

« Quand on partait de bon matin, quand on partait sur les chemins... » Nul besoin de bicyclette pour faire le tour de la France : un livre suffit ! Installez-vous confortablement et laissez-vous embarquer pour un grand voyage au cœur de nos régions... Voilà six ans déjà que je parcours avec vous les routes de l'Hexagone chaque jour, dévoilant au fil des saisons des lieux incontournables ou secrets, des recettes ancestrales ou inédites, les petites histoires qui ont fait la grande, à moins que ce ne soit l'inverse...

Ce sixième *Almanach des régions* ne déroge pas à la règle. Il garde le cap, et se renouvelle pour vous permettre de voyager en restant immobile, de rêver ou de goûter aux ambiances si particulières de chaque région avant de vous y rendre en chair et en os.

Cette année encore, en effet, grâce à « La rubrique du 13 heures », églises, musées, pierres mystérieuses et parcs luxuriants sont à portée de votre main. Les légendes et l'histoire s'entremêlent au fil des pages, révélant l'incroyable richesse culturelle de la France, à travers « Il était une fois », ou « Insolite », nouvelle rubrique consacrée aux bizarreries et aux fantaisies architecturales ou naturelles – saviez-vous qu'il existait des monuments aux morts pacifistes et des églises sans clocher ? Cette année, les recettes, choisies avec minutie, ponctuent chaque week-end, détaillées et illustrées, vous invitant à réaliser des plats typiques de métropole et d'outre-mer, avec des produits régionaux... et de saison !

Les saints, qui ont baptisé tant de lieux, d'hommes et de femmes, font leur entrée dans l'*Almanach* 2016 : chaque jour, entre mythe et vérité historique, la rubrique « Bonne fête ! » vous narrera la vie plus ou moins imaginaire de ces personnalités dont on connaît si bien le nom, mais si peu l'histoire, parfois liée au folklore régional.

Devinettes et charades piégeuses vous feront découvrir ou redécouvrir les cours d'eau tranquilles ou impétueux, des noms d'habitants – les gentilés – à coucher dehors, voire à dormir debout. Les centaines d'images illustrant les rubriques traditionnelles ou inédites éveilleront tantôt votre curiosité, tantôt vos souvenirs.

Jean-Pierre Pernaut

vendredi 1er janvier

lever : 8 h 44
coucher : 17 h 04

Jour de l'An

INSOLITE

Auvergne

Il n'existe qu'un seul clocher tors – un clocher qui a vrillé parce que le bois utilisé pour le construire était trop vert – en Auvergne, et les Saint-Bonnitains y tiennent, puisque, lorsqu'il a fallu restaurer la toiture de leur église du XIVe siècle, ils ont exigé que le clocher de Saint-Bonnet-de-Four reste tordu !

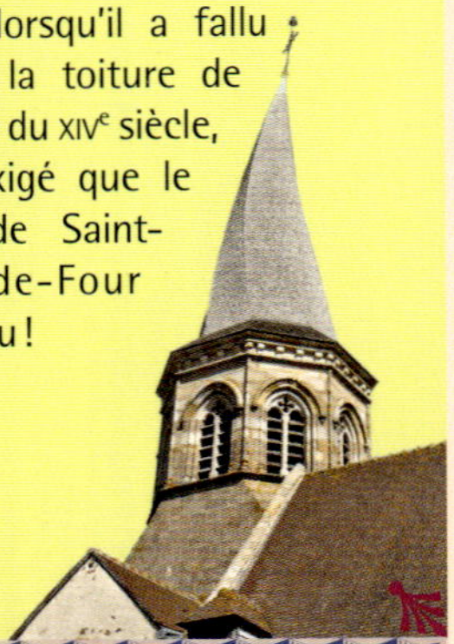

Bonne fête !

Fulgence de Ruspe

Fulgence, évêque de Ruspe, dans l'actuelle Éthiopie, était un grand théologien, plusieurs fois exilé en Sardaigne pour ses différends avec le roi arien Thrasamund. Il en profita pour bâtir un monastère à Cagliari. Avant d'être détruites pendant la Révolution, ses reliques étaient conservées dans la ville de Bourges.

La rubrique du 13 h

LE LAC DU DER-CHANTECOQ

Champagne-Ardenne

Le lac du Der-Chantecoq fut créé entre les années 1960 et 1970 pour protéger Paris des inondations. Il atténue les crues de la Marne, mais peut aussi servir à renforcer son débit, lorsque cela devient nécessaire. Sa superficie de quarante-huit kilomètres carrés en fait le plus grand lac artificiel d'Europe, lacs de barrage mis à part. Son nom est dû à la région environnante et au village de Chantecoq, qui fut détruit, ainsi que deux autres, lors de sa construction. Cette immense étendue d'eau est aussi un paradis pour oiseaux migrateurs et naturalistes.

Une charade à

Mayotte

Mon 1er est « de touche » pour les remplaçants lors des compétitions sportives. De son prénom Julien, mon 2e est un homme politique français appartenant au PS, membre fondateur de SOS Racisme. Mon 3e désigne une largeur d'étoffe ou de papier peint. Mon tout est un canton mahorais, célèbre pour sa production de sel.

Il était une fois en 1806

L'abandon du calendrier républicain pour le grégorien

France

Utilisé depuis le 22 septembre 1792, jour de la proclamation de la Ire République, le calendrier républicain est aboli par Napoléon Ier. L'année était auparavant découpée en douze mois de trente jours, et cinq à six jours étaient ajoutés à la fin de l'année pour totaliser les 365,25 jours de l'année équinoxiale. L'Empereur préfère revenir au calendrier mis en place par le pape Grégoire XIII en 1582, lui-même dérivé du calendrier julien introduit par Jules César. Fini les brumaire, nivôse, pluviôse, floréal ou encore thermidor… La République est bel et bien enterrée.

Bandrélé (banc-Dray-lé).

samedi 2 janvier

St Basile

dimanche 3 janvier

Ste Geneviève

La soupe à l'oignon

Île-de-France

Ingrédients

Pour 4 personnes
500 g d'oignons jaunes de Mulhouse
2 gousses d'ail
75 g de beurre
2 feuilles de laurier
1 c. à s. de farine (environ 15 g)
1,5 l de bouillon de volaille
1 petit verre de vin blanc
4 tranches de pain de campagne
150 g d'emmental râpé
sel et poivre

Recette

- Faites griller les tranches de pain dans un four préchauffé à 175 °C.
- Pendant ce temps, faites fondre le beurre dans une grande casserole. Ajoutez-y les oignons et l'ail finement émincés, ainsi que les feuilles de laurier. Faites suer les oignons à feu doux, jusqu'à obtenir une coloration blonde et uniforme. Cela peut prendre de 30 à 40 min. Déglacez au vin blanc pour récupérer les sucs de cuisson. Saupoudrez ensuite de farine, mélangez, et poursuivez la cuisson encore quelques minutes.
- Ajoutez le bouillon de volaille, salez et poivrez, et faites cuire à faible ébullition 30 min.
- Préchauffez le four à 240 °C. Après avoir ôté le laurier, répartissez la soupe dans des bols passant au four. Posez dans chaque bol, à la surface de la soupe, une tranche de pain de campagne grillée. Saupoudrez d'emmental râpé. Enfournez jusqu'à ce que le fromage soit bien gratiné.
- Servez après quelques minutes de repos.

Légende

Selon la légende, la soupe à l'oignon aurait été inventée par Louis XV une nuit où, tiraillé par la faim, il n'aurait trouvé comme provisions que quelques oignons, du beurre, et du champagne, qu'il aurait cuisinés ensemble. Aujourd'hui grand classique de la gastronomie française, elle est réputée pour remédier aux effets d'une soirée un peu trop arrosée. D'ailleurs, on l'appelle parfois « la soupe à l'ivrogne ».

lundi 4 janvier

St Odilon

lever : 8 h 43
coucher : 17 h 07

Savoirs d'antan

Votre chat a laissé, sur votre magnifique canapé, des poils en quantité. Pour les retirer, vous pouvez humidifier un chiffon propre et frotter délicatement le tissu. Si la zone à nettoyer est peu étendue, tapotez les coussins avec la face collante d'un ruban adhésif large.

Bonne fête !

Odilon de Cluny

Odilon était le cinquième abbé de Cluny, à l'époque où le prestige et l'autorité de l'abbaye rayonnaient sur toute l'Europe. Connu pour sa grande bonté et son intelligence, il soutint notamment la trêve de Dieu, qui interdisait « tout acte de brigandage et de guerre du mercredi soir au lundi matin ».

La rubrique du 13 h

LE TROU DE BOZOULS

Languedoc-Roussillon

Ce site grandiose, que l'on peut admirer depuis la terrasse de la place de la mairie de Bozouls, en Aveyron, est un précipice de cent mètres de profondeur et de quatre cents mètres de diamètre. Le cirque naturel en forme de fer à cheval a été creusé pendant des millénaires par un petit torrent, le Dourdou, dans les roches calcaires de la région, mais d'anciennes légendes attribuent la création de ce canyon au diable, qui aurait tenté de faire basculer l'église de Bozouls dans ce gouffre, sans y parvenir. C'est ici qu'Henry's, funambule réputé, choisit de réaliser quelques-uns de ses exploits en 1980, 1982 et 1995.

Un gentilé

de Poitou-Charentes

Situé dans la Vienne, Châtellerault séduit les touristes avec ses églises Saint-Jacques et Saint-Jean-Baptiste, respectivement du XIe et du XVe siècle, son pont Henri-IV de 1611 ou encore son hôtel Sully du XVIIe siècle. Son gentilé, lui, ne devrait pas vous échapper…

Châtelleraudais.

Il était une fois en 1798

La république de Mulhouse est rattachée à la France

Alsace

C'est en 1347 que Charles IV avait octroyé à la cité le privilège d'avoir un prévôt désigné par les bourgeois de la ville. Avec un bourgmestre à sa tête, Mulhouse était une république urbaine dotée d'une certaine autonomie politique, notamment vis-à-vis de l'absolutisme royal. En 1798, le blocus douanier menaçant d'étouffer l'industrie locale, la ville de six mille habitants – essentiellement des protestants attachés à la liberté d'entreprise – vote son rattachement à la jeune République française, acceptant d'unir le destin de la cité-république à celui de la France.

mardi 5 janvier

lever : 8 h 43
coucher : 17 h 08

St Édouard

Une charade en Lorraine

Mon 1er se gagne à la tombola. Mon 2e est une fonction qui permet de remettre les balances ménagères à zéro. Mon 3e est un mot pas très élégant qui fait répéter. Mon 4e suit « ci » sur les stèles funéraires. Mon tout est le nom du royaume de Lothaire II, qui incluait, entre autres, l'actuelle Lorraine.

Au fil de l'eau

Haute-Normandie

L'Arques est un fleuve côtier né de la confluence de trois rivières brayonnes : l'Eaulne, la Béthune et la Varenne. Ce petit cours d'eau rejoint la Manche à Dieppe et a la particularité d'accueillir une grande population de truites de mer, qui trouvent refuge près de ses berges.

La rubrique du 13 h

LA VILLA MARGUERITE-YOURCENAR

Nord-Pas-de-Calais

Née en Belgique, mais « ch'ti » d'adoption, la célèbre écrivaine Marguerite Yourcenar passait ses étés d'enfance au château du Mont-Noir, près de Bailleul, construit par son arrière-grand-père en 1824. Il fut détruit lors de la Première Guerre mondiale, et en 1930 fut bâtie, sur le même site, une villa, qui devint en 1997 un centre de résidence d'écrivains. À la demande de la romancière, le terrain environnant – le parc départemental Marguerite-Yourcenar – fut classé « espace naturel sensible », voué à la protection des arbres et des animaux, qui furent ses plus fidèles amours.

Bonne fête !

Édouard le Confesseur

Édouard le Confesseur est le seul roi anglais à avoir été canonisé. On dit qu'il était très pieux et qu'il guérissait les écrouelles par simple imposition des mains. Le fait qu'il est mort sans descendance a aussi fait dire qu'il était chaste. La piété de ce roi est plus célèbre aujourd'hui que son habileté politique.

Il était une fois en 1875

Inauguration de l'Opéra Garnier

Île-de-France

Napoléon III souhaitant doter la capitale d'un monumental et fastueux lieu d'apparat, Charles Garnier entreprend en 1861 la construction d'un Opéra. Surnommé plus tard le « Véronèse de l'architecture », ce jeune architecte fait appel aux plus grands sculpteurs et peintres de son époque. Parmi eux, Jules Lenepveu, l'artiste préféré de l'Empereur, qui peint la coupole de la grande salle – redécorée par Chagall dans les années 1960. Le palais est inauguré sous la IIIe République, en présence de Mac-Mahon et de deux mille invités venus de l'Europe entière.

Lotharingie (lot-tare-hein-gît).

lever : 8 h 43
coucher : 17 h 09

Épiphanie

INSOLITE
Rhône-Alpes

Dans la mythologie, on compte neuf muses, ces divinités, filles de Zeus, dédiées aux arts. Pourtant, ce sont bien huit statues que l'on aperçoit sur la façade de l'Opéra de Lyon. Il semble qu'on ait laissé de côté l'astronomie, pour une raison de symétrie !

Bonne fête !
Mélaine

Contemporain et proche de Clovis, à qui il conseilla de construire des églises, l'évêque de Rennes Mélaine fut l'auteur de plusieurs miracles, notamment de guérisons. À sa mort, son corps fut déposé sur une barque qui remonta la Vilaine, et, tout le long du trajet, sa dépouille continua de produire des miracles, stupéfiant ceux qui se trouvaient sur les berges.

La rubrique du 13 h

LA COMMUNE DE SAINT-VALERY-SUR-SOMME
Picardie

Située depuis le Moyen Âge sur un promontoire qui domine la baie de Somme, la commune de Saint-Valery-sur-Somme en est, avec Le Crotoy et Le Hourdel, l'un des trois ports. Dotée de sa vieille ville – qui a gardé un aspect médiéval typique grâce à des rues étroites, des remparts et deux portes fortifiées – et de ses deux ports, de pêche et de plaisance, elle présente un attrait certain. Haut lieu culturel de Picardie, le musée Picarvie d'arts et de traditions populaires, qui retrace la vie rurale en Picardie maritime aux XIXe et XXe siècles, y est installé, et la cité accueille un festival de théâtre, chaque année, depuis 2009.

Une charade en
Franche-Comté

Mon 1er n'est pas court. Mon 2e est le son émis par les serpents. Mon 3e est le masculin de « la ». Mon 4e est bête, stupide. Mon 5e est un synonyme de mon 4e. Chef-lieu du Jura, mon tout s'appelait *Ledo salinarius* (« la ville du sel ») pendant l'Antiquité.

Il était une fois en 754
L'entrevue de Ponthion
Champagne-Ardenne

En ce jour de l'Épiphanie 754, Pépin le Bref accueillit en son palais de Ponthion, dans la Marne, le pape venu chercher un soutien face aux Lombards, qui menaçaient Rome. Fin stratège, le roi des Francs vint au-devant d'Étienne II. C'est dans l'église du palais que le pape supplia Pépin de délivrer la sainte Église des assaillants. L'accord scellé permettra au roi de se faire sacrer par le pape en juillet 754 et d'asseoir ainsi la dynastie carolingienne.

Lons-le-Saunier (long-[s]-le-sot-niais).

jeudi 7 janvier

lever : 8 h 43
coucher : 17 h 10

St Raymond

Savoirs d'antan

Il reste à la cuisine un demi-citron : prenez quelques minutes pour faire un soin. Extrayez le jus et versez-le dans un peu d'eau tiède. Laissez le bout de vos doigts tremper dans le mélange, puis brossez-les doucement. Après rinçage, vos ongles seront impeccables !

La rubrique du 13 h

LA POINTE DU VAN

Bretagne

Moins connue que la pointe du Raz, avec qui elle garde la baie des Trépassés, la pointe du Van a été longtemps épargnée des ravages du tourisme de masse, et beaucoup la préfèrent pour son aspect naturel. Cependant, sa roche friable est directement exposée aux morsures de l'océan, qui a depuis longtemps rongé ce paysage, n'ayant plus de pointe que le nom. Il est facile de se perdre le long de ses chemins, où vous pourrez admirer de nombreux rochers monumentaux, tel le célèbre rocher de Morgane, ainsi que la chapelle Saint-They, dont il paraît que la cloche sonne toute seule quand un bateau va s'échouer !

Bonne fête !

Raymond de Peñafort

Alors qu'on lui interdisait de quitter l'île de Majorque et qu'aucun bateau ne voulait l'embarquer, on dit que Raymond de Peñafort posa son manteau sur l'eau, l'accrocha à son bâton pour former une voile et rejoignit Barcelone sur cette embarcation de fortune. Légende ou pas, cela fait de lui aujourd'hui le saint patron des véliplanchistes.

Au fil de l'eau

Auvergne

La Sioule, cette rivière de cent cinquante kilomètres, est un affluent de l'Allier, qu'elle rejoint dans un delta assorti de nombreuses îles. Elle se fraie un chemin entre d'anciennes coulées de basalte et d'impressionnants blocs de granit, comme dans ses gorges, plébiscitées l'été.

Il était une fois en 2015

Tuerie à Charlie Hebdo

Île-de-France

Fini de rire. Le mercredi 7 janvier, deux hommes cagoulés pénètrent dans les locaux de l'hebdomadaire satirique et ouvrent le feu. Cabu, Wolinski, Charb... Les membres de la rédaction de *Charlie Hebdo* tombent les uns après les autres. La France, choquée, se rassemble en silence une première fois. Ce « bal tragique », suivi de deux autres attentats les jours suivants, crée un électrochoc : le 11 janvier, des millions de personnes descendent dans la rue au cri silencieux de « Je suis Charlie », du jamais vu depuis... la Libération.

vendredi 8 janvier

lever : 8 h 42
coucher : 17 h 11

St Lucien

Bonne fête !

Lucien de Beauvais

D'origine romaine, Lucien fut ordonné évêque par le pape et envoyé en Gaule pour prêcher la bonne parole. Il s'installa à Beauvais et y convertit tant d'âmes que l'empereur Dioclétien le fit tuer. Lucien fait partie des saints céphalophores, c'est-à-dire qu'une fois décapité il se releva par miracle et prit sa tête dans ses mains, avant de continuer son chemin.

La rubrique du 13 h

LE SAUT DU DOUBS

Franche-Comté

Le saut du Doubs est une chute d'eau de vingt-sept mètres de haut, située à l'est de la Franche-Comté, sur la frontière franco-suisse. On pense qu'elle est née il y a douze mille ans, après un éboulement qui créa un barrage naturel, formant ainsi le lac du Chaillexon. Le Doubs, dévié de son lit, est depuis obligé de franchir une falaise pour continuer sa course, ravissant l'œil des promeneurs venus l'admirer. Des balades en bateau permettent de s'y rendre : en effet, ce lieu classé est inaccessible par la route.

INSOLITE

Limousin

Après la Première Guerre mondiale, nombreux sont les villages qui ont érigé des monuments aux morts. S'il en est un qui n'est pas passé inaperçu, c'est bien celui de Gentioux-Pigerolles, dans la Creuse, avec son inscription pacifiste : « Maudite soit la guerre », qui lui vaudra de ne jamais être inauguré !

Au fil de l'eau

Midi-Pyrénées

Fleuve de trois cent neuf kilomètres de long, l'Adour prend sa source dans le massif du pic du Midi et se jette dans l'océan Atlantique. Les paysages riverains ont souffert par le passé à la suite de campagnes d'extraction de granulats, mais les grèves et les forêts se reconstituent peu à peu.

Il était une fois en 1499

Mariage de Louis XII et d'Anne de Bretagne

Pays de la Loire

Les prétendants à la main d'Anne, héritière unique du très convoité duché de Bretagne, étaient nombreux. Elle devint ainsi deux fois reine de France : d'abord en épousant en 1491 Charles VIII – qui mourut accidentellement en heurtant un linteau de pierre au château d'Amboise –, puis en s'unissant à Louis XII le 8 janvier 1499, à Nantes, dans la chapelle du château des ducs de Bretagne. Elle veilla dans son contrat de mariage à maintenir son duché indépendant, le roi s'engageant à respecter les institutions et les privilèges bretons. La Bretagne ne sera officiellement rattachée à la France qu'en 1532, sous François Ier.

samedi 9 janvier

Ste Alix

dimanche 10 janvier

St Guillaume

Le pithiviers feuilleté

Centre

Ingrédients

Pour 8 personnes
100 g d'amandes en poudre
100 g de sucre glace
100 g de beurre mou
2 œufs + 1 jaune
1 c. à s. de farine fluide (environ 15 g)
2 c. à s. de liquide : eau, lait, ou alcool type kirsch ou rhum, selon vos préférences
2 pâtes feuilletées

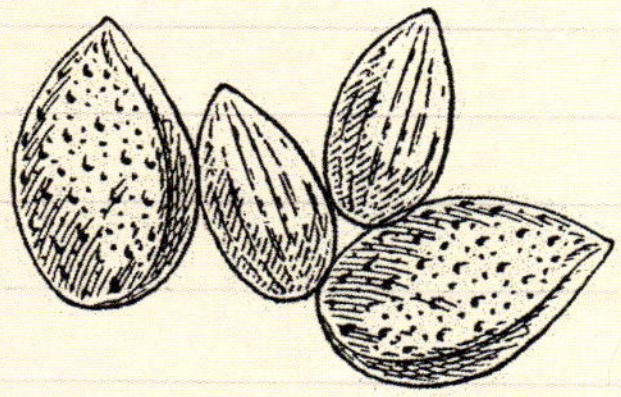

Recette

- Préchauffez le four à 200 °C.
- Pour la crème d'amandes : dans un cul de poule, mélangez le sucre, la farine, et la poudre d'amandes. Ajoutez le beurre en morceaux, en malaxant jusqu'à l'incorporer complètement. Battez ensemble les 2 œufs et le jaune, puis ajoutez-les au mélange. Allongez la préparation avec le liquide de votre choix.
- Déroulez une première pâte feuilletée sur une plaque recouverte de papier cuisson. Garnissez le centre de crème d'amandes, en prenant soin de laisser environ 3 cm de pâte autour.
- Piquez à la fourchette la deuxième pâte feuilletée, puis posez-la délicatement sur la première, côté piqué à l'intérieur. Soudez les bords préalablement badigeonnés à l'eau froide (plutôt qu'au jaune d'œuf, pour une soudure plus efficace), puis découpez-les pour obtenir un pourtour en forme de dents arrondies. Enfin, à l'aide d'un couteau, dessinez des sillons formant un soleil sur le dessus de la galette, avant de la dorer au jaune d'œuf.
- Baissez le four à 180 °C, puis enfournez pour 30 à 35 min, en surveillant la cuisson.

Une petite précision

Cette pâtisserie, originaire de la ville du même nom, est souvent confondue avec la traditionnelle galette des Rois. Pourtant, ses bords festonnés ne sont pas la seule différence notable. En effet, un pithiviers feuilleté est garni de crème d'amandes, tandis qu'une galette des Rois, elle, est garnie de frangipane, qui est un mélange de crème pâtissière avec de la crème d'amandes. Cependant, en cette période d'Épiphanie, rien ne vous empêche d'y glisser une fève !

lundi 11 janvier

St Paulin

Savoirs d'antan

La cuisson à blanc d'une pâte à tarte est généralement réalisée avec des légumes secs. Si vous êtes pressé, vous pouvez disposer trois fourchettes en Inox en triangle sur la pâte. Faites attention, cependant, de ne pas vous brûler lorsque vous les retirez.

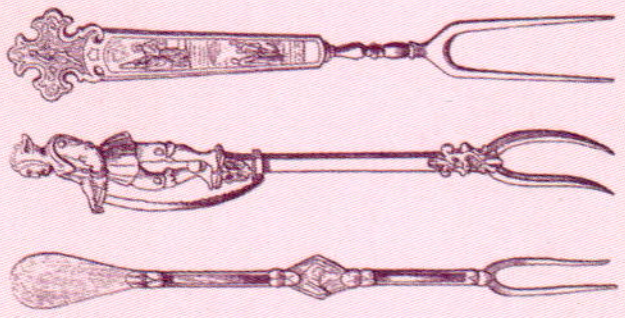

Bonne fête !

Paulin

C'est la mort de son fils qui détermina Paulin, issu d'une noble famille de Bordeaux, à abandonner sa charge de consul et tous ses biens pour vivre en ascète dans un couvent qu'il construisit à Nole. Là, il partagea son temps entre son jardin, l'écriture et l'aide aux plus démunis, ce qui lui valut une réputation de saint dès son vivant.

La rubrique du 13 h

LE CHRIST DE NEUVE-CHAPELLE

Nord-Pas-de-Calais

Neuve-Chapelle est une petite commune de l'arrondissement de Béthune, qui fut rasée en 1915, au cours de violents combats opposant Alliés et Allemands, puis reconstruite à la fin de la guerre. Entre les deux lignes ennemies se dressait « le Christ des tranchées », ancienne statue d'un calvaire. Miraculeusement épargné par les pilonnages qui détruisirent pourtant tout alentour, le Christ fut abrité dans les tranchées par des soldats portugais, qui voyaient en lui un signe divin. Après une demande de don du Portugal, il fut transféré dans le monastère de Batalha – non loin de Fátima –, où il est vénéré depuis 1957.

Un gentilé

de Bretagne

Abritant pas moins de vingt-quatre monuments historiques, Fougères, en Ille-et-Vilaine, brille par la beauté de son château fort du XIIe siècle, mais aussi de son beffroi de 1397. Le jardin du Val Nançon est également un lieu de détente prisé de ses habitants, les...

Fougerais.

Il était une fois en 1923

Naissance de Jacqueline Maillan

Bourgogne

C'est en Saône-et-Loire, dans la gare de Paray-le-Monial, où son père travaillait comme ingénieur des Ponts et Chaussées, qu'est née Jacqueline Maillan. Ses parents, qui avaient déjà deux filles et qui avaient perdu un fils âgé de 2 ans, espéraient un garçon. Selon son amie Marion Sarraut, ce facteur a « dû déterminer sa volonté de devenir quelqu'un ». Jacqueline est un garçon manqué, elle n'est pas faite pour les études, mais son sens de la comédie attire la sympathie de ses camarades. Sa carrière d'actrice – elle jouera dans quarante films et une trentaine de pièces – démarrera à son arrivée à Paris en 1944.

mardi 12 janvier

lever : 8 h 41
coucher : 17 h 16

Ste Tatiana

INSOLITE
Alsace

Peu épargnée lors des différents conflits européens, Strasbourg en a gardé de nombreuses traces. La plus étonnante est sans doute cet obus fiché dans l'angle d'un mur de la façade d'un hôtel, place de la Cathédrale : il s'agit d'un vestige des bombardements de 1870.

Un gentilé
du Limousin

Les Bortois vous parleraient longtemps de leurs anciennes halles du XIXe siècle ainsi que du massif volcanique dont la forme a donné son nom à leur ville. Vous pourrez aussi admirer chez eux la cascade du Saut-de-la-Saule, fleuron de leur commune, appelée...

Bort-les-Orgues.

La rubrique du 13 h

LE LAC D'ORIENTE
Corse

Certes, le lac d'Oriente n'est pas le lac le plus réputé dans le secteur de la Restonica ; d'une superficie d'un hectare pour deux mètres à peine de profondeur, ce n'est pas non plus le plus grand, mais ceux qui arpenteront le versant nord du monte Rotondo tomberont sous le charme de ce bijou cristallin dans son écrin sauvage. Il est accessible uniquement à pied, après une marche de trois heures, et le départ se fait près du pont de Timozzo. Le long du sentier, vous pourrez notamment admirer de typiques bergeries avant de vous trouver face à la cuvette glaciaire qui recueille les eaux du lac, à deux mille soixante mètres d'altitude.

Bonne fête !
Tatiana

Tatiana est une des premières martyres de Rome : elle fut exécutée sous l'empereur Alexandre Sévère pour sa foi. Son calvaire fut des plus cruels : après avoir été attaché à une potence, son corps fut labouré jusqu'au sang avec des peignes en métal, après quoi elle fut décapitée. Elle est particulièrement célébrée en Russie.

Il était une fois en 1665
Décès de Pierre de Fermat à Castres
Midi-Pyrénées

Ce magistrat, qui fut conseiller au parlement de Toulouse, puis membre de la chambre de l'Édit de Castres, est resté dans les annales – grâce à sa correspondance privée avec d'autres savants, parmi lesquels Pascal et Descartes – pour avoir participé à la recherche mathématique du XVIIe siècle. Pierre de Fermat travailla sur le calcul infinitésimal et les probabilités, contribua à la création de la géométrie analytique et fonda la théorie moderne des nombres. Cet érudit – brillant helléniste et latiniste de surcroît – laisse à sa mort, en 1665, plusieurs théorèmes et un principe physique à son nom.

mercredi 13 janvier

lever : 8 h 40
coucher : 17 h 18

Ste Yvette

Bonne fête !

Yvette de Huy

Quand elle devint veuve à 18 ans, Yvette décida, contre l'avis de sa famille, de ne pas se remarier et de se consacrer à Dieu. Elle accueillait chez elle les pauvres et les pèlerins, mais trouvait que ce n'était pas assez. Elle choisit alors la réclusion et s'enferma dans une léproserie, où elle passa le reste de sa vie à prier et à soigner les lépreux.

La rubrique du 13 h

LES HARAS DE LA VENDÉE À LA ROCHE-SUR-YON

Pays de la Loire

En 1665, Colbert crée pour Louis XIV les haras royaux, dont la vocation était de fournir les troupes en chevaux. À la fin du XIXe siècle, les bâtiments de style néoclassique permettent d'accueillir jusqu'à deux cent vingt étalons. Depuis 2006, c'est un site culturel et touristique incontournable, qui, tout en assurant sa mission d'origine, est devenu un centre de formation pour tous les métiers équestres. Le public touristique et scolaire y est le bienvenu toute l'année, autour de diverses activités : spectacles, ateliers pédagogiques et nombre d'événements sportifs y sont organisés.

Une charade en

Centre

On dit que le silence est de mon 1er. Mon 2e est le prénom de la jeune actrice française qui a remporté la Palme d'or du Festival de Cannes 2013, pour son rôle dans *La Vie d'Adèle*. Mon 3e est, selon l'expression, voyant, car situé au milieu de la figure. Mon tout est l'une des trois régions historiques qui composent la région Centre.

Au fil de l'eau

Picardie

L'Aisne est une importante voie de communication, non seulement par sa longueur, mais aussi par son tracé : traversant cinq départements et trois régions, elle relie, via l'Oise qu'elle rejoint près de Compiègne, les rivières du nord au Bassin parisien.

Il était une fois en 1908

Premier vol d'un biplan sur un kilomètre

Île-de-France

Né en 1874, Henri Farman est d'abord champion de cyclisme, puis pilote automobile. Mais, après 1905, il s'intéresse à l'aviation et achète son premier biplan Voisin en 1907. Le 13 janvier 1908, à Issy-les-Moulineaux, il parvient à parcourir à son bord un kilomètre en une minute et vingt-huit secondes, gagnant ainsi le Grand Prix de l'aviation de cinquante mille francs. Pour le remporter, il fallait réussir à franchir en vol une ligne de départ, aller virer autour d'un poteau situé cinq cents mètres plus loin et revenir entre les poteaux de départ, et ce sans toucher le sol. Une prouesse !

Orléanais (or-Léa-nez).

jeudi 14 janvier

lever : 8 h 39
coucher : 17 h 19

Ste Nina

Savoirs d'antan

Lorsque vous faites chauffer de l'eau, pensez à disposer un couvercle sur la casserole. Vous gagnerez du temps et de l'argent. En effet, l'ébullition sera obtenue trois à quatre fois plus vite, et vous réduirez ainsi votre dépense énergétique.

Une charade en Bourgogne

Vaporisé, mon 1er fixe les coiffures des dames. Mon 2e est le premier chiffre pair. Mon 3e est un synonyme d'« incident », d'« avarie ». Mon 4e est septième dans la gamme. Les oiseaux de proie, comme l'aigle, nichent dans mon 5e. Construit entre 1937 et 1949, mon tout est l'une des six étendues d'eau artificielles du Morvan.

La rubrique du 13 h

LA COLLÉGIALE SAINT-PIERRE DU DORAT

Limousin

Le village du Dorat possède une des plus majestueuses églises du Limousin à la beauté massive et froide. Cet édifice roman, dont la construction sur un plan en croix latine fut commencée au XIIe siècle, a été fortifié au XVe siècle. Son portail est d'influence mozarabe, fait rare dans la région, influence que l'on attribue généralement aux pèlerins de Saint-Jacques-de-Compostelle. Le clocher octogonal de trois étages est coiffé d'un ange en cuivre doré, qui domine de soixante mètres le village.

Bonne fête ! Nina

Esclave au palais royal géorgien, Nina avait la réputation d'être guérisseuse. C'est pourquoi, comme la reine Nana semblait condamnée, on l'appela en dernier recours. Nina guérit Nana et refusa les riches récompenses qu'on lui promettait, mais demanda en échange la conversion du roi et de la reine. C'est ainsi que Nina, simple esclave, évangélisa toute la Géorgie.

Il était une fois en 1841

Naissance de Berthe Morisot

Centre

Berthe naît au milieu du XIXe siècle à Bourges, dans le Cher, dans une famille bourgeoise de quatre enfants. Son père, haut fonctionnaire, est préfet, et Berthe sera amenée à déménager plusieurs fois au cours de son enfance. Très jeune, elle est initiée avec ses deux sœurs à la peinture, notamment par Corot, et sert de modèle aux grands artistes de l'époque. Avant-gardiste et combative, amie de Degas, Renoir, Monet, Manet et Mallarmé, elle est l'une des toutes premières artistes peintres impressionnistes à réussir à s'imposer dans un monde d'hommes. Elle laisse plus de quatre cents peintures et une centaine de dessins, aquarelles et pastels.

Lac de Pannecière (laque-deux-panne-si-aire).

vendredi 15 janvier

lever : 8 h 39
coucher : 17 h 20

St Remi

Bonne fête !

Remi de Reims

« Soulage tes concitoyens, secours les affligés, protège les veuves, nourris les orphelins. » Tel est le conseil que donne Remi de Reims à Clovis avant de le baptiser. Après lui, la tradition voudra que les rois français soient baptisés par l'archevêque de Reims. Toujours avec la même huile, provenant de la sainte ampoule, censée ne jamais s'épuiser.

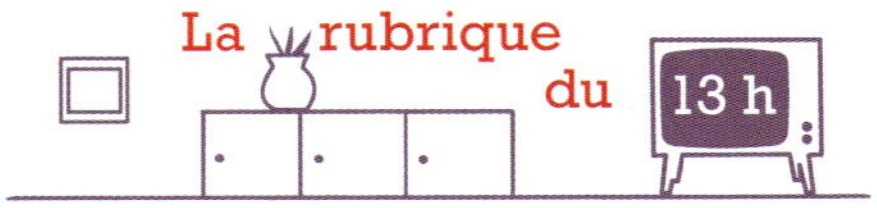

LA TABLE AU DIABLE

Basse-Normandie

La Table au Diable est le plus ancien mégalithe normand, daté de l'âge du bronze, entre 3200 et 2200 avant Jésus-Christ. Cet immense dolmen, érigé sur la commune de Passais dans le département de l'Orne, fut ainsi baptisé par les gens de la région, qui ne comprenaient pas comment ces blocs de plusieurs tonnes avaient pu être assemblés. Pour eux, seule la main du diable avait pu exécuter cet ouvrage. Des pierres levées bordent le dolmen, qui fut classé monument historique en 1973. Des fouilles organisées en 1990 y ont permis la découverte d'une sépulture, mais ces pierres conservent encore leur mystère.

C'est un festival !

Île-de-France

Voilà déjà trente et un ans que les passionnés de la petite reine se donnent rendez-vous au Festival du voyage à vélo pour des échanges, de belles rencontres et des projections de films autour du voyage à vélo. Vélo couché, droit, tandem, tricycle, parcourant la Birmanie, l'Atlas marocain ou l'Argentine, seul, en famille, entre amis, de quoi se divertir deux jours, la tête dans le guidon (16 et 17 janvier 2016).

Un gentilé

de Midi-Pyrénées

Chef-lieu du Tarn, Albi est célèbre pour son Pont-Vieux de 1035, son palais de la Berbie et sa cathédrale Sainte-Cécile du XIIIe siècle. Les amateurs d'art se retrouvent aussi au musée Toulouse-Lautrec, peintre originaire de cette cité, donc un…

Albigeois.

Il était une fois en 1208

Assassinat de Castelnau et début de la croisade des albigeois

Languedoc-Roussillon

Pierre de Castelnau, légat du pape, rencontre à la fin de l'année 1207 le comte de Toulouse, Raymond VI, pour le convaincre de prendre la tête d'une croisade contre les albigeois. Le catharisme remporte un succès croissant dans le Midi toulousain depuis le milieu du XIIe siècle. Raymond VI refuse de participer à la lutte contre les hérétiques. Quelques jours plus tard, le meurtre de Pierre de Castelnau, près d'Arles, est attribué, sans preuve, à un écuyer du comte de Toulouse et va mettre à feu et à sang le Midi toulousain, de la Garonne au Rhône.

Le blaff de crevettes

Guyane

Ingrédients

Pour 4 personnes

1 kg de grosses crevettes entières crues
3 cives
1 gros oignon
1 piment de Cayenne frais entier (piment rouge)
2 gousses d'ail
1 bouquet garni frais de thym, laurier et persil
3 citrons verts
2 clous de girofle
2 grains de bois d'Inde (poivre de la Jamaïque)
1 ou 2 tiges de céleri
sel et poivre

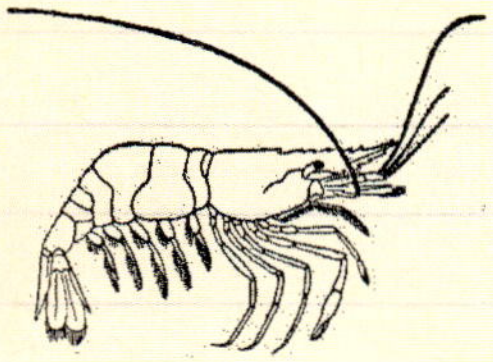

Recette

- Décortiquez les crevettes en ne gardant que la queue et ciselez légèrement le dos pour ôter le petit boyau noir.
- Mettez-les à mariner au frais, pendant au moins 1 h, dans le jus de 2 citrons verts additionné de 1 gousse d'ail écrasée, de sel et de poivre.
- Dans une casserole, portez à ébullition 50 cl d'eau avec le bouquet garni, les cives et l'oignon émincés, la seconde gousse d'ail hachée, les clous de girofle, les grains de bois d'Inde et le céleri. Après 5 min d'ébullition, ajoutez les crevettes avec la marinade et le piment entier.
- Faites pocher à petit frémissement pendant 10 min à feu moyen. Prenez garde à remuer doucement, car le piment ne doit pas éclater.
- En fin de cuisson, ajoutez le jus du dernier citron vert, et rectifiez l'assaisonnement.
- Servez aussitôt.

Définition

Le terme « blaff » désigne un mode de cuisson au court-bouillon. Sans aucune matière grasse ajoutée, c'est un plat idéal après cette période de fêtes, souvent synonyme de grosses ripailles. Mais attention alors à ne pas le consommer typiquement à la manière guyanaise, qui consiste à l'accompagner de pain et de mayonnaise !

lundi 18 janvier

lever : 8 h 36
coucher : 17 h 25

Ste Marguerite

Savoirs d'antan

Votre chien tout mouillé s'est couché sur votre tapis et y a laissé une odeur désagréable. Passez d'abord l'aspirateur. Saupoudrez de bicarbonate, puis laissez ainsi une ou deux heures. Il ne vous reste plus qu'à aspirer la poudre pour retrouver un tapis propre aux couleurs ravivées !

Bonne fête !

Marguerite de Hongrie

Née princesse, Marguerite de Hongrie rejette, dès ses 12 ans, la vie douce et paisible qui était la sienne, pour mieux se consacrer à sa foi. Elle entre dans un monastère, s'applique aux tâches les plus ingrates, redistribue tout l'argent qu'elle reçoit de sa famille et, pour se sentir encore plus proche du Christ, va même jusqu'à régulièrement se flageller.

La rubrique du 13 h

LE MUSÉE FRAGONARD DE MAISONS-ALFORT

Île-de-France

Le musée de l'École nationale vétérinaire d'Alfort est un des plus anciens musées de France, créé en 1766 dans ce qui fut la deuxième école vétérinaire au monde. Ce fut tout d'abord un cabinet d'histoire naturelle et d'anatomie comparée que les étudiants alimentaient par leurs travaux. Menacé pendant la Révolution, il s'agrandit au XIXe siècle, tandis que se renforçait la réputation de l'école. En 1902, il occupait sept cents mètres carrés et était à la fois un outil pédagogique et un moyen de communication. Le musée, fermé au public jusqu'en 1991, rouvrit ses portes et connait depuis un grand succès.

Un gentilé

de Rhône-Alpes

Logeant seize parcs entre ses murs, dont le fameux parc Saint-Clair, Caluire-et-Cuire fait le bonheur des promeneurs. La ville est également célèbre pour sa maison La Rivette du XVIIIe siècle ou encore son monastère des clarisses, bien connu de ses habitants, les...

Caluirards.

Il était une fois en 1992

Premiers repérages pour le tournage de Germinal

Nord-Pas-de-Calais

En cette froide journée d'hiver, devant le carreau de la fosse Arenberg, près de Valenciennes, le réalisateur Claude Berri et le chanteur Renaud commencent des repérages pour le tournage de *Germinal*, prévu en août. Tiré du roman éponyme d'Émile Zola, publié en 1885, le long-métrage raconte la misère sociale et le destin tragique de mineurs incarnés par Renaud, Gérard Depardieu, Miou-Miou ou encore Jean Carmet. Un film réaliste, politique et bouleversant, réalisé par celui qui sera quinze ans plus tard le producteur de *Bienvenue chez les Ch'tis*.

mardi 19 janvier

lever : 8 h 36
coucher : 17 h 26

St Marius

INSOLITE

Lorraine

La statue du roi Stanislas, sur la place du même nom à Nancy, invite à lever le nez avec son doigt tendu. Pourtant, au sol, une étoile dorée attire l'attention : c'est sous ce pavé que sont enfouis une météorite lunaire ainsi que des portraits et témoignages de Nancéiens à destination des générations futures.

Un gentilé

d'Auvergne

Capitale française de la fabrication du couteau, Thiers est de plus une ville gastronomique, où l'on peut déguster des spécialités de cochonnailles, des fromages tels que le gaperon, ou encore des beignets appelés « guenilles », qui font les délices de ses habitants, les…

Thiernois.

La rubrique du 13 h

LA CHOUETTE DE DIJON

Bourgogne

Sculptée au flanc de l'église Notre-Dame, cette petite chouette usée, patinée par les mains des badauds qui la caressent depuis le Moyen Âge, est le porte-bonheur chéri des Dijonnais. Son origine connaît diverses hypothèses : certains pensent que cet oiseau nocturne représente le Christ, qui aime les hommes « qui ne sont que ténèbres », d'autres parlent d'Athéna, déesse de la Sagesse, qui aurait accompagné l'édification de l'église ; peut-être s'agit-il simplement de la signature d'un des maîtres d'œuvre, qui se serait appelé Chouet. Toujours est-il qu'elle reste muette depuis des siècles, sous les caresses de toutes ces mains gauches, qui espèrent que leurs vœux seront entendus.

Bonne fête ! Marius

En pèlerinage à Rome pour se recueillir sur les tombeaux des apôtres Paul et Pierre, Marius, sa femme Marthe et leurs fils, Audifax et Abacum, se firent un devoir d'aider les chrétiens persécutés. Cela conduisit cette noble et généreuse famille perse au martyre : on décapita le père et ses fils, et la mère fut noyée. Malgré l'ordre qui avait été donné de brûler leurs restes, on put en sauver une partie : on trouve des reliques en Italie et en Allemagne.

Il était une fois en 1419

Henri V s'empare de Rouen

Haute-Normandie

La guerre de Cent Ans, qui oppose la France au royaume d'Angleterre, s'éternise depuis presque quatre-vingts ans. Rouen, ville prospère et hautement stratégique entre Le Havre et Paris, est assiégée par l'ambitieux Henri V – vainqueur à Azincourt trois ans plus tôt – et sa centaine de canons. Les six mois de blocus sont un véritable calvaire pour les habitants, affamés, les Anglais ayant bloqué tout ravitaillement par la Seine. Le 19, la ville se livre et remet les clés au roi anglais, qui installe son gouvernement au château de Rouen.

mercredi 20 janvier

lever : 8 h 35
coucher : 17 h 28

St Sébastien

Bonne fête !
Sébastien

Transpercé par les flèches des soldats de Dioclétien, parce qu'il refusait de renoncer au christianisme, saint Sébastien est devenu – quelle ironie du sort ! – le saint patron des archers. C'est un des saints les plus représentés – par Titien, Raphaël, Botticelli, Gustave Moreau… –, notamment parce qu'il est, à l'époque des grandes épidémies, réputé protéger contre la peste.
Il partage ce pouvoir avec saint Roch et saint Christophe.

La rubrique du 13 h

LA STATUE DE SAINTE MARGUERITE D'ANTIOCHE

Lorraine

À l'intérieur de la basilique se trouve une bien étrange statue de sainte Marguerite d'Antioche. Mais certains pensent qu'il s'agit en réalité d'une jeune fille debout sur un démon, le Warabouc. Cette créature, qui a l'aspect d'un homme à tête de bouc et qui serait l'incarnation du diable lui-même, sévissait dans les forêts de la région d'Avioth, où il organisait des sabbats. Un jour, une jeune fille réussit à le capturer en utilisant le signe de croix et à le mener devant les tours de la basilique, où il disparut dans des flammes gigantesques. Ce serait donc en souvenir de cet acte de bravoure que la statuette aurait été façonnée.

Savoirs d'antan

Vous avez rangé une quantité importante de provisions et vous souhaitez tenir à distance les mites alimentaires. Les huiles essentielles de menthe poivrée et de clou de girofle, vaporisées sur de petits morceaux de tissu et disposées sur vos étagères, assureront une protection efficace.

Une charade en Nord-Pas-de-Calais

On fait mon 1er à son mouchoir en guise de pense-bête. Mon 2e est un liquide biologique destiné aux nourrissons. Mon 3e peut être sec, gras, moyen ou encore fin lorsqu'il s'agit d'un crayon. Largement exploité pour son charbon, mon tout a transformé l'un de ses terrils en piste de ski.

Il était une fois en 2000

Réouverture du parlement de Bretagne à Rennes

Bretagne

Février 1994 : après une journée de manifestation de pêcheurs s'opposant à la baisse des prix du poisson, une fusée de détresse embrase les combles du palais. Les dégâts sont considérables, mais une grande partie des décors intérieurs peut être sauvée. Les instances régionales et nationales se mobilisent rapidement pour rénover l'édifice, et les travaux pour reconstruire à l'identique le bâtiment du XVIIe siècle durent trois ans. En janvier 2000, le parlement, qui a retrouvé toute sa splendeur, est inauguré par le président Jacques Chirac.

Nœux-les-Mines (nœud-lait-mine).

jeudi 21 janvier

lever : 8 h 34
coucher : 17 h 29

Ste Agnès

INSOLITE

Corse

De la danse à l'église ? Dans les années 1870, la communauté britannique est si bien représentée à Ajaccio – un millier d'Anglais y passent l'hiver – qu'on y édifie une église anglicane ! L'ancien lieu de culte est désormais une école municipale de danse.

Au fil de l'eau

Bourgogne

L'Yonne est très prisée pour le transport de marchandises : autrefois, elle était déjà essentielle dans l'acheminement du bois et du vin vers Paris. La rivière est également très fréquentée par les plaisanciers venus à la découverte de Sens ou d'Auxerre et de leurs trésors.

La rubrique du 13 h

LE CHÂTEAU DE MONTSÉGUR

Midi-Pyrénées

Le château de Montségur fut construit à mille deux cent sept mètres d'altitude en 1206 et, jusqu'à la reddition de 1244, il demeura un haut lieu de résistance des cathares. Abandonné dès le XVIe siècle, il fut classé monument historique en 1862, et une campagne de restauration débuta en 1947. Nombre de légendes y sont attachées : le château aurait abrité les derniers Templiers, mais aussi le trésor de l'Église cathare et même le Graal !

Bonne fête !

Agnès

C'est certainement parce que son acte eut plus de retentissement que son nom que la jeune chrétienne romaine de 13 ans, qui préféra mourir plutôt qu'abjurer sa foi, est connue sous le nom d'Agnès, en référence à l'Agneau de Dieu. C'est d'ailleurs avec un agneau dans les bras qu'elle est le plus souvent représentée. Sainte Agnès est, entre autres, la patronne des filles et de la chasteté.

Il était une fois en 1962

Naissance d'Isabelle Nanty à Bar-le-Duc

Lorraine

Isabelle Nanty est une comédienne, originaire de Mussey, un petit village près de Bar-le-Duc, dont vous n'avez pas pu rater les apparitions dans des seconds rôles savoureux, comme celui d'aide ménagère dans *Tatie Danielle* – qui lui a valu une nomination aux Césars en 1990 – ou de buraliste hypocondriaque dans *Le Fabuleux Destin d'Amélie Poulain*. Ce qu'on sait moins, c'est qu'elle est depuis une vingtaine d'années une metteuse en scène de théâtre reconnue. Elle a notamment dirigé Gad Elmaleh dans son premier one-man-show, ainsi qu'Édouard Baer, Julie Ferrier et Arthur. En 2003, elle a réalisé son premier film pour le cinéma, intitulé *Le Bison (et sa voisine Dorine)*.

vendredi 22 janvier

lever : 8 h 33
coucher : 17 h 31

St Vincent

Savoirs d'antan

Le saviez-vous ? Pendant longtemps, les fauteuils et les chaises ont été rembourrés avec du crin animal. Par la suite, les tapissiers ont préféré les crins d'origine végétale, fabriqués à partir de la feuille du palmier nain ou de la fibre de noix de coco.

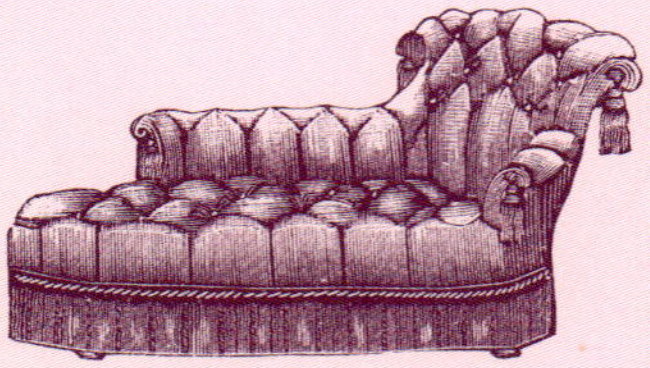

Bonne fête !

Vincent de Saragosse

Vincent, diacre de Saragosse, fut martyrisé à Valence, en Espagne, sous le règne de Dioclétien. On dit qu'il subit l'enfermement, la privation et les tortures sans jamais se départir de son sourire et qu'il répondait avec humour aux bourreaux qui lui demandaient de renier sa foi. C'est aujourd'hui le saint patron des vignerons.

La rubrique du 13 h

LES ÉCLUSES À POISSONS DE L'ÎLE DE RÉ

Poitou-Charentes

Pêcheries typiques de l'île, ces écluses sont des ouvrages en pierre, en forme de demi-cercles, qui se découvrent à marée basse. Les courants descendants piègent poissons et crustacés dans ces constructions, et le pêcheur n'a qu'à se munir de bottes en caoutchouc pour aller les ramasser. Elles se comptent au nombre de quatorze sur l'île et appartiennent à des groupes de pêcheurs, qui les entretiennent. Leurs noms, empreints de poésie, La Foirouse – un peu foireuse –, La Vasouse, La Chiouse et même Le Creux du Cul, sont connus de tous les Rétais.

Au fil de l'eau

Champagne-Ardenne

Rivière née en Belgique, la Semois – ou Semoy – rejoint la Meuse dans le département des Ardennes, après un parcours de seulement dix kilomètres sur le territoire français. Cette faible longueur offre déjà de très beaux paysages, tant les méandres du cours d'eau sont nombreux.

Il était une fois en 1942

Publication de Pilote de guerre *de Saint-Exupéry*

France

« Nous sommes fin mai, en pleine retraite, en plein désastre. On sacrifie les équipages comme on jetterait des verres d'eau dans un incendie de forêt. » C'est en exil à New York qu'Antoine de Saint-Exupéry écrit en 1941 *Pilote de guerre*. Il cherche, avec ce récit d'une mission qu'il effectua dans le ciel du nord de la France, en 1940, à convaincre les Américains de s'engager dans le conflit. Le roman est publié avec grand succès aux États-Unis en février 1942, puis dans la France occupée à la fin de la même année. L'ouvrage sera rapidement retiré de la vente par les autorités allemandes, mais les éditions clandestines circuleront dans la Résistance.

samedi 23 janvier

St Barnard

dimanche 24 janvier

St François de Sales

La farcidure grillée

Limousin

Ingrédients

Pour 4 personnes
1 kg de pommes de terre
10 tranches de lard gras
coupées en 2
1 blanc de poireau
1/4 d'oignon
2 feuilles d'oseille
2 gousses d'ail dégermées
2 branches de persil
1 œuf
1 c. à s. de farine
sel et poivre

Recette

- Une fois les pommes de terre épluchées et lavées, râpez-les avec une râpe à farcidure ou, à défaut, une râpe à parmesan. Essorez-les dans un torchon, puis mettez-les dans une jatte.
- Hachez finement le blanc de poireau, l'oignon, l'oseille, l'ail et le persil, puis ajoutez-les aux pommes de terre. Incorporez la farine et l'œuf battu. Salez, poivrez et mélangez le tout.
- À feu vif, faites suer dans une poêle la moitié du lard, puis ajoutez-y la préparation de pommes de terre. Une fois le mélange saisi, baissez le feu et laissez cuire environ 10 min.
- Retournez la galette ainsi obtenue sur une assiette.
- Faites suer le reste du lard de la même manière, puis remettez la galette dans la poêle, côté grillé sur le dessus. Baissez à nouveau le feu et faites cuire doucement à couvert. À la fin de la cuisson, remettez à feu vif quelques instants pour griller cette face également. Vous obtiendrez ainsi une farcidure grillée à l'extérieur et moelleuse à l'intérieur.
- Servez en accompagnement de petit salé ou d'andouille, ou plus simplement avec une salade verte.

Variations

Si la farcidure est une spécialité de Corrèze, il en existe autant de variétés que de pays corréziens : on trouve la mique au pays de Brive, la farcedure au pays de Neuvic ou encore la poule sans os au pays d'Argentat. Celle du pays d'Égletons, appelée « milhassou » et présentée ici, a la particularité d'être cuite et grillée à la poêle, tandis que la plupart des autres sont cuites sous forme de boules plongées dans un bouillon de petit salé pendant une heure.

lundi 25 janvier

lever : 8 h 30
coucher : 17 h 35

Conversion de St Paul

Une charade en Île-de-France

Mon 1er brame dans la forêt. Mon 2e est un constructeur de voitures tout-terrain. Mon 3e est un pronom indéfini neutre. On utilise mon 4e pour mesurer la taille des enfants. Mon tout fait partie des cinq grandes villes nouvelles franciliennes.

Au fil de l'eau

Corse

Le Rizzanèse, qui rejoint la Méditerranée sur la plage de Propriano, a conservé l'aspect sauvage des rivières de montagne corses, serpentant au milieu des chaos rocheux et sautant plusieurs cascades. Depuis 2013, il fait l'objet d'un barrage hydroélectrique, le plus important de l'île.

Bonne fête !

Prix

Épris de justice, Prix, évêque de Clermont, avait fait condamner à mort un comte pour l'enlèvement d'une jeune fille. La famille du comte, qui voulait se venger, envoya des bandits tendre une embuscade au prélat. Ceux-ci se trompèrent de cible et tuèrent un de ses compagnons. Prix les interpella alors et leur montra leur erreur, ce qui lui valut... d'être tué à son tour !

La rubrique du 13 h

LE CHÂTEAU D'ANET

Centre

Le château d'Anet est un bijou de la Renaissance française, dont la construction, ordonnée par le roi Henri II pour sa maîtresse Diane de Poitiers, fut achevée en 1552. Les plus grands artistes de l'époque – notamment le sculpteur Jean Goujon et le peintre Jean Cousin – participèrent alors à sa création. Il ne reste malheureusement du magnifique château qu'une aile, la chapelle royale en forme de croix grecque, un portail – dans lequel était enchâssée une étrange horloge indiquant les phases de la lune –, et la chapelle funéraire, dernier repos de Diane depuis 2010.

Il était une fois en 1515

Couronnement de François Ier à Reims

Champagne-Ardenne

François Ier a 20 ans lorsque Louis XII, son cousin et beau-père, meurt subitement le 1er janvier, lui laissant le trône. Louis XII avait d'abord proposé la main de sa fille Claude au futur Charles Quint, avant de décider de la marier à François d'Angoulême, afin d'assurer la cohésion du royaume. Pour la cérémonie, François choisit la date symbolique du 25 janvier : treize ans plus tôt, il a été victime, un 25 janvier, d'une chute de cheval, dont il semble avoir été miraculeusement guéri. Le jeune homme de deux mètres, à la réputation d'humaniste, accède au pouvoir ; son règne durera trente-deux ans.

Cergy-Pontoise (cerf-jeep-on-toise).

mardi 26 janvier

lever : 8h29
coucher : 17h37

Ste Paule

Un gentilé
de Bourgogne

Commune viticole de Côte-d'Or, Chenôve est notamment productrice de l'AOC Marsannay. C'est une cité entourée de vastes espaces verts naturels, avec des forêts de pins noirs d'Autriche ou de chênes, dans lesquelles flânent ses habitants, les...

Chenevelières.

Une charade en
PACA

Mon 1er est une conjonction de coordination, la dernière selon la formule mnémotechnique. Lorsqu'il est signalé sur les panneaux de signalisation, mon 2e est un pourcentage. Mon 3e est un rongeur à la mauvaise réputation. Situé à environ vingt-cinq kilomètres d'Avignon, mon tout est la capitale du Comtat Venaissin.

La rubrique du 13 h

LE CIRCUIT DU TRAIN FANTÔME
Rhône-Alpes

Ce n'est pas dans un parc d'attractions que se trouve ce « train fantôme », mais entre Tenay et Hauteville, dans le Jura. Les travaux commencèrent en 1909. Cependant, en 1916, les rails stockés furent réquisitionnés par l'armée. Relancés en 1919, ils continuèrent avec le percement d'un dernier tunnel, et, ralentis par plusieurs éboulements, s'achevèrent en 1932. Après une inauguration en 1933 et la décision d'électrifier la ligne, les fonds ne furent jamais débloqués, et le projet fut abandonné en 1936. Les dix-huit tunnels de deux mille six cent soixante-cinq mètres forment désormais un circuit de randonnée original.

Bonne fête !

Paule de Rome

C'est après la mort de son bien-aimé mari que Paule, noble dame de Rome, rencontra saint Jérôme et décida de devenir une de ses disciples. Elle quitta ses enfants, voyagea à ses côtés jusqu'en Terre sainte et fonda avec lui un monastère à Bethléem, où elle resta jusqu'à sa mort.

Il était une fois en 1886

Grève tragique à Decazeville
Midi-Pyrénées

Au petit matin du 26 janvier 1886, quatre mineurs du puits Paleyret, à Decazeville, refusent de reprendre le travail. Les réductions de salaires sont à l'origine de la grève : ils ont été divisés par quatre en moins d'une décennie ! La grève s'étend en quelques heures. Le sous-directeur Watrin, qui avait été chargé de réduire fortement les salaires et les coûts de fonctionnement, rencontre dans l'après-midi une délégation des grévistes, qui rejette toute concession. La foule en colère le poursuit alors et le défenestre, faisant de lui un martyr. La compagnie minière en appelle à l'armée, mais le conflit durera jusqu'en juin.

Carpentras (car-pente-rat).

mercredi 27 janvier

lever : 8 h 27
coucher : 17 h 39

Ste Angèle

INSOLITE

Centre

Quel spectacle étonnant que la galerie du château de Chenonceau et ses arches qui enjambent le Cher ! Pendant l'Occupation, cette architecture s'est révélée aussi très utile à la Résistance, puisque la rivière marquait la limite entre la zone libre et la zone occupée.

Bonne fête !

Angèle

Sœur Angèle eut la première l'idée de créer une compagnie de femmes consacrées à Dieu. Les Ursulines devaient vivre dans la prière, éduquer les jeunes filles et aider leur prochain, tout en restant libres d'aller où elles voulaient. La compagnie fut plus tard transformée en ordre religieux, et les disciples d'Angèle durent se cloîtrer.

La rubrique du 13 h

LE MUSÉE DU PETIT-PALAIS À AVIGNON

Provence-Alpes-Côte d'Azur

Situé dans un bâtiment appelé Petit-Palais, datant du XIVe siècle et nommé ainsi en opposition au palais des Papes, qui se trouve non loin de là, ce musée abrite l'une des plus belles collections de peintures médiévales. C'est ici que l'on peut voir, en France, le plus grand nombre d'œuvres de primitifs italiens, après le Louvre, bien sûr. De plus, ce musée, qui ouvrit en 1976 dans ce qui fut la résidence des archevêques d'Avignon, compte une collection impressionnante de tableaux et de sculptures des maîtres de l'école d'Avignon.

Une charade en

Champagne-Ardenne

Mon 1er n'est pas vrai. Sur le côté ou au milieu, mon 2e partage la chevelure en deux. Mon 3e est un organe pointu, parfois venimeux, que l'on trouve chez certains insectes et poissons. Mon 4e est le surnom des joueurs de l'équipe de football lyonnaise. À cheval sur la Lorraine et la Champagne-Ardenne, mon tout propose à tous les amoureux de la nature plus de quarante-cinq mille hectares de verdure.

Il était une fois en 1983

Mort de Louis de Funès à Nantes

Pays de la Loire

Le comique préféré des Français s'éteignit après un infarctus, il y a un peu plus de trente ans, au CHU de Nantes. C'est en 1975 que l'interprète du *Gendarme de Saint-Tropez* s'était installé au Cellier, en Loire-Atlantique, dans sa propriété familiale du château de Clermont. Passionné de botanique, Louis de Funès y cultivait une roseraie, qui surplombait la Loire. L'orangerie du château accueille, depuis 2014, un musée qui rend hommage à sa carrière, à travers des affiches de films, des costumes et des objets personnels.

Forêt d'Argonne (faux-raie-dard-Gones).

jeudi 28 janvier

lever : 8 h 26
coucher : 17 h 40

St Thomas d'Aquin

Savoirs d'antan

Afin d'aider vos petits fans de coloriage à ranger leur matériel, coupez le fond de plusieurs bouteilles en plastique et maintenez-les ensemble par un ruban adhésif. Vous obtiendrez ainsi plusieurs pots, dans lesquels vous pourrez trier les différents types de crayons.

Au fil de l'eau

Alsace

Rivière franco-allemande, la Sauer est un affluent du Rhin, dont elle emprunte un ancien bras. Son delta est une réserve naturelle, dans laquelle se trouve une saulaie, la plus vaste du bassin rhénan : les saules blancs s'épanouissent grâce aux crues des deux cours d'eau.

La rubrique du 13 h

LE PARC DES ROCHES GRAVÉES

Guadeloupe

Les Amérindiens ont longtemps colonisé les Petites Antilles, par vagues successives. Ainsi, entre le IVe et le XVIIe siècle, ce sont les Arawaks qui envahirent la Guadeloupe. Pacifiques – *arawak* signifie « bon », « noble » –, ils vivaient en harmonie avec la nature et ont laissé sur l'île plus de traces que n'importe où ailleurs, par les roches gravées. Le parc archéologique de Trois-Rivières, jardin somptueux, où poussent le calebassier, le ricin, le roucou, le manioc et le vétiver, tout comme au temps des Arawaks, regroupe ces témoignages d'un autre temps, figures rudimentaires et énigmatiques.

Bonne fête !

Thomas d'Aquin

Thomas d'Aquin écrivit plusieurs ouvrages qui font encore référence aujourd'hui, et dont le plus célèbre est la *Somme théologique*. C'est une synthèse en cinq volumes de la doctrine chrétienne – à la lumière notamment des théologiens qui l'ont précédé –, qui fait de lui un des piliers du catholicisme et lui vaut le titre de docteur de l'Église. En raison de ses nombreux ouvrages et des cours qu'il donna à l'université, il est le patron des universités et des écoles.

Il était une fois en 1966

Ouverture de la station de ski d'Avoriaz

Rhône-Alpes

Si l'implantation humaine dans l'alpage d'Avoriaz remonte au XIIe siècle, la station moderne que nous connaissons est véritablement née dans les années 1960. Jean Vuarnet, le champion olympique de descente en 1960, est à l'initiative de la construction de cette station futuriste, nichée à mille huit cents mètres d'altitude et adossée à la chaîne des dents du Midi. Avoriaz ayant la particularité d'être interdite aux voitures, Jean Vuarnet avait fait venir de Laponie, en 1966, des rennes – aujourd'hui remplacés par des chevaux. L'architecture de ce village situé au cœur du domaine des Portes du Soleil a la particularité de s'affranchir du modèle typique du chalet savoyard.

vendredi 29 janvier

lever : 8 h 25
coucher : 17 h 42

St Gildas

Bonne fête !
Gildas

Gildas avait choisi l'île d'Houat pour retraite, après avoir œuvré au service de l'Église d'Irlande. Mais il ne put y rester longtemps incognito, car des pêcheurs répandirent le bruit qu'un sage y accomplissait des miracles. Il s'installa donc dans un monastère, sur la presqu'île de Rhuys, et se dévoua au bien-être de la population, ce qui lui vaut d'être le saint patron de la ville de Vannes.

Un gentilé
de La Réunion

Saint-Benoît abrite la très belle église Sainte-Anne et ses moulures créées par les enfants de la paroisse, mais aussi le Grand Étang, un des plus vastes plans d'eau de l'île, dont les goyaviers régalent les habitants, les…

Bénédictins.

La rubrique du 13 h

L'ÉGLISE SAINTE-MARIE DE SARLAT-LA-CANÉDA
Aquitaine

Une première église Sainte-Marie du XIIe siècle est rasée en 1365, à cause de sa vétusté. Reconstruite au XIVe et au XVe siècles dans un style gothique méridional typique, elle sert ensuite tour à tour de manufacture d'armes, d'hôtel des postes, puis de dispensaire. Bien que classée en 1905, elle tombe à l'abandon, et c'est en 2000 que la municipalité demande à l'architecte Jean Nouvel de la réhabiliter. Il la dote de deux immenses portes en acier et d'un ascenseur panoramique, qui offre une vue imprenable sur les toits de lauze sarladais, et restaure la nef de l'église, accueillant désormais toute l'année le marché couvert de la ville.

C'est un festival !
Bretagne

C'est à Bain-de-Bretagne que se déroule depuis 1998 le délicieusement timbré Festival du Schmoul (sorte de lutin typiquement armoricain), qui met à l'honneur, au plus grand plaisir des Schmouleux, des musiques alternatives, pop, rock électro ou world. Une programmation éclectique, *ur chopinad bier*, de quoi réchauffer votre week-end (29 et 30 janvier 2016) !

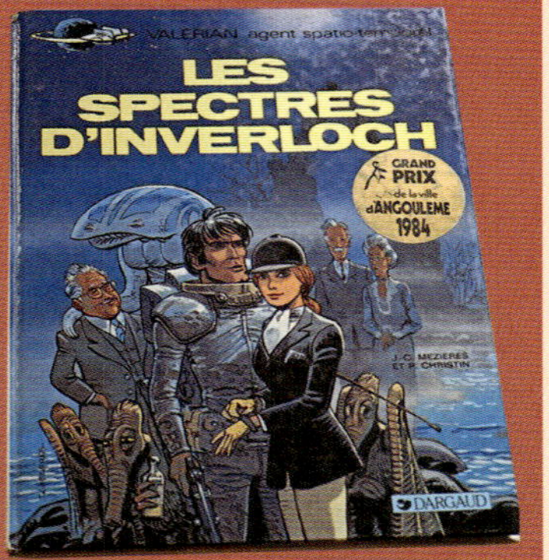

Il était une fois en 1984

Jean-Claude Mézières reçoit le grand prix du Festival de la bande dessinée
Poitou-Charentes

Savez-vous que les albums du dessinateur Jean-Claude Mézières seraient l'une des inspirations de George Lucas pour *La Guerre des étoiles*? *Valérian et Laureline* est une série de vingt-trois bandes dessinées de science-fiction, dont le premier tome sort en 1967. Elle raconte les aventures d'un duo d'agents chargés du maintien de l'ordre dans l'univers. Grâce à leur vaisseau, ils effectuent des voyages spatio-temporels. Avec plus de deux millions et demi d'albums vendus depuis une cinquantaine d'années, cette BD est un immense succès populaire. Le maître Mézières a reçu en 1984 le grand prix au Festival d'Angoulême.

samedi 30 janvier

Ste Martine

dimanche 31 janvier

Ste Marcelle

Le gâteau au jambon

Bretagne

Ingrédients

Pour 6 personnes
5 galettes de sarrasin
3 tranches de jambon blanc
500 g de champignons de Paris
3 branches de persil
1 gousse d'ail dégermée
250 g de crème fraîche épaisse
+ 1 grosse c. à s.
125 g d'emmental râpé
3 c. à s. d'huile
beurre
sel et poivre

Recette

- Hachez finement le jambon blanc, le persil et l'ail. Épluchez les champignons, brossez-les, puis hachez-les en brunoise.
- Dans une poêle antiadhésive bien chaude, faites dorer à feu vif le jambon dans l'huile additionnée d'une noix de beurre. Baissez le feu, ajoutez les champignons et laissez cuire 5 min en remuant régulièrement. Incorporez l'ail et le persil et continuez la cuisson 5 à 10 min. Salez, poivrez, ajoutez la crème fraîche, puis laissez cuire encore 3 min à feu doux, toujours en remuant.
- Préchauffez le four à 150 °C.
- Beurrez un moule à bord haut de 5 cm. Étalez une galette au fond du moule. Dans une deuxième galette, taillez des bandes de 5 cm de large, et tapissez-en le bord intérieur du moule. Retaillez, si besoin, les galettes restantes au même diamètre que celui du moule.
- Recouvrez la galette du fond avec le mélange au jambon sur environ 1 cm de hauteur, puis déposez une deuxième galette. Renouvelez l'opération deux fois, afin de remplir le moule jusqu'en haut. Parsemez de copeaux de beurre, recouvrez avec la c. à s. restante de crème fraîche, puis l'emmental râpé. Enfournez 15 min à mi-hauteur.
- Une fois le dessus bien gratiné, sortez le gâteau du four et servez aussitôt.

Quand il y en a pour six...

Pour 8 à 10 galettes 100 % breizh, mélangez 350 g de farine de blé noir avec 10 g de gros sel. Incorporez petit à petit 75 cl d'eau en mélangeant bien la préparation. Ajoutez 1 œuf entier et mélangez à nouveau, puis filmez et laissez reposer au moins 1 h au réfrigérateur.

lundi 1er février

lever : 8 h 21
coucher : 17 h 47

Ste Ella

Savoirs d'antan

Voici une recette simple à utiliser lorsqu'un rhume vous empêche de respirer. Dans un bol d'eau chaude, versez deux gouttes d'huile essentielle de thym à thujanol et deux gouttes d'huile essentielle de niaouli. Respirez ce mélange jusqu'à deux fois par jour.

Bonne fête !

Ella

Belle-sœur de Richard Cœur de Lion, Ella était une femme trompée. Elle fonda en 1226 à Laycock (Angleterre) – après la mort de son époux, qui s'était néanmoins amendé en rentrant de croisade – une abbaye, dont elle devint la première abbesse.

La rubrique du 13 h

LA MAISON DE CLAUDE MONET À GIVERNY

Haute-Normandie

Le long de la Seine, non loin de Paris, se trouvent des jardins qui semblent tout droit sortis de tableaux du musée d'Orsay. C'est ici, à Giverny, que Claude Monet résida à partir de 1883, dans sa maison rose, autour de laquelle il fit installer ces jardins. Une impression de picturalité saisissante soustrait les promeneurs à la réalité, tandis qu'ils s'avancent le long des sentiers, pour se perdre dans la contemplation de diverses plantes et fleurs ou des reflets que leur renvoie le lac. C'est peut-être ici, dans ces jardins, que l'œuvre du peintre s'incarne le mieux : vivante, vibrante et odorante.

Une charade en

Languedoc-Roussillon

Au bridge, Pallas est le nom de la dame de mon 1er. Mon 2e doit être couvert selon Tartuffe, qui ne saurait le voir. Mon 3e est le prénom de la fille de Jacques Doillon et de Jane Birkin. Faisant face à l'Hortus, mon tout est considéré comme l'un des plus beaux sites naturels de la région.

Il était une fois en 1888

Mise en service des premières lignes de chemin de fer en Corse

Corse

Le premier projet de construction d'un chemin de fer sur l'île de Beauté remonte à 1855, mais le chantier ne commence qu'en 1878. La complexité du tracé, notamment en raison du franchissement des cols, retarde son avancement. On se préoccupe d'abord de la voie intérieure Ajaccio-Corte-Bastia. Construites par l'État, les sections Casamozza-Tallone – sur la côte orientale – et Bastia-Corte sont ouvertes à l'exploitation le 1er février 1888 par la Compagnie de chemins de fer départementaux. La ligne Bastia-Ajaccio sera achevée en 1894, et l'antenne vers Calvi en 1890. Le réseau de chemins de fer de la Corse mesure aujourd'hui au total deux cent trente kilomètres six cents.

Pic Saint-Loup (pique-sein-Lou).

mardi 2 février

lever : 8 h 20
coucher : 17 h 48

Chandeleur

INSOLITE

Basse-Normandie

Plus grande église en bois de France, l'église Sainte-Catherine de Honfleur, du XVe siècle, n'a pas de clocher sur son toit, mais à quelques mètres d'elle : ainsi, le toit n'a pas à supporter le poids des cloches, et, si la foudre venait à le frapper, le reste de l'édifice serait épargné.

Un gentilé

de Corse

La tour de Miomo du XVIe siècle ou encore l'église Santa-Maria-Assunta du XIIe siècle font partie des trésors de la cité où vivent les Lutinchi. Ils vous inviteront aussi à flâner dans la remarquable chênaie verte sise sur leur commune, qui est…

Santa-Maria-di-Lota.

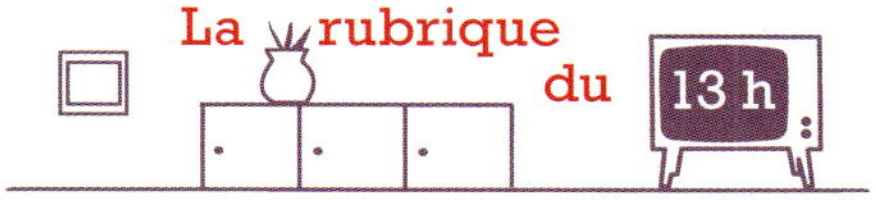

LES HORTILLONNAGES D'AMIENS

Picardie

Cultivés depuis deux mille ans, ces « petits jardins » – c'est ce que signifie le terme picard « hortillon » – couvraient jadis plus de dix mille hectares et alimentaient toute la ville d'Amiens et ses environs en produits maraîchers. Aujourd'hui, ils ne représentent guère plus de trois cents hectares, mais forment encore un espace exceptionnel d'une multitude de petites îles, appelées « aires », entourées de soixante-cinq kilomètres de canaux, les « rieux », qui distribuent les eaux de la Somme et de son affluent, l'Avre.

Bonne fête !

Jeanne de Lestonnac

Après être devenue veuve et avoir éduqué ses enfants, sainte Jeanne décida de se donner à Dieu. Fondatrice de la Compagnie de Marie Notre-Dame, elle consacra sa vie à l'éducation des jeunes filles. « Très pieuse, d'humeur joyeuse, intelligente et belle, la nature en avait fait un chef-d'œuvre, alliant une si belle âme à un si beau corps et logeant une princesse en un magnifique palais », disait d'elle Montaigne, qui n'était autre que son oncle.

Il était une fois en 1933

Découverte du crime des sœurs Papin au Mans

Pays de la Loire

Dans cette soirée de février 1933, la police découvre les cadavres atrocement mutilés de Mme Lancelin et de sa fille à leur domicile. Ce crime horrible deviendra « l'affaire Papin », du nom de famille de Christine et Léa, leurs domestiques, qui avouent le double meurtre, mais évoquent la légitime défense. Tragique illustration de la lutte des classes ou coup de folie ? La personnalité de ces employées de maison – qui n'exprimèrent pas de regrets lors du procès – passionna la France entière, des couches populaires aux milieux intellectuels. Le fait divers inspirera la pièce *Les Bonnes* à Jean Genet, ainsi que les films *La Cérémonie* de Claude Chabrol et *Les Blessures assassines* de Jean-Pierre Denis.

mercredi 3 février

lever : 8 h 18
coucher : 17 h 50

St Blaise

Bonne fête !

Blaise de Sébaste

Médecin dévoué, Blaise est fait évêque, ce qui lui vaut d'être pourchassé à l'arrivée des Romains à Sébaste d'Arménie, sa ville natale. Réfugié dans la forêt, il vit en harmonie avec les animaux, dont il est le patron. Mais il est également celui des cardeurs et des peigneurs de laine : débusqué de son ermitage, il est lacéré par des peignes, puis décapité.

La rubrique du 13 h

LE MUSÉE DU VERRE DE DORDIVES

Centre

Ce musée est unique en son genre, puisqu'il est le seul établissement public en France à être dédié aux produits et procédés industriels du verre. Il est implanté à Dordives, connue pour son exploitation du minerai de fer. Les verreries sont l'autre spécialité de la ville depuis 1752. Vous trouverez, sur deux étages, l'histoire de l'évolution des techniques de la verrerie d'art, et vous vous laisserez séduire par les trois Meilleurs Ouvriers de France qui enchantent les visiteurs, le premier samedi de chaque mois, grâce à la rencontre qu'ils créent entre le verre et la flamme.

Une charade en

Auvergne

Mon 1er vaut 13 x 4 – 36. Mon 2e est la meilleure note du système éducatif américain. Mon 3e est synonyme d'« attaché », d'« uni ». Plateau volcanique, mon tout est également l'une des cinq régions naturelles du parc régional des Volcans d'Auvergne.

Au fil de l'eau

Bretagne

L'Aulne est un fleuve qui arrose principalement le Finistère, dont il est le cours d'eau le plus important. Il s'écoule sur cent quarante-quatre kilomètres – près de la moitié de son parcours est canalisée –, de sa source dans les monts d'Arrée à son estuaire dans la rade de Brest.

Il était une fois en 2008

Le trentième Festival international du court-métrage

Auvergne

Créé en 1979, le festival met chaque année à l'honneur les formats courts du monde entier. Près de cent cinquante mille spectateurs y fréquentent les salles obscures pendant une semaine, ce qui en fait la plus importante manifestation consacrée au court-métrage dans le monde. En parallèle, Clermont-Ferrand accueille le Marché du film, lieu d'échange international des représentants de tous les secteurs du court-métrage. En 2008, on a pu y découvrir des courts de James Thiériée et d'Alain Cavalier, et le Grand Prix a été attribué à Franco Lolli pour sa fiction *Como todo el mundo*.

Cézallier (seize-A-lié).

jeudi 4 février

lever : 8 h 17
coucher : 17 h 52

Ste Véronique

INSOLITE

Midi-Pyrénées

L'église Sainte-Thérèse de Léojac, sur la route qui relie Montauban à cette commune du Tarn-et-Garonne, a-t-elle été victime de la folie des grandeurs de son abbé ? Faute de moyens, celle qui aurait pu devenir basilique n'est réduite qu'à ses fondations de béton, et ce depuis 1938 !

Au fil de l'eau

Franche-Comté

Recalibré dans les années 1960 pour récupérer des terrains agricoles, le Drugeon, un affluent du Doubs, a ainsi perdu environ huit kilomètres de sa longueur initiale. Dans les années 1990, des travaux inverses sont réalisés, et le Drugeon a depuis retrouvé la plupart de ses méandres.

La rubrique du 13 h

ROC-LA-TOUR

Champagne-Ardenne

Ce site célèbre, qui domine la forêt ardennaise, est un condensé de beauté, d'histoire et de légende. On l'appelle aussi « le château du Diable », et on conte qu'un seigneur désargenté aurait vendu son âme au diable, pour qu'il construise un château à son aimée en une nuit. Mais un coq désorienté, chantant trop tôt, fit croire au démon que son entreprise avait échoué, et, de rage, ce dernier détruisit sa construction, ne laissant que d'imposantes colonnes de quartzite en guise de vestiges. Cet amas de bloc pierreux fut, bien avant la chute de Lucifer, dès le magdalénien, au treizième millénaire avant Jésus-Christ, une aire de campement pour les hommes.

Bonne fête ! Véronique

Charitable, comme il se doit, la sainte aurait prêté son voile au Christ, afin qu'il s'essuie le visage pendant le Calvaire. Quand elle le reprit, *vera icon*, « l'image vraie », y était imprimée : le visage du Christ, de sueur et de sang, parfaitement reproduit ! Sans doute émus par ce miracle, les photographes firent de Véronique leur sainte patronne.

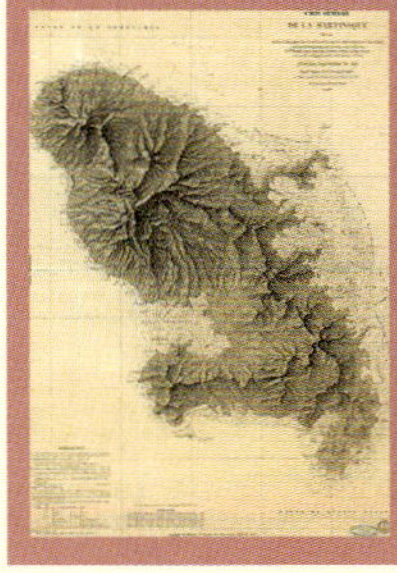

Il était une fois en 1669

Le gouverneur général des Antilles débarque en Martinique

Martinique

Jean-Charles de Baas-Castelmore, dit le « marquis de Baas », est nommé en 1667 par Louis XIV gouverneur général des îles et terre ferme de l'Amérique ; il est notamment chargé de reprendre l'île Saint-Christophe aux Anglais. Le militaire arrive le 4 février 1669 à Saint-Pierre, en compagnie du comte d'Estrée, pour entrer dans ses fonctions de gouverneur général des Antilles françaises, un poste qu'il occupera jusqu'à sa mort en 1677. Il est enterré sur son habitation, dans la commune de Bellefontaine.

vendredi 5 février

lever : 8 h 15
coucher : 17 h 53

Ste Agathe

Savoirs d'antan

Démaquillez-vous en imprégnant une petite éponge humide d'huile végétale de noyaux d'abricots ou d'argan. Passez-la doucement sur votre visage, pour éliminer toute trace de maquillage, puis tonifiez votre peau en vaporisant de l'hydrolat de rose de Damas.

Bonne fête !

Agathe

C'est la grande beauté d'Agathe, chrétienne sicilienne appartenant à la noblesse, qui causa sa perte. Très pieuse, elle refusa les avances d'un consul païen débauché. Ne supportant pas l'affront, ce dernier tenta de la prostituer, puis la fit torturer. Meurtrie, les seins arrachés, elle résista, jusqu'à mourir sous les tenailles de ses bourreaux.

La rubrique du 13 h

MONTPEYROUX

Auvergne

Du haut du donjon de Montpeyroux, dans le Puy-de-Dôme, la vue sur la vallée de l'Allier est splendide. Le village, ancienne place forte, fut édifié grâce à l'arkose. C'est en effet cette roche sédimentaire, typique du val de l'Allier – en témoignent de nombreuses églises romanes, dont Saint-Austremoine d'Issoire –, qui donne à cet ancien fief de vignerons et de tailleurs de pierre sa teinte jaune, dorée. Aujourd'hui considéré comme l'un des plus beaux villages de France, bien restauré et témoignant encore de son passé médiéval, Montpeyroux a su conserver son authenticité.

Un gentilé

du Centre

Situé en Indre-et-Loire et baptisé La Clarté-Républicaine pendant la Révolution française, Saint-Pierre-des-Corps est une commune connue pour son histoire ferroviaire et les balades au bord de la Loire qu'elle propose à ses habitants, les...

Corpopétrussiens.

Il était une fois en 1556

Trêve de Vaucelles

Nord-Pas-de-Calais

C'est en l'abbaye de Vaucelles, au sud de Cambrai, qu'un accord de paix entre Charles Quint – qui prépare son abdication au profit de son fils Philippe II d'Espagne – et Henri II est signé en 1556. Il interrompt une guerre déclenchée en 1552 par l'alliance entre le roi de France et des princes réformés allemands. La trêve reconnaît à la France la souveraineté sur Metz, la Corse, la Savoie et le Piémont. Programmée pour durer, la suspension des hostilités ne tient que cinq mois. Le pape Paul IV, napolitain et anti-Habsbourg, relance le conflit en excommuniant Charles Quint et Philippe II, et en promettant aux Français le royaume de Naples.

samedi 6 février

St Gaston

dimanche 7 février

Ste Eugénie

Les bugnes

Rhône-Alpes

Ingrédients

Pour 4 personnes
250 g de farine
50 g de sucre
50 g de beurre mou
½ sachet de sucre vanillé
3 œufs
½ citron non traité
1 pincée de sel
1 c. à s. de rhum
sucre glace

Recette

- Prélevez le zeste du citron et hachez-le très finement.
- Tamisez la farine dans un bol, puis ajoutez-y le sucre, le sucre vanillé et la pincée de sel. Incorporez les œufs entiers un à un, puis ajoutez le beurre en morceaux en mélangeant. Quand la pâte est bien lisse, versez 1 c. à s. de rhum et le zeste de citron. Pétrissez la pâte jusqu'à obtention d'une boule.
- Laissez reposer la pâte au frais, pendant 1 h, dans un bol fariné recouvert de film alimentaire.
- Farinez votre plan de travail. Divisez la pâte en portions, puis abaissez-la au rouleau le plus finement possible (5 mm maximum).
- Découpez des rectangles de pâte de 12 cm de long sur 5 cm de large, puis faites une entaille sur 4 cm, en longueur, au centre de chaque bande.
- Plongez les bandes par petits groupes dans un bain de friture à 180 °C. Laissez-les gonfler, puis retournez-les une ou deux fois. Quand elles sont bien dorées sur toutes les faces, égouttez-les sur du papier absorbant.
- Saupoudrez-les de sucre glace et dégustez tant que c'est chaud !

Jadis...

Au siècle dernier, la bugne ne contenait que de la farine et de la levure de bière délayées dans de l'eau... Consommée aux alentours de Pâques, elle permettait ainsi d'apporter un peu de plaisir en période de carême, où l'alimentation se devait d'être des plus frugales. Les bouchers en proposaient d'ailleurs à leurs clients pour éviter de se faire oublier... une tradition qui se perpétue aujourd'hui !

lundi 8 février

lever : 8 h 11
coucher : 17 h 58

Ste Jacqueline

INSOLITE

Haute-Normandie

La cathédrale de Rouen est flanquée de deux tours, dont la plus récente, bel exemple de gothique flamboyant, porte le curieux nom de « tour de Beurre ». En effet, elle a été construite en partie grâce à des indulgences payées par les Rouennais pour pouvoir continuer à manger du beurre pendant le carême.

Bonne fête !

Jacqueline de Settesoli

Grande amie de saint François d'Assise, on dit que Jacqueline de Settesoli aimait à lui préparer de petits gâteaux à l'amande, quand elle le recevait dans son palais romain. Ils étaient en fait à la frangipane, ainsi nommée en l'honneur de son mari, Frangipani !

La rubrique du 13 h

LE POINT SUBLIME DES GORGES DU TARN

Languedoc-Roussillon

Sur la commune des Vignes se situe le « point sublime » des gorges du Tarn. Le nom parle de lui-même, et la vue qu'il offre montre à quel point cette appellation n'est pas usurpée. À huit cent soixante-dix mètres d'altitude, depuis ce belvédère très fréquenté sur le causse de Sauveterre, vous pourrez admirer la splendeur des falaises ocre s'élançant depuis les eaux vertes du Tarn, qui fait un virage à angle droit quatre cents mètres plus bas. Face à vous, c'est la silhouette découpée du causse Méjean qui finit de donner tout son « sublime » à ce point de vue extraordinaire.

Une charade en *Rhône-Alpes*

Mon 1er est l'abréviation anglaise de « diode électroluminescente ». On marche sur mon 2e lorsqu'on agit avec prudence et précaution. Mon 3e est l'onomatopée signifiant le sommeil. On retrouve mon 4e dans le nom de la région dont il est question. Créé juste après Chamonix, mon tout est une station de ski célèbre pour son glacier.

Il était une fois en 1805

Naissance d'Auguste Blanqui à Puget-Théniers

Provence-Alpes-Côte d'Azur

Fils d'un Conventionnel girondin qui vota la mort de Louis XVI, Blanqui naît sous le premier Empire. Après des études de droit et de médecine, il se lance dans la politique et défend un républicanisme révolutionnaire. Ce théoricien du socialisme, qui consacrera un demi-siècle de sa vie à l'émancipation des classes populaires, participera activement à la révolution de 1848 et sera un des chefs de file des communards en 1871. Surnommé « l'enfermé » – car il passera près de trente-cinq ans en prison –, il créera en 1880, un an avant sa mort, le journal *Ni Dieu ni maître*.

Les Deux-Alpes (led-œufs-ZZZ-Alpes).

mardi 9 février

lever : 8h09
coucher : 18h00

Mardi gras

Savoirs d'antan

Difficile de faire sauter les crêpes lorsqu'elles attachent dans la poêle. Pour éviter ce désagrément, il est préférable de préparer la pâte une heure avant leur fabrication. Mais, si vous manquez de temps, versez du beurre fondu dans votre pâte. Et surtout, bon appétit !

Un gentilé
de Champagne-Ardenne

Les Lingons, un des plus anciens peuples gaulois, tiraient leur nom de la ville de Langres, où ils s'étaient installés au IVe siècle av. J.-C., devenue par la suite un puissant évêché du royaume de France. Aujourd'hui, les habitants de cette ville fortifiée sont appelés les…

Langrois.

La rubrique du 13 h

LE PARC A CUPULATTA
Corse

C'est sur la commune d'Ucciani, en Corse-du-Sud, que se trouve le plus important centre d'élevage et de protection des tortues : le parc A Cupulatta – « la tortue » en langue corse. Trois mille animaux, de cent soixante-dix espèces différentes, terrestres ou aquatiques, y sont visibles, préservés sous les cieux cléments de l'île de Beauté et sur les rives de la claire Gravona. Cet espace de plus de deux hectares est l'œuvre d'un passionné et accueille depuis 1998 tortues Apalone, des Galápagos, Matamata et autres spécimens reptiliens fascinants et méconnus.

Bonne fête !
Apolline

Œil pour œil, dent pour dent : Apolline, ou Apollonie, se vit briser les mâchoires et arracher les dents pour refuser de prononcer des paroles impies. L'une d'elles, conservée depuis le IIIe siècle, se trouve dans l'église de Lézat-sur-Lèze, en Ariège. En cas de maux dentaires, la relique de la sainte patronne des dentistes est visible tous les samedis à 15 heures précises !

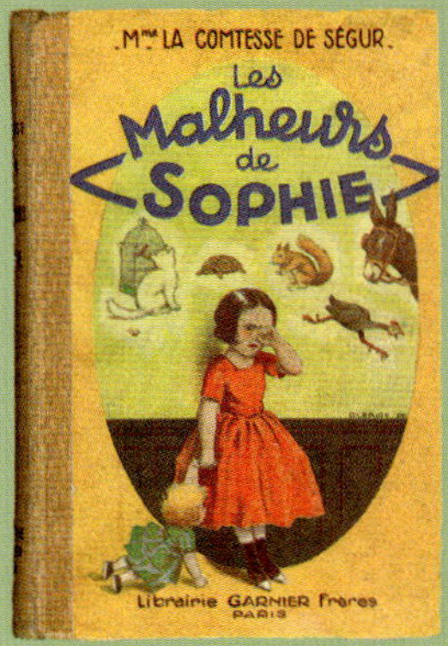

Il était une fois en 1874
Mort de la comtesse de Ségur
Île-de-France

Saviez-vous que la comtesse de Ségur, figure incontournable de la littérature française, était d'origine russe ? Sophie Rostopchine a en effet grandi près de Moscou, dans une famille aristocratique où l'enseignement du français était privilégié. Disgracié par le tsar, son père emmène sa famille en exil à Paris, où un mariage est arrangé avec le comte de Ségur. Ce n'est qu'après ses 50 ans que la comtesse commence à écrire, notant les histoires qu'elle raconte à ses petits-enfants. Elle décède à Paris à 74 ans, en nous laissant *Les Malheurs de Sophie* et *Les Petites Filles modèles*, qui continuent de compter parmi les classiques de la littérature jeunesse.

mercredi 10 février

lever : 8 h 08
coucher : 18 h 02

Bx Arnaud

Une charade en Haute-Normandie

Mon 1er est le résidu du filtrage du café. Mon 2e vit, existe. Mon 3e est la couleur des enragés ou des jaloux. Mon 4e est le contraire d'« avouer ». Mon tout est un espace naturel humide qui s'est développé sur un ancien méandre de la Seine.

Bonne fête !

Arnaud

Bienheureux, car béatifié et non pas canonisé, le pieux Arnaud Cataneo s'opposa à un tyran de Padoue. Cet acte de bravoure fut considéré par la brute comme une bravade : il fut enfermé dans un cachot et en sortit les pieds devant, huit ans plus tard.

La rubrique du 13 h

MONTPERREUX

Franche-Comté

Montperreux est situé à neuf cent quatre-vingt-dix-sept mètres d'altitude ; on le surnomme aussi souvent « le balcon du lac », car il domine le lac Saint-Point. On peut y admirer la vallée des Deux Lacs, depuis un belvédère dominant l'anse de Chaon et construit à côté d'une petite chapelle du XVe siècle. Le bourg est entouré de nombreuses sources, dont la source Bleue, qui tient son nom de la couleur turquoise de son eau et qui inspira un tableau à Gustave Courbet, et Fontaine Ronde, une source intermittente, dont le niveau peut varier de cinq centimètres en quelques minutes et qui bouillonne lors de la montée des eaux, à cause de la libération de bulles de gaz carbonique.

Au fil de l'eau

Nord-Pas-de-Calais

Wateringue est un mot issu du néerlandais signifiant « terre entourée de digues » et désigne, dans le nord de la France, un réseau de canaux mis en place après l'assèchement de parcelles situées sous le niveau de la mer. On retrouve ces wateringues dans le marais audomarois, la plus grande zone humide de la région.

Il était une fois en 1942

Mort d'Ernest Pérochon à Niort

Poitou-Charentes

Né en 1885, Ernest Pérochon est un écrivain méconnu du grand public, lui qui a pourtant reçu le prix Goncourt en 1920, pour son roman *Nêne*. Il y raconte l'histoire de Madeleine, servante dans une ferme du bocage vendéen. Le livre est un hommage à la religion « dissidente », héritée des chouans et des prêtres réfractaires, qui ont refusé le Concordat. Très attaché à sa région d'origine et aux valeurs familiales, il relate dans ses récits la vie des paysans, des « cherche-pain ». Ernest Pérochon refuse, en 1940, de collaborer à la presse de Vichy et meurt deux ans plus tard à Niort, où un groupe scolaire porte son nom.

Marais-Vernier (marc-est-vert-nier).

jeudi 11 février

- lever : 8 h 06
- coucher : 18 h 03

Notre-Dame de Lourdes

Savoirs d'antan

Un vêtement taché de sang est facilement nettoyé, si on le laisse tremper une nuit dans de l'eau froide. Mais, si la tache s'est formée sur un canapé en tissu, préparez une pâte en mélangeant de la farine à un peu d'eau. Appliquez sur la zone tachée. Laissez sécher, puis brossez.

Un gentilé
de Poitou-Charentes

Mondialement connue pour son eau-de-vie, Cognac est une cité qui abrite un quartier médiéval, où, parmi les édifices du XVe siècle, se distingue le château qui vit naître François Ier. De nos jours, de nombreux festivals y dynamisent la vie des...

Cognaçais.

La rubrique du 13 h

LOCRONAN

Bretagne

La présence d'un ancien tumulus de l'âge du bronze – dont il ne reste rien aujourd'hui – atteste le peuplement précoce de ce village, qui fut un haut lieu du culte druidique, avant d'être évangélisé par saint Ronan, de qui la commune tient son nom – « le lieu de Ronan ». Ainsi, une église y est érigée dès 1031. La ville profita ensuite de la prospérité du chanvre et en développa une richesse économique dès le XIVe siècle. La toile à voile de Locronan aurait équipé l'Invincible Armada, et Shakespeare la cite dans *Coriolan*. C'est de cette époque que datent les magnifiques bâtisses en granite que vous pourrez y admirer.

Bonne fête !

Notre-Dame de Lourdes

C'est en 1858 que la Vierge Marie se montre à Bernadette, mais il faut attendre 1862 pour que la commission d'enquête mandatée par l'évêque de Tarbes reconnaisse les apparitions. Le culte de Notre-Dame de Lourdes peut alors commencer.

Il était une fois en 1911

Restriction de l'utilisation de l'appellation champagne

Champagne-Ardenne

Le XXe siècle débuta avec des conflits autour de la délimitation de l'appellation champagne. Après de médiocres récoltes dans la Marne à cause du phylloxéra, du gel et des orages, certains négociants s'approvisionnèrent en vin dans l'Aube et vendirent ces bouteilles sous le nom de « champagne ». En janvier 1911, des vignerons de la Marne, excédés par ces fraudes, mirent à sac des caves, et la troupe dut intervenir. L'État promulgua le 11 février une loi imposant que le terme « champagne » soit réservé aux mousseux exclusivement élaborés en Champagne et à partir de raisins de la région. Les tensions entre Aubois et Marnais dureront pourtant pendant de nombreux mois.

vendredi 12 février

lever : 8 h 05
coucher : 18 h 05

Ste Eulalie

INSOLITE

Pays de la Loire

L'habitat troglodytique est très répandu dans le Val de Loire, mais c'est à Rochemenier, à une vingtaine de kilomètres de Saumur, que se trouve le site le plus important : le village se compose de quarante anciennes fermes creusées dans le sol ; une partie du village a été transformée en musée.

Bonne fête !

Eulalie

Certains païens ont fait preuve d'une grande imagination pour réduire au silence les chrétiens. Ainsi, Dacien, gouverneur de Barcelone, aurait ordonné en 304 que l'on enferme Eulalie dans un tonneau rempli de bris de verre et qu'on le fasse rouler dans la rue…

La rubrique du 13 h

LE FANGO

Corse

Le Fango est un petit fleuve côtier qui prend naissance à deux mille mètres d'altitude sur un versant du capo Tafonato, « le mont Troué ». Son cours de plus de vingt-deux kilomètres est grossi par quinze affluents et jalonné de nombreuses piscines naturelles, qui régalent les baigneurs désireux de s'éloigner des plages bondées. Il irrigue une nature sauvage et rocailleuse, et il n'est pas rare de croiser sur ses berges quelque vache paissant en liberté, qui sera alors tout aussi étonnée que vous de rencontrer quelqu'un sur ces rives sauvages. Après le pont de Manso, vous pourrez découvrir son embouchure dans Riciniccia, site naturel protégé.

Au fil de l'eau

Centre

C'est au pied de Candes-Saint-Martin, un des plus beaux villages de France, que se marient les eaux vertes et claires de la Loire à celles plus foncées de la Vienne. Cette confluence, le bec de Vienne, laissée à son état naturel, est classée parmi les grands sites du patrimoine mondial de l'Unesco.

Il était une fois en 1429

Déroute française de la journée des Harengs

Centre

En cette fin de guerre de Cent Ans, Orléans est assiégé par les Anglais. Ceux-ci attendent trois cents chariots de ravitaillement en provenance de Chartres, escortés par des milliers d'hommes. Le convoi, qui transporte des barriques remplies notamment de harengs destinés à nourrir les soldats pendant le carême, est stoppé à Rouvray-Saint-Denis par des Orléanais, qui ont réussi à s'échapper de leur ville. La bataille s'engage, mais les Français menés par Jean de Dunois manquent leur effet de surprise et se querellent quant à la stratégie à adopter : la journée des Harengs s'achève en une lamentable déroute. Les Orléanais attendront le printemps pour être délivrés par Jeanne d'Arc.

samedi 13 février

Ste Béatrice

dimanche 14 février

St Valentin

Saint-Jacques à la honfleuraise

Basse-Normandie

Ingrédients

Pour 2 personnes
8 coquilles Saint-Jacques
2 beaux poireaux
20 g + 50 g de beurre d'Isigny
27 ml de calvados
100 g de crème fraîche épaisse
1 échalote
1 c. à s. de ciboulette hachée
1 c. à s. d'huile d'olive
sel et poivre

Recette

- Préchauffez le four à 190 °C.
- Épluchez les poireaux en ne gardant que le blanc et le vert tendre, et lavez-les soigneusement sous l'eau froide. Égouttez-les bien, puis coupez-les en tronçons biseautés de 1 cm.
- Dans une poêle, faites fondre les 20 g de beurre, puis ajoutez les poireaux et laissez cuire pendant environ 25 min, à couvert et à feu très doux. En fin de cuisson, salez et poivrez.
- Divisez la fondue ainsi obtenue dans deux cassolettes beurrées et réservez.
- Dans la même poêle, faites fondre à feu moyen 50 g de beurre jusqu'à obtention d'un beurre noisette. Déposez les Saint-Jacques dans le beurre, puis faites-les légèrement colorer 1 min sur chaque face. Salez et poivrez, puis répartissez-les dans les cassolettes.
- Toujours dans la même poêle, dans le reste de beurre, faites blondir à feu doux l'échalote finement ciselée. Déglacez ensuite avec le calvados, puis ajoutez la crème fraîche et la ciboulette et rectifiez l'assaisonnement. Amenez à ébullition à feu doux et laissez cuire 2 min. Ajoutez cette préparation dans les cassolettes.
- Enfournez pour 5 à 7 min, puis servez aussitôt.

Sommellerie

Pour accompagner ce plat, préférez un vin blanc sec. À la fois minéral et fruité, un pouilly fumé s'accordera parfaitement à la saveur fine des Saint-Jacques.

lundi 15 février

lever : 7 h 59
coucher : 18 h 10

St Claude

Savoirs d'antan

Inutile de maintenir la plaque électrique sous tension jusqu'à la fin de la cuisson. Éteignez-la quelques minutes avant que le minuteur ne sonne. Vous profiterez de la chaleur résiduelle de la plaque et, ainsi, vous ne gaspillerez pas d'énergie électrique.

Bonne fête !

Claude La Colombière

Claude La Colombière est né en 1641. Tour à tour précepteur des enfants de Colbert, directeur spirituel de Marguerite-Marie Alacoque, religieuse canonisée en 1920, et prédicateur de Marie-Béatrice de Modène, duchesse d'York, future reine d'Angleterre, il ne fut pourtant canonisé que tardivement, en 1992, par Jean-Paul II.

La rubrique du 13 h

LE CENTRE MINIER DE FAYMOREAU

Pays de la Loire

Non loin du Marais poitevin, l'ancienne cité minière de Faymoreau, qui a vécu de l'exploitation houillère des années 1820 jusqu'en 1958, permet aux visiteurs de se plonger dans la vie des « gueules noires » de Vendée, grâce au Centre minier labellisé « Musée de France ». Il propose, entre autres activités, une descente dans des galeries reconstituées. On peut aussi parcourir les corons du village minier, avant d'aller admirer les vitraux colorés de la chapelle des Mineurs, réalisés par l'artiste Carmelo Zagari.

Un gentilé

du Languedoc-Roussillon

Mauguio, situé dans l'Hérault, présente un site appelé La Motte, qui a été élevé au xe siècle, afin d'offrir un emplacement stratégique au château des comtes de Melgueil. Aujourd'hui, ses plages et son port de plaisance font le bonheur de ses habitants, les...

Melgoriens.

Il était une fois en 1869

Inauguration de l'hôpital militaire de Cherbourg

Basse-Normandie

Napoléon III, en visite à Cherbourg en août 1858, décide la construction d'un hôpital maritime. L'édifice est inauguré dix ans plus tard, mais n'est totalement achevé qu'en 1871. Le centre médical s'étend sur cent soixante mille mètres carrés, comportant un jardin botanique et, plus tard, un héliport. Il est le témoin d'importantes avancées médicales, notamment en radiographie et en anesthésie, et un bloc opératoire moderne y est installé en 1913. En 1982, l'hôpital est rebaptisé René-Le-Bas, du nom du premier médecin militaire français à rejoindre la France libre à Londres et mort en 1942. L'établissement de santé a été fermé en 2002 et réhabilité en bâtiment universitaire.

mardi 16 février

lever : 7 h 58
coucher : 18 h 12

Ste Julienne

Au fil de l'eau

Basse-Normandie

Issue de la source souterraine de l'Orbiquet, un de ses affluents, la Touques s'écoule sur cent huit kilomètres à travers le Calvados. Elle est fréquentée par plusieurs espèces migratrices, comme la truite de mer, qui emprunte la passe à poissons de Breuil-en-Auge, avant de remonter le fleuve.

Une charade en

Corse

Mon 1er est le plus grand et le plus répandu des pigeons. Mon 2e arrive premier dans l'ordre des voyelles. Mon 3e est la troisième personne du singulier du verbe « gésir » au présent. Mon 4e est aussi mon 2e. Avec son sable blanc, ses rochers aux accents rouges et ses pins parasols, mon tout est l'une des plus belles plages de Corse.

La rubrique du 13 h

LA MANUFACTURE ROYALE D'ARMES BLANCHES D'ALSACE

Alsace

Le petit hameau de Klingenthal doit sa création à Louis XV, qui, au début du XVIIIe siècle, décida de doter la France d'une manufacture d'armes blanches, pour ne plus avoir à les acheter à l'étranger. Le nom de « Klingenthal » signifie d'ailleurs « vallée des lames », et ce sont les ouvriers – qui étaient ses seuls habitants – qui lui donnèrent ce nom. Le musée offre aujourd'hui un voyage à travers les différentes étapes de la fabrication d'armes blanches, ainsi que des collections d'armes et de cuirasses, avant de vous laisser dans le village que constituait la manufacture.

Bonne fête !

Julienne de Nicomédie

Julienne de Nicomédie connut un bien triste sort. Elle fut livrée aux Romains par le fiancé qu'on lui avait promis contre son gré, puis flagellée nue par ce même tortionnaire. Suspendue par les cheveux, plongée dans l'eau bouillante, elle fut enfin décapitée, à l'âge de 18 ans.

Il était une fois en 1975

Lancement du premier Enduro du Touquet

Nord-Pas-de-Calais

Thierry Sabine, qui travaillait au service communication de la mairie du Touquet, eut le premier l'idée de cette course de motos sur la Côte d'Opale. La première édition, en 1975, réunit presque trois cents concurrents, amateurs et professionnels, et se déroula en deux manches. Le circuit, spectaculaire, traversait les dunes. Victime de son succès et des centaines de milliers de spectateurs annuels, la course faillit s'arrêter en 2005, car les dégâts écologiques étaient importants en bord de mer. Elle fut rebaptisée « Enduropale », et le parcours se limite désormais à une quinzaine de kilomètres, uniquement sur la plage, afin de préserver l'écosystème dunaire.

Palombaggia (palombe-A-gît-A).

mercredi 17 février

lever : 7 h 56
coucher : 18 h 13

St Alexis

Bonne fête !

Alexis Falconieri

Il faisait bien meilleur vivre, pour les chrétiens d'Italie, au XIVe siècle qu'une dizaine de siècles plus tôt. Saint Alexis put ainsi laisser libre cours à sa charité et à l'adoration de la Vierge tout au long de sa vie, qu'il acheva dans l'abbaye de Monte Senario, à l'âge canonique de 110 ans.

La rubrique du 13 h

LE TRÉSOR DE L'ABBAYE DE GRANDMONT

Limousin

L'origine de l'abbaye de Grandmont, dont il ne reste que des ruines, remonte au XIIe siècle. Construite par l'ordre de Grandmont, fondé par saint Étienne de Muret, elle fut protégée par les rois d'Angleterre Henri II et Richard Cœur de Lion. L'abbaye se constitue alors un trésor, qui, dit-on, impressionna le pape Innocent III lors de sa visite en 1188. Cependant, ce trésor fut dispersé, bien que certains objets soient encore visibles dans plusieurs églises de Haute-Vienne : des émaux, des pièces d'argent doré à décor de pierreries…

Savoirs d'antan

Les vases longs et étroits sont idéaux pour mettre une rose en valeur. Mais leur nettoyage s'avère malaisé. Versez une cuillère à soupe rase de bicarbonate dans le fond, puis ajoutez du vinaigre blanc à la moitié du vase. Laissez agir et rincez.

Au fil de l'eau

PACA

Le Var, fleuve méditerranéen, traverse plusieurs départements de la région, mais, curieusement, pas celui auquel il a donné son nom. À Daluis, dans les Alpes-Maritimes, le Var a creusé de splendides gorges dans des roches oxydées par le fer, formant de véritables canyons rouges.

Il était une fois en 1870

Naissance du biologiste Jules Tissot à Besançon

Franche-Comté

Le Franc-Comtois Jules Tissot, né en 1870, occupa la chaire de physiologie générale au Muséum d'histoire naturelle de Paris. Cet éminent chercheur étudia le travail musculaire et la microbiologie. Il inventa différents outils de laboratoire et un masque respiratoire isolant, produit en série pendant la Première Guerre mondiale, pour protéger les soldats des gaz. Il est aussi connu et critiqué pour avoir remis en cause certaines idées de Louis Pasteur : il fut l'un des premiers à douter du bienfait des vaccinations systématiques.

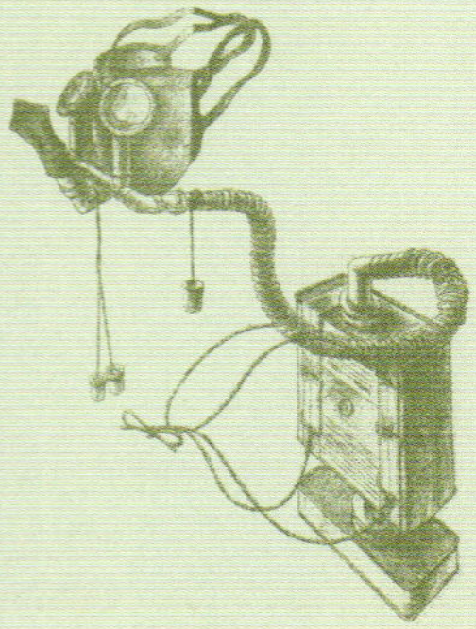

INSOLITE

Champagne-Ardenne

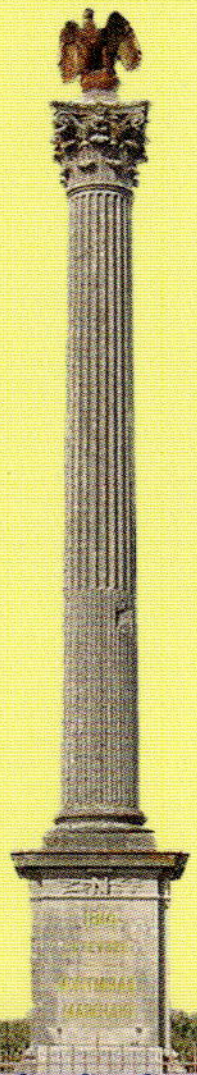

Quelle est cette colonne haute de dix-huit mètres qui s'élève, seule, sur le bord de la route, à la limite de l'Aisne et de la Marne ? Surmontée d'un aigle doré, la colonne de Napoléon de Montmirail célèbre une des dernières victoires de Napoléon Ier en 1814, sur le lieu même de la bataille.

Une charade en Bretagne

Mon 1er est un mot vulgaire désignant les matières fécales. Mon 2e est une ancienne colère. Mon 3e est le soixantième département français. Craint pour ses courants dangereux et ses nombreux écueils, mon tout borde la pointe de la Bretagne.

La rubrique du 13 h

LA BASILIQUE DE PARAY-LE-MONIAL

Bourgogne

La basilique de Paray-le-Monial est un véritable chef-d'œuvre de l'art roman. Sa construction fut décidée au XIIe siècle par le grand moine bâtisseur saint Hugues de Semur, abbé de Cluny. Cet édifice, qui représente la forme la plus parfaite de l'architecture romane clunisienne, grâce à sa géométrie, au rapport de ses volumes et à la gestion de la lumière, a réussi à traverser la Révolution, car il fut racheté par la ville. Après sa restauration de 1856, le pape Pie XII en fait la basilique du Sacré-Cœur en 1875. Aujourd'hui église paroissiale, elle est encore un lieu de spiritualité très important.

Bonne fête ! Bernadette

En 1858, la ville de Lourdes connaît une véritable « épidémie de visionnaires ». C'est en effet cette même année que Bernadette Soubirous est témoin de dix-huit apparitions de la Vierge Marie. Un an plus tard, trente mille personnes viennent voir la célèbre grotte, espérant apercevoir la Vierge à leur tour. Ne supportant plus le monde attiré par ses visions, elle entre chez les sœurs de la Charité puis au couvent Saint-Gildard. Elle meurt à 35 ans.

Il était une fois en 1913

Sacha Guitry s'installe à Yainville

Haute-Normandie

Lorsque Guitry s'installe à Yainville, entre Le Havre et Rouen, il connaît déjà bien la région, notamment l'embouchure de la Seine. Son père s'est rendu propriétaire en 1888 du manoir du Breuil, près d'Honfleur, où l'adolescent a côtoyé Tristan Bernard, Alphonse Allais, Sarah Bernhardt… Pour Guitry et sa première épouse, Charlotte Lysès, le manoir des Zoaques, une propriété de huit cents mètres carrés de style anglo-normand, devient une résidence d'été de 1913 à 1916. Le dramaturge y fait réaliser des boiseries et des fresques, et il y donne de somptueuses réceptions. Il y travaille aussi à son tout premier film et écrit les pièces *La Pèlerine écossaise* et *Deux couverts*.

Mer d'Iroise (merde-ire-Oise).

vendredi 19 février

lever : 7 h 52
coucher : 18 h 16

St Gabin

Bonne fête !
Gabin

On sait peu de chose sur ce saint romain du IIIe siècle, si ce n'est qu'il était le frère du pape Caius et le père de sainte Suzanne. Ce qui est sûr, en revanche, c'est que c'est à Jean Gabin que l'on doit le succès de son prénom, et non à lui !

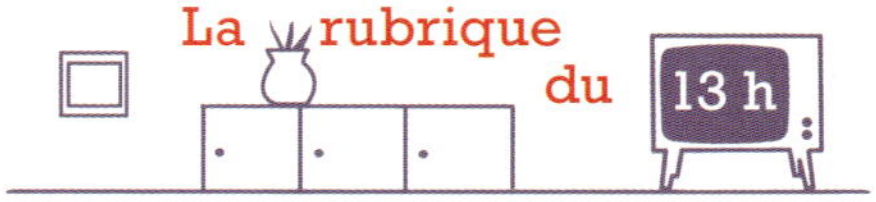

FALAISE
Basse-Normandie

Falaise est une ville du Calvados qui tire son nom de l'éperon rocheux qui la domine. Le site est habité dès l'époque mérovingienne, et c'est sur un sanctuaire païen que sera érigé un des joyaux de l'art roman en Normandie, l'église Notre-Dame de Guibray. La cité fut la capitale du duché de Normandie et vit naître Guillaume le Conquérant, dit « le Bâtard », en 1027 ou 1028, d'une liaison entre le duc Robert le Magnifique et une fille de tanneur. Bien que touchée en août 1944 par des bombardements, lors de la bataille de la poche de Falaise, la ville a conservé son architecture médiévale au charme typique.

INSOLITE
PACA

C'est une invention unique au monde qui est inaugurée en juin 1967 à Marseille : un téléphérique sous-marin ! Les curieux embarquaient dans des cabines pour un parcours de quatre cents mètres, à dix mètres de profondeur. On peut voir aujourd'hui les vestiges de ce téléscaphe, qui n'aura été en service qu'un an.

Un gentilé
de Franche-Comté

Pont-de-Roide-Vermondans est une commune où l'on peut contempler la vallée du Doubs, depuis le superbe point de vue du site des Roches, qui abrite la réserve naturelle régionale du Crêt des Roches, bien connue des habitants de la cité, les...

Rudipontains.

Il était une fois en 197
Début de la bataille de Lugdunum
Rhône-Alpes

La bataille de Lugdunum est le point culminant d'une lutte de succession qui oppose Clodius Albinus, commandant des légions de Bretagne, qui s'est fait acclamer empereur par ses troupes quelques mois plus tôt, à Septime Sévère, proclamé empereur à Rome en 193. Les armées de ces anciens alliés s'affrontent pendant deux jours au confluent du Rhône et de la Saône. L'historien Dion Cassius mentionne cent cinquante mille combattants dans chaque camp – un nombre probablement excessif. L'issue des combats est longtemps incertaine, mais les troupes de Clodius Albinus sont finalement massacrées, et Lugdunum est livré aux pillages, puis incendié.

La carbonade

Nord-Pas-de-Calais

Ingrédients

Pour 6 personnes

1,5 kg de paleron de bœuf
1 l de bière brune du Nord
5 oignons émincés
30 g de beurre doux + 1 noix
1 c. à s. de farine
2 c. à s. de vergeoise (sucre brun)
2 c. à s. de vinaigre de vin rouge
1 bouquet garni
6 tranches de pain de campagne rassis
3 c. à s. de moutarde
huile de tournesol
sel et poivre

Recette

- Découpez la viande en tranches de 2 cm d'épaisseur.
- Faites fondre une noix de beurre avec de l'huile dans une cocotte, puis faites-y dorer la viande à feu modéré. Quand elle est bien colorée sur tous les côtés, réservez-la.
- Dans la même cocotte, faites fondre les 30 g de beurre et mettez-y les oignons à suer à feu doux, jusqu'à obtention d'une coloration blonde. Ajoutez alors la vergeoise, salez et poivrez. Dès que le sucre commence à caraméliser, déglacez au vinaigre de vin. Laissez cuire 2 min en grattant avec une spatule en bois pour décoller les sucs de cuisson.
- Remettez ensuite la viande dans la cocotte, saupoudrez la farine, puis mélangez bien. Ajoutez le bouquet garni, puis la bière. Il est important qu'elle recouvre bien la viande. Posez à la surface les tranches de pain badigeonnées de moutarde.
- Portez à ébullition, puis couvrez et laissez mijoter à feu très doux pendant 2 h 30, en remuant de temps en temps.
- Enlevez le bouquet garni, puis faites mijoter à nouveau 1 h à couvert. Pour une sauce plus onctueuse, vous pouvez découvrir la dernière ½ h.
- Servez avec des frites ou des endives braisées.

Petit conseil

Dans sa version plus traditionnelle, la carbonade se fait avec du pain d'épices plutôt que du pain de campagne. Cela apporte une petite note sucrée supplémentaire. Dans tous les cas, pensez à la cuisiner la veille, car c'est réchauffée qu'elle est la meilleure !

lundi 22 février

lever : 7 h 47
coucher : 18 h 21

Bse Isabelle

Savoirs d'antan

Vous souhaitez réparer, parce que son tain est altéré, un miroir bon marché. Sur l'envers, grattez et poncez doucement les zones abîmées. Dépoussiérez soigneusement, puis appliquez de la peinture argentée. Après séchage, il sera utilisable.

Bonne fête !

Isabelle de France

La vie de la bienheureuse Isabelle de France nous est connue grâce au récit d'une de ses dames d'honneur, Agnès d'Harcourt. Sœur de Saint Louis, elle fut toute sa vie attirée par la religion et parvint à éviter un mariage princier, malgré les pressions du pape, sans pour autant jamais entrer dans les ordres.

La rubrique du 13 h

LA ROSERAIE DU VAL-DE-MARNE

Île-de-France

C'est au cœur de la ville de L'Haÿ-les-Roses que se trouve la première roseraie du monde. En 1899, Jules Gravereaux demande au paysagiste Édouard André de lui concevoir un espace où la rose constituerait l'unique décor végétal. Dès 1910, toutes les formes connues du genre *Rosa* y sont présentes, et, aujourd'hui, le visiteur ne peut que s'ébahir face à la vision de ces quelque seize mille rosiers proposant trois mille trois cents formes de roses différentes. Le jardin, conçu comme un lieu d'accueil, de visite et de préservation, vous permettra, au moins pour quelques heures, de voir la vie en rose !

Au fil de l'eau

Guyane

Avec ses six cents kilomètres, le Maroni est le principal cours d'eau de Guyane et une de ses plus importantes voies de communication. À certains endroits, la pirogue est le seul moyen de transport de marchandises et de passagers, et il faut des pilotes experts pour affronter les dangers du fleuve.

Il était une fois en 1619

Marie de Médicis s'enfuit du château de Blois

Centre

À la mort d'Henri IV, en 1610, Louis XIII, âgé de 8 ans, monte sur le trône. La reine mère Marie de Médicis gouverne comme régente. Le jeune roi grandit et décide d'écarter sa mère de la cour en 1617. Assignée à résidence à Blois, Marie de Médicis s'enfuit dans la nuit du 22 février 1619 et descend une échelle de corde le long de la façade du château, son coffret à bijoux sous le bras. Elle se réfugie à Angoulême et fomente une révolte contre le roi. En avril, Louis XIII trouvera un compromis avec sa mère en signant le traité d'Angoulême, négocié par Richelieu.

mardi 23 février

lever : 7 h 45
coucher : 18 h 23

St Polycarpe de Smyrne

Une charade en Midi-Pyrénées

Goûter, avaler ou encore parler font partie des fonctions de mon 1er. Mon 2e désigne le verso, d'une feuille par exemple. Mon 3e est le pronom possessif se rapportant à « lui ». Mon tout est un dérivé de l'occitan, en usage en Midi-Pyrénées, entre autres régions.

INSOLITE

Bourgogne

À Auxerre, faire les vendanges en plein centre-ville, c'est possible ! Mais ce qui est plus surprenant encore, c'est que le petit vignoble du clos de la Chaînette, le plus ancien répertorié en France et bénéficiant d'une AOC, appartient à l'hôpital psychiatrique de la ville !

La rubrique du 13 h

LE MUSÉE EUROPÉEN DE LA BIÈRE À STENAY

Lorraine

Si, comme le dit un proverbe tchèque, « la bière fait le héros », c'est alors à Stenay qu'il faut venir vivre des aventures. Installé dans une ancienne malterie de cette citadelle de la Meuse, l'édifice est d'ailleurs classé monument historique. Le musée présente l'évolution des techniques et traditions brassicoles, des origines à nos jours. Des bornes interactives, des reconstitutions, des ambiances sonores et olfactives rendent l'histoire de la fabrication de ce breuvage populaire très ludique. Une taverne – en fin de visite – doit permettre aux héros de déguster ou d'emporter les bières de leur choix.

Bonne fête !

Polycarpe de Smyrne

Évêque de Smyrne et disciple de saint Jean l'Évangéliste, Polycarpe fut condamné à être brûlé vif. Mais le ciel en décida autrement, et les flammes se contentèrent, lors de son martyre, de l'entourer, sans jamais le blesser. Il fallut donc le pourfendre, ce à quoi il ne survécut pas...

Il était une fois en 2004

Séisme de magnitude 5,1 dans le Doubs

Franche-Comté

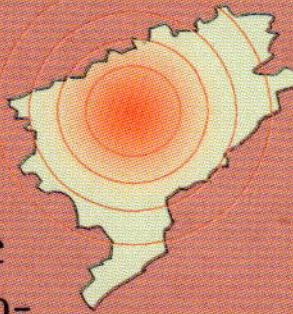

Le 23 février 2004, en début de soirée, un tremblement de terre de magnitude 5,1 sur l'échelle de Richter a été ressenti dans l'est de la France, de Lyon à Strasbourg et en Suisse, soit sur un rayon d'environ trois cents kilomètres. L'épicentre a été localisé à Roulans, près de Baume-les-Dames, à vingt kilomètres au nord-est de Besançon. La secousse, liée au décollement du front nord du Jura, n'y a duré que quelques secondes et n'a fait aucun blessé, mais elle a été ressentie par toute la population et a occasionné une rupture des réseaux électriques et téléphoniques. Il s'agit de la magnitude la plus importante enregistrée dans la région depuis le déploiement des réseaux sismologiques modernes, dans les années 1960.

Languedocien (langue-dos-sien).

mercredi 24 février

lever : 7 h 43
coucher : 18 h 25

St Modeste

Bonne fête !

Modeste

Il portait si bien son nom que l'histoire n'a presque rien retenu de la vie du Modeste fêté ce jour, si ce n'est qu'il mourut dans les années 480. Ses reliques sont néanmoins toujours vénérées dans l'église Saint-Matthias de Trèves, en Allemagne, où il vécut au temps des Francs.

La rubrique du 13 h

LE MUSÉE DE LA TONNELLERIE DE CHÉCY

Centre

La commune de Chécy est située dans un périmètre inscrit au patrimoine mondial de l'Unesco. Dès le Moyen Âge, la vigne s'y développe, et avec elle un métier qui lui est indispensable : celui de tonnelier. Jusqu'à la fin du XIXe siècle, la vigne y étant la principale culture, Chécy compta un grand nombre de tonneliers-vignerons, et c'est à cette communauté que le musée, construit en 1989, rend hommage. Le métier peu connu est présenté de fort belle manière, notamment grâce à la reconstitution d'un cellier et d'une fermette vigneronne du XIXe siècle.

Savoirs d'antan

L'oignon se révèle précieux dans les cas de brûlures légères. Si vous vous êtes brûlé, pilez et salez un oignon. Appliquez en compresse directement sur la peau. Vous bénéficierez ainsi des propriétés antiseptiques de cette plante vivace.

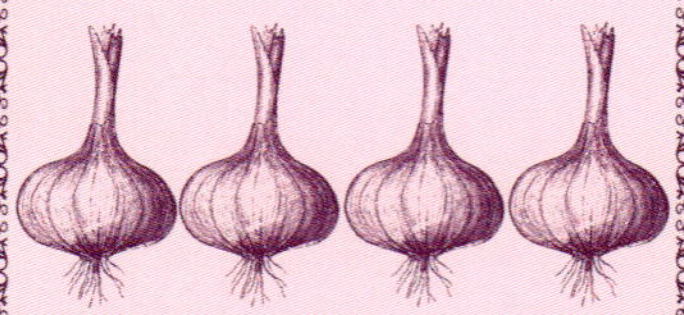

Un gentilé

de Lorraine

En Meurthe-et-Moselle, la commune de Longwy est très réputée pour ses faïenceries et ses émaux, et ce depuis le XVIIIe siècle. Ses fortifications du XVIIe siècle et son château fort du XIe siècle font aussi la fierté de ses habitants, que l'on appelle les...

Longoviciens.

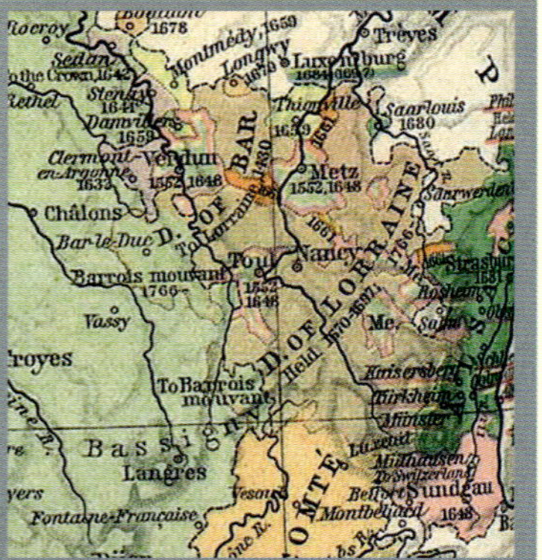

Il était une fois en 1766

La Lorraine est rattachée à la France

Lorraine

Stanislas Leszczynski, roi déchu de Pologne et commanditaire de la célèbre place Stanislas de Nancy, meurt au château de Lunéville pendant l'hiver 1766. Quelques semaines plus tôt, sa robe de chambre en fourrure s'est embrasée, alors qu'il s'approchait de la cheminée. Il meurt le 23 février, après une longue agonie. Louis XV, auquel il avait donné la main de sa fille, Marie Leszczynska, lui avait confié le duché de Lorraine en viager en 1738. À la mort du duc, la Lorraine devient donc totalement française, et Louis XV fait du château de Lunéville une caserne militaire.

jeudi 25 février

lever : 7 h 41
coucher : 18 h 26

Bx Roméo

INSOLITE

Aquitaine

Destin atypique que celui de l'église Saint-Siméon de Bordeaux ! L'édifice du XIVe siècle perd sa fonction de lieu de culte à la Révolution, pour devenir un arsenal, puis une école navale. Propriété d'une famille d'industriels, il est ensuite transformé en garage, avant de devenir un cinéma.

La rubrique du 13 h

LA FORTERESSE ROYALE DE NAJAC

Midi-Pyrénées

Construite en 1253 par Alphonse de Poitiers, frère de Saint Louis, sur un ancien château fort du XIe siècle, cette forteresse est un témoignage des plus hautes technologies de l'époque en matière d'architecture : des courtines – ou murailles –, s'élevant jusqu'à vingt-trois mètres et reliant entre elles cinq tours, empêchaient les attaques au grappin. Le donjon, haut de trente-huit mètres, offre une vue imprenable sur l'Aveyron, le surplombant de deux cents mètres. Enfin, ses archères pouvant abriter trois archers sont les plus hautes au monde. De quoi avoir la paix !

Bonne fête !

Roméo et Avertan

Deux amis en pèlerinage moururent jadis de la peste noire en Italie, avant de parvenir en Terre sainte. Avertan s'éteignit le premier, et son âme, dit-on, vint chercher peu après celle de son compagnon. Comme on ignorait le nom de celui-ci, on l'appela Roméo, « pèlerin de Rome », et il fut béatifié sous ce nom.

Au fil de l'eau

Pays de la Loire

Qualifiée de « plus belle rivière de France » par François Ier, l'Erdre a été pendant des siècles la seule voie de communication avec Nantes : depuis la ville, elle s'ouvre à la navigation sur une trentaine de kilomètres et fait partie de l'ensemble de voies reliant Nantes à Brest.

Il était une fois en 1881

Naissance du maître verrier Charles Schneider

Picardie

C'est à Château-Thierry que naît Charles Schneider, mais c'est à Nancy qu'il grandit et qu'il apprend la verrerie d'art, dans les ateliers de gravure et de décoration de la manufacture Daum. Il fonde en 1913 sa propre entreprise, avec son frère Ernest, à Épinay-sur-Seine. Le mode de production de chaque pièce y reste artisanal, mais de haute qualité, et chaque pièce est unique, avec la trace de l'ouvrier qui l'a réalisée. Le style Art déco de Schneider se caractérise par l'emploi de couleurs vives et contrastées et de motifs floraux. Ses œuvres sont aujourd'hui très prisées par les collectionneurs, notamment aux États-Unis, au Japon et en Allemagne.

vendredi 26 février

lever : 7 h 39
coucher : 18 h 28

St Nestor

Bonne fête !

Nestor de Pamphylie

La fidélité au Christ de Nestor, évêque de Magydos, en Pamphylie (actuelle Turquie), lui valut d'être crucifié. On raconte en outre que cette constance émut certains de ses bourreaux, qui se convertirent après sa persécution.

La rubrique du 13 h

LE CLOCHER D'ARS-EN-RÉ

Poitou-Charentes

« Et l'amour et la mer ont l'amer en partage », nous aurait dit Pierre de Marbeuf. L'amer d'Ars dont nous parlons n'est pas goût désagréable, mais, selon la définition, « un point de repère fixe et identifiable utilisé pour la navigation maritime ». Depuis la campagne de blanchiment à la chaux des amers côtiers au XIXe siècle, ce célèbre clocher bicolore aide les marins à se repérer au large de La Rochelle. Il surplombe l'église gothique du petit village du nord de l'île depuis le XVe siècle, et quiconque, depuis la mer, aperçoit son corps d'albâtre et son long et noir chapeau sait qu'il arrive à Ré la Blanche !

C'est un festival !

Centre

Dans la région orléanaise, Bulles en Val est le lieu de rencontre des bédéphiles depuis sa création en 2001 et les accueille cette année les 27 et 28 février. De tous les genres, de tous les styles, pour tous les âges, le festival accueille chaque année une cinquantaine d'auteurs lors d'un week-end où la convivialité et la diversité enchantent les visiteurs, de plus en plus nombreux.

Une charade en

Pays de la Loire

Traditionnellement à eau, mon 1er peut être aussi de pétrole, de lumière et même à souhait. Mon 2e est une somme qui doit être remboursée. Mon 3e démarre en C1 ou en F1 sur l'échiquier. Mon tout est un parc d'attractions médiéval, créé sous l'impulsion de Philippe de Villiers.

Il était une fois en 1963

Mort de Charles Zumstein, le poète du Sundgau

Alsace

« Mais si je devais m'expatrier / La vie y serait-elle belle et agréable / Pour revenir dans mon terroir / Je verserais ma dernière goutte de sang », écrivait Charles Zumstein, paysan, menuisier, écrivain et surtout poète, figure incontournable du Sungdau, dont il connaissait les légendes et traditions. Né en 1867, il commença à écrire à 11 ans. En 1906, il publia un recueil de poésies en langue allemande. L'empereur Guillaume II l'aurait même fait venir en 1912 à Strasbourg, afin qu'il lui récite ses poèmes. Cette personnalité atypique, qui cultivait l'amour et la nostalgie du terroir – le *Heimweh* –, fut également radiesthésiste, notamment maître sourcier ; il est aussi l'un des précurseurs de la géobiologie en France.

Puy-du-Fou (puits-du-fou).

La truffade auvergnate

Auvergne

Ingrédients

Pour 6 personnes
1 kg de pommes de terre à chair ferme
400 g de saint-nectaire ou de tomme fraîche du Cantal
150 g de lardons fumés
2 gousses d'ail
1 c. à s. de graisse d'oie
1 bouquet de persil
sel et poivre

Recette

- Épluchez et lavez les pommes de terre, puis taillez-les en rondelles pas trop épaisses. Séchez-les dans un torchon.
- Dans une sauteuse, faites revenir les lardons sans ajouter de matière grasse. Quand ils sont bien dorés, réservez-les.
- Dans la même sauteuse, faites sauter à feu vif les pommes de terre dans la graisse d'oie. Laissez cuire environ 15 min en remuant fréquemment avec une spatule en bois.
- Lorsque les pommes de terre sont cuites et ont une belle coloration dorée, ajoutez l'ail haché, salez, poivrez et écrasez légèrement à la fourchette. Ajoutez les lardons et mélangez. Incorporez le fromage détaillé en lamelles. Sans mélanger, couvrez et laissez fondre à feu doux pendant 5 min. Ajoutez le persil ciselé et poursuivez la cuisson 5 min. Enlevez le couvercle et passez à feu vif. Stoppez la cuisson dès que les bords paraissent dorés.
- Retournez sur un plat de service et servez immédiatement.

Étymologie

L'appellation de ce plat vient du terme trufa ou trufla, qui signifie « pomme de terre » en occitan auvergnat. Il était préparé par les bergers qui passaient plusieurs mois en montagne dans les burons, ces petits bâtiments de pierre qui abritaient la confection des fromages. N'ayant pas le droit de consommer des fromages en cours d'affinage, ils utilisaient la tomme fraîche, sorte de lait caillé pressé, pour se nourrir.

lundi 29 février

lever : 7 h 33
coucher : 18 h 33

St Auguste

Savoirs d'antan

Le saviez-vous ? Lorsqu'il fait froid, nous perdons une partie de notre chaleur corporelle par la tête. Il est donc préférable de choisir un bon bonnet ou de s'équiper, comme nos anciens, d'un chapeau… plutôt que de multiplier écharpes et pull-overs.

Bonne fête !

Auguste Chapdelaine

En 1856, Auguste Chapdelaine, un prêtre normand, est arrêté et tué en Chine, où la religion chrétienne est interdite. L'exécution du missionnaire fait grand bruit dans l'Hexagone et sert même de prétexte à la France et au Royaume-Uni pour déclencher la seconde guerre de l'Opium.

La rubrique du 13 h

LE PLATEAU DE RETORD

Rhône-Alpes

Le plateau de Retord, où se succèdent prairies et forêts, culmine à mille mètres environ. Situé dans le massif du Jura, il est resté préservé de l'activité humaine, ce qui contribue à son attrait, lorsqu'il est enneigé. C'est l'endroit parfait pour tous les épris de calme et de solitude, qui pourront y admirer la chapelle de Retord, une des plus belles de la région, et son petit cimetière au charme si bucolique. C'est aussi un terrain idéal pour le VTT l'été ou le ski de fond l'hiver, et un lieu d'entraînement pour le biathlon – les championnes françaises Corinne Niogret et Sandrine Bailly en sont d'ailleurs originaires.

Un gentilé

de Basse-Normandie

À Avranches, dans la Manche, le donjon du XIe siècle fait partie des sites remarquables de la ville, au même titre que le Grand Doyenné du XIIe siècle ou encore l'église Saint-Gervais. Mais c'est au jardin des Plantes que préfèrent flâner les habitants, qui sont les…

Avranchais.

Il était une fois en 1848

Naissance d'Arthur Giry dans l'Ain

Rhône-Alpes

L'historien médiéviste Jean Marie Joseph Arthur Giry est né à Trévoux au milieu du XIXe siècle. Il s'inscrit à l'École des chartes en 1866 et obtient un poste à l'École des hautes études en 1874. Il devient expert en diplomatique, l'étude de la structure des documents officiels, et rédige des chapitres de l'*Histoire générale* de Lavisse et Rambaud. Au cours de l'affaire Dreyfus, Émile Zola fait appel au diplomatiste et paléographe pour expertiser le fameux bordereau, afin de déterminer s'il s'agit de l'écriture de Dreyfus. Le savant conclut qu'il est innocent. Républicain, franc-maçon, il participe à la fin du siècle à la fondation de la Ligue des droits de l'homme.

mardi 1er mars

lever : 7 h 31
coucher : 18 h 34

St Aubin

INSOLITE

Guadeloupe

Mais que viennent faire les insectes au milieu des tonneaux de rhum ? Les visiteurs du musée du Rhum de Sainte-Rose peuvent en effet y découvrir une galerie entièrement consacrée aux insectes avec plus de cinq mille spécimens du monde entier. Les plus angoissés trouveront un remontant dans la distillerie !

Une charade en

Picardie

Mon 1er est un vêtement d'hiver imperméable et chaud, descendant généralement jusqu'à mi-cuisse. Mon 2e est l'unité de volume utilisée pour le bois. Mon 3e qualifie les films pornographiques. Situé à une trentaine de kilomètres de la capitale, mon tout exploite l'univers des deux moustachus les plus célèbres de France.

La rubrique du 13 h

LA MAISON DE L'ARMATEUR AU HAVRE

Haute-Normandie

C'est le seul témoignage qui nous reste de l'architecture du XVIIIe siècle du Havre, presque entièrement détruit par les bombardements alliés à la fin de la Seconde Guerre mondiale. Construite à partir de 1790, la maison bourgeoise présente une façade néoclassique, derrière laquelle sont organisées vingt pièces, autour d'un puits de lumière octogonal. Elle se visite tant comme une maison, avec ses objets datant de l'Ancien Régime et du XIXe siècle, que comme un musée : quelques pièces du musée d'Art moderne de la ville et de son muséum d'histoire naturelle y sont visibles.

Bonne fête !

Aubin

Miracle, ou haleine épouvantable ? On dit que saint Aubin, évêque d'Angers réputé très charitable, alors qu'il essayait de libérer une femme qui se trouvait en prison à cause de dettes, tua un gardien qui essayait de l'en empêcher en soufflant sur le visage de l'infortuné.

Il était une fois en 649

Fondation de Saint-Wandrille

Haute-Normandie

Au milieu du VIIe siècle, l'évêque Wandrille évangélise les campagnes rouennaises encore païennes. Désirant mener une vie monastique, il fonde le 1er mars 649 une abbaye, sur un domaine royal situé au bord d'un affluent de la Seine, dans la forêt de Jumièges. Attaques vikings au IXe siècle, pillage par les huguenots au XVIe siècle, puis exil des moines en 1790 et au début du XXe siècle : l'histoire de l'abbaye est mouvementée. La communauté qui y vit actuellement respecte la règle de saint Benoît et perpétue la tradition selon laquelle il faut « vivre du travail de ses mains ».

Parc Astérix (parka-stère-X).

mercredi 2 mars

lever : 7 h 29
coucher : 18 h 36

St Charles le Bon

Savoirs d'antan

Observez les oiseaux : ils vous donneront la météo. Les martinets ou les hirondelles, les mouettes ou les goélands volent bas ? Le mauvais temps est tout proche. Vous êtes à la montagne, et une buse vole en altitude ? Le beau temps arrive ou va persister.

Bonne fête !

Charles le Bon

Comte de Flandre, Charles était connu de ses sujets pour sa dévotion et son grand sens de la justice envers les pauvres : c'est ce qui lui valut son surnom de « Charles le Bon ». Mais c'est aussi parce qu'il ne favorisait pas les nobles et les riches qu'il fut assassiné dans une église en 1127. Immédiatement considéré comme un martyr par son peuple, il ne fut béatifié officiellement qu'en 1883.

La rubrique du 13 h

LA CATHÉDRALE DE SARLAT

Aquitaine

Juste en face de la bâtisse la plus célèbre de la ville, l'hôtel de La Boétie, mélange de style médiéval et Renaissance, se dresse la cathédrale de Sarlat, construite sur cinq siècles, ancienne église abbatiale du XIIe siècle, transformée en cathédrale en 1317. Ainsi, cet édifice religieux présente un clocher roman du XIIe siècle, une abside du XVe siècle, un chœur du XVIe siècle et une nef du XVIIe siècle, l'architecture générale étant, elle, de style gothique. La cathédrale jouxte le jardin des Enfeus, un ancien cimetière où les tombes sont creusées dans le mur d'enceinte.

Au fil de l'eau

Île-de-France

Fleuve emblématique de la capitale, la Seine a connu très rapidement une très forte concentration humaine autour de son bassin, ce qui a beaucoup nui à la biodiversité. Cependant, les efforts d'épuration ont porté leurs fruits avec le retour des poissons migrateurs.

Il était une fois en 1295

Cession du comté de Bourgogne à Philippe le Bel

Franche-Comté

Le traité de Vincennes, conclu à la fin du XIIIe siècle entre le comte palatin Othon IV et Philippe le Bel, marque le passage du comté de Bourgogne – qui correspond à l'actuelle Franche-Comté – sous obédience capétienne. Cet accord prévoit, en effet, que la fille d'Othon IV et de Mahaut d'Artois, Jeanne de Bourgogne, épouse le futur Philippe V le Long, second fils de Philippe le Bel, le comté faisant office de dot. Les barons comtois se révolteront, mais la région connaîtra la paix et la prospérité : croissance de la population et développement de l'agriculture s'y manifesteront, parallèlement à l'implantation de communautés monastiques.

jeudi 3 mars

St Guénolé

lever : 7 h 27
coucher : 18 h 37

Au fil de l'eau

Rhône-Alpes

L'Arve est une rivière qui prend sa source au pied du mont Blanc ; elle doit d'ailleurs l'aspect laiteux de ses eaux aux glaciers d'où elle descend directement. Elle coule presque exclusivement en Haute-Savoie, avec une petite incursion en Suisse, où elle rejoint le Rhône.

Un gentilé

de Haute-Normandie

Les Rolivalois habitent une des villes les plus jeunes de France, abritant deux monuments historiques, qui sont le menhir de la Basse-Crémonville et la ferme de la Haute-Crémonville, dont le centre technique des Haras nationaux est réputé. Cette commune est…

Val-de-Reuil.

La rubrique du 13 h

LE MASSIF DE L'ESTÉREL

Provence-Alpes-Côte d'Azur

« Et ta bonne amie, berger, est-ce qu'elle monte te voir quelquefois ? Ça doit être bien sûr la chèvre d'or ou cette fée Estérelle qui ne court qu'à la pointe des montagnes », racontait Alphonse Daudet… Animaux fantastiques, fées, brigands, ermites : le massif regorge d'histoires et de mythes. Fascinant, il doit sa belle couleur rose à la roche volcanique, la rhyolite, qui le compose et se trouve accentuée par son contraste avec le bleu de la Méditerranée, dans laquelle il plonge. Lavande, genévrier, romarin, thym, arbousier, mimosa : le massif de l'Estérel offre une rencontre avec la Provence dans toute sa splendeur.

Bonne fête !

Guénolé

Saint Guénolé est crédité de plusieurs miracles remarquables. Encore enfant, il aurait rendu la vue à sa sœur, alors qu'un jars lui avait mangé les yeux. Plus tard, on dit qu'il calma une mer déchaînée d'un simple signe de croix. Et, quand il voulut fonder une nouvelle abbaye sur une île, tel Moïse il écarta les eaux pour y parvenir.

Il était une fois en 1902

Mort d'Henri Gourgouillon dans le Puy-de-Dôme

Auvergne

Né en 1858 à Olliergues, Henri Gourgouillon fut dès 1871 l'élève du sculpteur Monbur, puis de Chalonnax. Professeur de dessin et de modelage à l'école départementale d'architecture de Volvic et à l'école des arts et métiers de Clermont-Ferrand, il est surtout connu pour ses sculptures, parmi lesquelles le monument aux morts de Randan, mais aussi, à Clermont-Ferrand, les statues de l'intérieur de l'église Saint-Pierre-des-Minimes et celle du pape Urbain II, place de la Victoire. Il a enfin réalisé les décorations de la façade de l'opéra-théâtre, situé boulevard Desaix. Henri Gourgouillon fut inhumé en 1902 au cimetière des Carmes de Clermont-Ferrand.

vendredi 4 mars

lever : 7 h 25
coucher : 18 h 39

St Casimir

INSOLITE

Pays de la Loire

Non, le promeneur qui flâne sur l'île Feydeau à Nantes n'a pas la berlue : les maisons qu'il longe sont bien penchées ! Les anciens hôtels particuliers du XVIIIe siècle ont été construits sur des terrains marécageux, donnant à l'ancienne Venise de l'Ouest des allures pisanes !

Bonne fête !

Casimir

Deuxième fils du roi de Pologne, Casimir s'opposa à son père, qui lui demandait d'aller conquérir la Hongrie. Au lieu de cela, il fit vœu de chasteté et s'occupa des indigents : « Le prince royal ne peut rien faire de plus noble que de servir le Christ caché dans les pauvres. En ce qui me concerne, je ne veux que servir les plus pauvres d'entre les pauvres. » Il est le patron de la Lituanie et de la Pologne.

La rubrique du 13 h

LA MONTAGNE FAVARD

Guyane

Située face au marais de Kaw, à soixante-quinze kilomètres de Cayenne, elle doit son nom à l'ancienne habitation Favard, une sucrerie dont les ruines sont encore visibles. Si, autrefois, elle était accessible uniquement par la mer et par la rivière Approuague, on peut s'y rendre aujourd'hui par un sentier qui vous mènera à son sommet. La balade dans un univers forestier riche en faune et en flore offre des vestiges historiques de l'esclavage en Guyane, avec, notamment, d'anciens polders, qui servaient à cultiver et à exploiter la canne à sucre.

Une charade en

Alsace

Mon 1er affirme après une négation. Noir, vert ou encore blanc, mon 2e s'infuse depuis l'Antiquité. Mon 3e est la contraction de « de » et « le ». Lorsque mon 4e est doublé, il devient la routine du quotidien. Basé à Mulhouse, mon tout est le plus grand musée du genre en Europe.

Il était une fois en 1889

Claude Monet séjourne à Fresselines

Limousin

Claude Monet n'a pas seulement été inspiré par la Normandie. En ce début du mois de mars 1889, le peintre impressionniste rend visite au poète Maurice Rollinat à Fresselines, au confluent de la Petite et de la Grande Creuse, et s'installe dans une auberge, place de l'Église. Il en profite pour immortaliser les paysages et le passage des couleurs d'hiver aux couleurs de printemps, entre soleil et grisaille. De mars à mai 1889, Monet peindra une série de vingt-trois toiles, aujourd'hui conservées, pour la plupart, dans des musées étrangers, parmi lesquelles *La Petite Creuse* et *Le Moulin de Vervy*.

Cité du train (si-thé-du-train).

La tourtière poitevine

Poitou-Charentes

Ingrédients

Pour 6 personnes
100 g de pain rassis
3 c. à s. de vin blanc sec
2 rouleaux de pâte brisée
500 g de blancs de poulet
200 g de chair à saucisse
100 g de jambon de pays
6 œufs durs + 2 œufs crus
80 g de beurre
4 échalotes
5 branches de persil plat
sel et poivre

Recette

- Émiettez le pain dans un bol et imbibez-le de vin.
- Étalez soigneusement une des pâtes brisées dans une tourtière (ou plat à tarte) préalablement beurrée.
- Dans une sauteuse, faites fondre 20 g de beurre et laissez-y blondir les échalotes émincées très finement. Incorporez-les ensuite à la chair à saucisse, ainsi que la mie de pain, le persil haché, et 1 œuf cru. Salez, poivrez et mélangez intimement. Divisez la préparation en boulettes de 2 à 3 cm de diamètre. Mettez 30 g de beurre à fondre dans la sauteuse, puis faites-y dorer les boulettes. Réservez sur du papier absorbant.
- Détaillez le poulet en fines aiguillettes, et taillez le jambon en allumettes. Faites-les revenir dans la sauteuse avec le reste du beurre. Salez légèrement et poivrez.
- Répartissez dans la tourtière les boulettes, la préparation de poulet, ainsi que les œufs durs coupés en quatre.
- Recouvrez de la seconde pâte brisée, puis soudez les bords des pâtes en les pinçant ensemble, après les avoir humidifiés à l'eau froide. Dorez le dessus au jaune d'œuf dilué à l'eau. Faites un trou au centre et glissez-y un cône de papier sulfurisé, pour laisser s'échapper la vapeur en cours de cuisson.
- Enfournez pour 50 min dans un four préchauffé à 180 °C.
- Servez chaud ou froid.

Plat de fête

Plat typique du Poitou, il était traditionnellement réalisé pour les fêtes pascales. Cependant, en Pays Mellois, c'est à l'occasion du 14 Juillet que les villageois se regroupaient pour un grand repas, où l'on partageait les tourtières apportées par chacun et le vin offert par la commune.

lundi 7 mars

lever : 7 h 19
coucher : 18 h 44

Ste Félicité

Savoirs d'antan

Avez-vous pensé à organiser votre liste de courses dans l'ordre des rayons de votre grand magasin ? Vous n'aurez plus à aller et venir parce que vous serez déjà passé devant l'étalage ni à tenir un crayon pour rayer les produits déjà présents dans votre panier !

Bonne fête !

Perpétue et Félicité

Perpétue, jeune patricienne, et Félicité, son esclave, furent arrêtées sous Septime Sévère, parce qu'elles étaient chrétiennes. Après plusieurs mois en prison, où Félicité donna naissance à son enfant, elles périrent dans l'arène au milieu de bêtes sauvages en 203. Le sort de ces deux jeunes mères toucha beaucoup les chrétiens, et leur culte se répandit très vite.

La rubrique du 13 h

LES CAVES D'ÉPERNAY

Champagne-Ardenne

L'histoire d'Épernay est intimement liée à celle du champagne. Dans le centre-ville, l'avenue de Champagne abrite les sièges de maisons à la renommée mondiale, comme Moët et Chandon, de Castellane, Mercier, Demoiselle, de Venoge... Mais, non loin de ces bâtiments du XIXe siècle, c'est bien en sous-sol que le spectacle se déroule ! Là, sous nos pieds, se trouvent plus de cent kilomètres de caves, véritables galeries qui abritent cette infinité de bulles. La maison Mercier possède, quant à elle, un ascenseur panoramique, qui vous conduira dans ses sous-sols crayeux : il constitue une véritable attraction !

Un gentilé

des Pays de la Loire

Située dans la Bretagne historique, au cœur du pays de Guérande, la cité de Pornichet vous séduira par la beauté de son site côtier, qui s'étend jusqu'à Saint-Marc, et celle de sa villa Ker Souveraine, de style néoclassique italien, bien connue de ses habitants, les...

Pornichétins.

Il était une fois en 1875

Naissance de Maurice Ravel à Ciboure

Aquitaine

Ravel est mondialement connu pour son entêtant *Boléro*, composé en 1928, l'un des morceaux français les plus joués dans le monde. De père suisse et de mère basque, il naît en 1875 près de Saint-Jean-de-Luz, mais sa famille s'installe rapidement à Paris. Il y intègre le Conservatoire à 14 ans, se passionne pour les compositions de Wagner, de Satie et de Debussy – auquel on le compare parfois –, ainsi que pour la littérature de Baudelaire et de Mallarmé. Son œuvre éclectique est aussi influencée par le jazz, les Ballets russes et la musique espagnole. Maurice Ravel nous a laissé un catalogue de cent onze œuvres, parmi lesquelles de nombreux chefs-d'œuvre.

mardi 8 mars

lever : 7 h 17
coucher : 18 h 45

St Jean de Dieu

INSOLITE

Nord-Pas-de-Calais

En 1936, un monument aux morts d'un genre un peu particulier est érigé à Lille, puisqu'il commémore les « vingt mille pigeons morts pour la patrie », ainsi que les propriétaires fusillés pour avoir refusé de se séparer de leurs messagers dans une région depuis toujours colombophile.

Une charade en

Limousin

Mon 1er est un passage, parfois étroit, entre deux sommets. Mon 2e est une corde permettant de mener le bétail, les chevaux... Si ce n'est pas mon 3e, c'est que c'est du cochon. Mon 4e donne le choix. Mon 5e est le premier sujet élidé. C'est à la couleur de sa pierre de construction, si caractéristique, que mon tout doit son énorme succès touristique.

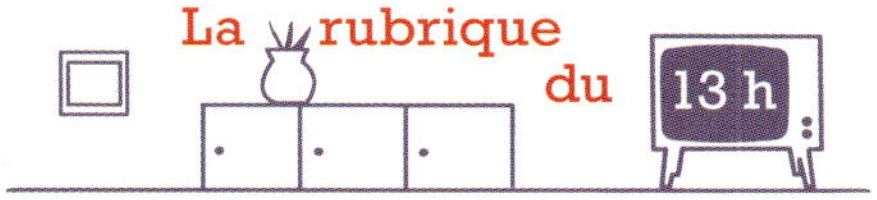

LA FAILLE DE LIMAGNE

Auvergne

La faille de Limagne, en Auvergne, est indissociable de la chaîne des Puys. Elle s'étend sur trente kilomètres de long et forme un mur végétal de sept cents mètres de hauteur, qui pose ainsi un frein naturel à l'urbanisation. Aussi ce paysage unique, lieu d'une grande richesse biologique, est-il un endroit idéal pour les promenades. Véritable écrin de verdure, la faille marque la séparation entre le plateau des Dômes et la plaine de Limagne, ancien lac asséché et berceau de la puissance arverne, où se trouve aujourd'hui la ville de Clermont-Ferrand.

Bonne fête !

Jean de Dieu

Saint Jean de Dieu passa la première moitié de sa vie en errance, jusqu'à ce qu'un sermon de saint Jean d'Ávila change sa vie. Illuminé par la foi, il s'installa à Grenade, y bâtit un hôpital, où il recueillit et soigna les malades démunis, en s'entourant de compagnons qui formèrent ensuite l'ordre des Hospitaliers de Saint-Jean-de-Dieu.

Il était une fois en 1958

Fondation de la Fédération internationale de pétanque et de jeu provençal à Marseille

Provence-Alpes-Côte d'Azur

Le terme « pétanque » est né en 1907 à La Ciotat de « pied » et de *tanqué* – qui signifie « planté ». La pétanque dérive du jeu de boules provençal, dans lequel on a toujours un pied en l'air, puisque l'on pointe sur une seule jambe, en prenant de l'élan pour tirer. Populaire, moins sportive, la pétanque fait rapidement de nouveaux adeptes, notamment parmi les plus âgés, et elle est aujourd'hui reconnue par le CIO. La Fédération internationale, créée en 1958 à Marseille, compte désormais une centaine de pays, regroupant plus de quinze millions de membres. Elle organise des championnats du monde en triplettes, en simple, en doublettes et de tir, pour les hommes, les femmes et les jeunes.

Collonges-la-Rouge (col-longe-lard-ou-j').

lever : 7 h 15
coucher : 18 h 47

Ste Françoise

Au fil de l'eau

Lorraine

Née dans les Vosges, la Meurthe était autrefois principalement utilisée pour le flottage du bois. Elle a été progressivement canalisée au fil du temps pour éviter les inondations, notamment à Nancy, qu'elle traverse juste avant de se jeter dans la Moselle, après un parcours d'environ cent soixante kilomètres.

Bonne fête !

Françoise Romaine

La vie de sainte Françoise n'est pas jalonnée de hauts faits, au contraire. C'était une mère et une épouse dévouée à sa famille qui menait une vie paisible. Après la mort de son mari, elle se retira dans une congrégation qu'elle avait fondée, où elle put se consacrer à la prière et à la charité.

La rubrique du 13 h

LE CAFÉ DES ORGUES À HERZEELE

Nord-Pas-de-Calais

À Herzeele, petit village flamand, se trouve un estaminet original : depuis cinquante ans, trois orgues mécaniques trônent dans une vaste arrière-salle, qui semble faite pour la danse. Machines musicales, ces vieilles dames distinguées datant de 1912, 1926 et 1939, qui arborent des atours rococo pour les deux plus anciennes et Art déco pour la benjamine, s'animent tous les dimanches après-midi et jouent les airs de leur époque. Autour d'une chope de bière, vous en trouverez bien un qui vous plaira parmi les cinq cents morceaux différents. De plus, ces instruments sont des raretés : il n'en reste qu'une vingtaine dans le monde.

INSOLITE

Rhône-Alpes

La ville de Lyon compte vingt-neuf ponts et passerelles qui enjambent le Rhône et la Saône. Parmi ceux qui existaient avant la Seconde Guerre mondiale, seuls quatre en sont sortis indemnes, les Allemands ayant décidé de les miner en septembre 1944, pour assurer leur retraite.

Il était une fois en 1814

Signature du pacte de Chaumont

Champagne-Ardenne

Entre janvier et avril 1814, c'est en Champagne et en Brie que Napoléon Ier remporte ses dernières victoires contre les troupes de la sixième coalition des armées européennes, alors que ses soldats sont épuisés par des années de guerre. L'Autriche songe à signer une paix séparée avec la France, mais, finalement, l'union est rétablie et, le 9 mars, à Chaumont, elle signe avec la Russie, la Prusse et l'Angleterre une alliance offensive et défensive. Chaque nation s'engage à ne signer aucune paix ni aucun traité séparés avec la France et accepte de continuer le combat jusqu'à la victoire. Napoléon Ier abdiquera un mois plus tard.

jeudi 10 mars

lever : 7 h 13
coucher : 18 h 48

St Vivien

Bonne fête !

Vivien

Vivien était un des quarante soldats d'une légion romaine qui refusèrent d'abjurer leur foi et qui le payèrent de leur vie. Ils furent tous condamnés à mourir de froid, attachés sur un lac gelé, et ne cédèrent pas, malgré le bain chaud qui leur était promis, s'ils reniaient leur Dieu.

Savoirs d'antan

Il est décevant de constater qu'un plat mijoté a un goût trop salé. Pelez une pomme de terre, lavez-la, puis plongez-la dans la sauce. Poursuivez la cuisson une vingtaine de minutes. Elle absorbera le surplus de sel et redonnera toute sa saveur à votre préparation.

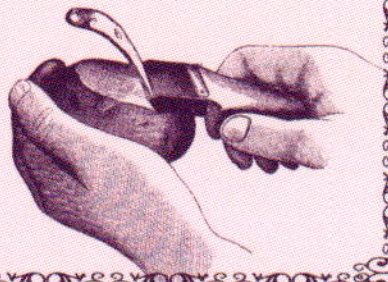

La rubrique du 13 h

L'ÉGLISE DU DOMPETER

Alsace

Cette église, située à Alvosheim, est réputée être la plus vieille église d'Alsace, consacrée par le pape Léon IX entre 1049 et 1053. Mais la tradition la fait remonter aux premiers siècles de la chrétienté et la lie à saint Materne, évangélisateur de l'Alsace. Ce dernier, qui mourut, avant de ressusciter grâce au bourdon de saint Pierre, que ramenèrent ses compagnons de route Euchaire et Valère, parcourut la région avec Pétronille, fille spirituelle du premier pape, et, auréolé de ce miracle, il entraîna moult conversions. Sur la route allant du mont Sainte-Odile à Saverne, il édifia le *Domus Petri*, « maison de Pierre », ou Dompeter.

Un gentilé

d'Alsace

La pittoresque porte de Thann fait partie des fleurons de la commune de Cernay, située dans le Haut-Rhin. Vous pouvez aussi y arpenter le parc à cigognes ou découvrir sa belle église Saint-Étienne, de style néogothique, qui fait la fierté des...

Cernéens.

Il était une fois en 1988

Inauguration de la fontaine de Niki de Saint Phalle et de Jean Tinguely à Château-Chinon

Bourgogne

Ce 10 mars 1988, la capitale du Morvan est en effervescence. Une centaine de journalistes ont envahi la place de la mairie de Château-Chinon pour assister à l'inauguration de la fontaine livrée par Niki de Saint Phalle et Jean Tinguely. François Mitterrand, attaché à la Nièvre, l'a commandée un an plus tôt aux deux plasticiens. Les mouvements et les couleurs éclatantes de la fontaine et de ses huit mobiles sont caractéristiques du style du couple d'artistes, qui a collaboré pendant une trentaine d'années, jusqu'à la mort de Tinguely en 1991.

vendredi 11 mars

lever : 7 h 11
coucher : 18 h 50

Ste Rosine

C'est un festival !

Midi-Pyrénées

Passionnés d'images de voyage et d'aventures, évadez-vous trois jours à la découverte du monde et de ses lieux insolites ! Autour de reportages, témoignages, expositions et diaporamas, l'association Terres et Peuples vous convie « ailleurs », entre poésie et émerveillement. Un conseil : faites votre valise et… partez !

Bonne fête !

Rosine

On sait très peu de choses sur la vie de Rosine, qui reste aujourd'hui une sainte bien mystérieuse. Elle vécut apparemment en ermite et mourut en martyr. Elle est surtout célébrée régionalement en Allemagne, où une chapelle lui est dédiée en Bavière.

La rubrique du 13 h

LA RECULÉE DE BAUME

Franche-Comté

Le terme « reculée » a été créé au XIXe siècle d'après le mot local « culée », grâce auquel les Jurassiens désignaient ces longues vallées se terminant en « bout du monde » au fond d'un cirque calcaire. La reculée de Baume-les-Messieurs est considérée comme la plus belle au monde. Elle est divisée en deux branches majeures, longues de quatre kilomètres cinq cents au nord et de neuf kilomètres cinq cents au sud, qui ont littéralement l'air d'inciser les plateaux calcaires. On dirait ici qu'un Moïse du Jura a ouvert la terre en deux, pour laisser couler des traits de verdure parmi la pierre grisâtre.

Une charade en

Bourgogne

Mon 1er est un coquillage comestible, proche de la palourde. Mon 2e exprime l'hésitation, l'indécision. Mon 3e peut être sauteuse, circulaire ou encore égoïne. Mon tout est une petite commune nivernaise, qui a vu naître Romain Rolland, Alain Colas ou encore Arnaud Montebourg.

Il était une fois en 1793

Révolte de Saint-Florent-du-Vieil

Pays de la Loire

Après l'adoption de la Constitution civile du clergé et l'exécution de Louis XVI, c'est dans le village de Saint-Florent-du-Vieil, sur les bords de la Loire, que jaillit l'étincelle de l'insurrection qui va se répandre en Vendée. Les paysans, exaspérés par l'annonce de la levée en masse avec tirage au sort pour faire face à la baisse des effectifs de l'armée révolutionnaire, s'opposent au pouvoir local. Le procureur syndic est molesté par la foule, et l'envoi de renforts est demandé par le curé constitutionnel le 11 mars. Environ trois mille paysans submergent le lendemain les gendarmes et la garde nationale, et pillent les caisses et l'armement. C'est le début de la guerre de Vendée.

Clamecy (clam-euh-scie).

Les achards de légumes

La Réunion

Ingrédients

Pour 6 personnes
200 g de chou blanc
200 g de carottes
200 g de haricots verts
200 g de chou-fleur
2 gros piments verts
1 oignon
3 gousses d'ail
40 g de gingembre frais
1 c. à c. de curcuma en poudre
1 c. à c. de graines de moutarde
1 c. à c. de graines de fenugrec
2 c. à s. de vinaigre blanc
huile
sel

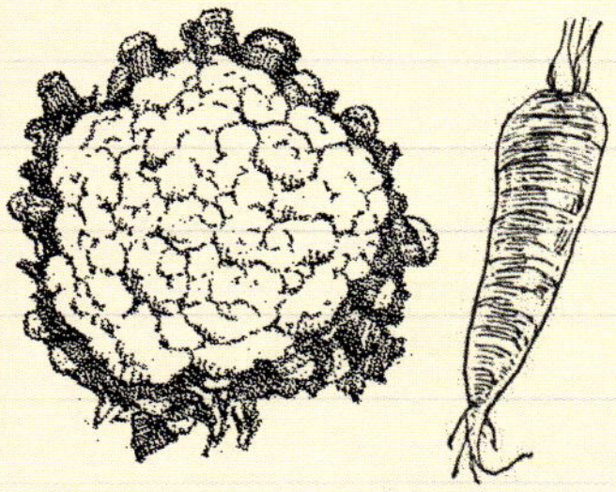

Recette

- Épluchez les légumes, puis lavez-les soigneusement sous l'eau froide. Épépinez les piments et séparez le chou-fleur en petits bouquets.
- Taillez tous les légumes et les piments en julienne, puis faites-les blanchir 1 min à l'eau bouillante. Passez-les ensuite sous l'eau glacée, puis égouttez-les dans un torchon.
- Émincez finement l'oignon. Pressez ensemble le gingembre et l'ail. Dans un mortier, pilez ensemble les graines de moutarde et de fenugrec.
- Faites chauffer l'huile à feu vif dans une sauteuse. Ajoutez les oignons hachés avec 1 pincée de sel et passez à feu moyen. Quand les oignons sont translucides, ajoutez le mélange ail-gingembre, les graines pilées, puis le curcuma. Assaisonnez.
- Versez les légumes dans la poêle, et mélangez délicatement pour les enrober d'épices. À feu doux, poursuivez la cuisson pendant 3 min, sans cesser de remuer.
- Sortez du feu, couvrez et réservez.
- Après refroidissement des légumes, ajoutez le vinaigre et ajustez l'assaisonnement. Conservez en pot au réfrigérateur.

Astuce

Vous pouvez servir ces achards de légumes en tartines pour l'apéritif ou en entrée, mais ils constituent surtout un accompagnement de premier ordre pour un cari. Par ailleurs, pour un pique-nique à la mode réunionnaise, vous pourrez les utiliser comme garniture dans un sandwich, avec du jambon et un peu de beurre.

lundi 14 mars

lever : 7 h 05
coucher : 18 h 54

Ste Mathilde

Savoirs d'antan

Malgré les jours qui commencent à rallonger, votre moral n'est pas au beau fixe. Votre herboriste peut vous aider en vous fournissant du millepertuis. L'infusion se prépare avec trois grammes de fleurs pour deux cents millilitres d'eau, et il est conseillé de boire jusqu'à deux tasses par jour.

Bonne fête !

Mathilde

Épouse d'Henri Ier l'Oiseleur, roi de Germanie, Mathilde était réputée pour sa générosité envers les pauvres de son royaume. La bonté dont elle fit preuve pendant son règne ne lui fut pourtant pas rendue par ses enfants. À la mort de son mari, ils la dépouillèrent de ses biens, et elle fut contrainte de se retirer dans un monastère jusqu'à la fin de sa vie.

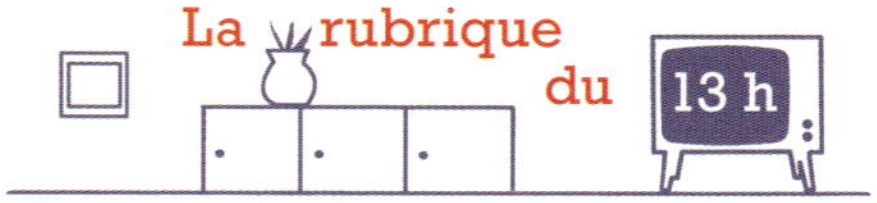

LE LAC DE GUERLÉDAN AU MUR-DE-BRETAGNE

Bretagne

Le lac de Guerlédan, qui dessine la limite entre les Côtes-d'Armor et le Morbihan, est le plus grand lac artificiel de Bretagne. Il fut créé en 1923, lors de la construction d'un barrage hydroélectrique qui approvisionne tout le nord de la Bretagne. Le site est désormais un lieu touristique où de nombreuses activités sont pratiquées, tels le ski nautique, le kayak, le pédalo, mais aussi la pêche. Le lac est régulièrement vidé pour des examens techniques complets et offre alors le spectacle hallucinant d'une vallée jadis habitée sortant de la vase.

Un gentilé d'Aquitaine

Au cœur des Landes de Gascogne, vous serez séduit par la cité de La Teste-de-Buch, au sud du bassin d'Arcachon, qui vous ouvrira les portes de l'île aux Oiseaux, de la dune du Pilat ou de ses plages océanes, qui font le bonheur de ses habitants, les…

Testerins.

Il était une fois en 1676

Débarquement des exilés grecs en Corse

Corse

Vers 1670, les habitants du Magne – une péninsule au sud du Péloponèse – s'exilent pour fuir la répression ottomane. Ces six à sept cents Grecs débarquent à Gênes, où le gouvernement leur concède les terres de Paomia, non loin de la pointe de Cargèse, sur la côte occidentale de la Corse, alors sous protectorat génois. Le navire transportant les exilés parvient en mars 1676 dans le golfe de Sagone, et ceux-ci s'installent à Paomia, où ils sont bien accueillis. Ils seront dans les années 1730 victimes du soulèvement des Corses contre la république de Gênes. Ayant refusé de se rallier à l'insurrection, les immigrés grecs seront chassés de Paomia et se réfugieront à Ajaccio.

mardi 15 mars

lever : 7 h 03
coucher : 18 h 56

Ste Louise

INSOLITE

Midi-Pyrénées

La confluence du Tarn avec son affluent, le Dourdou de Camarès, est un spectacle étonnant : ce dernier mêle ses eaux rougies par des dépôts sédimentaires très riches en fer aux eaux plus claires du Tarn, comme si ce paysage n'était qu'une aquarelle qu'un peintre invisible recommençait sans cesse.

Une charade en

Haute-Normandie

L'homme possède douze paires de mon 1er. Coulé, mon 2e sert de fondation à une maison, une terrasse. « Frapper », « maltraiter » ou encore « rosser » sont des synonymes de mon 3e. Ce sont ses falaises de craie qui ont valu son nom à mon tout.

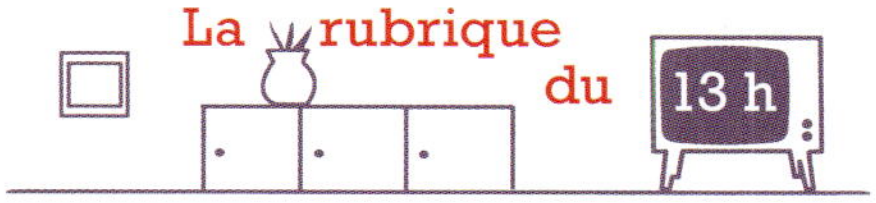

L'HÔTEL DE VILLE DE SAINT-QUENTIN

Picardie

Trônant au milieu de l'ancienne Grand-Place, il impressionne par sa façade de style gothique flamboyant et son campanile octogonal, qui le surmonte fièrement. La construction de ce bâtiment débuta en 1331, mais il fut largement restauré dans un style Art déco en 1926, après sa destruction lors de la Première Guerre mondiale. L'extérieur de l'édifice, avec ses neuf fenêtres à meneaux, les ornements de la façade, la baie vitrée à l'arrière, attribuée à Viollet-Le-Duc, vaut l'intérieur, où les styles Art déco, Renaissance et gothique se côtoient harmonieusement.

Bonne fête !

Louise

Même si elle souhaitait se consacrer à Dieu depuis son plus jeune âge, Louise écouta sa famille et épousa un Parisien qui lui donna un fils. Son mari mourut peu après, ce qui lui permit de vouer la seconde partie de sa vie à la religion. Elle rencontra notamment saint Vincent de Paul et fonda, sur ses conseils, la compagnie des Filles de la Charité.

Il était une fois en 1265

Construction de la bastide de Puyguilhem

Aquitaine

Un château existait à l'origine dans le petit village de Puyguilhem, sur la commune de Thénac, en Dordogne. Les seigneurs propriétaires, Hugues de Puychagut, Grimard de Picon et Hélie de Saint-Michel, firent, en mars 1265, une donation au roi d'Angleterre Henri III de tout ce qu'ils possédaient : en échange, une bastide serait fondée, une ville nouvelle, dont l'urbanisme moderne rompait avec le principe de la cité médiévale bâtie autour d'un château. Sainte-Eulalie-de-Puyguilhem vit le jour, la construction en étant rapidement menée par Jean de Grailly. La bastide ne fut pas épargnée pendant la guerre de Cent Ans, assiégée dès le XIVe siècle.

Côte d'Albâtre (côte-dalle-battre).

mercredi 16 mars

lever : 7 h 01
coucher : 18 h 57

Ste Bénédicte

Savoirs d'antan

Le savon noir est très efficace pour nettoyer les carreaux, particulièrement s'il est utilisé avec de l'eau chaude. Prenez cependant les deux précautions suivantes : respectez les dosages proposés sur l'emballage et portez des gants si votre peau est sensible.

Bonne fête !

Bénédicte

De sa vie pieuse, on sait que Bénédicte, dont le nom signifie « celle qui est bénie », entra au monastère de Saint-Damien – fondé en Italie par sainte Claire, une disciple de saint François d'Assise –, où elle mena une vie exemplaire, qui la conduisit à devenir abbesse de sa communauté ; elle le resta jusqu'à sa mort en 1260.

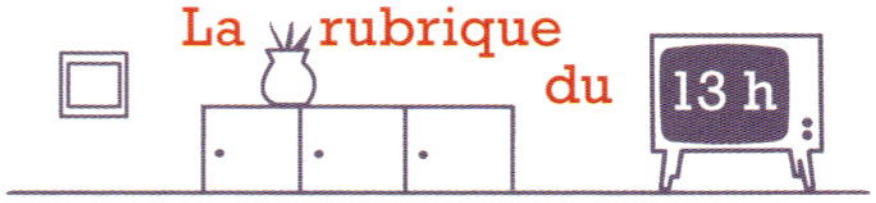

LE MONTE ROTONDO À CORTE

Corse

Le monte Rotondo, ou *Ritondu*, en corse, a longtemps été considéré comme le plus haut sommet de l'île, mais, avec ses deux mille six cent vingt-deux mètres d'altitude, il est devancé par le monte Cinto, qui culmine, lui, à deux mille sept cent dix mètres, ce que l'on ne vérifia qu'il y a une centaine d'années. Le massif est parsemé de lacs, dont certains des plus grands, comme le lac de Betaniella ou le lac de l'Oriente, offrent des eaux cristallines, mais dont la fraîcheur dissuadera souvent les randonneurs les plus hardis.

Au fil de l'eau

Nord-Pas-de-Calais

D'une longueur de quatre-vingts kilomètres, l'Aa est un fleuve côtier des Flandres françaises, baignant notamment les villes de Saint-Omer dans le Pas-de-Calais et de Gravelines dans le Nord, où il est canalisé. Plusieurs moulins sur ses berges témoignent du passé industriel de l'Aa.

Il était une fois en 1895

Naissance d'Ernest Labrousse à Barbezieux

Poitou-Charentes

Labrousse expliquait qu'il était un « Bleu de l'Ouest ». Né en 1895 en Charente, où protestants et catholiques, puis royalistes et bonapartistes s'opposèrent longuement, ce jeune républicain se nourrit des lectures de Thiers, de Michelet et de Victor Hugo. Après s'être intéressé à l'économie politique et au droit, il entreprend des études d'histoire à la Sorbonne, où il devient professeur, menant en parallèle une activité de journaliste à *L'Humanité*. Il forme toute une génération d'historiens, parmi lesquels Le Roy Ladurie, Agulhon et Corbin. Inventeur de l'histoire sérielle, il est l'un des historiens les plus influents de la seconde moitié du XXe siècle.

jeudi 17 mars

lever : 6 h 59
coucher : 18 h 59

St Patrice

INSOLITE

Haute-Normandie

Inaugurée au Havre en 2010, la résidence A Docks est la première résidence étudiante du genre en France, puisque ses occupants sont logés dans d'anciens conteneurs. Une façon maligne et originale de traiter le problème de logement des jeunes, tout en rappelant l'importance du port dans la ville normande.

Une charade à

La Réunion

Mon 1er permet aux adeptes du lèche-vitrines de s'abriter du soleil ou de la pluie. Mon 2e est un personnage féminin de Zola, figure malheureuse de la prostitution. Mon 3e est la traduction de « terre » en anglais. Également connu sous le nom de « domaine d'Aladachris », mon tout propose la visite d'une bananeraie.

La rubrique du 13 h

LA GROTTE DES DEMOISELLES À SAINT-BAUZILLE-DE-PUTOIS

Languedoc-Roussillon

Bien que le nom de Saint-Bauzille-de-Putois ne paraisse de prime abord guère attractif, c'est là que se trouve une grotte au nom bien plus poétique, celle des Demoiselles. Dans la culture occitane, les fées sont appelées « demoiselles », et, après la visite du site, on comprendra mieux comment on a pu penser que des fées y avaient vécu. Ici, la pierre paraît vivante. La pièce principale, surnommée « cathédrale », qui abrite une concrétion rappelant une immense Vierge à l'Enfant, est parfois reconvertie en lieu de concert en raison de son acoustique exceptionnelle !

Bonne fête !

Patrice

Patrice – appelé aussi Patrick – fut enlevé adolescent par des pirates, qui le vendirent comme esclave en Irlande. Après plusieurs années, il réussit à s'enfuir et fit son éducation religieuse. Il revint par la suite en Irlande, en tant qu'évêque missionnaire, et il évangélisa notamment son ancien maître. C'est sans doute parce qu'il a réussi à vider l'île de tous ses serpents que son culte est très présent en Irlande.

Il était une fois en 2007

Inauguration du Zénith de Limoges

Limousin

Après deux ans de travaux, l'architecte franco-suisse Bernard Tschumi livre, au printemps 2007, un nouveau bâtiment circulaire destiné au rayonnement culturel de Limoges, un Zénith essentiellement dédié à la musique, le seizième en France. Son armature est en douglas du Limousin – un bois de couleur brun rosé –, recouverte de grandes plaques de polycarbonate. L'enveloppe devient ainsi transparente, lorsque le bâtiment s'illumine. La salle intérieure est habillée de bois, pour une acoustique optimale, et peut accueillir jusqu'à six mille spectateurs. C'est Michel Polnareff qui donne le premier concert du Zénith, dans le cadre de sa grande tournée « Ze tour 2007 ».

Bananaland (banne-Nana-*land*).

vendredi 18 mars

lever : 6 h 57
coucher : 19 h 00

St Cyrille

C'est un festival !

Alsace

Déjà dix-neuf printemps que le festival des accordéons du monde enchante les rues d'Illkirch-Graffenstaden pendant près de dix jours, au rythme d'une cent vingtaine de concerts. Le Grand Charivari ouvre le bal, et professionnels et amateurs se rencontrent alors autour d'ateliers d'improvisation, de danses, de mimes, etc.

Bonne fête !

Cyrille

Grand théologien, Cyrille, évêque d'Alexandrie, combattit les hérésies. Sa plus célèbre victoire se déroula sans doute au concile d'Éphèse, où il fit définitivement adopter le titre de « Mère de Dieu » pour Marie, contre ses détracteurs qui ne la considéraient que comme la mère de Jésus. Dogme qui prévaut encore de nos jours pour les catholiques et les orthodoxes.

La rubrique du 13 h

L'ESCAL'ATLANTIC À SAINT-NAZAIRE

Pays de la Loire

Saint-Nazaire est une ville marquée par les paquebots. En raison de son ancien statut de port transatlantique, mais aussi et surtout de par ses chantiers navals, d'où sortirent des bâtiments aussi prestigieux que le *Normandie* ou le *France*. Il était donc logique que la cité se dote d'un espace de découverte et de visite de cet univers si particulier. Ce fut chose faite avec Escal'Atlantic, inauguré en 2000 dans la base sous-marine. Cet espace s'inspire des paquebots jusque dans sa scénographie et propose, à travers un parcours ludique et interactif, de découvrir ces géants des mers sous toutes leurs coutures rivetées.

Un gentilé

de Bretagne

Auray, dans le Morbihan, est un ravissant port de plaisance, abritant l'église Saint-Gildas du XVIIe siècle, un pont du XVe siècle menant au port de Saint-Goustan ou encore la chapelle du Saint-Esprit du XIIIe siècle, où se recueillaient ses habitants, les...

Alréens.

Il était une fois en 1595

Mort du poète Jean de Sponde à Bordeaux

Aquitaine

Fils d'un réformé basque, Jean de Sponde est un élève brillant, qui reçoit de Jeanne d'Albret une bourse d'étude. Sa production poétique reprend les thèmes de la littérature baroque : l'amour, la fragilité de l'existence, la mort. Il devient vers 1585 agent politique d'Henri de Navarre, futur Henri IV, et se convertit, comme lui, au catholicisme. Cette abjuration est un tournant dans sa carrière : elle lui attire la haine des protestants, qui détruisent ses œuvres, sans pour autant lui accorder les faveurs des catholiques. Le poète meurt dans la pauvreté, et il faudra attendre trois siècles pour que son œuvre soit redécouverte.

Le baeckeoffe

Alsace

Ingrédients

Pour 6 personnes
500 g d'épaule de mouton
500 g d'épaule de porc
500 g de bœuf (paleron, gîte)
1 kg de pommes de terre
à chair ferme
1 blanc de poireau
3 carottes
300 g de farine
5 gros oignons
2 gousses d'ail dégermées
2 clous de girofle
1 bouquet garni
50 cl de riesling
25 cl d'eau
saindoux
sel et poivre

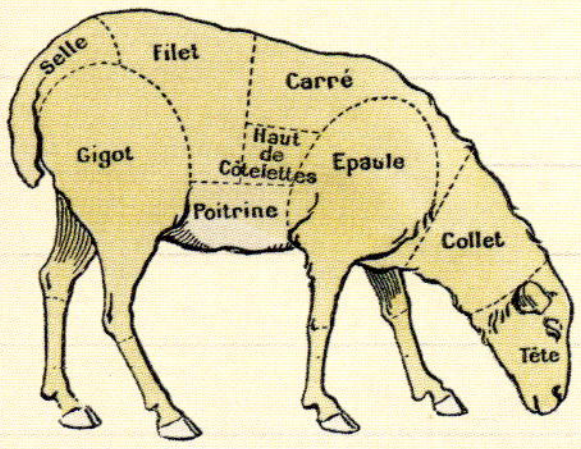

Recette

- La veille, coupez toutes les viandes en gros cubes et mettez-les dans un saladier. Ajoutez 1 oignon émincé, 1 autre piqué des clous de girofle, les carottes et le blanc de poireau coupés en rondelles, l'ail pressé et le bouquet garni. Assaisonnez, puis couvrez de vin blanc. Laissez mariner toute la nuit au frais, après avoir couvert le saladier de film étirable.
- Le jour même, épluchez les oignons restants et les pommes de terre. Émincez les pommes de terre et coupez-les en rondelles d'environ 5 mm d'épaisseur. Assaisonnez.
- Retirez de la marinade l'oignon piqué et le bouquet garni.
- Avec le saindoux, graissez une cocotte en fonte ou en terre. Tapissez le fond d'une couche de pommes de terre. Recouvrez de la moitié de la préparation viande-légumes bien égouttée, puis d'une couche d'oignons. Remettez une couche de pommes de terre, puis renouvelez l'opération avec le reste de la viande et des oignons. Terminez par une couche de pommes de terre. Enfin, versez la marinade dans la cocotte, afin de recouvrir à peine la dernière couche.
- Mélangez la farine avec l'eau pour obtenir une pâte malléable (le lut), et confectionnez un boudin. Fermez la cocotte avec un couvercle et soudez les deux ensemble avec le boudin de pâte.
- Enfournez à 180 °C, pendant 4 h, dans un four non préchauffé. Cassez le lut pour ouvrir la cocotte.

À l'origine

Le terme baeckeoffe ou baeckeofe signifie « four du boulanger ». Dans la tradition alsacienne, le lundi, en partant au lavoir, les ménagères du village apportaient au boulanger leur terrine de ragoût de viande à cuire. Profitant de la chaleur du four après cuisson du pain, le ragoût cuisait ainsi doucement pendant plusieurs heures, puis était récupéré après la lessive, prêt à être consommé !

lundi 21 mars

lever : 6 h 50
coucher : 19 h 05

Ste Clémence

Bonne fête !

Clémence

Clémence était une dame de la haute société allemande, que son père décida de marier à un comte. Elle demanda cependant à son mari de pouvoir se retirer dans un couvent, ayant promis de consacrer sa virginité à Dieu. Il la laissa partir chez les Bénédictines, où elle vécut jusqu'à sa mort en 1176.

La rubrique du 13 h

ORADOUR-SUR-GLANE

Limousin

Le 10 juin 1944, des soldats SS de la 2e division Das Reich, qui était basée dans le Sud-Ouest pour lutter contre les maquisards, entament un retour meurtrier vers le nord. Après l'annonce du débarquement, ils se livrent à une série d'exactions sur leur chemin. À Oradour-sur-Glane, six cent quarante-deux enfants, femmes, vieillards, hommes, seront indistinctement massacrés. Pour témoigner de ce que peut être l'horreur de la guerre, il fut décidé de conserver le village tel quel, à l'état de ruine. Un bourg fut reconstruit à quelques centaines de mètres à peine de ce triste lieu de mémoire.

Savoirs d'antan

Lors de vos promenades printanières, explorez les chemins creux. Vous pourrez y ramasser de jeunes feuilles de pissenlit. Après un nettoyage minutieux, vous obtiendrez une délicieuse salade en les agrémentant d'œufs durs, de lardons et de vinaigrette.

Au fil de l'eau

Languedoc-Roussillon

Le gardon, affluent du Rhône, est un ensemble de rivières nées dans les Cévennes, toutes appelées… Gardon. Le cours d'eau principal est connu pour ses gorges, qui déroulent un canyon d'une vingtaine de kilomètres en amont du pont du Gard, célèbre aqueduc romain du Ier siècle.

Il était une fois en 1920

Naissance d'Éric Rohmer à Tulle

Limousin

Éric Rohmer est né Maurice Schérer, en Corrèze, en 1920. Il écrit un premier – et unique – roman en 1946, puis un premier article en 1951 dans *Les Cahiers du cinéma*, dont il sera le rédacteur en chef de 1957 à 1963. En créant, en 1962, la société de production Les Films du losange, il conservera tout au long de sa carrière une certaine autonomie artistique. Il dresse en vingt-trois films intimistes un portrait de la société française, se concentrant sur les rencontres amoureuses, avec un style personnel, qui amène les journalistes à définir un style proprement « rohmérien ». *Ma nuit chez Maud*, *Le Genou de Claire* et *Perceval le Gallois* font partie de ses grands succès critiques.

mardi 22 mars

lever : 6 h 48
coucher : 19 h 07

Ste Léa

INSOLITE
paca

La Cité radieuse, cette barre de béton imaginée par Le Corbusier dans le quartier Sainte-Anne, est bien connue des Marseillais, mais ce que l'on sait moins, c'est que, en plus d'appartements et d'un splendide toit-terrasse, elle abrite un hôtel de vingt et une chambres.

Un gentilé
du Nord-Pas-de-Calais

La commune des Amandinois compte quatre sources, en faisant une station thermale réputée du Nord. Vous pourrez aussi y admirer le prieuré de l'abbaye d'Elnon ou les trois églises qui s'y trouvent et qui donnent toute sa valeur à la ville de…

Saint-Amand-les-Eaux.

La rubrique du 13 h

LA BANNE D'ORDANCHE
auvergne

Le mot *banne* signifie en patois auvergnat « corne ». Mais il n'y a rien de diabolique dans ce sommet volcanique qui s'est formé il y a quelque deux millions d'années et qui domine aujourd'hui la ville de La Bourboule. De forme légèrement cornue et culminant à une altitude de mille cinq cent douze mètres, il offre une vue imprenable à trois cent soixante degrés sur les alentours : chaîne des Puys, puy de Sancy, monts du Cantal. Cet ancien volcan couronné d'une table d'observation est aussi un des lieux historiques du vol à voile et de l'aéromodélisme français.

Bonne fête !
Léa

Léa, noble et riche Romaine, changea de vie à la mort de son mari. Elle abandonna tous ses biens, ses serviteurs et ses habits de patricienne pour vivre dans le dénuement, comme les pauvres dont elle s'occupait. Saint Jérôme, qui l'avait rencontrée, loua son dévouement dans une de ses lettres.

Il était une fois en 1947

Marcel Marceau donne naissance à Bip
Île-de-France

Le jour de son vingt-quatrième anniversaire, le mime Marceau crée Bip, un clown blanc à l'œil charbonneux et à la bouche cerclée de rouge, coiffé d'un haut-de-forme paré d'une fleur rouge, en maillot rayé et pantalon large. Le public du Théâtre de Poche de Montparnasse découvre alors pour la première fois le visage blafard de ce pierrot lunaire, inspiré des comiques muets tels que Chaplin et Keaton. La carrière de l'artiste se poursuit dans le monde entier, et il ouvre en 1978 l'École internationale de mimodrame de Paris. « Bip est un personnage intemporel, tout en étant proche de mes rêves d'enfant. Il se cogne à la vie qui est à la fois un grand cirque et un grand mystère », expliquait l'artiste.

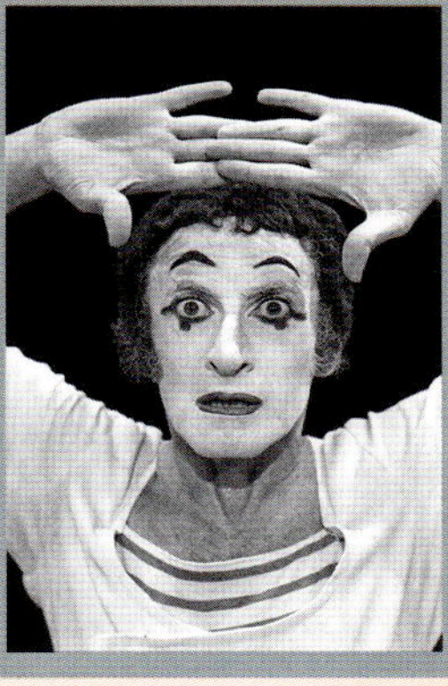

Une charade en Aquitaine

De l'auteur américain Frank Herbert, mon 1er est le roman de science-fiction le plus vendu dans le monde. Mon 2e se laisse facilement berner. Mon 3e est une terre cernée par l'eau. Mon 4e a pour ancêtre *alpha*. On domine l'entrée du bassin d'Arcachon depuis les hauteurs de mon tout.

Bonne fête ! Victorien

« Rien ne sera capable de me séparer de la foi et de l'amour de Jésus-Christ. Vous pouvez m'exposer aux flammes, me jeter aux bêtes, me soumettre à toutes sortes de supplices, jamais je ne trahirai la vraie foi », aurait répondu Victorien au roi Hunéric, en réponse à ses menaces. Il mourut en effet en martyr, après d'horribles tortures, qui ne le firent cependant pas céder.

La rubrique du 13 h

VILLEDIEU-LES-POÊLES, LA VILLE DU CUIVRE

Basse-Normandie

La commune de Villedieu-les-Poêles a une particularité : le travail du cuivre. Aussi ses habitants sont-ils appelés parfois les « Sourdins », en raison du bruit du martelage du cuivre, qui pouvait rendre sourd. La ville, au surnom de « cité du cuivre et de l'étain » et créée au XIIe siècle, a donc développé les activités de poêlerie et de dinanderie. Ainsi, vous pourrez visiter l'Atelier du Cuivre, le musée de la Poeslerie et la fonderie de cloches, d'où proviennent huit des neuf nouvelles cloches de Notre-Dame de Paris, ainsi que la cloche de la paix et de la liberté, commandée pour le soixante-dixième anniversaire du débarquement.

Savoirs d'antan

Il existe une astuce toute simple pour nettoyer des verres fragiles dans un évier. Disposez dans le fond une serviette de toilette, puis remplissez d'eau. Ainsi, les chocs seront amortis, et vous ne risquerez ni de briser ni d'ébrécher vos verres.

Il était une fois en 1613

Samuel Castleton fait escale à La Réunion

La Réunion

Plusieurs bateaux avaient repéré La Réunion au XVIe siècle. En 1613, sur la route des Indes, le capitaine anglais Samuel Castleton jette l'ancre de son navire, *The Pearl*, sur la côte est de cette petite île de l'océan Indien, qu'il baptise « England Forest ». Il décrit une terre vierge, paradisiaque, avec de grandes tortues terrestres et une sorte de dindon aux ailes courtes, qui disparaîtra très rapidement avec l'arrivée des premiers hommes. La France prendra possession de l'île Bourbon en 1638, et le peuplement ne commencera réellement que dans les années 1660, avec l'arrivée de deux colons français, accompagnés de dix Malgaches.

Dune du Pilat (*Dune*-*dupe*-*île*-A).

jeudi 24 mars

lever : 6 h 44
coucher : 19 h 10

Ste Catherine de Suède

INSOLITE

Languedoc-Roussillon

C'est à Marseillan, sur la route de Sète, que se trouve un vignoble pas comme les autres : le domaine de Vassal est en fait un centre de ressources génétiques de la vigne unique au monde, puisqu'il regroupe près de quatre mille cépages différents, des plus rares aux plus exotiques.

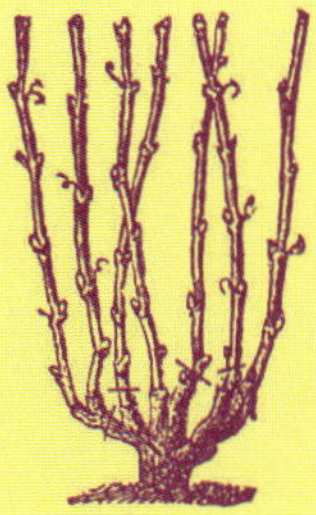

La rubrique du 13 h

LA MAISON DE PIERRE LOTI À ROCHEFORT

Poitou-Charentes

Pierre Loti, écrivain mais aussi officier de marine, né en 1850 dans une famille rochefortaise qui comptait plusieurs marins, n'a eu de cesse, entre chacun de ses amarrages au port, de décorer sa maison natale d'objets glanés lors de ses voyages. Cette demeure semble être l'incarnation de la soif d'ailleurs du marin : après être entrés par le salon rouge et le salon bleu, dédiés aux objets de famille, nous pourrons, à l'étage, partir pour l'Orient, en traversant la reconstitution d'une mosquée omeyyade, le salon turc, la chambre arabe, avant d'arriver finalement dans la salle chinoise.

Bonne fête !

Catherine de Suède

Sainte Catherine de Suède a la particularité d'être une fille de sainte. Sainte Brigitte fut en effet canonisée en 1391, peu après la mort de sa fille. Elles vécurent toutes les deux à Rome, où l'on dit que, en plus d'aider les plus démunis, elles militaient pour le retour de la papauté, qui se trouvait alors en Avignon.

Au fil de l'eau

Corse

Le Tavignano prend naissance au lac de Nino, non loin de Corte, où il est rejoint par la Restonica. De la ville, au pied de la citadelle, part un sentier de randonnée qui longe les gorges du fleuve, agrémentées de plusieurs sauts et bassins de baignade très prisés l'été.

Il était une fois en 2010

Début du tournage du Havre de Kaurismäki

Haute-Normandie

La Cité Océane est le décor du vingtième film d'Aki Kaurismäki. Le cinéaste finlandais s'attaque au problème des sans-papiers dans la zone portuaire, en racontant l'histoire d'un cireur de chaussures au grand cœur, qui s'est mis en tête d'aider un enfant gabonais débarqué d'un container, qui devait l'emmener jusqu'à Londres. Le Havre apparaît, dans ce conte moderne, comme une vieille ville ouvrière, délabrée mais chaleureuse, où les maisons en briques rouges deviennent des refuges. Un an plus tard, le film sera présenté en sélection officielle du Festival de Cannes, puis obtiendra le prix Louis-Delluc du meilleur film français de l'année.

vendredi 25 mars

lever : 6 h 42
coucher : 19 h 11

St Humbert

Au fil de l'eau

Centre

Comme son nom l'indique, le Loiret est bien une « petite Loire » : sa source, appelée « résurgence du Bouillon », située dans le parc floral de la Source, à Orléans, est en fait la réapparition d'une partie des eaux de la Loire, après un parcours souterrain d'une quinzaine de kilomètres.

Bonne fête !

Humbert de Maroilles

L'histoire de saint Humbert ne nous dit pas s'il a inventé ou non le fameux fromage de Maroilles. Ce qui est sûr, c'est qu'il fut premier abbé et, selon certaines sources, fondateur de l'abbaye dans laquelle la recette fut mise au point.

La rubrique du 13 h

LES THERMES DU HOGOLO

Bretagne

À l'ouest des vestiges du fort romain du hameau du Yaudet se trouvent les thermes du Hogolo. Très certainement construits par de riches Romains dès le Ier siècle, ils furent découverts par hasard en 1892 par un habitant qui bêchait son jardin. Pendant près de mille cinq cents ans, une dune de deux mètres cacha et préserva le site apparemment abandonné au IIIe siècle, favorisant ainsi le bon état de conservation dans lequel il se trouve. Des fouilles furent organisées au long du XXe siècle, et elles aboutirent en 1993 à sa restauration, effectuée à partir des matériaux trouvés sur place et selon les techniques utilisées par les Romains.

Un gentilé

du Limousin

Châteauponsac, en Haute-Vienne, est visité pour son pont romain sur la Gartempe ou encore pour sa chapelle Notre-Dame-de-Toute-Bonté du XIe siècle. C'est aussi aujourd'hui un des lieux de tournage de la série *Un village français*. Mais trouverez-vous son gentilé ?

Châtelauds.

Il était une fois en 1767

Naissance de Joachim Murat dans le Lot

Midi-Pyrénées

Comment le fils d'un aubergiste du Quercy, né à Labastide-Fortunière – renommée plus tard « Labastide-Murat » –, est-il devenu roi d'Italie ? D'abord destiné à une carrière dans les ordres, Murat s'engage dans la cavalerie. Il se distingue au combat en 1793 et devient premier aide de camp de Bonaparte. Il participe au coup d'État du 18 brumaire et épouse la plus jeune sœur de Napoléon. L'Empereur lui donne le royaume de Naples en 1808, puis le met à la tête de la cavalerie dans la campagne de Russie. Murat regagne Naples après la retraite, s'efforçant de reconquérir sa couronne, et signe une alliance avec l'Autriche, ce qui restera comme la « trahison de Murat ». Le roi déchu sera fusillé en Calabre en 1815.

Le gâteau battu

Picardie

Ingrédients

Pour 2 gâteaux
300 g de farine type 45
250 g de beurre doux
100 g de sucre
9 jaunes d'œufs + 1 œuf entier
40 g de levure fraîche du boulanger
5 g de sel

Recette

- Assurez-vous que tous les ingrédients sont à température ambiante.
- Délayez la levure dans un demi-verre d'eau tiède.
- Dans le bol d'un batteur, versez la farine, les jaunes d'œufs et l'œuf entier, puis la levure diluée. Pétrissez au batteur, à vitesse moyenne, jusqu'à obtenir une pâte élastique assez ferme, qui se décolle des parois du bol. Cela peut prendre de 20 à 30 min. Ajoutez ensuite le sel fin, puis le sucre, et pétrissez. Arrêtez quand la pâte se décolle à nouveau, puis placez le bol dans un endroit tempéré, à l'abri des courants d'air, couvert d'un torchon.
- Quand la pâte a doublé de volume, pétrissez-la de nouveau, en ajoutant le beurre pommade. Mélangez bien au batteur pendant 5 min, puis remettez le bol à l'abri dans les mêmes conditions, pour faire pousser la pâte une seconde fois. Quand la pâte a une nouvelle fois doublé de volume, rabattez-la pour la dégazer.
- Beurrez minutieusement au pinceau deux moules à gâteau battu ou, à défaut, deux moules à kouglof. Versez la pâte jusqu'à mi-hauteur des moules, puis laissez pousser une dernière fois à l'abri sous un torchon, toujours dans un endroit tempéré.
- Quand la pâte est montée jusqu'à 1 cm sous les bords du moule, enfournez dans un four préchauffé à 180 °C, en mode chaleur ventilée, pour environ 20 min. Quand le gâteau est cuit, une lame de couteau doit ressortir sèche.
- Laissez tiédir avant de démouler.

Moule en toque !

Spécialité régionale reconnue depuis 1900, le gâteau battu, qui fut aussi appelé « gasteau mollet » ou « pain aux œufs », est une sorte de brioche très riche en œufs et en beurre, nécessitant un moule spécial, qui lui donne une forme de toque de cuisinier, et qui était traditionnellement dégusté à Pâques. À Abbeville, depuis 1993, il existe une Confrérie du gâteau battu, qui organise chaque année un concours du meilleur gâteau battu.

lundi 28 mars

lever : 7 h 36
coucher : 20 h 16

Lundi de Pâques

Bonne fête !

Gontran

La vie de ce saint ne fut pas si pieuse qu'on pourrait le penser. Ainsi, on lui reprocha d'avoir répudié sa femme, après l'avoir trompée maintes fois – ce qui a fait de lui le patron des personnes divorcées –, et d'avoir tué son médecin. Mais les mœurs n'étaient alors pas les mêmes, et cela n'empêcha pas sa canonisation, qu'il mérita en passant le reste de sa vie à se repentir et en étant bon avec les pauvres de son royaume.

La rubrique du 13 h

LE MUSÉE NATIONAL DES ARTS ASIATIQUES

Île-de-France

Le musée national des Arts asiatiques, qui se trouve place d'Iéna à Paris, a été créé sous l'impulsion d'Émile Guimet, un industriel lyonnais qui se passionna notamment pour les objets d'art asiatiques. Aujourd'hui, il en présente la plus grande collection hors d'Asie. Elle ne compte néanmoins que des pièces issues de l'archéologie, excluant les créations contemporaines. Au fil de ses quatre niveaux, vous pourrez découvrir différentes cultures de l'Asie du Sud-Est, en passant par la Chine, l'Inde, le Japon, mais aussi l'Afghanistan et le Pakistan.

Un gentilé

de Franche-Comté

Lons-le-Saunier est une cité au riche patrimoine, avec ses thermes Lédonia, ses salines et sa tour de l'Horloge du XVIIIe siècle. On y dénombre sept fontaines, et on y découvre aussi la fameuse Maison de La Vache Qui Rit, bien connue de ses habitants, les...

Lédoniens.

Savoirs d'antan

Occupez vos enfants en attendant les invités. Demandez-leur d'écrire et de décorer le nom de chacun sur de petits cartons. Pendant ce temps, coupez des bouchons de liège en deux. Faites une fente et glissez le carton. Positionnez l'ensemble devant chaque assiette.

Il était une fois en 1985

Mort de Chagall à Saint-Paul-de-Vence

Provence-Alpes-Côte d'Azur

Considéré comme le plus français des peintres russes, Chagall a passé les vingt dernières années de sa vie à Saint-Paul-de-Vence, où il est d'ailleurs enterré. Il débarque à Paris en 1910 et y découvre un bouillonnement artistique intense. Ses toiles surréalistes, influencées par le cubisme et le fauvisme, sont empreintes d'une force poétique très personnelle et onirique et renvoient à sa culture juive et slave. Il obtient la nationalité française en 1937, mais s'exile aux États-Unis pendant la guerre. À son retour en France en 1948, son œuvre devient plus monumentale, avec des décors – notamment le plafond du palais Garnier –, des mosaïques et des vitraux. L'artiste peindra jusqu'à sa mort, à 97 ans.

mardi 29 mars

lever : 7 h 33
coucher : 20 h 17

Ste Gwladys

INSOLITE

Corse

Inutile de la chercher sur la carte, la route qui mène à Girolata n'existe pas ! On n'accède à ce hameau de la commune d'Osani que par la mer ou en empruntant un sentier, le « chemin du facteur ». La marche, d'environ une heure trente, est récompensée par une splendide vue sur la baie.

Une charade en Alsace

Mon 1er précède le lever du soleil. Mon 2e est la dix-huitième lettre de l'alphabet. Lorsqu'on est bien mon 3e, c'est que l'on est issu d'une famille aisée et respectable. Sis à une vingtaine de minutes de la capitale alsacienne, mon tout est le berceau de sainte Odile.

La rubrique du 13 h

LE CHÂTEAU DE CULAN

Centre

Voici un édifice qui fut témoin et victime de nombreux chapitres de l'histoire de France. Construit sur un rocher qui surplombe la vallée de l'Amon, il fut assiégé par Philippe Auguste en 1188 et détruit une première fois. Pendant la Fronde, le haut du donjon et une partie des murailles furent mis à bas, et ses terres partagées lors de la Révolution. Aujourd'hui en parfait état, cette forteresse, qui accueillit Jeanne d'Arc, Louis XI, Sully, Mme de Sévigné, la romancière George Sand et son amant Chopin, ou encore Ernest Renan, se visite et organise en été des week-ends médiévaux.

Bonne fête !

Gwladys de Galles

Apparemment, la reine Gwladys n'avait pas la fidélité dans le sang et trompa son mari tout le temps où il vécut. Mais, devenue veuve, elle voulut se repentir et devint ermite. Dieu dut lui pardonner, puisqu'elle fut canonisée après sa mort.

Il était une fois en 1797

Plantation du platane de la Liberté à Bayeux

Basse-Normandie

À Bayeux, pendant la Révolution, un platane – un arbre réputé pour sa longévité et sa résistance au climat – fut choisi comme symbole de la Liberté. La mise en terre eut lieu, lors d'une cérémonie, en mars 1797. Cet « arbre de la Liberté », au centre de la place du même nom, mesure aujourd'hui trente-trois mètres de hauteur et deux de diamètre et bénéficie du titre de « monument naturel ». Le bicentenaire de l'événement a donné lieu à une journée de fête, au cours de laquelle des enfants ont planté de nouveaux spécimens dans différents quartiers de la ville. Un spectacle son et lumière autour du thème de la liberté a été créé en 2014 et projeté sur le platane pendant l'été.

Obernai (aube-R-né).

mercredi 30 mars

lever : 7 h 31
coucher : 20 h 19

St Amédée

INSOLITE

Bretagne

Pendant une quinzaine d'années, au tournant du XXe siècle, l'abbé Fouré, un prêtre sourd et muet forcé d'abandonner son poste, a sculpté dans le granit, à Rothéneuf – aujourd'hui un quartier de Saint-Malo –, plus de trois cents statues. Son œuvre, bien que soumise à l'érosion, en étonne encore plus d'un.

Bonne fête !

Amédée

Duc de Savoie, Amédée IX se maria avec une sœur de Louis XII. Il était épileptique et, comme il était très pieux, il voyait dans sa maladie une participation à la Passion du Christ. Il fut béatifié en 1677, en raison de sa grande charité et de la bonté dont il faisait preuve envers ses sujets les plus démunis.

La rubrique du 13 h

LE ROCHER DE RONESQUE

Auvergne

Le rocher de Ronesque est une immense table basaltique – une sorte de haut plateau – née d'un paradoxe géologique appelé « inversion du relief ». Ce phénomène transforme, grâce à l'érosion, une coulée de lave du fond de la vallée en un plateau élevé, tout cela en quelques millions d'années à peine. Au milieu se trouve une chapelle qui semble un peu perdue dans ce paysage infini et qui offre une vue des plus saisissantes sur les monts du Cantal, les monts de l'Aubrac et le château de Messilhac.

Un gentilé
de PACA

Le château de Fontvieille, l'esplanade des Moulins ou encore le Vieux Bassin du XIXe siècle font partie des sites remarquables de la cité d'Allauch, dans les Bouches-du-Rhône. Le massif du Garlaban est également très prisé de ses habitants, les…

Allaudiens.

Il était une fois en 1944

Vol de trente-trois tableaux au château de Rastignac

Aquitaine

Quatre Monet, sept Cézanne, quatre Renoir et trois Toulouse-Lautrec, un Matisse et un Van Gogh : ce sont quelques-uns des chefs-d'œuvre volés par des officiers allemands venus piller le château de Rastignac à la fin de la guerre. Au total, trente-trois toiles de maîtres avaient été cachées par un collectionneur parisien dans ce bâtiment, connu pour être la réplique de la Maison-Blanche de Washington. Les soldats, a priori bien renseignés, pillèrent le château, après avoir éloigné propriétaires et domestiques, puis y mirent le feu pour camoufler leur forfait. Soixante ans après, la plupart de ces tableaux sont toujours portés disparus.

jeudi 31 mars

St Benjamin

lever : 7 h 29
coucher : 20 h 20

Au fil de l'eau

Limousin

La Corrèze, née sur le plateau de Millevaches, sillonne sur près de cent kilomètres le département auquel elle a donné son nom. Elle traverse d'ailleurs Tulle, sa préfecture, où elle est rejointe par plusieurs de ses affluents et où elle fait penser à un canal, du fait des murs verticaux qui la bordent.

Une charade en

Champagne-Ardenne

Mon 1er est un constructeur automobile américain, resté longtemps second derrière la General Motors. Impossible de faire une omelette sans casser mon 2e. Mon 3e est un adverbe de lieu, qui n'est pas ici. Mon 4e est un synonyme tout aussi populaire de « godasse », « grolle ». Mon 5e est le féminin de « il ». Mon tout fait partie du système Séré de Rivière et a protégé Reims pendant la Première Guerre mondiale.

La rubrique du 13 h

LE LAC DES AYGAS

Languedoc-Roussillon

Le 7 décembre 2014 s'est produit un phénomène très particulier, qui n'est arrivé que sept fois depuis 1963 : le lac des Aygas, né de l'accumulation des eaux de ruissellement, est le plus grand lac temporaire d'Europe. Couvrant plusieurs hectares et pouvant atteindre quinze mètres de profondeur, il donne un air irréel à cet endroit du plateau du Larzac, laissant apparaître çà et là des rochers lunaires. Dans les années 1990, il était resté là deux ans, et, comme on ne sait jamais vraiment quand il va disparaître ou réapparaître, il convient d'aller vite le voir dès qu'il se forme !

Bonne fête !

Benjamin de Perse

Saint Benjamin vécut à la fin du IVe siècle et au début du Ve en Perse – l'actuel Iran –, sous un régime très dur envers les chrétiens. Cette vague de persécutions fut causée par un évêque qui, rempli de haine et pris de folie, avait incendié un temple païen. Or, Benjamin, brillant prédicateur, convertit beaucoup trop de païens, justement, au christianisme, au goût des autorités… Avant de le tuer, on lui fit connaître le supplice des roseaux enfoncés sous les ongles.

Il était une fois en 1970

Fin de l'exploitation du pétrole à Pechelbronn

Alsace

L'un des premiers gisements de pétrole exploités dans le monde se situait non pas au Far West, mais bien dans le Bas-Rhin. On sait que le liquide huileux recueilli servait, dès la fin du XVe siècle, à lubrifier les roues des chariots, mais aussi comme remède à différents maux. Les premières exploitations datent du XVIIIe siècle : on recueillait alors du sable bitumeux et de l'huile de suintement. L'activité prit une dimension industrielle au XIXe siècle avec les forages, qui permirent d'atteindre des sources jaillissantes, mais déclina après la découverte des réserves du Moyen-Orient. Le centre pétrolier de Pechelbronn, l'un des derniers en activité, ferma en 1970.

Fort de la Pompelle (Ford-œufs-là-pompe-elle).

vendredi 1er avril

lever : 7 h 27
coucher : 20 h 22

St Hugues

Bonne fête !

Hugues de Grenoble

Ne supportant plus la moralité douteuse du clergé de son diocèse – il était évêque de Grenoble –, Hugues se retirait souvent dans le monastère de saint Bruno, qui était en outre son directeur spirituel. Ce dernier dut souvent le persuader de ne pas se séparer de tous ses biens matériels : il risquait de mettre sa santé en danger ! Il fut canonisé deux ans seulement après sa mort.

La rubrique du 13 h

LA BASILIQUE SAINT-MARTIN D'AIME

Rhône-Alpes

En bas des pistes de ski de La Plagne, la petite commune d'Aime abrite une ancienne basilique qui témoigne de ce que fut le premier art roman. Construits aux alentours du XIe siècle, ses murs épais et son clocher trapu préservent encore aujourd'hui des morceaux de fresque du XIIIe siècle, représentant, dans un style byzantin, des scènes de l'Ancien et du Nouveau Testament. Sa crypte, située sous le chœur, et ses absides frustes semblent être une incarnation de la simplicité de la foi des chrétiens de l'an mille. Classée monument historique depuis 1875, la basilique Saint-Martin n'est plus un lieu de culte, mais représente un véritable trésor historique.

C'est un festival !

Lorraine

Laissez-vous aller aux mots, à Bruyères, le temps d'un week-end enchanteur les 1er et 2 avril 2016. Autour d'un thème, écriture, lecture, spectacles, recueil de textes et remise d'un prix littéraire rythment cette balade littéraire qui aide à démocratiser l'accès aux belles-lettres. Promis, chacun y trouve son « conte » !

Un gentilé

d'Alsace

Ancien lieu de culte des mineurs, la chapelle luthérienne de Fertrupt, construite au XVIe siècle, fait partie des monuments historiques de la cité des Sainte-Mariens. Cette commune du Haut-Rhin abrite effectivement un large patrimoine minier, et s'appelle…

Sainte-Marie-aux-Mines.

Il était une fois en 1564

Origine du poisson d'avril

France

Bien que son origine soit largement controversée, on impute l'apparition du traditionnel poisson d'avril à Charles IX, qui, en 1564, décide que l'année ne débutera plus le 1er avril, mais le 1er janvier. Les étrennes changent donc de date, et on n'offre plus, en ce début d'avril, que de faux cadeaux, puis on se livre à des canulars bon enfant. Le poisson est choisi comme symbole, probablement parce que le quatrième mois de l'année annonce la fin du carême et que, à ce moment-là, il s'agit de la denrée la plus courante.

samedi 2 avril

St François de Paule

dimanche 3 avril

St Richard

La salade gourmande façon franc-comtoise

Franche-Comté

Ingrédients

Pour 4 personnes

1 grosse salade verte
type feuille de chêne
1 saucisse de Morteau cuite
250 g de comté
250 g d'allumettes de lardons fumés
4 œufs
300 g de pommes de terre
type ratte du Touquet
beurre salé
vinaigre d'alcool coloré
et vinaigre blanc
huile
moutarde forte
sel et poivre

Recette

× Brossez les pommes de terre sous l'eau, puis séchez-les dans un torchon. Coupez-les en deux dans le sens de la longueur, sans les éplucher.

× Dans une sauteuse, faites chauffer doucement un morceau de beurre avec de l'huile. Quand le mélange est mousseux, ajoutez les pommes de terre et passez à feu vif. Laissez dorer 5 min, salez et poivrez, puis baissez à feu moyen. Faites cuire à couvert pendant 20 min, en remuant régulièrement, puis réservez au chaud.

× Dans une poêle, faites revenir les lardons sans ajouter de matière grasse. Quand ils sont bien grillés, réservez-les sur du papier absorbant. Dans la même poêle, faites rapidement dorer la saucisse de Morteau coupée en rondelles d'environ 1 cm.

× Confectionnez une vinaigrette avec le vinaigre d'alcool coloré, l'huile, la moutarde, le sel et le poivre.

× Placez la salade verte épluchée et lavée dans un grand saladier. Ajoutez le comté détaillé en cubes, les lardons et les pommes de terre, puis assaisonnez avec la vinaigrette. Répartissez le mélange dans les assiettes, puis ajoutez les rondelles de saucisse.

× Cassez chaque œuf séparément dans une tasse. Faites bouillir de l'eau additionnée de vinaigre blanc dans une grande casserole. Une fois qu'elle est arrivée à forte ébullition, éteignez le feu et versez délicatement les œufs dans l'eau. Laissez cuire pendant 3 min sans y toucher, puis sortez-les avec une écumoire et déposez-en une dans chaque assiette. Servez aussitôt.

De l'entrée au plat, il n'y a qu'un pas !

Cette salade peut constituer un plat complet, si vous doublez la quantité de salade et de saucisse de Morteau. Pour une salade encore plus gourmande au goût toujours plus franc-comtois, ajoutez de la cancoillotte à votre vinaigrette.

Bonne fête !

Isidore de Séville

La piété de la famille d'Isidore de Séville ne fait aucun doute, ses trois frères et sœurs étant également devenus des saints. Mais la religion n'était pas pour autant le seul centre d'intérêt du chrétien de Carthagène : il était réputé grand lecteur et a rédigé de nombreux ouvrages, dont *Les Étymologies*. La structure de ce livre, qui évoque les bases de données, a fait attribuer à saint Isidore le patronage des informaticiens.

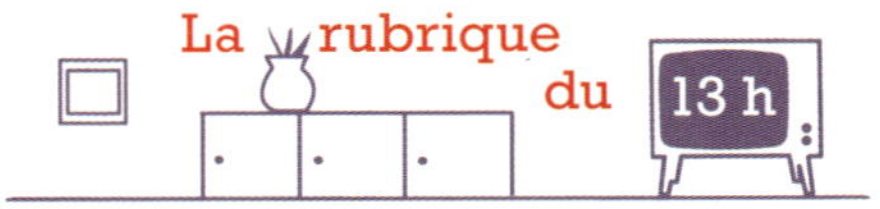

LES GORGES DE KAKUETTA

Aquitaine

Dans la province de Haute-Soule, au Pays basque, vous pourrez randonner dans le site exceptionnel des gorges de Kakuetta. Vous marcherez dans une nature préservée et luxuriante – parfois discrètement aménagée pour faciliter la visite – au fond de laquelle chante un cours d'eau charmant. Vous pourrez admirer une cascade qui semble éventrer la paroi rocheuse, en sortant de la falaise par une « bouche », et une grotte majestueuse, avant de vous aventurer, pour les plus courageux, sur la passerelle d'Holzarté, qui surplombe le vide de cent quarante mètres, et, pourquoi pas, d'apercevoir quelques vautours au-dessus de vos têtes.

INSOLITE

Alsace

Dans les jardins d'Hunawihr, dans le Haut-Rhin, on n'admire pas que des fleurs. En effet, dans une immense serre de mille mètres carrés, on peut aussi apprécier les papillons exotiques qui les butinent. Ouvert depuis 1988, le site présente une centaine d'espèces, souvent protégées.

Une charade en

Midi-Pyrénées

Mon 1er est une cavité rocheuse naturelle et accessible. Mon 2e est le participe passé du verbe « devoir ». La pavie, le brugnon ou encore la nectarine sont des variétés de mon 3e. Selon l'expression, faute de grives, on se rabat sur mon 4e. Mon tout fait partie des rares sites préhistoriques majeurs qui puissent être visités en l'état.

Il était une fois en 1945

Naissance de Daniel Cohn-Bendit à Montauban

Midi-Pyrénées

Erich Cohn-Bendit et sa femme ont fui, en 1933, l'Allemagne nazie pour Paris, avant de se réfugier pendant la guerre en zone libre, dans le sud de la France. Ce couple de Juifs allemands a été protégé à Montauban par Mgr Théas, qui leur a fourni de faux certificats de baptême. C'est là que naît leur fils en avril 1945. Apatride jusqu'en 1959 – année où il choisit la nationalité allemande, afin de ne pas effectuer son service militaire –, Daniel fonde ses convictions pacifiques et proeuropéennes sur cette enfance marquée par les années qui suivent la Seconde Guerre mondiale. On connaît la suite de son parcours, de Dany le Rouge en mai 68 à Dany le Vert dans les années 1990.

Grotte du Pech Merle (grotte-du-pêche-merles).

mardi 5 avril

lever : 7 h 19
coucher : 20 h 28

Ste Irène

INSOLITE

Poitou-Charentes

Ce sont des trains d'un nouveau genre qui parcourent les neuf kilomètres de voie ferrée aux alentours de Chauvigny dans la Vienne, puisqu'il faut pédaler pour les faire avancer ! Le VéloRail permet de découvrir la cité médiévale autrement et d'explorer la campagne environnante.

Un gentilé

de Basse-Normandie

Située dans l'Orne, la commune de Vimoutiers offre de nombreuses curiosités, tels son char Tigre de 1944, sa vache en bronze appelée « Ratisfaite », son vieux couvent des Bénédictines ou son musée du Camembert ! Mais trouverez-vous son gentilé ?

Vimonastériens.

La rubrique du 13 h

LA NÉCROPOLE DES COURENS

Provence-Alpes-Côte d'Azur

Au sommet d'une colline, au nord-ouest de Beaumes-de-Venise, se trouvait un oppidum qui s'étendait sur sept hectares. Des fouilles révélèrent la présence d'une colonie grecque implantée depuis le VIe siècle avant notre ère, qui serait peut-être à l'origine de la construction. Des VIe et VIIe siècles date une nécropole mise au jour dans les années 1960, dont les sarcophages monolithiques couvrent une grande surface de l'oppidum. Ces blocs de pierre offrent un spectacle émouvant et témoignent encore aujourd'hui des dures conditions de vie de ceux qui séjournèrent alors à cet endroit.

Bonne fête !

Irène de Thessalonique

Sainte Irène de Thessalonique et ses sœurs (sainte Agapé et sainte Chiona) s'étaient réfugiées dans une montagne, en Grèce, pour échapper aux persécutions de l'empereur Dioclétien. Revenues au domicile familial, elles furent arrêtées : ses sœurs furent brûlées vives immédiatement, sainte Irène quelque temps après. Sa tête fut offerte comme relique à l'abbaye d'Hautecombe, en Haute-Savoie, qui se plaça sous la protection de la sainte.

Il était une fois en 2002

Première édition du festival Des Planches et des Vaches

Basse-Normandie

Tous les premiers week-ends d'avril depuis quinze ans, la BD est à l'honneur à Hérouville-Saint-Clair, près de Caen, avec le festival Des Planches et des Vaches. Cette manifestation conviviale rassemble des dizaines d'auteurs, à la renommée locale ou nationale, invités à présenter et à dédicacer leurs albums. Une occasion pour les curieux de déambuler entre le café et les stands de livres et d'affiches, et de participer à une tombola, avant la remise de prix. Depuis quelques années, un atelier de sensibilisation à l'écriture est organisé en amont, et les Hérouvillais sont conviés dès l'automne à réaliser un livre illustré avec des professionnels.

mercredi 6 avril

lever : 7 h 17
coucher : 20 h 29

St Célestin

Bonne fête !
Célestin

Volontaire et déterminé, Célestin Ier fut pape de 422 à 432 et édicta des règles très précises concernant les élections épiscopales, de manière à éviter les querelles qu'avait subies son prédécesseur, Boniface Ier. À sa mort, il fut enterré dans les très anciennes catacombes de Priscille, à Rome, comme de nombreux martyrs et papes avant lui.

La rubrique du 13 h

LA FORÊT DE LYONS

Haute-Normandie

La forêt de Lyons, une des plus grandes de Normandie, est sans doute une des plus belles hêtraies d'Europe. Ce massif forestier fut longtemps domaine royal, bien que les riverains aient eu le droit d'utiliser son bois et d'y laisser paître leurs troupeaux dès le XIIe siècle. La forêt subit ensuite le défrichage et l'exploitation du bois de hêtre, jusqu'à être sévèrement réduite, avant que l'administration forestière ne réglemente tout cela en 1826. Aujourd'hui, elle offre trois cents kilomètres de chemins – sentiers de randonnée ou équestres – abrités par une cathédrale aérée de verdure, trouée çà et là de clairières bucoliques.

Savoirs d'antan

Pour avoir du persil disponible pendant plusieurs jours, lavez un bouquet de persil. Séchez-le et retirez les tiges. Disposez les têtes dans un sac hermétique, type sac de congélation, et rangez-le dans le réfrigérateur. Vous pourrez ensuite en prélever selon vos besoins.

Au fil de l'eau

Aquitaine

Fleuve ou rivière ? Les avis divergent ! En effet, si la Dordogne se jette bien dans l'océan Atlantique, après un périple de quatre cent quatre-vingt-trois kilomètres, elle se mêle d'abord à la Garonne, formant ainsi l'estuaire de la Gironde. Ses eaux voient passer toutes les espèces de poissons migrateurs d'Europe.

Il était une fois en 1327

Pétrarque rencontre Laure

Provence-Alpes-Côte d'Azur

Heureuse idée qu'a Pétrarque, en ce 6 avril 1327, de s'aventurer près de l'église du couvent de Sainte-Claire, à Avignon ! Il y rencontre Laure, « Laure aux blanches mains », éprouve « un sublime amour », et elle devient sa muse, ne lui inspirant pas moins de trois cent dix-huit sonnets et quatre-vingt-huit chansons. Bien que l'existence de cette femme soit controversée, qu'on la dise anonyme ou mythe poétique, ou qu'on la nomme « Laure de Sade », Pétrarque, fidèle aux préceptes de l'amour courtois, n'a jamais décrit sa belle, qui « a la forme d'un ange », comme il se doit.

jeudi 7 avril

lever : 7 h 15
coucher : 20 h 30

St Jean-Baptiste de La Salle

Au fil de l'eau

PACA

Plus grande zone humide de France, la Camargue est formée par le delta du Rhône. On peut la diviser en deux espaces distincts : le Nord est un espace d'eau douce, essentiellement consacré à la riziculture, tandis que le Sud subit les incursions de la Méditerranée et compte des marais salants.

Un gentilé

du Languedoc-Roussillon

Les Piscénois sont les habitants d'une commune de l'Hérault dont les spécialités culinaires sont le petit pâté et le berlingot, mais où vous pourrez aussi participer au carnaval de la ville ou à ses rencontres cinématographiques annuelles. Cette cité se nomme...

Pézenas.

La rubrique du 13 h

L'HÔTEL DE MAUROY À TROYES

Champagne-Ardenne

Bâtiment reconstruit en 1550, sur les bases de l'ancien hôtel de l'Aigle édifié vers 1400, l'hôtel de Mauroy présente une façade appareillée en damier champenois et une cour qui fait alterner, autour d'une tour polygonale, briques, colombages, damier d'ardoise et bandeaux et qui rappelle la richesse de la Troyes médiévale. L'hôtel particulier, qui devint tour à tour orphelinat, manufacture de bas de tricot et siège d'un journal, sera acquis par la ville et offert en 1966 aux compagnons du Devoir, qui, après l'avoir restauré, en feront un lieu de formation, puis un musée des outils de façonnage.

Bonne fête !

Jean-Baptiste de La Salle

On doit à saint Jean-Baptiste de La Salle d'avoir ouvert des écoles gratuites. Pour se consacrer à la congrégation qu'il avait fondée, les Frères des écoles chrétiennes, il alla jusqu'à abandonner sa charge de chanoine, qui lui permettait de vivre convenablement. Contrairement aux maîtres d'école de son temps, il enseigne la lecture en français et non en latin, et il est aujourd'hui, en toute logique, le patron des enseignants.

Il était une fois en 451

Pillage de Metz par les Huns

Lorraine

Metz, envahie par les Romains du temps de Vercingétorix et mise à feu et à sang par l'armée de Vitellius peu de temps après, ne s'attend pas, quatre siècles plus tard, le 7 avril 451, à se voir conquise, pillée et brûlée, en cette veille de Pâques, par le redoutable Attila, « fléau de Dieu ». Le chef des Huns et son armée diabolique, fraîchement arrivés de leurs steppes d'Asie centrale, franchissent le Rhin à la conquête de l'Occident. Ils seront finalement chassés, deux mois plus tard, par les Romains et les Wisigoths.

vendredi 8 avril

lever : 7 h 13
coucher : 20 h 32

Ste Julie

INSOLITE

Franche-Comté

Les montagnes du Jura abritent un parc animalier pas comme les autres : le Parc Polaire. Installé dans une ancienne ferme d'alpage, il regroupe des animaux résistant aux faibles températures : on y croise le yak, le renne, le bison ou encore une meute de chiens du Groenland.

Bonne fête !

Julie Billiart

Elle fut très pieuse dès sa plus tendre enfance, si bien qu'elle fut autorisée à communier à 9 ans seulement ! À 7 ans, elle lisait les Évangiles à ses camarades. N'abandonnant jamais son amour de la religion et de l'enseignement, malgré la paralysie qui la priva de l'usage de ses jambes, elle fonda en 1804 la congrégation des Sœurs de Notre-Dame, pour l'enseignement et l'éducation des jeunes filles pauvres. Ce bon usage de sa tête lui fit miraculeusement retrouver celui de ses jambes ! Aide-toi et...

La rubrique du 13 h

LE GRAU DU MAURY

Languedoc-Roussillon

Dans le massif des Corbières, à quatre cent trente-deux mètres d'altitude, se trouve le col du Grau du Maury. Cette zone était jadis contrôlée par le château de Quéribus, qui se dresse, majestueux, non loin de là. Le nom du col vient du latin *gradus* signifiant « pas, marche », et il y a en effet, dans les environs, de nombreux chemins de randonnée plus ou moins escarpés. Ainsi, les promeneurs pourront emprunter le GR 36, et les marcheurs plus aguerris prendront le chemin de la crête de la Serre, une « balade » de dix-huit kilomètres entre le Grau et la Quille, le long de laquelle il faudra être à l'aise en varappe. Dans tous les cas, le site offrira une vue imprenable.

Une charade en

Auvergne

Mon 1er désigne le travail des sols cultivés qui consiste à retourner la terre. On prononce mon 2e pour surprendre, tout en faisant peur à quelqu'un. Mon 3e est le son produit par la douzième lettre de l'alphabet. Mon tout est une station thermale spécialisée dans les affections respiratoires et dermatologiques.

Il était une fois en 1973

Picasso décède à Mougins

Provence-Alpes-Côte d'Azur

Le célèbre peintre, sculpteur et dessinateur espagnol, fondateur du cubisme, passe une grande partie de sa vie en France, de Paris à Vallauris. Auteur de milliers d'œuvres, dont la symbolique *Guernica*, Pablo Ruiz Picasso s'éteint à Mougins, le 8 avril 1973, à l'âge de 91 ans, d'une embolie pulmonaire. Il est enterré au côté de sa dernière femme, Jacqueline, dans le parc du château de Vauvenargues, une forteresse située sur un des versants de la montagne de la Sainte-Victoire, dont il s'était rendu propriétaire en septembre 1958. Selon un de ses derniers vœux, la sculpture *La Femme au vase* est scellée sur sa tombe.

La Bourboule (labour-bouh i-[l]).

Les tortiglioni aux asperges et au saumon de Loire

Pays de la Loire

Ingrédients

Pour 4 personnes
4 pavés de saumon de Loire
500 g d'asperges vertes
500 g de tortiglioni
1 échalote
1 bouquet d'aneth
1 petit verre de vin blanc de Loire
15 cl de crème fraîche
1 citron
huile d'olive
sel et poivre

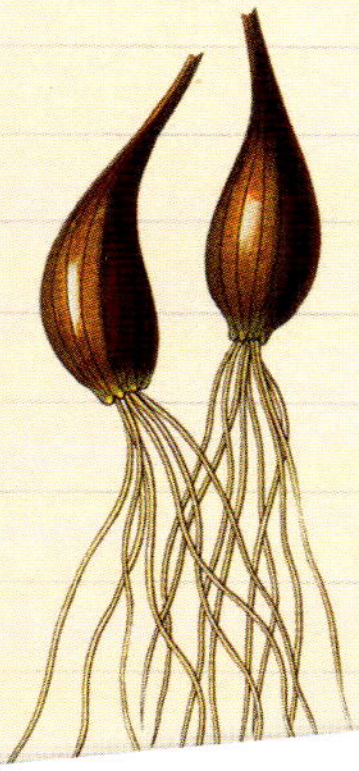

Recette

- Dans un bol, mélangez 4 c. à s. d'huile d'olive avec le jus de 1 demi-citron, 1 grosse c. à s. d'aneth ciselé, du sel et du poivre. Enrobez les pavés de saumon avec le mélange et laissez mariner 15 min.
- Épluchez les asperges, puis faites-les cuire 7 min à l'eau bouillante salée. Égouttez et réservez.
- Mettez à cuire les pâtes dans un grand volume d'eau bouillante salée.
- Pendant ce temps, faites blondir dans une noix de beurre l'échalote finement émincée, puis réservez.
- Dans la même poêle encore chaude, à feu moyen, faites cuire les pavés de saumon 3 min côté peau, puis 3 à 4 min supplémentaires de l'autre côté. Ajustez la cuisson en fonction de l'épaisseur des pavés. En fin de cuisson, retirez délicatement les pavés de la poêle et réservez au chaud.
- Remettez l'échalote dans la poêle, puis ajoutez les asperges coupées en tronçons. Faites dorer 2 ou 3 min, puis déglacez au vin blanc. Ajoutez ensuite l'aneth ciselé, le jus du demi-citron restant et la crème fraîche. Assaisonnez et laissez cuire 2 min sans porter à ébullition.
- Égouttez les pâtes, puis jetez-les dans la poêle, afin de bien les enrober de sauce. Répartissez dans quatre assiettes puis déposez un pavé de saumon dans chacune d'entre elles. Servez aussitôt.

Sauvons les saumons !

Jadis présent partout en Europe de l'Ouest, le saumon de Loire, ou saumon atlantique, ne se trouve plus aujourd'hui que dans la Loire et l'Allier. Poisson emblématique du bassin de la Loire, il fait l'objet d'une attention toute particulière, visant à maintenir sa population à flot. Ainsi, en juillet 2001, a été inaugurée la plus grande salmoniculture de repeuplement d'Europe, dans le Haut-Allier, afin de recoloniser l'ensemble du bassin.

lundi 11 avril

lever : 7 h 07
coucher : 20 h 36

St Stanislas

Bonne fête !

Stanislas de Szczepanów

Saint Stanislas fut évêque de Cracovie. Les raisons de sa mort divergent : selon certains, il aurait excommunié le roi Boleslas pour sa conduite débauchée, et ce dernier l'aurait tué alors qu'il célébrait la messe. Selon d'autres, Stanislas aurait pris la défense d'une femme infidèle que Boleslas avait condamnée. Pour d'autres encore, Stanislas aurait participé à une conspiration contre le roi. Légende ou histoire, il fut en tout cas canonisé en 1253.

La rubrique du 13 h

LE CARNAVAL DE CASSEL

Nord-Pas-de-Calais

La petite commune de Cassel offre deux carnavals par an avec un folklore bien particulier. Le carnaval d'été, qui clôture la saison des carnavals du Dunkerquois le lundi de Pâques, fut institué en 1901. Le matin, la population est réveillée au son du tambour, qui marque l'ouverture des festivités, avant d'assister au défilé de la bande des arlequins. Au début de l'après-midi, on sort le « four merveilleux », qui est censé redonner jeunesse et vitalité aux vieillards et redresser les bossus ! C'est vers 17 heures que se fait la sortie du couple de géants, Reuze papa et Reuze maman, qui, après avoir sillonné la ville, rentreront se coucher, illuminés par les feux de Bengale des cortèges.

Savoirs d'antan

La séparation d'un blanc et d'un jaune d'œuf est facilitée si, après avoir cassé la coquille, vous versez le contenu de l'œuf dans un entonnoir de taille moyenne. Le blanc s'écoule, alors que le jaune reste dans l'entonnoir. Transvasez le jaune dans un autre récipient.

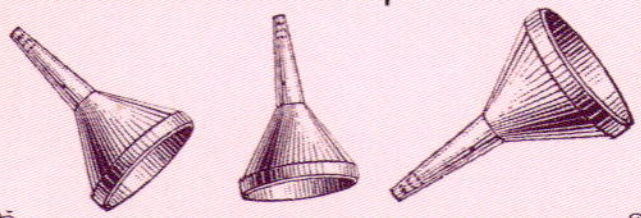

Au fil de l'eau

Franche-Comté

L'île du Girard est une île sur le Doubs, à sa confluence avec la Loue. D'une superficie de cent trente-cinq hectares, elle a été classée réserve naturelle en 1982. L'île du Girard est fréquentée par de nombreux animaux, notamment des oiseaux migrateurs comme le balbuzard pêcheur.

Il était une fois en 1944

Naissance de Nicoletta

Rhône-Alpes

Nicole Grisoni est née dans les Alpes savoyardes à Vongy, dont elle intègre la chorale de l'église. Elle fréquente les clubs de Genève, où elle découvre le jazz et le blues. Au début des années 1960, la jeune femme monte à Paris et devient Nicoletta. Les titres « La Musique » et « Il est mort le soleil », sortis en 1967, lancent véritablement sa carrière. Son incroyable voix de chanteuse soul et gospel touche même le grand Ray Charles, qui dira d'elle qu'elle est la seule Blanche à avoir une voix de Noire. En 1971, elle chante son plus grand tube, « Mamy Blue », un hommage à sa mère, décédée quelques années plus tôt.

mardi 12 avril

lever : 7h05
coucher : 20h38

St Jules

INSOLITE
Champagne-Ardenne

Bâtie en briques au XVIIe siècle, l'église Saint-Didier d'Asfeld, dans les Ardennes, a la particularité de n'avoir aucun mur rectiligne : son architecture évoque la forme d'une viole de gambe ; un festival dédié à cet instrument y est d'ailleurs organisé.

Une charade en
Basse-Normandie

Mon 1er exprime l'union et/ou la simultanéité. Fait autrefois de peaux, aujourd'hui de toile, mon 2e fait partie de l'équipement de base du campeur. Mon 3e désigne le revêtement arrière d'un miroir. Mon tout est la presqu'île normande abritant, entre autres cités, Cherbourg, Coutances ou encore Granville.

La rubrique du 13 h

LE MARCHÉ À L'AIL DE BILLOM

Auvergne

L'ail rose a longtemps fait la réputation et la richesse de la commune de Billom, entre la Limagne et le Livradois. Autrefois réservée aux nobles et au clergé, après avoir été rapportée d'Orient par les croisés, la plante aromatique fut ensuite cultivée par tous, et jusqu'après la guerre on parlait de l'ail rose de Billom comme de « l'or blanc ». Aujourd'hui, bien que la production soit réduite, cet ail reste emblématique, et plusieurs manifestations, comme « Planter l'ail » en mars et la Foire à l'ail le deuxième week-end du mois d'août, rythment l'année à Billom.

Bonne fête !
Jules

Jules Ier fut pape de 337 à 352. Bienveillant, mais sachant faire preuve de fermeté dans ses convictions, il est notamment célèbre pour avoir condamné avec détermination l'arianisme, doctrine affirmant que Dieu est divin mais que son Fils n'est qu'un être humain disposant d'une part de divinité.

Il était une fois en 1833
Fin de la construction de l'église Saint-Sauveur

Guyane

En 1823, le père Nicolas Guiller, avec l'accord de l'administrateur de la Guyane, décida de remplacer l'ancienne église Saint-Nicolas de Cayenne, trop petite pour accueillir l'ensemble des fidèles, par un édifice de trente mètres de long sur vingt mètres de large. Le bâtiment fut érigé avec l'aide de fidèles : certains contribuèrent à la construction du sanctuaire par une donation, d'autres par leur force de travail et leur sueur. La première pierre fut posée en août 1825, et les travaux furent achevés en avril 1833. L'église, devenue cathédrale en 1934, a bénéficié d'un important programme de restauration dans les années 2000 et a été classée monument historique en 2012.

Cotentin (co-tente-tain).

mercredi 13 avril

lever : 7 h 03
coucher : 20 h 39

Ste Ida

Bonne fête !
Ida

Sainte Ida de Louvain est la mère de Godefroi de Bouillon, qui dirigea la première croisade, et de Baudouin Ier, tous deux premiers rois de Jérusalem. Mariée à 17 ans à Eustache II, comte de Boulogne, elle distribua à divers monastères les reliques envoyées de Terre sainte par ses fils et, une fois veuve, profita de la fortune de son mari pour aider les pauvres et restaurer les églises.

La rubrique du 13 h

LE MONUMENT AUX MORTS D'OULCHY-LE-CHÂTEAU

Picardie

À l'endroit où se décida la victoire des Alliés en 1918, l'État français commanda au sculpteur Paul Landowski une statue la commémorant. Influencé par le pacifisme des années 1930, Landowski choisit de faire se dresser un mémorial de l'horreur de la guerre. La statue représente sept soldats entourant un jeune homme nu, martyr revenu d'entre les morts, tous hauts de huit mètres. Ces soldats de granit aux yeux fermés symbolisent chacun une armée : une jeune recrue, un sapeur, un grenadier, un colonial, un mitrailleur, un fantassin et un aviateur, tous ces hommes morts que Landowski avait promis de « relever » en 1916, alors qu'il participait aux combats.

Au fil de l'eau

Haute-Normandie

Canalisée à différentes époques, notamment au XVIIe siècle afin de faire profiter le château de Versailles de ses eaux, l'Eure traverse quatre départements. Son trajet de deux cent vingt-huit kilomètres débute dans le Perche pour s'achever en Seine-Maritime, où l'Eure rejoint la Seine.

Savoirs d'antan

Vous êtes un adepte de la ceinture ? Choisissez le cuir plutôt que le tissu. En effet, le cuir ne se déforme pas, il résiste aux frottements et est simple à entretenir. Enfin, ses coloris variés en font un accessoire de mode incontournable.

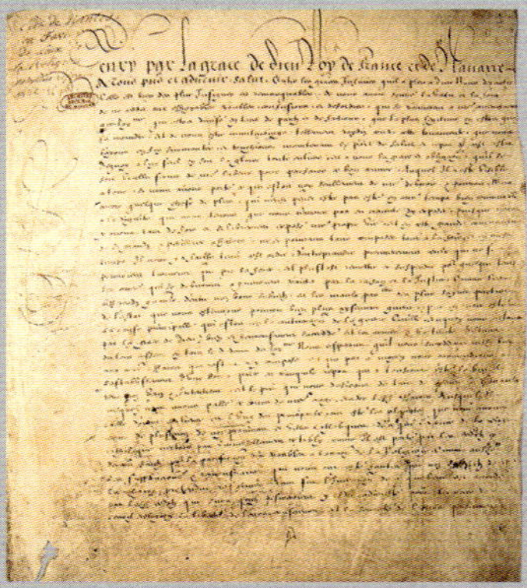

Il était une fois en 1598

Signature de l'édit de Nantes

Pays de la Loire

Le 13 avril 1598, Henri IV signe l'édit de Nantes, ensemble de quatre textes établissant la paix entre les différentes religions chrétiennes, rétablissant partout le culte catholique et octroyant des libertés aux protestants. Symbole de tolérance et de quiétude, l'édit est pourtant mal perçu dans le royaume, chacune des deux parties se plaignant d'avoir obtenu moins de droits que l'autre, et il est peu respecté – ou pas du tout – selon les villes. En 1685, il est révoqué par Louis XIV.

lever : 7 h 01
coucher : 20 h 41

INSOLITE

Nord-Pas-de-Calais

Charles Rameau est un agronome lillois du XIXe siècle qui a légué sa fortune à la ville. À sa mort, il a souhaité avoir sur sa tombe, dans le cimetière du Sud, un petit potager : y poussent encore aujourd'hui, aux côtés de quelques fleurs, un pied de pomme de terre, un fraisier et une vigne.

Un gentilé

d'Auvergne

Dans le Puy-de-Dôme, partez à la découverte de la commune de Cébazat et de son intéressante tour de l'Horloge du XVe siècle, mais aussi de son château et de son parc Pierre-Montgroux, agrandi en 2013, dont la faune aviaire fait le bonheur de ses habitants, les...

Cébazaires.

La rubrique du 13 h

LE VILLAGE DE PIGNA

Corse

En Balagne intérieure se trouvent plusieurs villages médiévaux construits sur des éperons rocheux. Situé à deux cent soixante mètres d'altitude, Pigna est l'un d'eux. L'intérêt de ce petit village, dont la fondation remonte à 1725, aurait pu se limiter à cela, mais, depuis les années 1960, il abrite une communauté d'artisans divers et variés qui favorisa sa renaissance. Le presbytère fut alors reconverti en logements pour les artisans, et les maisons furent rénovées selon des techniques anciennes, pour faire aujourd'hui de Pigna l'un des plus beaux villages de France, qui incarne magnifiquement la survivance des traditions corses.

Bonne fête !

Maxime

Saint Maxime fut condamné à mort à Rome avec saint Tiburce et saint Valérien... qu'il devait exécuter ! Saint Maxime exerçait en effet le réjouissant métier de bourreau, tandis que Tiburce et Valérien veillaient, quant à eux, à ce que les chrétiens massacrés aient une sépulture décente. Ils le convertirent juste avant que Maxime ne les tuât. Tous les trois sont fêtés le même jour.

Il était une fois en 1900

Émile Loubet inaugure l'Exposition universelle de Paris

Île-de-France

L'Exposition universelle de 1900, dont le thème est « le bilan d'un siècle », est la cinquième exposition organisée à Paris. Pour la somme d'un franc, près de cinquante millions de personnes s'aventurent sur les deux cent seize hectares de sites, parmi quatre-vingt-trois mille exposants, toutes nationalités confondues. La veille de l'ouverture, le 14 avril, le président Émile Loubet inaugure cette manifestation exceptionnelle, qui laisse à la capitale de nombreux monuments édifiés pour l'occasion, tels le Grand Palais ou la gare d'Orsay.

lever : 6 h 59
coucher : 20 h 42

St Paterne

Un gentilé de Corse

La cité des Piracci, en Corse-du-Sud, abrite la belle église paroissiale de Sa Darenti et vous offre une vue imprenable sur le massif de la Falcunaghja. Vous trouverez aussi les vestiges de la chapelle préromane Santa Barbara dans cette commune appelée…

Peri.

Une charade en Picardie

Mon 1er peut être de kola, de macadamia ou encore vomique. Mon 2e est un mot espagnol signifiant « je, moi ». Un célèbre menteur de bois a vu mon 3e s'allonger et s'allonger encore. Mon tout est un pays oisien, qui s'étend au nord-est du département.

Bonne fête ! Paterne

Saint Paterne fut, semble-t-il, le premier évêque de Vannes. Il aurait été nommé par un chevalier de la Table ronde, le roi Caradoc. Au cours de ses voyages, il aurait converti plusieurs rois et, au pays de Galles, donné son nom à un monastère, Llan-Paderne-Vaur, « l'église du grand Paterne ». C'est d'ailleurs à lui qu'il faut s'adresser pour obtenir de la pluie. Et les Bretons pourront sans doute confirmer qu'il met du cœur à l'ouvrage !

La rubrique du 13 h

LA SALINE ROYALE D'ARC-ET-SENANS

Franche-Comté

Considérée comme l'une des premières grandes œuvres d'architecture industrielle, la saline royale d'Arc-et-Senans, édifiée par l'architecte Nicolas Ledoux, se trouve non loin de Besançon. À l'origine, de 1778 à 1895, elle produisait le sel à partir de saumures souterraines, pompées à Salins-les-Bains et acheminées par un « samoduc » long de vingt et un kilomètres. Là, elles étaient séchées par chauffage au bois, avant de devenir « l'or blanc ». Vous pourrez aujourd'hui y admirer l'ensemble des onze bâtiments d'habitation et de production et visiter le musée Ledoux, qui présente des maquettes et des projets de ce grand architecte.

Il était une fois en 1831
Naissance d'Eugène Poubelle

Basse-Normandie

C'est avec scepticisme et même hostilité que les Parisiens accueillent la poubelle, récipient à couvercle censé contenir les déchets ménagers. L'arrêté du préfet de la Seine Eugène-René Poubelle, né le 15 avril 1831 à Caen, obligeant les propriétaires d'immeubles à fournir à leurs locataires ces récipients, vise à améliorer l'hygiène de la ville de Paris, dont la voie publique est couverte de détritus. Après moult difficultés, la décision du préfet est néanmoins respectée, se propage doucement en province et devient d'usage courant au milieu du XXe siècle.

Noyonnais (noix-yo-nez).

samedi 16 avril

St Benoît-Joseph Labre

dimanche 17 avril

St Anicet

Les boles de picolat

Languedoc-Roussillon

Ingrédients

Pour 6 personnes

400 g de bœuf haché
600 g d'échine de porc hachée
4 œufs
4 c. à s. de persil frais haché
1 tranche de pain sec
8 gousses d'ail
3 gros oignons
150 g de lardons
80 g de jambon cru de campagne
100 g d'olives vertes dénoyautées
100 g de cèpes séchés
5 belles tomates
1 petit verre de banyuls (facultatif)
farine
huile d'olive
sel et poivre

Recette

- Faites tremper les cèpes séchés dans un bol de lait tiède pendant au moins 30 min. Quand ils sont bien ramollis, égouttez-les et mettez à mouiller le pain à leur place dans le bol.
- Dans un saladier, mélangez les 2 viandes hachées, les œufs battus, le persil haché, 4 gousses d'ail pressées et le pain mouillé. Assaisonnez, puis malaxez pour homogénéiser la préparation.
- Avec les mains légèrement mouillées, façonnez des boules de viande de 5 cm de diamètre. Salez, poivrez et farinez-les légèrement.
- Dans une cocotte en fonte, faites revenir les boulettes dans un peu d'huile d'olive chaude, jusqu'à ce qu'elles soient bien dorées. Réservez.
- Jetez l'excédent d'huile, puis faites dorer les lardons. Réservez, puis, dans la même cocotte, faites suer à feu moyen les oignons finement émincés et les 4 dernières gousses d'ail pressées. Quand les oignons sont translucides, remettez les lardons, puis ajoutez 1 c. à s. de farine. Mouillez avec le banyuls et faites revenir 2 min. Ajoutez les tomates pelées, épépinées et coupées en gros cubes. Allongez de quelques verres d'eau, puis ajoutez les cèpes, le jambon finement haché, les olives, et assaisonnez. Quand la sauce commence à bouillir, ajoutez la viande, puis complétez avec de l'eau pour que la sauce recouvre les boulettes.
- Laissez mijoter tout doucement à couvert pendant une bonne heure. Si la sauce est trop liquide en fin de cuisson, retirez les boulettes et faites-la réduire à feu vif.

Tout un symbole

Incontournable des fêtes roussillonnaises, ce plat est le plus emblématique du pays catalan. Si elles sont traditionnellement servies avec des haricots blancs, vous pouvez tout aussi bien accompagner ces boulettes de pâtes ou de pommes de terre en robe des champs.

lundi 18 avril

lever : 6 h 53
coucher : 20 h 47

St Parfait

Bonne fête !

Parfait

Saint Parfait de Cordoue est mort en martyr, pour avoir béni le Christ et condamné Mahomet et le Coran. Deux musulmans lui avaient en effet demandé ce qu'il pensait de Mahomet, lui promettant de ne pas exercer de représailles à son encontre. Quelques jours plus tard, pourtant, il fut arrêté et emmené au tribunal islamique, où il fut accusé de blasphème et condamné à mort.

La rubrique du 13 h

LE CAMP DE LA TRANSPORTATION DE SAINT-LAURENT-DU-MARONI

Guyane

Créé en 1792, le bagne de Saint-Laurent-du-Maroni vit passer plus de soixante-dix mille hommes et plus de mille femmes de 1850 à 1953. C'est là qu'arrivaient les bagnards français, tout près de la frontière avec le Suriname. Après sa fermeture, il fut pillé, puis laissé à l'abandon, avant d'être racheté par la commune. Nettoyé, par l'armée, de la végétation qui le recouvrait presque entièrement, il retrouva peu à peu son aspect d'autrefois. Henri Charrière, plus connu sous son surnom de « Papillon », y séjourna ; un graffiti portant sa signature, comme une blessure faite aux murs qui le retenaient, y est encore visible.

Savoirs d'antan

Certains boutons coupent peu à peu le fil qui les maintient sur le vêtement. Il est possible de limer certains d'entre eux. Pour les autres, il suffit de passer du vernis à ongles sur les trous pour en arrondir les bords.

Un gentilé

d'Alsace

Dans le canton du Munster, les Griesbachois vous invitent à découvrir les ruines de leur château de Schwarzenbourg ou encore leur fameuse maison du Meyerhof du XVIe siècle. Vous pourrez enfin randonner sur les sentiers qui entourent leur ville de...

Griesbach-au-Val.

Il était une fois en 1973

Lancement du quotidien Libération

France

Fondé en 1973 par Jean-Paul Sartre et le jeune étudiant Serge July, *Libération* s'est d'abord voulu un journal critique, libertaire et populaire – par opposition à professionnel –, et enfin indépendant sur le plan financier, c'est-à-dire détaché de tout groupe de presse ou de tout consortium financier, sans but lucratif. Jusqu'en 1981, à *Libé*, tous ont le même salaire, du patron au pigiste. Un idéal qui s'évanouira ensuite, lorsque Serge July ouvrira le capital et que les premières pages de publicité feront leur apparition.

mardi 19 avril

lever : 6 h 51
coucher : 20 h 48

St Expédit

INSOLITE

Lorraine

Dire d'un clocher de l'est de la France qu'il ressemble à un oignon ne vous attirera les foudres de personne. C'est ainsi qu'on nomme parfois le clocher à bulbe, un élément puisé dans l'architecture baroque de l'Europe centrale et qu'on retrouve au sommet de plusieurs édifices lorrains.

Une charade en

Poitou-Charentes

Mon 1er est un mot argotique désignant un pantalon. Mon 2e est un taureau sauvage. Mon 3e a pour formule chimique H_2O. Accolé à « télé », mon 4e permet de scruter les étoiles sans bouger de chez soi. La technologie et les sciences sont les grands thèmes de mon tout.

La rubrique du 13 h

L'ALLÉE COUVERTE DE PRAJOU-MENHIR

Bretagne

La construction de ce long ensemble mégalithique – plus de treize mètres –, dont le nom signifie en français « les prairies des longues pierres », remonte à environ 2100 avant Jésus-Christ et aurait peut-être servi de sépulture collective. Sur les pierres imposantes de cette construction figurent des gravures étranges, qui pourraient être des représentations de la « déesse des tertres », une sorte de déesse mère de la fin de la préhistoire. L'emplacement de l'allée est indiqué par un petit menhir mesurant un mètre soixante, dont le rôle supposé était d'indiquer la position du soleil levant.

Bonne fête !

Expédit

Les Emma, le 19 avril, sont sans doute plus nombreuses que les Expédit à s'entendre dire : « Bonne fête ! » Pourtant, Expédit est (ou fut) le patron de chacun, protecteur de la jeunesse, des écoliers ou des candidats aux examens. La légende veut que, pressé de se faire baptiser, il n'écouta pas le démon, déguisé en corbeau, qui lui conseillait d'attendre encore un jour. D'où son attribution à la jeunesse et aux écoliers pressés de boucler leurs devoirs !

Il était une fois en 2007

Mort de Jean-Pierre Cassel à Paris

Île-de-France

« On me dit souvent que j'ai une superbe filmographie, mais pas un film sur dix n'a marché. » C'est ainsi que Jean-Pierre Cassel résumait sa carrière. Au sortir du Cours Simon, dans les années 1950, le jeune homme se fait remarquer par Gene Kelly, qui lui enseigne les claquettes et lui donne un petit rôle dans son film *La Route du bonheur.* Danseur et dandy, boulimique de travail, Jean-Pierre Cassel enchaîne les films et tourne pour Renoir, Buñuel, Chabrol, Melville... Il interprète, pour l'un de ses derniers rôles, en 2006, un inoubliable Panoramix dans *Astérix aux jeux Olympiques.*

Futuroscope (fute-ure-eau-scope).

mercredi 20 avril

lever : 6 h 49
coucher : 20 h 50

Ste Odette

Bonne fête !

Odette

Sainte Odette, issue d'une grande famille de Belgique, refusa catégoriquement d'être mariée au chevalier que ses parents lui avaient choisi. Pour échapper à cette union, comme à toutes les autres, la jeune fille pleine de flair trouva une solution radicale : puisqu'elle plaisait pour sa beauté, elle se coupa le nez. Plus aucun prétendant ne se présenta dès lors, et elle entra chez les religieuses de Prémontré, chez qui elle devint prieure.

La rubrique du 13 h

LE CHÂTEAU DE LANDSBERG

Alsace

Destiné, lors de sa construction au XIIIe siècle, à assurer la protection de plusieurs abbayes, dont celle du mont Sainte-Odile, le château de Landsberg fut sans doute détruit aux alentours de la guerre de Trente Ans et des conflits qui marquèrent l'Europe de 1618 à 1648. Les ruines de la forteresse, classée monument historique en 1965, ont bénéficié de travaux de dégagement et de réhabilitation qui permettent aujourd'hui sa visite. Depuis un parking situé en contrebas, un chemin balisé vous mènera jusqu'à l'esplanade, d'où vous aurez une vision d'ensemble de la structure de l'ancienne forteresse, avant de pénétrer dans le château et d'effectuer un véritable voyage dans le temps.

C'est un festival !

Bourgogne

L'association CirQ'ônflex vise à promouvoir le cirque contemporain par l'entremise de son festival burlesque, résolument urbain et créatif, Prise de Cirq'. Programmation variée, artistes hauts en couleur, Dijon devient du 20 au 30 avril 2016 une piste aux étoiles où petits et grands trouvent à coup sûr leur bonheur. La création circassienne n'a pas fini de vous surprendre !

Une charade en

Pays de la Loire

Mon 1er est une variété de salade, spécialité de la région. Mon 2e est dans le vent, mais en anglais. Mon 3e vaut sept mille six cent quatre-vingt-dix divisé par trois mille huit cent quarante-cinq. Mon 4e organise chaque année une immense braderie. Mon tout fait vibrer les anciens chantiers de Nantes avec ses magnifiques créations mécaniques.

Il était une fois en 1755

Pascal Paoli est élu chef de la nation Corse

Corse

Malgré une vie marquée par l'exil, l'homme politique est la figure la plus importante de la période révolutionnaire corse du XVIIIe siècle. Le 20 avril 1755, au couvent Saint-François de Caccia, se réunissent les représentants de la nation, afin de décider qui guidera le pays dans la guerre face à la République génoise. Ce jour voit l'élection de Pascal Paoli, alors député de Morosaglia, philosophe et homme des Lumières, désormais général en chef de la Corse.

Machines de l'île (mâche-in-deux-Lille).

jeudi 21 avril

lever : 6 h 47
coucher : 20 h 51

St Anselme

Au fil de l'eau

Auvergne

Affluent de la Loire, l'Allier est une rivière de quatre cent vingt-cinq kilomètres de long, dont le bassin est en quelque sorte la colonne vertébrale de l'Auvergne. La diversité des paysages qu'il traverse et la liberté de son tracé en font une rivière relativement sauvage pour sa taille.

Un gentilé

d'Aquitaine

Situé au sud de la forêt des Landes, Mont-de-Marsan peut être fier de son donjon Lacataye du XVe siècle, de ses remparts du XIIe siècle ou de son église Saint-Médard-de-Beausse du XIe siècle. Ses parcs contribuent au bien-être de ses habitants, les...

Montois.

La rubrique du 13 h

LE VILLAGE DE SAINTE-SUZANNE

Pays de la Loire

La cité médiévale de Sainte-Suzanne, en Mayenne, est surnommée « la Perle du Maine », et il suffit de jeter un coup d'œil depuis le Tertre Ganne, colline qui la domine et lui fait face, pour voir que la périphrase n'est pas usurpée. Seule commune de France dotée de six labels, son origine date du Ve siècle avant notre ère, la qualité de son site naturel ayant été très tôt remarquée. Le plus ancien monument de la Mayenne, âgé de plus de six mille ans, le dolmen des Erves, se trouve ici, non loin de la double enceinte de remparts qui résista à Guillaume le Conquérant.

Bonne fête !

Anselme de Canterbury

Saint Anselme fut archevêque de Canterbury, c'est-à-dire chef de l'Église d'Angleterre – après le roi –, au XIe siècle. Il imposa la réforme grégorienne, qui consistait notamment à affermir le rôle du pape et à imposer le célibat aux prêtres. Il a également participé à la réflexion selon laquelle il est possible de prouver l'existence de Dieu par la raison.

Il était une fois en 1545

Pierre de Ronsard rencontre Cassandre

Centre

Pendant une fête à la cour de Blois, Pierre de Ronsard, âgé de 20 ans, alors clerc et aumônier du roi François Ier, rencontre la jeune Cassandre Salviati, de sept ans sa cadette, fille d'un banquier italien. De ce 21 avril 1545, et pendant des années, le poète n'a de cesse de proclamer cette passion interdite et purement platonique, dont il fait par la suite un recueil, *Les Amours de Cassandre*. De nature romantique, il écrit ensuite pour Marie, Hélène, et tant d'autres qui lui inspirèrent de nombreux poèmes sur le sentiment amoureux.

lever : 6 h 45
coucher : 20 h 53

St Alexandre

Au fil de l'eau
Île-de-France

L'Yerres est une rivière qui traverse trois départements franciliens : la Seine-et-Marne, le Val-de-Marne et l'Essonne, où une ville porte son nom ; la famille du peintre Gustave Caillebotte y avait une propriété bordée par la rivière, qu'on retrouve dans plusieurs de ses toiles.

Bonne fête !
Alexandre

Saint Alexandre et saint Épipode ont vécu à Lyon au IIe siècle. Après qu'ils furent arrêtés, condamnés à mort et tués, des chrétiens auraient récupéré leurs corps et les auraient cachés dans une petite grotte.
On attribue à ces derniers des guérisons dues à la possession de ces reliques, et la grotte devint rapidement un lieu de pèlerinage.

La rubrique du 13 h

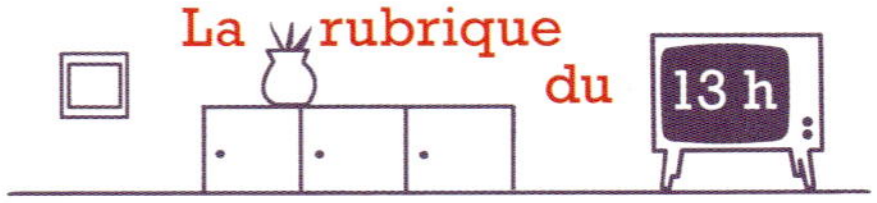

LE CHÂTEAU DE CROZANT
Limousin

Ce château connut de riches heures et fut, en France, l'une des places fortes les plus puissantes du Moyen Âge. Il fut construit dès le Xe siècle sur un site magnifique : un éperon rocheux séparant la Creuse de l'un de ses affluents, la Sédelle, occupé par les hommes depuis la préhistoire. Au XIVe siècle, le château résista aux assauts du Prince Noir et des armées anglo-saxonnes, qui passèrent alors leur chemin. Cependant, il tomba en ruine dès le début du XVIIe siècle et servit même de carrière de pierres. Ce n'est qu'assez récemment que les ruines de la forteresse ont été acquises par la commune et qu'elles jouissent d'un programme de réhabilitation.

INSOLITE
Centre

Au Pont-Chrétien-Chabenet, dans l'Indre, la Bouzanne est enjambée par un pont de bois unique en France, puisqu'il est entièrement couvert. Les raisons de son édification sont incertaines, mais le pont daterait du milieu du XIXe siècle. Classé en 1992, il a bénéficié d'une restauration en 2001.

Il était une fois en 1370
Pose de la première pierre de la Bastille
Île-de-France

Commandée par le roi Charles V, la bastille Saint-Antoine voit sa construction débuter le 22 avril 1370, par la pose de sa première pierre. D'une hauteur de vingt-quatre mètres pour soixante-six mètres de long et trente-quatre mètres de large, cette forteresse a tout d'abord pour fonction de renforcer les remparts de l'est de Paris. Entourée d'un fossé et flanquée de huit tours, elle est convertie en prison sous Louis XI. Assiégée en 1789 pendant la Révolution, elle est peu à peu détruite par Palloy, un entrepreneur privé, qui vend ensuite les pierres en souvenir.

Les visitandines

Lorraine

Ingrédients

Pour une vingtaine de gâteaux
150 g de beurre
140 g de sucre glace
80 g de poudre d'amandes
50 g de farine
4 œufs
1 sachet de sucre vanillé
sel
framboises et/ou pépites de chocolat (facultatif)

Recette

- Séparez les blancs d'œufs des jaunes et laissez-les tiédir à température ambiante. Préchauffez le four à 180 °C.
- À feu doux, faites fondre le beurre jusqu'à obtenir une coloration blond doré et une légère odeur de noisette. Réservez et laissez refroidir.
- Dans un saladier, versez la farine tamisée, le sucre glace, la poudre d'amandes et le sucre vanillé. Ajoutez une pincée de sel, puis mélangez.
- Montez les blancs d'œufs en neige ferme, puis, à l'aide d'une spatule, incorporez-les très délicatement au mélange sec.
- Ajoutez ensuite le beurre noisette, petit à petit, en remuant. L'appareil doit être bien lisse et homogène.
- Beurrez, puis sucrez des moules à financiers ou à minimuffins. Versez ensuite la pâte dedans, en les remplissant aux trois quarts.
- Enfournez environ 15 min à mi-hauteur, en surveillant la cuisson. Démoulez et laissez tiédir sur une grille.
- Pour encore plus de gourmandise, vous pouvez ajouter dans chaque moule, avant d'enfourner, une framboise ou quelques pépites de chocolat.

Un gâteau en or

Ce petit gâteau ovale tient son nom des sœurs appartenant à l'ordre de la Visitation à Nancy, surnommées les « visitandines ». Ces religieuses auraient inventé cette recette riche en protéines au XVIIe siècle, pour remédier à l'interdiction de consommer de la viande dans les couvents. C'est un pâtissier parisien du quartier de la Bourse qui remit au goût du jour la petite douceur boudée pendant des décennies. Inspiré par sa clientèle, il lui donna la forme d'un lingot d'or, et la rebaptisa... le « financier » !

lundi 25 avril

lever : 6 h 40
coucher : 20 h 57

St Marc

Savoirs d'antan

Les fourmis ne franchissent généralement pas un trait de craie tracé sur le sol en travers de leur chemin. Si, dans votre habitation, ce procédé est insuffisant pour empêcher l'intrusion des fourmis, éparpillez du poivre de Cayenne sur les lieux de passage.

Bonne fête !

Marc

Marc est un auteur mondialement connu, puisque l'Évangile selon Marc, que l'on trouve dans le Nouveau Testament, serait de lui ! Il aurait été une des premières personnes de l'Empire romain à avoir été convertie par l'apôtre Pierre, dont il aurait été le disciple et l'interprète. Après son Évangile, le genre connut un succès sans précédent.

La rubrique du 13 h

LE CHÂTEAU DE COMMARQUE

Aquitaine

En Dordogne, entre les communes de Sarlat et des Eyzies, se dresse sur un éperon rocheux la Forteresse oubliée. Le château de Commarque a été nommé ainsi parce qu'on n'y accède qu'après un long sentier peu praticable à travers bois. Mais, souvent, les belles choses se méritent, et voir apparaître ses enceintes et son donjon vaut bien quelques cailloux dans la chaussure. Créé aux alentours du XIIe siècle, le lieu est peu à peu laissé à l'abandon à partir du XVIIe. Ce n'est qu'en 1968 qu'Hubert de Commarque rachète ces ruines recouvertes par la végétation et entreprend une campagne de réhabilitation qui a rendu au site toute sa beauté passée.

Au fil de l'eau

PACA

Le Grand Laoucien, un lac d'environ cent cinquante mètres de diamètre situé dans le Var, fait penser à un cratère ; mais la formation du lac est en fait due à l'effondrement d'une nappe phréatique. Ses eaux vert émeraude enchantent autant qu'elles suscitent la crainte, si on en croit les légendes locales.

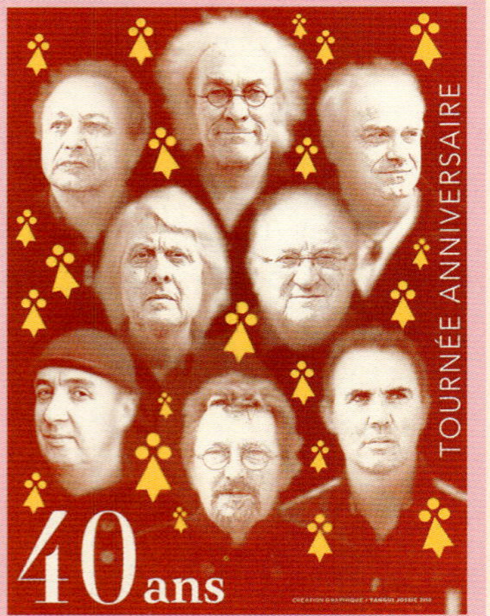

Il était une fois en 2012

Sortie de l'album Le Concert des 40 ans de Tri Yann

Bretagne

Tri Yann, ce sont Jean Chocun, Jean-Paul Corbineau et Jean-Louis Jossic, « les trois Jean » de Nantes, qui se rencontrent en 1970 et enregistrent deux ans plus tard leur premier album, entre chanson bretonne et musique folk-rock. Ils ont décroché en 2008 le record de longévité pour un groupe français, détenu auparavant par les Frères Jacques avec trente-sept ans de carrière. Cet album anniversaire a été enregistré en août 2011, dans le port de pêche de Lorient, dans le cadre du Festival interceltique, et rassemble leurs plus grands succès, parmi lesquels « Princes qu'en mains tenez », « La jument de Michao » et « Les prisons de Nantes ».

mardi 26 avril

lever : 6 h 38
coucher : 20 h 59

Ste Alida

INSOLITE

Bretagne

Des arbres, dans la forêt de Paimpont, dont on dit qu'elle est la forêt de Brocéliande, il y en a des milliers, mais celui-ci est unique. Qui peut s'étonner d'un arbre doré dans une forêt magique ? Il s'agit en fait d'une sculpture installée en 1991, un châtaignier recouvert de feuilles d'or.

Une charade en

Aquitaine

On achète mon 1er en poche quand on n'est pas regardant. Mon 2e est le contraire de « tard ». Mon 3e est une particule nobiliaire. Mon 4e recueille et transporte les gros déchets, comme les gravats. Mon 5e est un appât de pêche fixé sur un hameçon. Construit à flanc de falaise dès le XIIe siècle, mon tout surplombe la vallée de la Dordogne.

La rubrique du 13 h

LA CITADELLE VAUBAN DE SAINT-MARTIN-DE-RÉ

Poitou-Charentes

En 1681, lorsque Vauban décida d'en commencer les fortifications et ainsi d'adapter pour la première fois son système à une aire de plaine, il devait se rappeler que Saint-Martin avait été plusieurs fois assiégée et il dota la ville d'une enceinte qui lui permettait d'accueillir et de protéger l'intégralité des habitants de l'île. L'imposante citadelle devint le point de départ, en 1873, des bagnards pour la Nouvelle-Calédonie ou la Guyane et demeure aujourd'hui une prison qui compte quelque quatre cents détenus.

Bonne fête !

Alida

Sainte Alida, qui vécut à Sienne, en Toscane, fut d'abord mariée à un noble de sa ville aussi pieux qu'elle. Veuve à seulement 30 ans, elle consacra le reste de sa vie au tiers ordre des Humiliés – des moines ayant décidé de revenir à une vie sans richesses –, puis au soin des malades, à l'hôpital. Après sa mort, ses biens furent distribués aux pauvres.

Il était une fois en 1803

Pluie de météorites

Basse-Normandie

« Mardi dernier, 6 floréal, entre une et deux heures après midi, nous fûmes surpris par un roulement qui était semblable au tonnerre. [...] La surprise fut bien autre chose, lorsqu'on apprit qu'il était tombé de ce nuage, des pierres très grosses et en grande quantité [...]. » Voici le récit épistolaire que le citoyen Marais fit de l'événement qui stupéfia le plus grand nombre. Une boule de feu se déplaçant à très grande vitesse fut observée dans toute la région, de Falaise à Alençon, et plus particulièrement près de L'Aigle. L'astronome Jean-Baptiste Biot sera envoyé en juin dans la région pour récolter des données : il fera l'inventaire de près de trois mille fragments, dont certains pesaient jusqu'à huit kilos !

Château de Beynac (chat-tôt-de-benne-aque).

mercredi 27 avril

lever : 6 h 36
coucher : 21 h 00

Ste Zita

Bonne fête !
Zita

Zita de Lucques, en Toscane, vécut au XIIIe siècle. Elle fut toute sa vie servante auprès d'une famille qui la battait souvent à cause de la méchanceté des autres domestiques, qui profitaient de sa bonté. Finalement, sa gentillesse, sa foi et ses compétences furent reconnues dans la vie terrestre, puisqu'elle finit par diriger la maison, et aux cieux, où elle devint la patronne des gens de maison.

La rubrique du 13 h

LES ATELIERS DE LA RATP À LA VILLETTE

Île-de-France

Dans le cadre d'un nouveau tourisme dit « industriel », les ateliers ouvrent leurs portes depuis 2011 pour faire découvrir aux curieux ce site qui s'étend sur plus de sept hectares entre le Nord-Est parisien et Aubervilliers. Pendant deux heures, vous pourrez vous familiariser avec le quotidien des ouvriers qui fabriquent le matériel des voies et assurent leur entretien, et partager leur passion pour ce métier. Vous pourrez aussi découvrir l'organisation des travaux de nuit et admirer les « tracteurs » ou trains de travaux qui quittent l'atelier, lorsque le trafic est fermé aux usagers, pour assurer le bon déroulement des quelque dix millions de voyages qui seront effectués le lendemain.

Savoirs d'antan

Voici une astuce simple et peu onéreuse pour coller des étiquettes sur des pots à confiture. Découpez les étiquettes. Inscrivez-y les informations nécessaires, puis étalez du lait sur le dos. Il ne reste qu'à appliquer l'étiquette sur le récipient.

Un gentilé
de Picardie

Lamorlaye, dans l'Oise, brille par la beauté de son château fondé au XIIIe siècle, mais aussi par la renommée de ses écuries, où l'on élève des pur-sang et où l'on entraîne les chevaux de course. Mais trouverez-vous le nom de ses habitants ?

Morlacuméens.

Il était une fois en 1848
Abolition de l'esclavage dans les colonies françaises

Guyane et Guadeloupe

Après une première abolition de l'esclavage rendue nulle en 1802 par Napoléon Bonaparte, le gouvernement de la République française publie un nouveau décret le 27 avril 1848, qui concerne toutes les colonies héritées de l'Ancien Régime et émancipe environ deux cent cinquante mille esclaves, de la Guadeloupe à la Guyane. Victor Schoelcher, qui a longuement lutté pour l'abolition, contribue à l'adoption du décret – ses cendres ont été transférées au Panthéon en 1949.

jeudi 28 avril

lever : 6 h 34
coucher : 21 h 02

Ste Valérie

Un gentilé du Centre

Résidence royale sous Louis XII, la ville de Blois est renommée pour son château, dont la construction a débuté au XIIIe siècle et qui présente quatre styles architecturaux différents. Les jardins de l'Évêché sont également prisés de ses habitants, les...

Blésois.

Une charade en Martinique

De son prénom Félix, mon 1er est mort à l'Élysée dans les bras de sa maîtresse. On dit que mon 2e fait la paire. Mon 3e est le prénom de la chanteuse qui, grâce à sa « Poupée de cire, poupée de son », brilla à l'Eurovision 1965. Baptisé Cul-de-Sac Royal ou encore République-Ville, mon tout est peuplé de Foyalais.

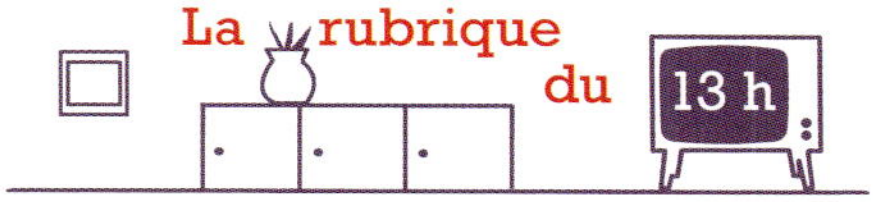

LA FOSSE DIONNE

Bourgogne

Dans le centre-ville de Tonnerre se trouve la source dite « de la fosse Dionne », autour de laquelle a été construit au XVIIIe siècle un imposant lavoir semi-circulaire. Outre sa couleur d'un bleu-vert profond, c'est son fort débit de trois cents litres par seconde qui impressionne. Son nom, qui viendrait de *fons divona*, signifiant « source sacrée », ou de la nymphe Dioné de la mythologie grecque, atteste le caractère sacré que les hommes lui accordèrent très tôt. Trois légendes mettent ainsi en scène, tour à tour, un basilic, la Vierge vêtue d'un manteau couleur d'émeraude et un cavalier noir, pour expliquer, chacune à sa manière, son étrange couleur et ses profondeurs insondables, explorées jusqu'à moins soixante-dix mètres.

Bonne fête !

Valérie

Sainte Valérie de Milan est la femme de Vitale de Ravenne, également saint. Ce dernier connut une fin particulièrement horrible : il fut jeté dans un puits et étouffa sous les pierres et le sable dont on le recouvrit. Pourquoi ? Il avait encouragé un homme qui subissait la torture parce qu'il était chrétien. Sainte Valérie, quant à elle, mourut après avoir été torturée, sous les coups de bourreaux moins imaginatifs...

Il était une fois en 1442

Naissance d'Édouard IV, roi d'Angleterre

Haute-Normandie

Le 28 avril 1442, Rouen, alors sous contrôle anglais, voit la naissance d'Édouard IV, fils de Richard Plantagenêt et de Cécile Neville, futur roi d'Angleterre. Jamais vaincu sur les champs de bataille, cet excellent soldat, avenant, au physique intimidant, est le monarque britannique le plus grand à ce jour, en raison de son mètre quatre-vingt-treize. Il règne pendant vingt et un ans sur l'Angleterre, jusqu'à son décès soudain, à l'âge de 40 ans.

Fort-de-France (Faure-deux-France).

vendredi 29 avril

lever : 6 h 33
coucher : 21 h 03

Ste Catherine de Sienne

Bonne fête !

Catherine de Sienne

Au XIVe siècle, alors que la chrétienté connaissait de nombreux conflits, sainte Catherine fit d'abord cesser la guerre entre le pape Grégoire XI et la ville de Florence. Elle envoya ensuite de nombreuses lettres aux divers princes et cardinaux, afin de demander l'obéissance au nouveau pape, Urbain VI. En raison de son combat pour la paix, le pape Jean-Paul II la nomma patronne de l'Europe en 1999.

La rubrique du 13 h

LE DONJON DE JOUY À SANCOINS

Centre

À Sancoins se dresse ce seul reste d'une importante forteresse. La découverte d'un sceau d'Édouard III semble attester qu'elle fut conquise par les Anglais pendant la guerre de Cent Ans, mais sa destruction daterait des guerres de Religion ou de l'ordonnance de Richelieu, qui signa en 1626 le démantèlement des forteresses non nécessaires à la sécurité de la France. Son squelette veille aujourd'hui sur un parc qui n'accueille plus de combats mais plus de trois cents sculptures de quelque cent cinquante artistes contemporains, dont André Masson et Niki de Saint Phalle, pour ne citer qu'eux.

INSOLITE

Picardie

On dirait une ancienne cheminée d'usine, mais alors dans ce cas où sont passés les autres bâtiments ? Cette tour de brique, à Ablaincourt-Pressoir – il en existe d'autres en France –, est en fait une ancienne cheminée géodésique, utilisée autrefois pour cartographier le territoire.

Au fil de l'eau

Rhône-Alpes

Située à Péreyres, en Ardèche, la cascade du Ray-Pic est née à la suite d'une coulée de lave du volcan du Ray-Pic : la lave s'est répandue sur une dizaine de kilomètres, dans la vallée de la Bourges, et la rivière franchit cet obstacle géologique par un saut de trente mètres.

Il était une fois en 1429

Jeanne d'Arc entre à Orléans

Centre

Jeanne d'Arc, la pucelle de Lorraine, jeune fille de 17 ans d'origine modeste, persuadée que Dieu lui a confié la mission de délivrer la France de l'occupation anglaise, entre à Orléans le 29 avril 1429, suivie par son armée. Alors qu'elle est acclamée par la population, sa foi et son enthousiasme redonnent de l'espoir aux soldats français qui contraignent les Anglais à lever le siège de la ville une dizaine de jours après son arrivée. Accusée par la suite d'hérésie, elle est condamnée au bûcher deux ans plus tard, place du Vieux-Marché, à Rouen.

La crème d'asperges safranée

Centre

Ingrédients

Pour 6 personnes
750 g d'asperges blanches de Sologne
40 g de beurre
30 g de farine
20 cl de crème fraîche liquide
4 échalotes grises
1 dosette de safran du Gâtinais
75 cl de bouillon de volaille
sel et poivre
5 tranches de bacon (facultatif)

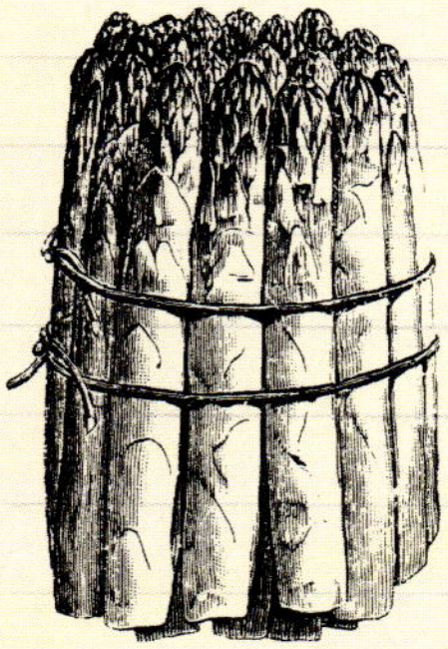

Recette

- Épluchez les asperges, puis coupez la partie dure. Plongez-les dans une casserole d'eau bouillante et faites-les blanchir 5 min. Égouttez-les, séchez-les sur un torchon, puis coupez-les en tronçons, en réservant les pointes.
- Dans une grande casserole, faites fondre le beurre à feu moyen, puis faites-y doucement suer les échalotes. Quand elles sont translucides, ajoutez les tronçons d'asperges et faites revenir pendant 5 min. Assaisonnez, saupoudrez de farine et mélangez.
- Versez le bouillon de volaille à ras des asperges. Mélangez et portez à ébullition, puis baissez le feu, couvrez et laissez cuire doucement 15 à 20 min, jusqu'à ce que les asperges soient cuites. Ajoutez le safran, puis laissez mijoter à nouveau 5 min.
- Mixez la préparation finement, puis ajoutez la crème fraîche. Mélangez intimement, puis passez au chinois pour éliminer les derniers fils. Rectifiez l'assaisonnement.
- Parallèlement, faites cuire les tranches de bacon sur une plaque recouverte de papier sulfurisé, pendant 15 min, à four préchauffé à 180 °C.
- Au moment de servir, versez la crème d'asperges dans des bols. Décorez d'une pointe d'asperge et saupoudrez de chips de bacon émiettées. Servez aussitôt.

La région du safran

La région Centre est connue pour sa production d'asperges, notamment celle de la fameuse asperge blanche de Sologne. Ce que l'on sait moins, c'est qu'elle fut jadis une région productrice de safran de renom. En effet, dès 1698, la culture du safran du Gâtinais fut reconnue officiellement par Louis XIV, avant d'acquérir une notoriété mondiale. D'ailleurs, pendant près de deux siècles, le cours de l'épice sur le marché international fut fixé sur le marché... de Pithiviers !

lundi 2 mai

lever : 6 h 28
coucher : 21 h 08

St Boris

Savoirs d'antan

En prévision de la préparation des liqueurs et boissons domestiques, il est nécessaire de nettoyer soigneusement les bouteilles récupérées. Chacune doit être passée à l'eau de Javel, puis rincée.
Une fois bien égouttées, elles sont prêtes à l'usage.

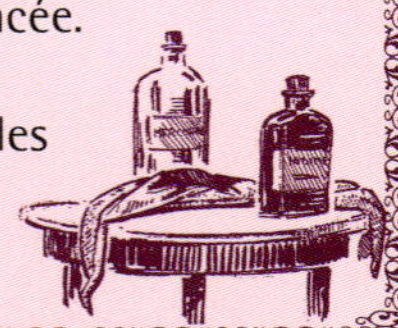

Bonne fête !

Boris de Bulgarie

Devenu roi, Boris choisit d'être baptisé et de faire de la Bulgarie un royaume chrétien. Après quarante-sept ans de règne, il décida d'abdiquer en faveur de son fils, pour devenir moine. Mais celui-ci rétablit aussitôt le paganisme, ce qui obligea son père à revenir le chasser du trône, qu'il laissa à son troisième fils, Siméon.

La rubrique du 13 h

L'ABBAYE DE LA LUCERNE

Basse-Normandie

Dans la Manche, au creux d'une verte vallée, se trouve l'ensemble roman de l'abbaye de La Lucerne. Fondée en 1143 par des chanoines de l'ordre des Prémontrés et dédiée à la Sainte-Trinité, l'abbaye est dominée par une tour qui annonce l'architecture gothique. L'état exceptionnel de ce bâtiment s'explique par une campagne de restauration lancée en 1959 par l'abbé Lelégard, qui sut aussi insuffler au lieu un réel dynamisme spirituel. Aujourd'hui, outre sa visite, libre ou guidée, l'abbaye propose par le biais de sa fondation une programmation culturelle, musicale et spirituelle dense, dans laquelle même les profanes trouveront leur place.

Une charade en Limousin

Lorsque « ma » est suivi d'une voyelle ou d'un H muet, il devient mon 1er. À Paris, mon 2e est du Nord, de l'Est ou encore de Bercy. Mon 3e est aux mitaines ce que la sandale est à l'escarpin. Culminant à sept cent trente et un mètres, mon tout est surmonté d'une chapelle en ruine consacrée à Notre-Dame-du-Bon-Secours.

Il était une fois en 1986

Sortie de La Terre des seigneurs de Gabriel Xavier Culioli

Corse

La Terre des seigneurs est une saga qui raconte, sur un siècle, la vie d'une famille, celle de Dominique Culioli, fils d'un paysan né à Chera, un hameau situé dans l'extrême sud de l'île. Le père meurt alors que Dominique n'a que 13 ans, et ce dernier devient malgré lui le chef d'une famille nombreuse. Il va tout faire pour sortir ses proches de la misère et devient fonctionnaire. Gabriel Xavier Culioli s'est inspiré des souvenirs de son grand-père pour écrire un récit authentique et poignant sur la société traditionnelle corse. Vendu à plus de cinquante mille exemplaires, le livre a reçu, en 1986, le prix du livre corse et le prix de la Région Corse.

Mont Gargan (mon-gare-gants).

mardi 3 mai

lever : 6 h 26
coucher : 21 h 09

St Philippe

INSOLITE

Aquitaine

Le cimetière du couvent Notre-Dame-du-Refuge d'Anglet est tout à fait étonnant, puisque ses tombes sont façonnées avec du sable, simplement ornées de croix formées par des coquilles Saint-Jacques. Tous les ans, elles sont remodelées par les religieuses aidées de bénévoles.

Au fil de l'eau

Mayotte

Seul lac naturel d'eau douce de l'île principale de Mayotte, le lac Karihani est un havre de paix pour de nombreux oiseaux. On peut s'y rendre à partir du village de Tsingoni, mais attention, il n'est pas rare de constater la disparition totale du lac à la fin de la saison sèche.

La rubrique du 13 h

LE MOULIN DU SAUT À GRAMAT

Midi-Pyrénées

Non loin de Cahors et de Rocamadour, dans le Lot, au fond d'une gorge, coule le petit ruisseau de l'Alzou. Si vous avez de la chance, vous pourrez y apercevoir quelques loutres. Mais un des points d'orgue de cette promenade est le moulin du Saut, que traverse le GR. Le bâtiment en ruine, construit sur plusieurs niveaux à flanc de falaise, reste le mieux préservé des quatre moulins qui jalonnent l'Alzou, et vous pourrez descendre le long de ses escaliers imposants jusqu'à la cascade, qui seule trouble le silence, lorsque le ruisseau, né de résurgences, n'est pas à sec !

Bonne fête !

Philippe apôtre

Philippe accompagna Jésus au cours de sa vie ; il était notamment à ses côtés lors de la multiplication des pains. Après la mort de Jésus, Philippe prêcha en Grèce et en Asie Mineure – période pendant laquelle il aurait tué un dragon –, jusqu'à être à son tour crucifié dans les années 80.

Il était une fois en 1491

Apparition de Notre-Dame-des-Trois-Épis

Alsace

On raconte que, un matin de mai 1491, un forgeron d'Orbey se rendit au marché pour y acheter du blé. Il passa devant un chêne sur lequel une image pieuse était fixée, en hommage à un homme récemment décédé dans les environs. Le forgeron priait pour la paix de son âme, lorsque la Vierge, enveloppée dans un voile blanc, apparut, tenant dans la main droite trois épis, symbole d'abondance. Elle lui rappela que la piété est la source de bonnes récoltes. À l'endroit de l'apparition, les habitants édifièrent une petite chapelle en bois, qu'ils appelèrent « Notre-Dame-des-Trois-Épis », remplacée en 1493 par un sanctuaire en pierre, qui devint un lieu de pèlerinage.

mercredi 4 mai

lever : 6 h 24
coucher : 21 h 10

St Sylvain

Bonne fête !

Sylvain de Gaza

Sylvain naquit à Gaza, en Palestine, et devint évêque de sa ville grâce, dit-on, à ses grandes qualités. Celles-ci ne lui servirent cependant pas à grand-chose quand il fut arrêté, lors de persécutions contre les chrétiens, et condamné à la mine. Comme il était déjà âgé et malade, il se révéla assez inutile et fut décapité en même temps que trente-neuf autres chrétiens, sans autre forme de procès.

La rubrique du 13 h

LA VANILLERAIE SAINTE-SUZANNE

La Réunion

La Réunion est connue, notamment, pour la très grande qualité de sa vanille Bourbon. À dix minutes de l'aéroport Roland-Garros, sur la commune de Sainte-Suzanne, se trouve une des vanilleraies les plus réputées de l'île, qui reçut la médaille d'or du Salon de l'agriculture de Paris en 2011, pour la qualité de sa production. Implantée au cœur du domaine du Grand Hazier, qui accueillit les premiers plants de vanilliers importés du Mexique, la vanilleraie a depuis longtemps renoué avec une production artisanale qui magnifie l'épice sous toutes ses formes.

Savoirs d'antan

Les cakes se déclinent à l'infini, aussi bien salés que sucrés. Pensez à varier leur forme, en utilisant des moules à babas ou à tartelettes, des ramequins, des minimoules à brioches ou à muffins. Il ne vous restera plus qu'à imaginer la décoration.

Un gentilé

d'Île-de-France

À Champigny-sur-Marne, ne manquez pas la chapelle Notre-Dame-du-Sacré-Cœur du XVIIIe siècle ou le parc du Tremblay de soixante-treize hectares, si vous aimez les parcours sportifs ou souhaitez simplement vous aérer. Vous y croiserez à coup sûr certains des habitants, les…

Campinois ou Campiniens.

Il était une fois en 1924

Premier vol au monde en hélicoptère en circuit fermé, à Arbouans

Franche-Comté

Alors que les records de l'aviation tombent année après année depuis la fin du XIXe siècle, la naissance de l'hélicoptère est plus tardive. Étienne Œhmichen, ingénieur chez Peugeot, s'intéresse, à la fin des années 1910, à l'anatomie des oiseaux et à la mécanique des fluides. Cet héritier de Léonard de Vinci – qui imagina la vis aérienne – réussit en 1921 à faire voler un appareil pendant une minute. Il construit en 1924 un engin, équipé de quatre rotors, qui décolle et atterrit à la verticale, et effectue en mai un vol d'un kilomètre sur un circuit fermé. Il s'agit du premier record à être homologué par la Fédération aéronautique internationale pour ce qu'on appelle un « hélicoptère ».

jeudi 5 mai

lever : 6 h 23
coucher : 21 h 12

Ascension

Savoirs d'antan

En jouant dans l'herbe, les enfants ont taché leurs vêtements. S'il s'agit de tissus peu fragiles, diluez, avec de l'eau, de l'alcool à brûler ou du vinaigre blanc et tamponnez le tissu. Nettoyez ensuite dans le lave-linge avec votre programme habituel.

Au fil de l'eau

Limousin

Née sur le plateau de Millevaches, la Grande Creuse – ou plus communément la Creuse – rejoint la Vienne après un parcours d'environ deux cent soixante kilomètres, qui lui fait traverser des paysages variés : autour d'Anzême, par exemple, elle forme des gorges sur lesquelles trois barrages se succèdent.

La rubrique du 13 h

LA CROIX DU NIVOLET

Rhône-Alpes

Dans le massif des Bauges, surplombant Chambéry à une altitude de mille cinq cent quarante-sept mètres, sur la dent du Nivolet, se trouve une immense croix argentée. Son histoire commence lorsque le percement d'une avenue oblige à la destruction de la chapelle des Pénitents noirs et de son calvaire. Il fut alors décidé d'ériger une nouvelle croix dans un lieu où elle serait visible de tous les Chambériens. Inaugurée en 1861, elle fut maintes fois réparée et remplacée, à cause de dégradations humaines et naturelles. Sa dernière installation date de 1989, en vue des jeux Olympiques d'Albertville.

Bonne fête !

Judith

Après la mort de son mari, Judith partit rejoindre son frère à Kulmsee (aujourd'hui Chelmza, en Pologne), où elle se dévoua pour aider son prochain, fonda un hôpital et un monastère. Elle est la sainte patronne de la Prusse.

Il était une fois en 1949

Strasbourg est choisie comme siège du Conseil de l'Europe

Alsace

Le traité de Londres, signé par dix pays le 5 mai 1949, soit quatre ans après la fin de la Seconde Guerre mondiale, fonde le Conseil de l'Europe. Strasbourg, ville longtemps déchirée entre la France et l'Allemagne et symbole de réconciliation entre les nations, est choisie comme siège permanent de l'organisation intergouvernementale. L'un des objectifs du traité est de « réaliser une union plus étroite entre ses membres afin de sauvegarder et de promouvoir les idées et les principes qui sont leur patrimoine commun et de favoriser leur progrès économique et social ». Un véritable « quartier européen » sera construit dans la ville et accueillera un édifice provisoire, la Maison de l'Europe, puis un bâtiment définitif, le Palais de l'Europe, et, plus tard, la Cour européenne des droits de l'homme.

vendredi 6 mai

lever : 6 h 21
coucher : 21 h 13

Ste Prudence

C'est un festival !

Auvergne

Oyez, oyez ! Envie de vous mesurer à un *vil fredain* ? De *tençonner* un *maroufle* ? Alors *bien vaignez* au pied du *castel* de Murol pour les Médiévales, les 6 et 7 mai, où chevaliers, écuyers et *fols dingo guerroyent sans respit*, au beau milieu d'ateliers pour *fillots*, de défilés, de concerts, de tirs à l'arc et de bonnes *ripailles* ! Prépare ta *giberne*, si t'es point *couard* !

Bonne fête !

Prudence Castori

On sait peu de chose de la vie de Prudence, si ce n'est qu'elle fonda un couvent à Côme, en Italie. Un dicton est associé à son nom : « Au jour de la Sainte-Prudence, s'il fait du vent, les moutons dansent. »

La rubrique du 13 h

LE CHÂTEAU DU FALKENSTEIN

Lorraine

Juché à trois cent soixante-trois mètres sur un éperon rocheux, le château du Falkenstein en Moselle, dans les Vosges du Nord, impressionne encore. Construit à moitié dans la falaise au début du XIIe siècle, il est presque entièrement détruit par un incendie dû à la foudre en 1564, puis est ruiné par deux fois lors de conflits liés à la guerre de Trente Ans. Ses vestiges de grès rose se visitent depuis 2013. Il se pourrait, si vous vous aventurez près de ses caves, que vous entendiez le tonnelier fantôme de la légende y frapper autant de coups de maillet que l'année produira de tonneaux de vins.

Un gentilé

de Midi-Pyrénées

Découvrez Auch et ses spécialités, comme le foie gras ou le floc de Gascogne, mais visitez aussi sa cathédrale Sainte-Marie, célèbre pour ses vitraux. Enfin, empruntez son escalier monumental néoclassique, bien connu de ses habitants, les…

Auscitains.

Il était une fois en 1211

Pose de la première pierre de la cathédrale de Reims

Champagne-Ardenne

L'archevêque Albéric de Humbert pose, le 6 mai 1211, la première pierre de la cathédrale de Reims qu'on connaît aujourd'hui. Un an plus tôt, jour pour jour, la cathédrale était détruite par le feu. Une rumeur se répand dans les mois qui suivent : l'incendie aurait été volontaire, et Albéric de Humbert son instigateur, poussé par l'ambition de faire construire, là où Clovis fut sacré, un nouvel édifice, plus somptueux, à la mesure des monuments grandioses qui surgissent à l'époque à Évreux, Chartres, Saint-Denis… À la fin du XIIIe siècle, la nef est terminée, et la façade en partie construite. Les travaux ralentissent ensuite, faute d'argent.

samedi 7 mai

Ste Gisèle

dimanche 8 mai

Fête de la Victoire de 1945

Le feuilleté au rocamadour

Midi-Pyrénées

Ingrédients

Pour 4 personnes

4 carrés de pâte feuilletée
4 rocamadours crémeux
16 fines tranches de magret de canard fumé
1 jaune d'œuf
huile d'olive
romarin
sel et poivre

Recette

- Préchauffez le four à 200 °C. Dégraissez les tranches de magret de canard fumé.
- Sur chaque carré de pâte, déposez 2 tranches de magret de canard, 1 rocamadour, puis de nouveau 2 tranches de magret. Versez un filet d'huile d'olive et saupoudrez de quelques brins de romarin. Salez légèrement et poivrez généreusement.
- Mouillez à l'eau froide les bords du carré de pâte. Réunissez les pointes ensemble, pour former une pyramide, et pincez les bords tout du long, pour les souder deux par deux. Badigeonnez avec le jaune d'œuf battu et délayé dans un peu d'eau.
- Passez au four pendant 15 à 20 min, selon la puissance de votre four.
- Dressez une pyramide feuilletée dans chaque assiette, accompagnée d'une salade verte assaisonnée à l'huile de noix. Servez aussitôt.
- Si vos rocamadours sont trop secs, vous pouvez les faire préalablement mariner dans de l'huile d'olive agrémentée de thym, laurier, romarin et mélange de baies. Réservez dans une pièce fraîche, à l'abri de la lumière, pendant une semaine. Dans ce cas, n'ajoutez pas d'huile d'olive au moment du montage.

Un précieux fromage

Le rocamadour fait partie de la famille des cabécous. Petit trésor du Lot dès le XVe siècle, il servait à l'époque à payer la dîme. Protégé par une AOC depuis 1996, ce fromage au lait cru doit être confectionné exclusivement à partir de lait provenant des chèvres de races alpine et saanen, suivant des méthodes traditionnelles. Tous les ans, pendant le week-end de Pentecôte, il est célébré lors d'une grande fête des Fromages, qui se tient dans la jolie petite commune de… Rocamadour.

lundi 9 mai

lever : 6 h 16
coucher : 21 h 18

St Pacôme

Un gentilé
de Lorraine

Les Naboriens vous parleront de la beauté de leur basilique Notre-Dame-de-Bon-Secours ou des vestiges gallo-romains découverts au XIXe siècle. Ils vous raconteront aussi la légende du chêne des Sorcières, situé dans la forêt de leur cité, appelée...

Saint-Avold.

INSOLITE
Limousin

Construite dans la seconde moitié du XIXe siècle, l'église de Sous-Parsat, dans la Creuse, n'attire pas particulièrement le regard par son extérieur. Il en va bien autrement de l'intérieur, puisque de grandes fresques modernes, aux couleurs très vives, ornent ses murs.

Bonne fête !

Pacôme le Grand

Pacôme, originaire d'Égypte, fut si touché par la charité et la bonté d'âme des chrétiens qu'il rencontra qu'il décida de se convertir. Il est connu pour le grand nombre de couvents qu'il a fondés, et aussi pour la règle de vie en communauté qu'il a écrite.

La rubrique du 13 h

LE MUSÉE LE SECQ DES TOURNELLES DE ROUEN
Haute-Normandie

Jean-Louis Henri Le Secq des Tournelles fut l'un des premiers photographes français. Prosper Mérimée l'engagea pour photographier les monuments historiques français, dont l'écrivain venait de créer le service. C'est sans doute là qu'il commença à faire la collection de pièces de ferronnerie. Son fils l'offrit à la ville de Rouen, après qu'elle eut connu un franc succès lors de l'Exposition universelle de Paris, en 1900. La ville inaugura en 1921 ce musée consacré aux arts du fer, riche de près de quatorze mille pièces, provenant de toute l'Europe et datant de l'époque gallo-romaine jusqu'au XXe siècle.

Il était une fois en 1940

Combat de Pont-de-l'Arche
Haute-Normandie

Le 9 mai 1940 est resté dans la mémoire des Archépontains. Ce jour-là, à la veille du début de la bataille de France, un combat de retardement fut livré par le 4e groupe franc motorisé, dirigé par François Huet et rassemblant une centaine de soldats, face aux unités de la division Rommel, qui cherchaient à encercler Rouen et à prendre les ponts de la basse Seine. Après avoir héroïquement défendu le site pendant plusieurs heures, avec quelques mitrailleuses et canons antichars, Huet, à court de munitions, ordonna le repli. Ce fait d'armes resta dans les mémoires, tant du côté des Français que de Rommel, qui raconta son étonnement, ce jour-là, face à la tenace résistance d'un petit groupe de soldats.

mardi 10 mai

lever : 6 h 15
coucher : 21 h 19

Ste Solange

Au fil de l'eau

Basse-Normandie

La Sienne, qui rejoint la mer dans le département de la Manche – dans le havre de Regnéville –, prend sa source dans le Calvados, à Saint-Sever. L'emplacement précis de cette source est toutefois difficile à identifier, car il se trouve en forêt, dans une zone tourbeuse.

Une charade en

Corse

Mon 1er abrite les marchandises d'un navire. Mon 2e est nouveau chaque 1er janvier. Le coccyx est, chez l'homme, le vestige de mon 3e. Mon 4e marque, en deux lettres, la possession. Mon 5e sert à calculer les circonférences. Mon 6e est le prénom de l'héroïne de Tolstoï, incarnée par Greta Garbo, Vivien Leigh ou encore Sophie Marceau. Bordant une partie de la côte ouest de l'île de Beauté, mon tout est classé au patrimoine mondial de l'Unesco.

La rubrique du 13 h

LE MONT MALGRÉ-TOUT

Champagne-Ardenne

Le mont Malgré-Tout, qui se trouve à Revin et offre une vue imprenable sur les méandres de la Meuse, doit aussi sa popularité à George Sand, qui en fit l'arrière-plan de son roman *Malgrétout*, où un personnage, Meurquin, construit sa maison sur ce mont, en répétant inlassablement : « Y bâtir malgré tout. [...] À partir de ce jour, tous les gens de Revin [...] baptisèrent ce lieu [...] du nom qui lui convient : celui de Malgré Tout », écrit-elle. Le nom prit encore une autre résonance le 13 juin 1944, lorsque cent cinq maquisards s'y cachant furent pris, torturés, puis exécutés par les soldats allemands.

Bonne fête !

Solange du Berry

Le fils du comte de Poitiers tomba fou amoureux d'une jeune bergère, qu'il enleva, en toute impunité. Mais Solange avait décidé de se consacrer à Dieu et ne cessa de résister à son assaillant. Lassé, celui-ci la décapita.

Il était une fois en 1521

Jean Calvin reçoit la tonsure

Picardie

Fils de Gérard Cauvin, greffier et notaire de la cathédrale de Noyon, et de Jeanne Lefranc, une femme très pieuse, Jean Calvin, très doué, est recruté en 1521, à l'âge de 12 ans, par l'évêque et reçoit une partie du bénéfice de Notre-Dame-de-la-Gésine. Il est alors tonsuré : on rase une partie de ses cheveux, un signe d'entrée en religion et de renonciation au monde. Deux ans plus tard, ses parents l'envoient à Paris, où il apprend le latin. Il étudie ensuite la philosophie et le droit, avant d'embrasser, en 1533, la doctrine de Luther et de s'exiler à Genève. Acteur principal d'une seconde étape de la Réforme, il laisse son nom à une doctrine, le calvinisme.

Calanques de Piana (cale-an-queue-de-*pi*-Anna).

mercredi 11 mai

lever : 6 h 14
coucher : 21 h 20

Ste Estelle

Bonne fête !

Estelle de Saintes

C'est par son père, gouverneur de Saintes, qu'Estelle subit le martyre. Elle avait, en effet, demandé le baptême et refusait tous les prétendants que lui proposait son père. Il fut plus têtu qu'elle et, plutôt que de la laisser vivre sa foi, il la condamna à mourir dans une arène.

La rubrique du 13 h

LES EMPREINTES DE SAINT-LAURENT-DE-TRÈVES

Languedoc-Roussillon

Sur une butte qui domine la vallée du Tarnon, vous ne verrez que peu de monde regarder vers l'horizon, car c'est à vos pieds que se trouve le spectacle : des empreintes de dinosaures parfaitement conservées dans la roche calcaire. Ces formes furent datées de deux cents millions d'années, une époque où la région se situait au niveau de l'équateur et où le *Grallator minusculus* – possible ancêtre du *Tyrannosaurus rex* –, de « seulement » trois mètres de haut, n'arpentait pas un plateau, mais une plage boueuse en bord de lagune, y laissant cette dizaine d'empreintes.

Savoirs d'antan

Avant de porter vos bouteilles en verre usagées au bac de recyclage, il est préférable de les rincer. Pour éviter cependant de gaspiller l'eau, remplissez la première, puis transvasez le contenu dans la suivante, et ainsi de suite jusqu'à la dernière.

Une charade en

Nord-Pas-de-Calais

Mon 1er désigne le nez en anglais. Mon 2e arrive troisième dans l'ordre des voyelles. Prenez la quatrième syllabe de la région, et vous obtiendrez mon 3e. Également connu sous le nom de « Centre national de la mer », mon tout porte le nom d'une princesse de la mythologie grecque.

Il était une fois en 1827

Le sculpteur Jean-Baptiste Carpeaux naît à Valenciennes

Nord-Pas-de-Calais

Vous pouvez admirer une partie des œuvres de Jean-Baptiste Carpeaux au musée des Beaux-Arts de Valenciennes, sa ville natale, à laquelle il légua des toiles et des sculptures. Né sous la Restauration, Carpeaux est issu d'une famille modeste, avec un père maçon et une mère dentellière. Il fait ses études aux Beaux-Arts de Paris, remporte, en 1854, le prix de Rome et continue sa formation à la villa Médicis. De retour à Paris, il se rapproche de la cour impériale et devient portraitiste de Napoléon III. Parmi les œuvres les plus connues de cet artiste néobaroque, on se souvient de *La Danse*, sur la façade sud de l'Opéra Garnier, qui lui valut d'être accusé d'outrage à la pudeur.

Nausicaa (nose-I-ca).

jeudi 12 mai

lever : 6 h 12
coucher : 21 h 22

St Achillée

Au fil de l'eau
Midi-Pyrénées

Après un début de parcours dans le Massif central et le Cantal, le Célé pénètre dans le Lot, où il vient grossir les eaux de la rivière du même nom. Impétueux, le Célé est prisé des kayakistes, mais aussi des plongeurs, car il alimente un réseau de galeries souterraines.

Un gentilé
de PACA

À deux kilomètres de la Méditerranée, Le Cannet vous charmera par son environnement naturel composé de pins, d'oliviers ou d'orangers, mais aussi par son patrimoine religieux du XVIe siècle. Cependant, saurez-vous nommer ses habitants ?

Cannettans.

La rubrique du 13 h

LE ZODIAQUE DE SOUVIGNY
Auvergne

Dans le musée du Pays de Souvigny se trouve une pièce unique au monde : la colonne du Zodiaque. Ce fût octogonal en pierre, qui devait mesurer quatre mètres et dont seule la partie supérieure subsiste, représente sur quatre de ses faces l'espace et le temps. Ces représentations sont chacune divisées en deux thèmes : les peuples les plus étranges de la Terre et les animaux fabuleux pour l'espace, les travaux de chaque mois de l'année et les signes du zodiaque pour le temps. La colonne, datée de la seconde moitié du XIIe siècle, donne ainsi à voir comment l'homme du Moyen Âge se figurait l'Univers.

Bonne fête !

Achillée et Nérée

Achillée et Nérée auraient été soldats romains dans l'armée de Dioclétien qui, après s'être convertis, auraient déposé leurs armes et refusé de se battre. La loi martiale n'étant pas très indulgente, ils auraient été décapités. Une autre source dit qu'ils auraient converti Domitille, membre de la famille impériale romaine, raison pour laquelle tous les trois auraient été exilés puis décapités.

Il était une fois en 1664

Première représentation de Tartuffe à Versailles
Île-de-France

Du 7 au 13 mai 1664, Louis XIV organise à Versailles une fête somptueuse : les Plaisirs de l'île enchantée. Le soir du 12 mai, Molière y donne pour la première fois son célèbre *Tartuffe*. Malgré le soutien du Roi-Soleil, la pièce fait scandale, s'attire les foudres de la reine mère, la très pieuse Anne d'Autriche. Orgon y est en effet l'incarnation du croyant ridicule, et Tartuffe y représente le dévot hypocrite, qui se joue du premier. L'archevêque de Paris convainc le roi d'interdire la pièce. Molière se bat pendant des années pour faire lever l'interdiction, et ce n'est qu'en 1669 que *Tartuffe*, après avoir été remanié par l'auteur, sera à nouveau représenté.

vendredi 13 mai

lever : 6 h 11
coucher : 21 h 23

Ste Gemma

Bonne fête !

Gemma de Goriano

Alors qu'elle gardait le troupeau de brebis de ses parents, la jeune Gemma est enlevée par un comte local aveuglé par sa beauté. Loin de se laisser tourner la tête, la bergère le convainc de bâtir une église pour réparer sa faute, et y vit recluse jusqu'à sa mort.

La rubrique du 13 h

LA FERME DES ORGUES DE STEENWERCK

Nord-Pas-de-Calais

Fondée par un particulier, Patrick Desnoulez, la Ferme des orgues est un musée de musique mécanique. Ici, vous pourrez admirer tous les instruments mécaniques possibles, de la toute simple boîte à musique au moins connu orchestrion. Le créateur de ce lieu de mémoire musicale répare lui-même les instruments, tous en état de marche, et propose diverses activités ludiques, comme des ateliers de musique. Une visite guidée vous fera découvrir l'univers des sons du début du XXe siècle, lorsque le gramophone entra dans les foyers.

INSOLITE

Île-de-France

En se promenant dans les Ve et XIIIe arrondissements de Paris, il n'est pas rare de tomber sur un médaillon portant la mention « ancien lit de la Bièvre », une rivière qui prend sa source dans les Yvelines. La partie de son cours qui s'écoulait autrefois dans Paris est aujourd'hui enterrée.

Une charade en

Franche-Comté

Mon 1er a pour formule chimique AU. Mon 2e compose un set lorsqu'il est au nombre de six. Mon 3e n'est définitivement pas beau. Mon tout est une ancienne citadelle du Jura, ville natale d'un certain cadet très « bon enfant ».

Il était une fois en 1239

Le bûcher du mont Aimé

Champagne-Ardenne

La butte du mont Aimé, à cinquante kilomètres au sud de Reims, fut au XIIIe siècle le théâtre d'un massacre abominable, celui de cent quatre-vingt-trois personnes, jugées et condamnées par un tribunal de l'Inquisition. Ce dernier était dirigé par Robert le Bougre, cathare repenti et nommé inquisiteur de Bourgogne par le pape Grégoire IX quelques années plus tôt, en 1233. Il profita d'une foire à Provins pour organiser une terrible rafle et faire emmener près de six cents inculpés. Un tiers d'entre eux seront reconnus hérétiques et périront dans les flammes. La violence et la cruauté de Robert le Bougre lui vaudront d'être condamné par le pape et de passer la fin de ses jours en prison.

Orgelet (or-jeux-laid).

Le veau marengo

Limousin

Ingrédients

Pour 4 personnes
800 g d'épaule de veau fermier du Limousin en morceaux
180 g de champignons de Paris
2 carottes
3 échalotes
2 gousses d'ail
1 oignon
1 bouquet garni
5 branches de persil plat
25 cl de vin blanc sec
1 c. à s. bombée de farine
2 c. à s. de concentré de tomates
beurre
huile
sel et poivre

Recette

- Épluchez, puis émincez finement les échalotes et l'oignon. Épluchez et pressez l'ail. Nettoyez les champignons, puis coupez-les en lamelles.
- Dans une cocotte, faites fondre un mélange de beurre et d'huile, et faites-y dorer la viande. Quand elle est bien colorée, ajoutez dans la cocotte l'oignon et les échalotes. Faites revenir quelques minutes à feu doux, puis, quand les oignons sont translucides, saupoudrez de farine. Mélangez jusqu'à complète absorption de la farine par le beurre. Ajoutez ensuite les carottes, les champignons, le concentré de tomates, l'ail, le persil haché, mélangez à nouveau, puis mouillez avec le vin blanc et 25 cl d'eau. Déposez un bouquet garni, salez et poivrez. Couvrez et laissez mijoter pendant 1 h 30 à feu doux.
- Enlevez le bouquet garni, mélangez, rectifiez l'assaisonnement, puis poursuivez la cuisson 15 min.
- Servez aussitôt accompagné de pommes de terre à l'eau ou de pâtes fraîches.

Une viande de choix

Les premiers mois de sa vie, le veau fermier du Limousin est nourri au lait maternel, directement au pis de la vache. On dit que c'est un veau « élevé sous la mère ». La richesse du lait maternel donne à la viande un fondant incomparable et un léger goût de noisette. Ce mode d'élevage, nécessitant bien plus d'attention pour chaque animal qu'une production en batterie, est préservé par le Label Rouge « Veau fermier élevé sous la mère » et l'IGP « Veau fermier du Limousin élevé sous la mère ».

lundi 16 mai

lever : 6 h 07
coucher : 21 h 27

Lundi de Pentecôte

Savoirs d'antan

Les beaux jours reviennent, et le parasol a besoin d'une petite remise en état après l'hiver. Ouvrez-le et frottez-le avec de l'eau chaude additionnée d'un peu de liquide vaisselle. Il suffit ensuite de le rincer au jet et de le laisser sécher à l'air libre.

Bonne fête !

Honoré d'Amiens

Saint Honoré, évêque d'Amiens, est le patron des boulangers. En effet, selon la légende, quand il annonça vouloir devenir curé, sa nourrice, qui était en train de faire cuire le pain, lui aurait répondu : « C'est ça, et, quand ma pelle aura des feuilles, tu seras évêque ! » Sur ce, sa pelle fut miraculeusement recouverte de feuilles.

La rubrique du 13 h

LES DENTELLES DE MONTMIRAIL

Provence-Alpes-Côte d'Azur

Il s'agit d'une chaîne de montagnes d'environ huit kilomètres de long. La région est réputée grâce à ce massif rocheux, qui offre des chemins d'escalade et de randonnée. Des fenêtres naturelles percent sa paroi, justifiant son nom. Une partie de la chaîne est constituée des Dentelles Sarrasines, puisque les Turcs contrôlaient ces terres au Moyen Âge. Une randonnée vous mènera à la dent du Turc, un sommet en haut duquel une grotte, fermée par un muret, fut aménagée pour accueillir un guetteur. N'étant pas indiquée, il vous faudra ouvrir l'œil pour la découvrir.

Un gentilé de Picardie

Chantilly, située dans l'Oise, est une cité dont le château, la forêt, les grandes écuries et l'hippodrome font la renommée. Son festival de feux d'artifice était également très apprécié de ses habitants, les...

Cantiliens.

Il était une fois en 1877

Le président Mac-Mahon renvoie le président du Conseil

France

Les élections de mars 1876 ont amené à la Chambre une majorité républicaine. Mac-Mahon, président de la République monarchiste et conservateur, est en difficulté et pousse à la démission le président du Conseil, le républicain modéré Jules Simon. Il nomme le lendemain le duc de Broglie Premier ministre. Mais les députés ne lui accordent pas leur confiance. Il décide en juin de dissoudre la Chambre pour tenter d'obtenir une majorité favorable. La manœuvre échoue, le parti républicain mené par Gambetta étant confirmé par les électeurs. Mac-Mahon finira par démissionner en janvier 1879. Après cette crise, plus aucun président de la IIIe République n'osera dissoudre la Chambre.

mardi 17 mai

Bse Antonina

INSOLITE

Rhône-Alpes

On pourrait croire que tous les barrages se ressemblent ; on aurait tort ! Le barrage du Chevril – dit aussi « barrage de Tignes » – est, avec une hauteur de cent quatre-vingt-un mètres, le plus haut de France. Son originalité tient aussi à l'immense fresque de dix-huit mille mètres carrés, représentant Hercule, qui orne son tablier.

Une charade en Languedoc-Roussillon

Mon 1er met sur la balance. N'attendez guère plus de vingt-huit jours si vous souhaitez consommer mon 2e frais. Mon 3e est une interjection enfantine marquant la moquerie ou l'insolence. C'est le lien ténu que possède mon tout avec Molière qui a contribué à faire la renommée de cette cité héraultaise.

La rubrique du 13 h

LA MAISON DE LA NÉGRITUDE DE CHAMPAGNEY

Franche-Comté

Quelle connaissance de l'homme noir les deux mille habitants de Champagney avaient-ils lorsqu'ils réclamèrent au roi Louis XVI, le 19 mars 1789, l'abolition de l'esclavage ? Sûrement la seule qui leur suffisait : celle de le savoir humain comme eux. Créé en 1971 et organisé autour de cet acte, le musée évoque l'histoire de l'esclavage des Noirs, mais aussi ses formes plus contemporaines. La reproduction d'un navire négrier et plusieurs objets africains et haïtiens illustrent la négritude chère à Léopold Sédar Senghor, qui parraina ce lieu de mémoire.

Bonne fête !

Antonina Mesina

Jeune sarde très pieuse de 16 ans, Antonina fut attaquée par un homme à la sortie de l'église en 1935. Comme elle défendait bec et ongles sa virginité, son agresseur la tua à coups de pierres. Elle fut béatifiée en 1987 par le pape Jean-Paul II.

Il était une fois en 1838

Mort de l'explorateur René Caillié en Charente-Maritime

Poitou-Charentes

Fasciné, enfant, par l'histoire de Robinson Crusoé, René Caillié rêve de découvrir l'Afrique. Il débarque au Sénégal à la fin des années 1810 ; puis, il voyage pendant quatre ans en Afrique de l'Ouest, de la Guinée à la Côte d'Ivoire et jusqu'au Mali. Il se déguise en Arabe et s'invente une identité de musulman pour se déplacer en toute sécurité. Considéré comme le premier Occidental à avoir visité Tombouctou, il livre, à son retour en France, en 1830, son témoignage – romancé, selon ses détracteurs – dans le *Journal d'un voyage à Temboctou et à Jenné*. René Caillié décède en 1838 en Saintonge, épuisé par son périple et par la maladie.

Pézenas (pèse-œufs-na).

mercredi 18 mai

lever : 6 h 04
coucher : 21 h 30

St Éric

Bonne fête !

Éric IX de Suède

Une légende circule sur saint Éric, roi chrétien de Suède, qui évangélisa son pays, ainsi que la Finlande voisine : il aurait été ivre au moment de sa mort, et, par conséquent, le pape Alexandre III aurait interdit de célébrer son culte.

La rubrique du 13 h

LES SARCOPHAGES DE MAZAN

Provence-Alpes-Côte d'Azur

Il est certes des endroits plus joyeux qu'un cimetière, mais celui de Mazan, dans le Vaucluse, offre à ses visiteurs un spectacle teinté de mystère : un de ses murs d'enceinte est couronné de soixante-six sarcophages datant des ve et vi^e^ siècles. On ne sait pas si ces sarcophages faisaient partie du lieu à l'origine ; ce qui est sûr, c'est qu'ils ont été disposés ainsi en 1858. Leur provenance n'est toujours pas exactement connue : ils auraient pu tout aussi bien se trouver le long d'une voie romaine passant à deux kilomètres de la commune ou au cœur d'une nécropole découverte dans le village.

Au fil de l'eau

Alsace

Le lac Blanc et le lac Noir, dans le massif des Vosges, sont éloignés l'un de l'autre d'un kilomètre, autour de la commune d'Orbey. Le lac Blanc, situé en amont, est le plus important des deux, avec une superficie de trente hectares. Ses eaux alimentent, via un canal, la centrale hydroélectrique du lac Noir.

INSOLITE

Nord-Pas-de-Calais

Des églises perdent parfois leur fonction religieuse ; à Lille, c'est le contraire. L'ancienne filature Le Blan, fermée en 1995, a été réhabilitée : on y trouve désormais un théâtre, une médiathèque, des logements... et une église dans l'ancien magasin de l'usine !

Il était une fois en 1794

La bataille de Tourcoing

Nord-Pas-de-Calais

En avril 1792, la France est entrée en guerre face à l'Autriche, bientôt rejointe par plusieurs nations européennes, réunies au sein de la première coalition et craignant la contagion révolutionnaire. Après une année de défaites, l'armée française reprend le dessus sur plusieurs fronts. L'une des offensives est menée par le général Souham et le maréchal Moreau, qui secondent le général Pichegru, à la tête de l'armée du Nord. Le 18 mai 1794, ils gagnent, à Tourcoing, une bataille contre les Britanniques et les Autrichiens. Ce succès a un effet très positif sur le moral des soldats français et permet, deux mois plus tard, la victoire décisive de Fleurus.

jeudi 19 mai

lever : 6 h 03
coucher : 21 h 31

St Yves

Savoirs d'antan

Pour redonner de l'éclat à une pièce de laiton, il faut dissoudre des copeaux de savon dans de l'eau chaude et frotter la pièce avec un chiffon imbibé du mélange. L'opération est renouvelée à l'eau claire, et le séchage est effectué avec un chiffon doux.

La rubrique du 13 h

LE « BENOÎT CHAMPY » DE CAYEUX-SUR-MER

Picardie

Victor Hugo a écrit : « Qui a vu Paris et Cayeux a tout vu ! » Il est vrai que la commune a plus d'un attrait, avec son chemin de planches près de la plage – le plus long d'Europe –, ses anciennes cabines et son canot de sauvetage restauré : le *Benoît Champy*. En 1875, Cayeux-sur-Mer devient station de sauvetage pour les navires naufragés et se dote, en 1901, d'un canot à la pointe de la technologie : long de dix mètres, manœuvré par douze hommes, il est insubmersible, autoredressable et à vidange spontanée. Actif jusqu'en 1956, ce canot, classé monument historique, est visible dans son abri.

Bonne fête !

Yves

Saint Yves est très populaire en Bretagne, dont il est originaire, et c'était aussi le cas de son vivant. Ce prêtre était considéré comme un homme très charitable, honnête et juste, bon envers les pauvres, les veuves et les orphelins. Son culte se répandit très vite à sa mort. Pour toutes ces raisons, il est le patron de la Bretagne ainsi que des professions de justice et de droit.

Au fil de l'eau

Lorraine

La Mortagne est une rivière du massif vosgien dont la source se trouve à quelques kilomètres de Saint-Dié-des-Vosges. Affluent de la Meurthe, elle la rejoint près de Lunéville, à Mont-sur-Meurthe, après un parcours de soixante-quinze kilomètres fait de nombreux méandres.

Il était une fois en 1976

Premier tirage national du Loto

Île-de-France

Héritier de la Loterie nationale, le Loto tel qu'on le connaît – qui profite dans les années 1970 des progrès de l'informatique et de la télévision – est institué par décret du Premier ministre Jacques Chirac en juillet 1975. Le premier tirage a lieu en public, au théâtre de l'Empire à Paris, le 19 mai 1976. Plus de soixante-treize mille habitants de la région parisienne ont tenté leur chance et acheté leurs tickets dans environ mille points de vente de la région – leur vente se répandra progressivement dans toute la France. Il faut attendre septembre 1976 et l'annonce d'un premier gros gagnant dans les journaux pour voir le nombre de joueurs exploser.

vendredi 20 mai

lever : 6 h 02
coucher : 21 h 32

St Bernardin

Bonne fête ! Bernardin de Sienne

C'est parce qu'il était un très grand prédicateur – il parcourait l'Italie du xve siècle, et on dit que les foules accouraient pour l'écouter et que sa voix était miraculeusement amplifiée pour que tous puissent l'entendre – que Bernardin de Sienne est le patron des publicitaires. Il aurait encouragé la foi en Italie, d'où le surnom « apôtre de l'Italie ».

La rubrique du 13 h

LE VILLAGE MINIATURE DE CUTTOLI-CORTICCHIATO

Corse

En Corse, il est possible d'admirer un village de pêcheurs bretons, non loin de la tour Eiffel ! À Cuttoli-Corticchiato, près d'Ajaccio, se trouve le musée du Village de miniatures corse et breton. Sylvaine et Lionel Periault ont construit eux-mêmes les reproductions de quelque quatre cents maisons miniatures corses en pierre et d'un port breton avec ses chalutiers. Presque cent tonnes de sable, de ciment, de gros rochers, de petites pierres de plage et de rivière auront été nécessaires à cette création où deux cent cinquante figurines et trente automates évoquent les métiers d'autrefois.

Un gentilé du Languedoc-Roussillon

Saint-Cyprien, dans les Pyrénées-Orientales, est le troisième port de plaisance de France. Ses plages de sable fin et son climat ensoleillé en font un haut lieu du tourisme balnéaire et d'activités telles que la voile, le surf ou la pêche, que pratiquent de nombreux habitants, les…

Cyprianenes.

C'est un festival !

Basse-Normandie

Un parc de trois hectares est ouvert aux visiteurs, qui ont le plaisir d'assister à des animations proposées par des professionnels du paysage, au marché de l'artisanat, ainsi qu'aux démonstrations de travaux paysagers des élèves de l'école d'horticulture de Cerisy-Belle-Étoile. Amis de la nature, laissez-vous guider, ces 21 et 22 mai, au Festival des arts floraux et paysagers…

Il était une fois en 1960

Pose de la première pierre du pont d'Aquitaine à Bordeaux

Aquitaine

La décision de construire un « grand pont » pour Bordeaux a été prise en 1954, sous l'impulsion de Jacques Chaban-Delmas, maire de Bordeaux et ministre des Travaux publics de l'époque. La première pierre de l'ouvrage qui relie Bordeaux et Lormont est posée le 20 mai 1960 par Robert Buron, ministre des Travaux publics. Ce pont en trois travées a une portée de trois cent quatre-vingt-quatorze mètres et est long de mille sept cent soixante-sept mètres. Inauguré le 6 mai 1967, il s'agit alors du deuxième plus long pont suspendu en France, après celui de Tancarville. Un grand bal populaire réunira pour l'occasion des dizaines de milliers de Bordelais au milieu du pont.

samedi 21 mai

St Constantin

dimanche 22 mai

St Émile

La soupe de fraises de Plougastel et son palet breton

Bretagne

Ingrédients

Pour 4 personnes
500 g de fraises de Plougastel
40 g de sucre de canne
½ citron vert
7 belles feuilles de basilic
100 ml d'eau
100 g de farine
75 g de sucre semoule
75 g de beurre
2 jaunes d'œufs
5 g de fleur de sel
5 g de levure chimique

Recette

Pour la soupe :

- Dans une casserole, portez à ébullition l'eau additionnée du sucre. Quand le sucre s'est complètement dissous dans l'eau, retirez du feu, puis ajoutez les feuilles de basilic. Couvrez et laissez infuser environ 15 min.

- Pendant ce temps, lavez, puis équeutez les fraises. Coupez-les en morceaux et mixez-les avec le jus du demi-citron vert.

- Filtrez le sirop au basilic. Ajoutez-le aux fraises et mixez à nouveau pour obtenir une préparation bien lisse et homogène. Ajoutez un peu d'eau si la texture est trop épaisse. Réservez au frais.

Pour les palets :

- Dans un saladier, fouettez le sucre semoule avec les jaunes d'œufs. Ajoutez le beurre pommade, puis la farine mélangée à la levure chimique, et enfin la fleur de sel. Travaillez le mélange jusqu'à obtention d'une pâte homogène. Étalez-la sur environ 1 cm d'épaisseur, et laissez-la reposer dans du film alimentaire pendant 2 h au réfrigérateur.

- Découpez dans la pâte des ronds de 5 cm de diamètre à l'aide de cercles à pâtisserie. Dans un four préchauffé à 170 °C, faites cuire les palets sur une plaque de cuisson recouverte de papier sulfurisé, dans les cercles non beurrés, pendant environ 15 min. Ils doivent obtenir une coloration bien blonde.

- Faites refroidir sur une grille, puis démoulez doucement. Servez la soupe bien fraîche, accompagnée d'un palet breton.

Les raisons d'un succès

Fraise à succès depuis le XVIIIe siècle, la fraise de Plougastel fait partie des produits emblématiques de la gastronomie bretonne. En effet, la commune de Plougastel-Daoulas, située sur une presqu'île au sol siliceux et bénéficiant d'un microclimat dû au passage du Gulf Stream, réunit des conditions idéales pour la production de fraises de première qualité.

lundi 23 mai

lever : 5 h 59
coucher : 21 h 36

St Didier

Bonne fête !

Didier de Langres

Didier était évêque de Langres lorsqu'une invasion vandale mit tout le pays à feu et à sang. Empli de compassion pour ses fidèles, il décida d'intercéder en leur faveur auprès du roi des Vandales. Celui-ci ne fut pas du tout ému par sa requête et le fit décapiter sur-le-champ. Saint Didier est souvent représenté portant sa tête sous le bras.

Une charade en Midi-Pyrénées

Accessoire indispensable aux chanteurs, mon 1er amplifie la voix. En fusionnant, l'ANPE et les Assédic ont donné mon 2e et l'emploi. Mon 3e se hausse, s'élève non sans effort. Mieux vaut ne pas souffrir d'entomophobie pour visiter mon tout !

La rubrique du 13 h

L'ALLÉE COUVERTE DE LUFFANG

Bretagne

Caché dans une forêt de chênes, près du village de Crac'h, en Bretagne, se trouve le site mégalithique de Luffang. Il s'agit d'un dolmen à couloir de plus de vingt mètres. Malgré le fait que les dalles de couverture ainsi que certaines pierres de l'édifice ont disparu, il est assez bien conservé. Le monument, datant de 3000 avant Jésus-Christ, présentait une pierre d'angle anthropomorphe, dont le moulage est conservé au musée de Préhistoire de Carnac. Cette pierre, sur laquelle on devine deux petits seins et qui figurait peut-être la gardienne de l'entrée du dolmen, est devenue le symbole de ce musée.

Au fil de l'eau

Picardie

Fleuve le plus important de Picardie, la Somme prend sa source dans l'Aisne. Elle suit un cours paisible en traversant les principales villes de la région – Saint-Quentin, Amiens ou Abbeville –, avant de se jeter dans la Manche entre Saint-Valery-sur-Somme et Le Crotoy.

Il était une fois en 2010

Le salon Coutellia de Thiers fête ses 20 ans

Auvergne

L'histoire des couteaux est liée à la ville de Thiers depuis la fin du Moyen Âge. Au milieu du XIXe siècle, cet artisanat employait jusqu'à vingt-cinq mille personnes, et près de 70 % des couteaux produits aujourd'hui en France le sont encore dans la région. Un savoir-faire qui s'expose chaque année au Salon international du couteau d'art et de tradition créé au début des années 1990. Les collectionneurs et les curieux se ruent pendant tout un week-end sur les stands de près de cent cinquante exposants présentant leurs fines lames. Les 20 ans du salon ont été fêtés en 2010, autour du thème « mon premier couteau ».

Micropolis (micro-pôle-hisse).

mardi 24 mai

lever : 5 h 58
coucher : 21 h 37

St Donatien

Une charade en Lorraine

Le Cher, l'Indre-et-Loire ou encore le Loir-et-Cher composent mon 1er. Mon 2e est un exercice de sport se pratiquant au sol, fréquent dans l'armée. Mon 3e a pour équivalent *iota* dans l'alphabet grec. Mon 4e n'est pas rugueux. Mon 5e rassemble officiers et sous-officiers à l'heure des repas. Mon tout a ouvert ses portes le 12 mai 2010, pour le plus grand plaisir des amateurs d'art messins.

INSOLITE

Basse-Normandie

C'est à Saint-Germain-des-Vaux, tout près du cap de la Hague, que se trouve le plus petit port de France. Baptisé « Port-Racine », du nom d'un ancien corsaire qui y trouva refuge au XIXe siècle, le petit port compte aujourd'hui quelques barques, amarrées à des cordages qui relient les deux jetées.

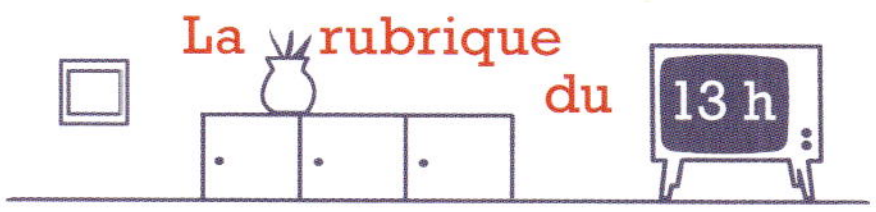

LE CHÂTEAU DE BIRKENFELS

Alsace

Le château de Birkenfels est un des nombreux châteaux forts qui parsèment la route du Mont-Sainte-Odile. Il fut sûrement construit vers 1260 par la famille Beger, des ministériels épiscopaux dépendant de l'évêché de Strasbourg. Son intérêt stratégique étant assez faible, il se peut que son édification émane du désir des Beger de prétendre à une noblesse à laquelle ils n'appartenaient pas. En 1532, le château fut vendu. Il semble avoir ensuite été laissé à l'abandon dès le XVIe siècle, puis ses ruines furent cédées à la ville d'Obernai. L'imposant palais, sur trois étages, et le donjon pentagonal sont encore visitables aujourd'hui.

Bonne fête !

Donatien et Rogatien

Ces deux jeunes Nantais étaient tout juste convertis – l'un d'eux n'était même pas encore baptisé – quand ils furent arrêtés, suppliciés et tués en raison de leur foi. Comme ce sont les deux premiers chrétiens nantais que l'on connaisse, ils sont appelés « les enfants de Nantes » et sont les saints patrons de la ville.

Il était une fois en 1944

Naissance de Dominique Lavanant à Morlaix

Bretagne

Imogène, Christiane – l'esthéticienne des *Bronzés* –, sœur Thérèse… Autant de personnages inoubliables incarnés par Dominique Lavanant, une des actrices les plus drôles de sa génération ! Savez-vous que, avant d'être comédienne, cette Bretonne, née à Morlaix pendant la guerre, fut professeur d'anglais dans sa région natale ? Elle fit ses débuts sur les planches à 26 ans et rencontra quelques années plus tard la troupe du Splendid, avec laquelle elle obtint ses premiers rôles au cinéma. Elle tourna abondamment dans les années 1980, chez Mocky, Leconte et Poiré notamment, mais aussi dans des rôles moins attendus, chez Godard et Sautet.

Centre Pompidou-Metz (Centre-pompes-i-doux-mess).

mercredi 25 mai

lever : 5 h 57
coucher : 21 h 38

Ste Sophie

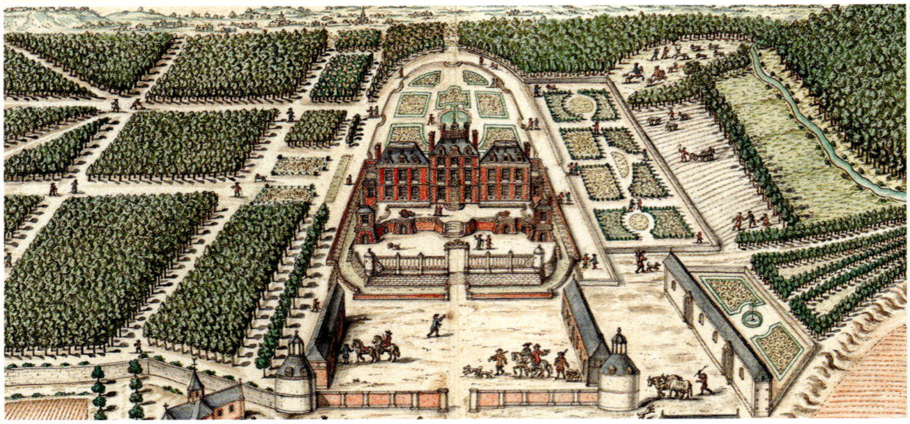

Savoirs d'antan

La frênette est un apéritif domestique préparé à l'aide de feuilles de frêne. Cueillies pendant les mois de mai et de juin, elles sont séchées à l'ombre avant d'être utilisées. Selon les recettes, sont ajoutées des graines de coriandre et des baies de genièvre ou de sureau.

Bonne fête !

Madeleine-Sophie Barat

Née juste avant la Révolution, Madeleine-Sophie Barat avait des idées révolutionnaires en ce qui concerne l'éducation des jeunes filles. Elle créa la Société du Sacré-Cœur, dont les institutions avaient pour but d'instruire les femmes, en leur enseignant notamment des matières scientifiques jusque-là réservées aux hommes.

La rubrique du 13 h

LE CHÂTEAU DE BALLEROY

Basse-Normandie

Jean II de Choisy, chancelier de Gaston d'Orléans, frère du roi Louis XIII, décide de sa construction en 1626. Il emploie un jeune architecte, François Mansart, qui conçoit les plans et choisit de déplacer le vieux village pour le disposer de part et d'autre d'un axe menant à la demeure et de créer ainsi un effet de perspective. Il révolutionne alors l'architecture française, et il est dit que cette construction inspirera les plans de Versailles. En 1970, Malcolm S. Forbes, puissant magnat de la presse américaine, le rachète et crée dans un des communs le musée international des Ballons (dirigeables).

Un gentilé

du Poitou-Charentes

Construite au XIIe siècle, l'église romane Saint-Mathieu fait partie des sites à découvrir dans la ville de Soyaux, en Charente. Le jardin des Senteurs et Saveurs, avec ses nombreuses variétés de rosiers anciens et arbustes à fruits, fait le bonheur de ses habitants, les...

Sojaldiciens.

Il était une fois en 2003

Création de la Journée internationale des enfants disparus

France

En 2003, la Fondation pour l'enfance, la Mouette et l'APEV (Aide aux parents d'enfants victimes) mirent en place la première Journée internationale des enfants disparus, avec le soutien du ministre de la Justice et du ministre de la Famille. Cette initiative s'inspire de la Journée nationale des enfants disparus créée en 1983 par le président Ronald Reagan après l'affaire Etan Patz, du nom d'un garçon de 6 ans disparu à New York le 25 mai 1979. Le but de l'opération est de mobiliser le public et d'adresser un message de solidarité aux parents victimes. Un numéro européen gratuit a été créé pour leur procurer un accès à une aide psychologique, judiciaire et policière immédiate, apportée par des professionnels, et à un accompagnement.

jeudi 26 mai

lever : 5 h 56
coucher : 21 h 39

St Bérenger

INSOLITE
Alsace

Dans certains villages du nord de l'Alsace, comme à Hunspach, les fenêtres des maisons présentent encore des vitres bombées vers l'extérieur. Grâce aux reflets que cela entraîne, ces fenêtres préservent l'intimité des occupants sans les priver de lumière.

Une charade en Bretagne

Mon 1er creuse un trou, un puits dans le sol. Mon 2e suit le *sol*. Mon 3e est une lame de bois. Faisant face au cap Fréhel, mon tout était anciennement connu sous le nom de la Roche-Goyon.

La rubrique du 13 h

LE CALVAIRE DE PONTCHÂTEAU
Pays de la Loire

Près de Saint-Nazaire se trouve le calvaire le plus visité de France, dans la petite ville de Pontchâteau. En 1673, la lande aurait connu d'étranges apparitions d'étendards blancs flottant dans le ciel, accompagnées d'une chorale céleste. C'est en 1710 que le prêtre Grignion de Montfort y édifia, sur une butte artificielle, un calvaire, ensuite détruit sur ordre de Louis XIV. Le projet fut repris en 1821 par l'abbé Gouray. On ajouta des personnages sculptés grandeur nature, et on construisit, dans le parc, des bâtiments évoquant des scènes de la vie du Christ qui mènent jusqu'au calvaire.

Bonne fête !
Bérenger

Moine de l'abbaye de Saint-Papoul, Bérenger ne se distingua pas par de grandes actions. Mais sa droiture, son respect de la règle et sa grande vertu sont avérés. Après sa mort, les miracles qui se produisirent sur son tombeau en firent un haut lieu de pèlerinage.

Il était une fois en 1923
Première édition des Vingt-Quatre Heures du Mans
Pays de la Loire

Le premier Grand Prix d'endurance des Vingt-Quatre Heures du Mans, organisé par l'Automobile Club de l'Ouest, a lieu en mai 1923, avec pour objectif d'éprouver la solidité des voitures de tourisme, à la différence des Grands Prix où s'affrontent des voitures de course. Trente-trois véhicules s'alignent au départ, sous une pluie battante, qui les accompagnera tout au long de la course. Au bout de vingt-quatre heures, le véhicule gagnant est une Chenard et Walcker, conduite par André Lagache et René Léonard, qui ont parcouru cent vingt-huit tours du circuit de dix-sept kilomètres trois cents, soit près de deux mille deux cents kilomètres à une moyenne de quatre-vingt-douze kilomètres-heure.

Fort-la-Latte (fore-*la*-latte).

vendredi 27 mai

lever : 5 h 55
coucher : 21 h 40

St Augustin

Au fil de l'eau

Languedoc-Roussillon

L'Agly est un petit fleuve côtier au débit irrégulier qui se jette dans la Méditerranée près du Barcarès. Il est à l'origine de la formation des gorges de Galamus, ce passage profond et étroit des Corbières qui marque la limite entre l'Aude et les Pyrénées-Orientales.

Bonne fête !

Augustin de Canterbury

Augustin, prieur dans un monastère de Rome, fut envoyé par le pape Grégoire le Grand en Angleterre, pour évangéliser les Angles, à la fin du VIe siècle. Il réussit notamment à convertir Éthelbert, le roi du Kent, et devint le premier évêque de Canterbury.

La rubrique du 13 h

LA CAVE AUX FÉES DE BRUEIL-EN-VEXIN

Île-de-France

Dans les Yvelines, à Brueil-en-Vexin, se trouve une allée couverte nommée « cave aux Fées ». Ce dolmen, connu depuis 1768, est une fosse de quatorze mètres de long, de deux mètres de large et de deux mètres de profondeur, qui servait de sépulture collective deux mille ans avant notre ère. La légende qui lui donne son nom relate que cette chambre était l'habitat de fées qui terrorisaient quiconque passait aux alentours à la nuit tombée. En 1889, des fouilles révélèrent la présence de nombreux ossements et de divers objets. Bien qu'il fût classé monument historique en 1957, les travaux de rénovation ne débutèrent qu'en 1975.

Un gentilé

de Bourgogne

Outre son restaurant Lameloise comptant trois étoiles au guide Michelin, la cité de Chagny peut être fière de son église Saint-Martin et de son clocher roman, ainsi que d'une activité viticole très dynamique dans l'appellation rully. Mais trouverez-vous son gentilé ?

Chagnotins.

Il était une fois en 1707

Décès de Mme de Montespan à Bourbon-l'Archambault

Auvergne

« À la plus surprenante beauté au port de déesse, aux cheveux blonds, soyeux et frisés, au regard d'azur, à la bouche délicate, au nez aquilin, elle joignait l'esprit le plus vif, le plus fin », dit d'elle Mme de Sévigné. Pas étonnant que Louis XIV tombe sous son charme lorsqu'il la rencontre en 1666. Elle devient la favorite du Roi-Soleil et lui donne sept enfants. En 1680, elle est éclaboussée par l'affaire des Poisons : on la soupçonne d'avoir usé de philtres d'amour pour conserver le cœur du roi. La Montespan se retire de la cour en 1691 et décède en 1707 à Bourbon-l'Archambault.

La salade de fèves des marais

Poitou-Charentes

Ingrédients

Pour 4 personnes
1,5 kg de jeunes fèves des marais
150 g de chorizo
125 g de chabichou affiné
2 branches entières de céleri
6 tomates séchées
1 petite échalote
4 c. à s. d'huile d'olive
2 c. à s. de vinaigre de xérès
sel et poivre

Recette

- Écossez les fèves. Faites-les blanchir 5 min dans un grand volume d'eau bouillante salée. Égouttez-les et rafraîchissez-les aussitôt sous l'eau froide pour stopper la cuisson. Enlevez leur pellicule blanche en les pressant entre deux doigts.
- Pelez et émincez l'échalote. Préparez une vinaigrette avec l'huile d'olive, le vinaigre de xérès, du sel et du poivre.
- Dans un saladier, assaisonnez les fèves et l'échalote avec la vinaigrette et réservez au frais.
- Épluchez et lavez soigneusement le céleri. Ciselez finement les feuilles et taillez les branches en minces lamelles. Taillez les tomates séchées en lanières.
- Ôtez la peau du chorizo, puis coupez-le en petits cubes. Faites-le sauter dans une poêle chaude sans ajouter de matière grasse. Quand il est bien doré et croustillant, réservez-le sur du papier absorbant.
- À l'aide d'un économe ou d'une râpe, taillez des copeaux de chabichou affiné. Ajoutez les feuilles de céleri et les tomates séchées aux fèves assaisonnées. Mélangez bien.
- Répartissez sur des assiettes de service la préparation de fèves bien fraîche, quelques lamelles de branches de céleri, les cubes de chorizo grillé et les copeaux de chabichou. Servez aussitôt.

Origine légendaire

Le chabichou est un petit fromage conique dont le nom vient du mot chebli, qui signifie « chèvre » en arabe. Selon la légende, les Sarrasins, après s'être fait bouter hors de Poitiers par Charles Martel en 732, se seraient installés dans la colline de Montbernage, avec leurs troupeaux de chèvres, et auraient fabriqué les premiers caillés de chebli, peu à peu renommés « chabichous ».

lundi 30 mai

lever : 5 h 52
coucher : 21 h 44

St Ferdinand

Savoirs d'antan

Une des méthodes pour que les vêtements ne soient pas froissés lorsque vous voyagez consiste à les plier, puis à les rouler. Le secret réside essentiellement dans le fait de bien retirer les plis avant de rouler. Arrivé à destination, mieux vaut les pendre sur des cintres.

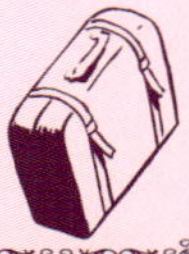

Bonne fête !

Ferdinand

Ferdinand III, roi de Castille et de León, était le cousin de Saint Louis. Grand souverain d'Espagne qui unifia et étendit ses terres, il doit sa canonisation à ses victoires contre les Maures et surtout à la prise de Séville, qui fut célébrée dans tout le monde chrétien.

La rubrique du 13 h

LES CABANES DU BREUIL

Aquitaine

En Dordogne, près du château de Puymartin, proche de Sarlat, se trouvent de curieuses cabanes en pierre, soudées entre elles, que les Périgourdins appellent « bories » et qui servaient d'habitations rurales. Ces petites constructions circulaires aux toits coniques, faites en pierre sèche et selon la technique de « l'empilement », tiennent sans ciment. S'il n'est pas rare d'en voir en Périgord, les cabanes du Breuil constituent un ensemble unique de cinq bories, certaines jumelées, regroupées autour d'un corps de ferme encore en activité. Le site propose aussi un espace culturel consacré à la construction de ces cabanes.

Un gentilé

de Guadeloupe

La plage de Babin, réputée pour ses bains de boue, ou encore le port de pêche de Vieux-Bourg font partie des promenades des Mornaliens, mais aussi des touristes. Toutefois, le cimetière, avec ses tombes carrelées de noir et de blanc, est sans doute le site le plus connu de...

Morne-à-l'Eau.

Il était une fois en 2014

Inauguration du musée Soulages à Rodez

Midi-Pyrénées

Pierre Soulages est l'un des rares artistes français à avoir connu de son vivant l'ouverture d'un musée consacré à son œuvre. Le peintre de l'« outrenoir » – une technique de réflexion de la lumière sur des états de surface de couleur noire – assiste en effet en mai 2014 à Rodez, où il est né, à l'inauguration du musée qui porte son nom, en présence du président François Hollande. Soulages avait fait don pour le musée, en 2005 et en 2012, de plus de cinq cents œuvres et travaux liés à sa création. Le bâtiment, constitué de parallélépipèdes en acier autopatinable et aux volumes monumentaux, accueille non seulement les salles d'exposition, mais aussi une brasserie tenue par le grand chef étoilé Michel Bras.

mardi 31 mai

lever : 5 h 52
coucher : 21 h 45

Visitation

INSOLITE

Midi-Pyrénées

Isolée, à l'écart du Mas-d'Azil, commune de l'Ariège à laquelle elle est rattachée, l'église de Raynaude impressionne par sa taille. Mais ce qui étonne plus encore, c'est son chemin de croix et ses quatorze chapelles agrippées à la colline le long d'un sentier tortueux.

Une charade en

Champagne-Ardenne

Mon 1er est le petit disque plat que se disputent les joueurs de hockey. Mon 2e prend un accent circonflexe lorsqu'il devient une dette. Mon 3e peut être fixe ou variable lorsqu'on emprunte. Mon tout est une ancienne résidence archiépiscopale, qui doit son nom à sa forme en T.

La rubrique du 13 h

LE DOLMEN DU « CUL-BLANC »

Bourgogne

Sur le mont de Sène, aussi connu sous le nom de « montagne des Trois Croix », se trouvent plusieurs vestiges attestant l'occupation du lieu dès le néolithique. Parmi eux, le dolmen du « cul-blanc », qui devrait son nom aux paysans du voisinage, qui avaient observé que les oiseaux venaient s'y poser. Le mégalithe est une sorte de chambre recouverte d'une dalle d'à peu près trois mètres de côté. Des fouilles, au XIXe siècle, ne purent rien révéler, si ce n'est que le site avait été visité et vidé. Certains affirment qu'il y a très longtemps cette pierre était une table utilisée pour les sacrifices d'êtres humains.

Bonne fête !

Pétronille

Selon les traditions, elle fut baptisée par saint Pierre ou aurait été la propre fille de l'apôtre. Pétronille est réputée guérir de la fièvre, car on dit que, pour protéger sa pudeur, saint Pierre lui en faisait avoir chaque fois qu'elle devait recevoir une visite. Elle est aussi la sainte patronne des rois de France.

Il était une fois en 2006

Lucien Clergue est élu membre de l'Académie des beaux-arts

Provence-Alpes-Côte d'Azur

Arlésien de souche, Lucien Clergue fait ses débuts dans la photo après avoir rencontré Pablo Picasso, dans les années 1950, lors d'une corrida. « Je lui dois tout », explique-t-il. Photographe du nu féminin et de la musique gitane, il fonde en 1968 les Rencontres internationales de la photographie et, en 1982, l'École nationale supérieure de la photographie à Arles. Il est élu membre de l'Académie des beaux-arts en 2006, une institution dont il prend la tête en 2013 – il est d'ailleurs le premier photographe à présider cet institut. Il décède à 80 ans en novembre 2014.

Palais du Tau (palet-dû-taux).

mercredi 1er juin

lever : 5 h 51
coucher : 21 h 46

St Justin

Au fil de l'eau

Bretagne

Le Blavet est un fleuve côtier du sud de la Bretagne qui se jette dans la rade de Lorient. Largement canalisé et aménagé, il est jalonné de nombreuses écluses, et on y a bâti deux barrages, dont celui de Guerlédan, qui donne naissance au plus grand lac artificiel de la région.

Bonne fête !

Justin

Outre le fait qu'ils furent contemporains, saint Justin et Marc Aurèle avaient un point commun : ils étaient philosophes. Mais, alors que Marc Aurèle fut convaincu par le stoïcisme, Justin fut déçu par celui-ci, de même que par Aristote. D'abord conquis par les platoniciens, il eut une révélation en discutant avec un chrétien. Malheureusement, l'empereur philosophe ne se distingua pas pour sa tolérance envers les chrétiens, et Justin fut décapité, comme nombre de ses compagnons de foi, en 165.

La rubrique du 13 h

LA GROTTE DU PÈRE DE MONTFORT À MERVENT

Centre

Louis Marie Grignion de Montfort, né en 1673 et ordonné prêtre en 1700, eut une vie bien remplie. En 1706, le pape Clément XI lui confère le titre de « missionnaire apostolique » et l'envoie prêcher l'Évangile dans tout l'ouest de la France. Il se retire en 1715 par trois fois, en ermite, dans une petite grotte de la forêt de Mervent, avant d'en être chassé pour avoir coupé des arbres de la forêt royale. Il reprend ses missions, puis meurt en 1716. Depuis, cette grotte est devenue un lieu de pèlerinage très populaire, ce qui entraîna la construction d'une chapelle et d'un calvaire, ainsi que l'aménagement de la forêt, un lieu de promenade idéal.

Savoirs d'antan

Vous avez remarqué de petites fleurs jaunes, à quatre pétales, poussant sur de vieux murs ou sur le bord des haies. C'est probablement de la chélidoine. Nos grands-mères l'utilisaient pour guérir les verrues, en appliquant tout simplement le suc de la tige cassée en deux.

Il était une fois en 2013

Castres Olympique est champion de France de rugby

Midi-Pyrénées

C'est le quatrième bouclier de Brennus de leur histoire que soulèvent les Castrais en ce 1er juin 2013. Vingt ans qu'ils attendaient un nouveau sacre, après une victoire controversée contre Grenoble en 1993 ! Et c'est au terme d'un match disputé contre le RC Toulon que le Castres Olympique s'impose en finale du Top 14, au Stade de France, sur un score de 19-14, grâce notamment à un essai du Sud-Africain Rory Kockott et à deux drops de l'ouvreur Rémi Talès. Les joueurs seront accueillis dès le lendemain au stade Pierre-Antoine de Castres par plus de quinze mille supporteurs déchaînés.

Savoirs d'antan

Une astuce pour que vos mains soient douces? Écrasez une pomme de terre bien cuite avec de l'huile d'olive, jusqu'à ce que vous obteniez une pâte. Frottez longuement vos mains avec ce mélange, puis rincez à l'eau froide. Le résultat sera immédiat!

Un gentilé de Franche-Comté

Principalement réputée pour ses thermes, la ville de Luxeuil-les-Bains, en Haute-Saône, vous propose aussi d'apprécier la finesse de sa dentelle ou de déguster son délicieux jambon fumé, la spécialité locale, qui fait le régal de ses habitants, les...

Luxoviens.

La rubrique du 13 h

LE MÉMORIAL DE LA SHOAH DE PARIS

Île-de-France

À Paris, au cœur du Marais, a été inauguré en janvier 2005 le Mémorial de la Shoah, consacré à l'histoire juive pendant la Seconde Guerre mondiale et, plus particulièrement, à l'enseignement de la Shoah. Ce musée, qui est aussi le plus important centre de recherche sur le sujet en Europe, offre aux visiteurs des témoignages poignants de ce que fut l'horreur des camps, à travers le mur des Noms, qui recense et classe les noms de ceux qui furent déportés et qui ne sont jamais revenus, l'allée des Justes et la gigantesque étoile de David, symbole des six millions de Juifs morts dans les camps.

Bonne fête!

Blandine

L'histoire de la patronne de Lyon, dont elle est originaire, est bien connue : alors qu'elle avait été jetée dans la fosse aux fauves de l'amphithéâtre des Trois-Gaules, les bêtes, apparemment émues par la sainte, refusèrent de la toucher. Il n'est donc pas étonnant que l'histoire de sainte Blandine ait traversé les siècles. Ce qui l'est plus, en revanche, c'est qu'il ne s'agisse pas d'une légende : un texte authentique, écrit par un témoin oculaire de son martyre, en est la source!

Il était une fois en 1934

Inauguration du zoo de Vincennes

Île-de-France

Face au succès rencontré par le zoo temporaire créé au bois de Vincennes en 1931, à l'occasion de l'Exposition coloniale, la Ville de Paris et le Muséum national d'histoire naturelle s'accordent pour doter la capitale d'un zoo pouvant accueillir de grands mammifères, tels que les éléphants, éléphants de mer, girafes, rhinocéros... Il est inauguré en juin 1934 par le président Albert Lebrun en personne. Conçu par le géologue Paul Lemoine et construit par l'architecte Charles Letrosne, le zoo est dominé par un rocher artificiel de soixante-cinq mètres de haut. Les animaux y sont présentés sur des plateaux ou dans des fosses – non dans des cages comme on a l'habitude de le voir à l'époque.

lever : 5 h 50
coucher : 21 h 47

St Kevin

Bonne fête !
Kevin

Moins connu en France que saint Patrick, saint Kevin, patron de la ville de Dublin, est très populaire en Irlande. À tel point que l'on disait que celui qui venait en pèlerinage à Glendalough – la « vallée des deux lacs » –, dans son monastère, obtenait autant d'indulgences que s'il se rendait dans les sept basiliques de Rome. Un voyage charmant, car la région est fort belle, et sacrément bien rentabilisée !

La rubrique du 13 h

LE PHARE DE LA COUBRE

Poitou-Charentes

Sur l'estuaire de la Gironde, en raison du caractère dangereux des courants marins et du nombre important de bateaux qui y faisaient naufrage, la pointe de la Coubre connut dès 1699 l'édification de nombreux phares en bois. Ces constructions furent délaissées en 1895 au profit d'un phare en pierre, qui s'écroula en 1907. Dès 1904, la construction d'un nouveau phare avait été décidée. En 2005, un écomusée sur l'histoire des phares de l'estuaire est inauguré à son pied ; vous pourrez vous y délasser, après avoir monté les trois cents marches qui vous offriront une vue exceptionnelle sur l'estuaire et sur la forêt de la Coubre.

INSOLITE

Bourgogne

Aménagé en labyrinthe, le « jardin habité » de la Fabuloserie, à Dicy, dans l'Yonne, est plus qu'un jardin. Ce musée à ciel ouvert, dédié à l'art brut, rassemble des dizaines d'œuvres, autour d'une pièce maîtresse réalisée entièrement avec des matériaux de récupération.

Au fil de l'eau

Haute-Normandie

Prenant sa source dans l'Oise, la Bresle traverse la Picardie, avant de rejoindre la Seine-Maritime. Elle a fortement marqué l'histoire de sa vallée, puisqu'elle a été un haut lieu de l'industrie du verre dès le Moyen Âge. On peut visiter des musées consacrés à cette activité dans plusieurs communes qu'elle traverse.

Il était une fois en 1989

Le bateau-feu Sandettié rentre au port

Nord-Pas-de-Calais

Le 3 juin 1989, un concert de sirènes salue le retour définitif dans la rade de Dunkerque du dernier bateau-feu français en exercice. Mis à poste en 1949, le bateau-feu n° 6 est baptisé *Sandettié* en 1978, du nom du banc de sable, situé à vingt-quatre kilomètres environ au large de Calais, auquel il a été affecté. L'équipage de ce navire de quarante-sept mètres se compose de huit hommes chargés de faire des relevés météorologiques et de maintenir son phare constamment allumé. Mais les progrès technologiques ont raison du navire, qui, après quarante années de bons et loyaux services, est désarmé, restauré et fait désormais partie de la flotte du Musée portuaire de Dunkerque.

Les conchiglie farcies au brocciu

Corse

Ingrédients

Pour 6 personnes
600 g de conchiglie (grosses pâtes en forme de coquillage)
500 g de brocciu
1 botte de blettes
3 gousses d'ail
1 boîte de coulis de tomates
50 g + 15 g de parmesan râpé
½ bouquet de basilic
huile d'olive
sel et poivre

Recette

- Épluchez les blettes et lavez-les méticuleusement sous l'eau froide. Séparez les feuilles des côtes, puis enlevez les fils des côtes. Mettez à cuire les côtes à l'eau bouillante salée pendant 10 min, puis ajoutez les feuilles et poursuivez la cuisson environ 7 min. À l'aide d'une écumoire, sortez les blettes de la casserole, sans jeter l'eau de cuisson. Réservez-les dans une passoire et laissez-les s'égoutter.
- Portez à ébullition l'eau de cuisson des blettes et faites-y cuire *al dente* les conchiglie. Égouttez-les et réservez-les dans un bol avec un filet d'huile d'olive. Pelez et pressez les gousses d'ail. Hachez finement les feuilles et les côtes de blettes.
- Dans une sauteuse, faites revenir les blettes avec l'ail, dans de l'huile d'olive. Assaisonnez et laissez cuire à feu moyen, jusqu'à ce que les blettes ne rendent plus d'eau.
- Dans un saladier, écrasez le brocciu. Ajoutez les blettes et mélangez intimement. Incorporez ensuite le basilic ciselé et le parmesan. Rectifiez l'assaisonnement.
- Étalez le coulis de tomates dans un grand plat à gratin. Remplissez les pâtes une à une avec la préparation au brocciu et déposez-les dans le plat, sur le coulis.
- Saupoudrez légèrement le tout de parmesan râpé, puis faites gratiner au four préchauffé à 180 °C pendant environ 20 min. Servez aussitôt.

L'ogre et le fromage

Selon la légende, les secrets de fabrication du brocciu, fromage fait à partir du petit-lait de brebis, étaient gardés il y a très longtemps par un ogre tyrannique. Un jour, avec un peu de ruse et beaucoup de courage, les bergers réussirent à le capturer. L'ogre leur proposa alors de leur livrer sa recette si spéciale en échange de sa vie. Les bergers firent mine d'accepter et, une fois la recette révélée, mirent fin au règne de l'ogre.

lundi 6 juin

lever : 5 h 48
coucher : 21 h 50

St Norbert

Bonne fête !

Norbert

Alors qu'il vient de perdre sa mie en couches, Norbert de Xanten, désolé, désespéré, est frappé par la foudre. Quelle guigne, direz-vous ! Pas vraiment : c'est à demi-mort que Norbert entrevoit le paradis, et c'est grâce à cet accident que ses chers proches disparus lui recommandent d'aller répandre la parole du Christ à travers le monde. Ce qu'il fit, vaillamment, jusqu'à sa mort en 1134, ne dérogeant pas à sa devise : « Écrire avec parcimonie, mais accomplir sans réserve. »

La rubrique du 13 h

LE FORT DU PORTALET

Midi-Pyrénées

En 1842, le roi Louis-Philippe décide la construction d'un fort dans les Pyrénées pour prévenir toute incursion espagnole. Son édification à sept cent soixante-cinq mètres de hauteur dure jusqu'en 1870. Il est occupé par un régiment de Pau jusqu'en 1925, avant d'être loué à une colonie de vacances. Sa reconversion en lieu de détention de personnages politiques pendant le régime de Vichy et à la Libération fait sa renommée : Daladier, Mandel, Blum y furent emprisonnés, puis, à la Libération, le maréchal Pétain. En rénovation depuis 2005, il est classé monument historique et visitable sur réservation.

INSOLITE

Haute-Normandie

Le panorama XXL, situé sur les quais de la Seine à Rouen, est un lieu des plus étonnants et unique en France : il s'agit d'une rotonde de trente-cinq mètres de haut sur trente-quatre mètres de diamètre, dans laquelle on peut voir des fresques géantes en trois cent soixante degrés, depuis des plateformes placées à diverses hauteurs.

Une charade en

Centre

Mon 1er qualifie un homme abject et méprisable. Mon 2e est le quarantième département français. Mon 3e est la céréale dont la Camargue s'est fait la spécialiste. Mon tout est un château célèbre pour ses splendides jardins à la française.

Il était une fois en 1329

L'hommage du roi d'Angleterre Édouard III à Amiens

Picardie

En tant que duc de Guyenne – possession de l'Angleterre depuis 1188 –, le souverain Édouard III a le statut de vassal de Philippe VI de Valois. Lorsque ce dernier accède au pouvoir en 1328, il rappelle à Édouard III que celui-ci doit lui prêter hommage. La cérémonie tarde, car Édouard III tergiverse. En tant que petit-fils de Philippe IV le Bel, il estime pouvoir revendiquer la couronne de France et remet en cause la légitimité de Philippe VI. Il accepte finalement, et l'hommage a lieu le 6 juin 1329, dans la cathédrale d'Amiens. Toutefois, Édouard III ne prête pas l'hommage lige demandé par Philippe VI, mais un hommage simple. Ces rivalités sont une des causes de la guerre de Cent Ans, qui commence en 1337.

Villandry (vil-Landes-riz).

mardi 7 juin

lever : 5 h 48
coucher : 21 h 51

St Gilbert

Une charade en Picardie

Mon 1er, qui a un air de famille avec la perdrix, produit des œufs, dont on se délecte à l'apéritif. C'est grâce à mon 2e que l'homme peut percevoir les formes et les couleurs. Lorsqu'un fruit est mon 3e, c'est qu'il a un goût aigre, acide. Selon le mythe, Jocaste était mon 4e pour Œdipe. Mon tout est connu pour sa plage de galets bordée par ce qui est considéré comme le plus long chemin de planches d'Europe.

Un gentilé du Limousin

De superbes monuments s'offrent à vous dans la cité de Bessines-sur-Gartempe, en Haute-Vienne, tels que l'église Saint-Léger ou le pont des Bonshommes, tous deux du XIIIe siècle. On y compte un peu moins de trois mille habitants, appelés…

Bessinauds.

La rubrique du 13 h

LE TEMPLE GALLO-ROMAIN D'IZERNORE

Rhône-Alpes

Dans l'Ain, sur la commune d'Izernore, on peut encore admirer les vestiges d'un temple qui faisait partie d'une grande agglomération gallo-romaine. Ces ruines sont attestées dès le VIe siècle. En 1784 se déroule une première série de fouilles : elles révélent un second temple, construit sur le site d'un premier lieu de culte plus ancien. Les vestiges d'aqueducs, d'égouts et de la chambre de captage des eaux d'une nappe phréatique indiquent que le temple était le centre d'un ensemble plus vaste. Seules la *cella* – partie close des temples romains – et trois colonnes de ce temple restent visibles.

Bonne fête !

Gilbert de Neuffonts

Le premier miracle que connut saint Gilbert fut sans doute de rentrer vivant de la deuxième croisade, échec notoire et massacre indéniable. Reconnaissant, Gilbert décida à son retour de se consacrer à Dieu. Il fonda ainsi un monastère pour lui et un pour son épouse, qui devint première abbesse. Mais c'est dans l'hôpital qu'il fit bâtir qu'il accomplit de nombreux miracles, et l'on vint de loin, jusqu'à sa mort, pour s'y faire soigner, tant spirituellement que physiquement.

Il était une fois en 1788

La journée des Tuiles à Grenoble

Rhône-Alpes

À un an de la Révolution, le prix du pain explose, et les provinces grondent. Louis XVI a décidé de réformer les parlements locaux, une mesure impopulaire, notamment dans le Dauphiné, région où une bourgeoisie industrielle s'est développée. Le 7 juin 1788, la rumeur se répand : les parlementaires grenoblois vont être sommés de s'exiler. Le tocsin sonne, c'est l'émeute. Les soldats chargés de disperser la foule sont victimes d'une pluie de tuiles : les insurgés sont montés sur les toits pour montrer leur refus de l'absolutisme. Dans la soirée, ce sont jusqu'à dix mille Grenoblois qui scandent dans les rues de la ville : « Vive le Parlement ! »

Cayeux-sur-Mer (caille-yeux-sur-mère).

mercredi 8 juin

lever : 5 h 47
coucher : 21 h 52

St Médard

Bonne fête !

Médard

S'il pleut à la Saint-Médard, il pleut quarante jours plus tard ! Qu'on le veuille ou non, nous dit le dicton. Pourtant, c'est bien le saint thaumaturge, évêque de Noyon, qu'il faut invoquer concernant le temps, qu'il s'agisse de faire la pluie... ou le beau temps ! Ancré dans nos mémoires grâce à la sagesse populaire, l'évangélisateur de la Flandres est également resté célèbre pour sa bienveillance et sa compassion infinie pour les plus démunis.

La rubrique du 13 h

LE FUNICULAIRE DU TRÉPORT

Haute-Normandie

Le funiculaire de la ville du Tréport, qui relie les quartiers de la ville basse au haut de la falaise, était en projet depuis 1881. Inauguré le 1er juillet 1908, il permet de se rendre sur une terrasse d'où le panorama est exceptionnel. Dès 1925, un hôtel de luxe, le Trianon, ouvre ses portes et renforce encore l'attrait du lieu. L'ascension coûte alors quarante centimes et se fait en deux minutes et demie. En service jusqu'en 1941, il est ensuite occupé par une batterie longue portée de l'artillerie allemande et n'est pas remis en service à la Libération. Ce n'est qu'en 2006 qu'il est réexploité. Il ne cesse depuis d'attirer les touristes.

Savoirs d'antan

Une façon originale de préparer le riz consiste à ajouter des herbes aromatiques ou des épices dans l'eau de cuisson. En accompagnement de poisson ou de viande blanche, ajoutez du thym. Si vous choisissez de cuisiner de la volaille, préférez le curry.

Au fil de l'eau

Pays de la Loire

Fleuve côtier du département de la Vendée, le Lay est la réunion de deux branches : le Grand Lay et le Petit Lay, qui se réunissent à Chantonnay. Le fleuve traverse le Marais poitevin – son débit est alors fortement réduit –, où il est canalisé ; il finit sa course dans la baie de l'Aiguillon.

Il était une fois en 1946

Réouverture du musée Condé de Chantilly

Picardie

Lors de la débâcle de 1940, le musée Condé, dans le château de Chantilly, ferme ses portes. Les collections, d'abord déplacées dans les sous-sols du bâtiment, sont ensuite évacuées à toute vitesse dans des camions, en même temps que les collections des musées parisiens. Elles arrivent au château de Lancosme, à Vendœuvres, dans l'Indre, où elles restent pendant toute la durée de la guerre. Fin 1945, les quelques œuvres restées à Chantilly sont sorties des sous-sols et, début 1946, les collections évacuées reviennent au musée, qui rouvre ses portes le 8 juin 1946. Vous pouvez y admirer les peintures de Raphaël, Poussin, Watteau ou encore Ingres.

jeudi 9 juin

lever : 5 h 47
coucher : 21 h 52

Bse Diane

INSOLITE
Franche-Comté

Si, contrairement à ce qu'affirme la légende, le puits de la Brême, un affluent de la Loue, n'est probablement pas une des entrées des enfers, cette plongée dans le Trou Noir, comme on l'appelle parfois, a de quoi troubler. Profond de trente-cinq mètres, le puits se remplit en période de crue.

Une charade en
Poitou-Charentes

Le diapason sonne mon 1er. L'huile de mon 2e fait tache depuis quelques années. Mon 3e est une ancienne colère, très populaire chez les cruciverbistes. Mon tout attire pour sa plage, ses clubs de vacances et... ses grands singes !

La rubrique du 13 h

L'ÉCLUSE DE RÉCHICOURT
Lorraine

Sur le canal reliant la Marne au Rhin, sur la commune de Réchicourt-le-Château, se trouve une écluse impressionnante par ses proportions : mesurant plus de quinze mètres de hauteur, elle a été mise en service en 1964, pour remplacer six écluses traditionnelles et assurer le passage de bateaux en trente minutes au lieu de six heures auparavant. Elle est accessible aux péniches mesurant jusqu'à trente-huit mètres. L'écluse, qui permet un accès fluvial à l'étang de Réchicourt-le-Château, lieu de pêche et de promenade, offre aussi un magnifique point de vue sur les cinq bassins de cet étang et sur le canal.

Bonne fête !
Diane

Devenue bienheureuse, puisqu'elle fut béatifiée à la fin du XIXe siècle, Diane ne le fut pourtant pas toujours au cours de sa vie. Sa famille, en effet, noble et mondaine, vit d'un très mauvais œil sa décision d'entrer au couvent. Elle tenta même de l'en y arracher de force, et l'on dit que Diane eut une côte brisée lors du rapt !

Il était une fois en 2006
Ouverture de « Cézanne en Provence » à Aix-en-Provence
Provence-Alpes-Côte d'Azur

À l'occasion du centenaire de la mort du peintre Paul Cézanne, le musée Granet, à Aix-en-Provence, ville natale de l'artiste, organise une exposition en son honneur. Intitulée « Cézanne en Provence », cette rétrospective marque la réouverture du musée Granet, qui, grâce à sa rénovation, devient un des grands musées de la région. Il expose notamment les tableaux de la montagne Sainte-Victoire, qu'il ne peignit pas moins de quatre-vingts fois ! Cette exposition a attiré quatre cent cinquante mille visiteurs. Une belle revanche pour Cézanne : de son vivant, ses œuvres avaient toujours été refusées par le musée !

La Palmyre (*la-palme-ire*).

vendredi 10 juin

lever : 5 h 47
coucher : 21 h 53

St Landry

Savoirs d'antan

Votre paire de chaussures sent la transpiration ? Saupoudrez généreusement l'intérieur de bicarbonate de soude. Laissez agir toute la nuit. Avant de les enfiler, ôtez toute la poudre en secouant. Outre l'élimination de l'odeur, le bicarbonate aura assaini vos semelles.

Bonne fête !

Landry

Ayant vendu, selon la légende, tous ses biens pour aider les plus démunis lors d'une terrible famine, saint Landry, évêque de Paris, est à l'origine de la fondation de l'Hôtel-Dieu. Créé vers 650, il est le plus ancien hôpital de la capitale. L'Église est alors toute-puissante, et la charité une excellente façon de se racheter de ses péchés, à une époque où la pauvreté fait rage à Paris...

La rubrique du 13 h

LA GROTTE DE SABINUS

Champagne-Ardenne

Sur le plateau de Langres se trouve une grotte facile d'accès, qui, selon la tradition, aurait servi neuf ans de refuge à un certain Sabinus. Entre 68 et 70, des révoltes de peuples germains et gaulois éclatèrent. Parmi leurs chefs, Julius Sabinus, de la peuplade des Lingons, dont la capitale était Langres, fut défait par les troupes romaines après plusieurs victoires militaires et politiques. Tacite et Plutarque racontent qu'après s'être fait passer pour mort et caché dans une grotte que la tradition situe là, l'empereur Vespasien le fit exécuter en 79 à Rome, ainsi que son épouse Éponine, qui l'implora pour partager son supplice.

Au fil de l'eau

Midi-Pyrénées

L'Aveyron prend sa source à Sévérac-le-Château, dans le parc naturel régional des Grands Causses. Affluent du Tarn, il le rejoint vers Montauban, après deux cent quatre-vingt-onze kilomètres d'un parcours tantôt tumultueux, parfois fait de gorges, tantôt apaisé, comme autour de Rodez.

Il était une fois en 1977

Naissance de Benjamin Millepied à Bordeaux

Aquitaine

Benjamin Millepied voit le jour le 10 juin 1977 à Bordeaux. Dernier-né d'une fratrie de trois garçons, ce danseur, chorégraphe et directeur de ballet est le fils d'une professeure de danse contemporaine – avec qui il a appris son art très tôt – et d'un entraîneur sportif. Il reçoit en 1994 le prix de Lausanne, concours international pour les jeunes danseurs, puis est nommé danseur étoile en 2001 au New York City Ballet, où il a longtemps travaillé. C'est en 2009, sur le tournage du film *Black Swan* de Darren Aronofsky, où il officie comme chorégraphe, que Benjamin Millepied rencontre l'actrice Natalie Portman, avec qui il se marie et a un enfant quelques années plus tard. En 2013, il est nommé directeur du ballet de l'Opéra de Paris.

L'axoa de veau

Aquitaine

Ingrédients

Pour 4 personnes
800 g d'épaule de veau désossée
8 piments verts doux
1 gros poivron rouge
2 oignons rouges
2 gousses d'ail
2 feuilles de laurier
2 branches de persil plat
thym
piment d'Espelette
1 petit verre de vin blanc sec
25 cl de fond brun de veau
huile d'olive
sel

Recette

- Épluchez et émincez finement les oignons. Pelez et hachez l'ail. Lavez le poivron et les piments verts. Ôtez-en les pépins et les parties blanches, puis taillez-les en petits dés. Coupez l'épaule de veau en petits cubes de 1 cm sur 1 cm.
- Dans une sauteuse, faites revenir la viande dans de l'huile d'olive. Réservez quand elle est colorée.
- Dans la même sauteuse, faites suer les oignons, puis ajoutez le poivron, les piments, l'ail, le laurier, le thym et le persil. Quand le poivron est tendre, remettez la viande dans la sauteuse, puis salez.
- Faites légèrement caraméliser, puis déglacez avec un petit verre de vin blanc. Quand le vin s'est évaporé, ajoutez le fond de veau. Couvrez et laissez mijoter à feu doux pendant 1 h, en remuant de temps en temps. Ajoutez du piment d'Espelette à votre convenance, rectifiez l'assaisonnement, puis poursuivez la cuisson ½ h.
- Servez accompagné de pommes de terre sautées à la graisse de canard ou de riz.

Une recette basque

En basque, le terme axoa signifie « hachée ». Recette rustique servie les jours de foire dans la région du Labourd, elle était originellement à base de bœuf. C'est à Espelette, lors d'un gros marché aux veaux, que le bœuf aurait été remplacé pour la première fois par le veau. Plat festif par excellence, il existe aujourd'hui autant de recettes que de familles basques !

lundi 13 juin

lever : 5 h 46
coucher : 21 h 55

St Antoine

Bonne fête !

Antoine de Padoue

Ennemi des albigeois et grand prédicateur, Antoine de Padoue, né Fernando à Lisbonne en 1195, fut surnommé le « marteau des hérétiques ». Il prêcha si bien que, à sa mort, on lui coupa la langue pour la conserver comme relique à Padoue, où elle se trouve aujourd'hui encore ! Patron des naufragés et des orphelins, c'est également lui que l'on invoque lorsqu'on a perdu un objet ou pas encore trouvé… de mari. À bon entendeur !

La rubrique du 13 h

LE CROMLECH DU PUY DE PAULIAC

Limousin

En Limousin, non loin de Brive dans le département de la Corrèze, se trouve un site mégalithique : un cromlech datant du néolithique. On découvrit au sommet du puy de Pauliac des silex taillés oubliés par des chasseurs de l'azilien, dix mille ans avant notre ère. C'est sur son flanc nord-est que se situe un cromlech de quarante mètres de diamètre, constitué de cinquante-neuf menhirs. En son centre se trouve un menhir couché et brisé en deux. Rien n'a permis de définir précisément l'origine ou la fonction de ce lieu.

Un gentilé

de Rhône-Alpes

Bron est une cité de l'agglomération lyonnaise qui a vu grandir Mimie Mathy et Karim Benzema. Vous pourrez y visiter l'église Saint-Denis, sa maison forte ou encore son fameux fort du XIXe siècle. Mais saurez-vous deviner le nom de ses habitants ?

Brondillants.

Au fil de l'eau

Aquitaine

La Nivelle, ce petit fleuve du sud de la façade atlantique française, n'est qu'un torrent lorsqu'il naît dans les montagnes espagnoles. Il rejoint le golfe de Gascogne à Saint-Jean-de-Luz, après un cours de quarante-cinq kilomètres. Les dimensions modestes de la Nivelle ne l'empêchent pas d'être fréquentée par de grands saumons.

Il était une fois en 1906

Création de la société minière Gewerkschaft Amélie

Alsace

La création de la société minière Gewerkschaft Amélie résulte d'une longue bataille menée par celle qui lui a donné la moitié de son nom : Amélie Zurcher. Alors que la ferme qu'elle gère avec son frère est sujette à la sécheresse, Amélie Zurcher cherche une manière d'éviter la ruine. Son idée ? Ses terres regorgeraient de richesses inexploitées. Il faudra attendre une dizaine d'années avant qu'elle ne réussisse à convaincre des investisseurs. Alors qu'ils espéraient trouver de la houille, le jugement tombe : des couches de potasse traversent la propriété d'Amélie ! Elle crée alors la Gewerkschaft Amélie.

mardi 14 juin

lever : 5 h 46
coucher : 21 h 55

St Élisée

INSOLITE
Auvergne

En 1955, le village de Noyant-d'Allier a accueilli de nombreux rapatriés d'Indochine, dans les anciens corons miniers. La communauté est devenue telle qu'une pagode bouddhique a été construite en 1983 ; les liens avec l'Asie sont encore aujourd'hui très forts.

Un gentilé
de Champagne-Ardenne

Trécon, dans la Marne, fait partie de l'Association des communes de France aux noms burlesques et chantants ! Outre cela, la cité renferme la belle église Saint-Martin et un calvaire du XIVe siècle. Mais comment se nomment les habitants de cette ville ?

Tréconniers.

La rubrique du 13 h

LE MAUSOLÉE DE DU GUESCLIN
Languedoc-Roussillon

Si Bertrand Du Guesclin, né en 1320, était brutal, on disait aussi qu'il était l'homme le plus laid de Bretagne. Cependant, sa dextérité dans le maniement des armes et sa bravoure en font un des personnages les plus illustres du XIVe siècle. Notamment connétable de France et roi de Grenade, il mourut en 1380, lors du siège de Châteauneuf-de-Randon. Selon ses vœux, son corps fut rapatrié en Bretagne, avant que le roi de France n'ordonnât l'inhumation du squelette dans la basilique Saint-Denis. À l'endroit où se trouvait sa tente lors du siège de Châteauneuf-le-Randon a été érigé un impressionnant cénotaphe en granit.

Bonne fête !
Élisée

L'Ecclésiastique, livre de la Bible, résume en ces termes la vie du prophète : « Élisée a été rempli de son esprit. Pendant sa vie, il ne redouta aucun prince, et nul ne triompha de lui par sa puissance. Aucune parole ne le domina jamais, et même après sa mort son corps prophétisa. Pendant sa vie il fit des prodiges, et après sa mort il opéra des merveilles. » Est-il besoin d'en dire davantage, si ce n'est, peut-être, heureux qui porte aujourd'hui ce prénom ?

Il était une fois en 2014
Pas son genre triomphe au Festival du film romantique de Cabourg
Basse-Normandie

Réalisé par Lucas Belvaux, le film *Pas son genre* a obtenu le Swann d'or du meilleur film, de la meilleure actrice et du meilleur acteur au festival de Cabourg. Émilie Dequenne y incarne Jennifer, une coiffeuse fan de l'actrice Jennifer Aniston, et Loïc Corbery joue le rôle de Clément, un professeur de philosophie parisien muté à Arras. L'une est une mère célibataire respirant la joie de vivre, l'autre est enfermé dans ses théories philosophiques. Les mondes radicalement opposés de ces deux personnages se confrontent dans ce film, qui pose des questions sur la distinction des classes.

mercredi 15 juin

lever : 5 h 46
coucher : 21 h 56

Ste Germaine

Bonne fête !
Germaine

Il est à parier que l'histoire de cette sainte vous rappellera celle d'une autre. Battue et humiliée par sa marâtre, vivant dans une remise en ruine et travaillant qu'il vente ou qu'il neige dans les champs... Il ne s'agit pas de Cendrillon, mais de Germaine, dont tout le monde se moquait alors. Point de prince à Pibrac, mais quelques miracles : les rires cessèrent rapidement quand la sainte traversa une rivière en crue sans se mouiller, les eaux s'étant ouvertes !

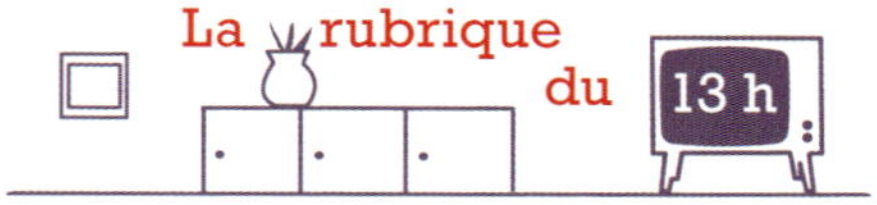

LE TYPHONIUM DE WISSANT
Nord-Pas-de-Calais

Sur un promontoire dominant la baie de Wissant se trouve une bâtisse de style néo-égyptien : le Typhonium. C'est un couple de peintres, Adrien Demont et Virginie Breton, qui, grâce à son succès lors de l'Exposition universelle de 1889, acheta ces quatre mille mètres carrés de lande et y fit construire par l'architecte Edmond De Vigne la villa de leurs rêves et une porte immense, reproduction au tiers de celle de Dendérah en Égypte. Un bas-relief extérieur représente la famille des artistes en costume égyptien, et le toit de la villa offre une vue imprenable sur cette baie, la Mecque de la planche à voile.

Savoirs d'antan

Le saviez-vous ? Les bouteilles de vin doivent être conservées couchées, de manière à ce que le bouchon de liège soit en permanence en contact avec le liquide. Dans le cas contraire, il sèche, perd son étanchéité et ne protège plus le vin de l'oxygène de l'air.

Une charade en Ile-de-France

Agate, boulard ou encore calot... Mon 1er possède différents noms selon sa taille et sa décoration. Lorsqu'il est une préposition, mon 2e introduit l'année. Mon 3e peut être en gazon, en terre battue ou encore en quick. Mon tout est un ancien domaine de la paroisse d'Auteuil qui fut rattaché à la commune de Boulogne en 1859.

Il était une fois en 923

Mort du roi Robert Ier à la bataille de Soissons
Picardie

Frère du roi Eudes, qui régna de 888 à 898, Robert prend la tête du parti qui s'oppose à Charles III dit « le Simple », successeur de son frère. Robert profite du mécontentement des seigneurs, et la révolte tourne à la guerre civile : Charles III est obligé d'abdiquer et de se réfugier avec sa famille en Lotharingie. Robert se fait élire roi le 29 juin 922 à Soissons, par une assemblée improvisée des révoltés. Il est couronné à Reims par Gautier, archevêque de Sens. Mais Charles le Simple trouve appui à l'est, lève une armée, marche vers l'ouest et, selon certains chroniqueurs de l'époque, tue de sa main Robert, le 15 juin 923, mettant fin à un règne qui n'aura même pas duré une année entière.

Billancourt (bille-en-court).

jeudi 16 juin

lever : 5 h 46
coucher : 21 h 56

St Jean-François Régis

C'est un festival !

Guadeloupe

Festijé, un festival de jeux et jouets caribéens ? *Ka sa yé* ? Entre conférences, activités inédites, prestations artistiques et tournois, une belle occasion de découvrir le *grendé*, le *pichinn* et *soté kòd*, des animations où toutes les générations de l'Île aux belles eaux se retrouvent avec *bonè* au cours de la deuxième quinzaine de juin 2016. Alors, *annou ay* !

Au fil de l'eau

Corse

Le Taravo prend sa source au col de Verde, à mille huit cent quatre-vingt-quinze mètres d'altitude. Dans la première partie de son cours, il a creusé des gorges qui le classent parmi les premiers fleuves d'Europe pour la pratique du canoë-kayak. Le Taravo rejoint la Méditerranée dans le golfe de Valinco.

La rubrique du 13 h

LA DÉBREDINOIRE DE SAINT-MENOUX

Auvergne

La débredinoire de Saint-Menoux, dans l'Allier, est un objet unique dans le monde. Décrit tour à tour comme un reliquaire, un tombeau, un cercueil de pierre…, c'est un sarcophage en forme de trapèze, long de deux mètres et large de soixante-six centimètres à la tête et de trente-cinq centimètres au pied. Il est percé, sur le côté, d'une ouverture assez large pour laisser passer la tête d'un homme, et quiconque passe sa tête par ce trou retrouve ses esprits, s'il en manque, ou est guéri de ses maux de tête. Le mot « débredinoire » vient du terme *bredin*, en bourbonnais, qui signifie « simple d'esprit ».

Bonne fête !

Jean-François Régis

Alors qu'il rêve d'aller évangéliser la Nouvelle-France, en Amérique du Nord, Jean-François Régis se voit assigner la mission de prêcher sur les routes des Cévennes, du Vivarais et du Velay. Lorsqu'il meurt en 1640 à Lalouvesc, les villageois refusent de rendre son corps aux autorités ecclésiastiques, et la bourgade est encore aujourd'hui un lieu de pèlerinage en son honneur.

Il était une fois en 1944

George VI rend visite aux troupes dans le Calvados

Basse-Normandie

Quelques jours après le débarquement, c'est le roi d'Angleterre en personne qui conclut le défilé des chefs d'État des forces alliées sur les plages de Basse-Normandie. Après Churchill le 12 juin et de Gaulle le 14, George VI, accompagné des amiraux sir Bertram Ramsay et sir Andrew Cunningham, arrive à Juno Beach le 16, près de Saint-Aubin-sur-Mer. Pendant les quatre années de guerre, le couple royal britannique a multiplié les visites de sites bombardés ou d'usines de munitions pour soutenir le moral de la population. À quelques mois de la fin de la guerre, c'est directement sur le front normand que le roi vient visiter les troupes.

vendredi 17 juin

lever : 5 h 46
coucher : 21 h 56

St Hervé

Bonne fête !

Hervé

Houarneau, Hoarvian, Hoarnec, Huaruoé, Houarniaule, Houarniault, Hyvarnion... Tous ces saints bretons sont un seul et même homme : Hervé, ermite et musicien. La légende raconte que son chien – le patron des bardes était en effet aveugle – fut dévoré par un loup, qu'Hervé apprivoisa, afin qu'il le guide à son tour.

La rubrique du 13 h

LES CASCADES ET GORGES DE LA LANGOUETTE

Franche-Comté

Voici, profondes et étroites, les gorges de la Langouette, dans le Jura, creusées par la petite rivière de la Saine, qui prend sa source dans un *ruz* – ou « bassin torrentiel » en jurassien – sur le flanc du mont Bayard. Le long d'un sentier, puis du haut du pont de la Langouette, où la profondeur est alors de quarante-sept mètres, vous apercevez la rivière encastrée, serpentant dans un écrin de verdure sauvage, qui forme une cascade de plus de dix mètres de hauteur après les vestiges d'un vieux moulin, ainsi que de nombreuses marmites de géant, faisant de ce site un des plus pittoresques du Jura.

Savoirs d'antan

Le nettoyage du dessus des meubles de cuisine est une véritable corvée. Pour le faciliter, découpez de la toile cirée à la dimension des dessus de placards. Il ne vous restera plus qu'à la retirer chaque fois que vous devrez la laver, puis à la reposer une fois propre.

Un gentilé *de Bretagne*

La cité brétillienne, au nom insolite de « Corps-Nuds », vous invite à découvrir son étonnante église romano-byzantine Saint-Maximilien-Kolbe, ou son château du Châtellier, de 1632, qui font la fierté de ses habitants, les...

Cornusiens.

Il était une fois en 1940

L'appel de Charles Tillon

Aquitaine

« Peuple des usines, des champs, des magasins, des bureaux, commerçants, artisans et intellectuels, soldats, marins, aviateurs encore sous les armes, unissez-vous dans l'action ! » Voilà le message qu'il adressa aux Français le 17 juin 1940, en réaction à l'appel à la capitulation émis le même jour par le maréchal Pétain. Membre du comité central du Parti communiste depuis 1932, Tillon était entré dans la clandestinité six mois plus tôt, après la signature du pacte germano-soviétique et la dissolution du PCF. Sa mission, fin 1939, était de réorganiser le Parti dans le Sud-Ouest, et c'est de Gradignan, près de Bordeaux, qu'il invite à la résistance sur le sol français, précédant ainsi de vingt-quatre heures l'appel de Londres du général de Gaulle.

samedi 18 juin

Ste Léonce

dimanche 19 juin

Fête des Pères

Les mirlitons de Rouen

Haute-Normandie

Ingrédients

Pour 4 personnes
1 pâte feuilletée
10 abricots frais
½ citron
25 g + 10 g de beurre
50 g + 20 g de sucre
20 g de poudre d'amandes
2 c. à s. de crème fleurette de Normandie
1 c. à c. d'eau de fleur d'oranger
½ gousse de vanille
1 œuf
sucre glace

Recette

- Préchauffez le four à 200 °C.
- Dans un saladier, détaillez les abricots en petits dés d'environ 1 cm de côté, puis arrosez-les du jus du ½ citron. Dans une poêle, faites fondre doucement 25 g de beurre, puis ajoutez les fruits. Faites revenir quelques minutes, puis ajoutez 50 g de sucre et mélangez. Laissez cuire encore 10 min à feu doux, puis, quand les abricots commencent à compoter, mettez-les à refroidir.
- Abaissez la pâte feuilletée sur une épaisseur d'environ 2 mm, puis garnissez-en quatre moules à tartelette de 8 à 10 cm de diamètre, préalablement beurrés et sucrés. Piquez la pâte avec une fourchette, puis réservez au frais.
- Dans un saladier, mélangez au fouet les 20 g de sucre restant, la poudre d'amandes et 10 g de beurre fondu. Ajoutez ensuite les graines de vanille, puis l'œuf battu. Allongez la préparation avec la crème fleurette, puis terminez en ajoutant l'eau de fleur d'oranger.
- Sortez vos fonds de tartelettes du réfrigérateur. Garnissez-les de compotée d'abricots, puis enfournez à mi-hauteur. Après 10 min de cuisson, ajoutez la préparation aux amandes sur les abricots, saupoudrez de sucre glace, puis poursuivez la cuisson environ 10 min, jusqu'à obtention d'une belle coloration dorée.
- Servez tiède ou froid.

La crème de la crème

Dès le XIXe siècle, on peut trouver les mirlitons de Rouen dans les livres de recettes. Très appréciées à l'époque, ces tartelettes devaient leur succès à la crème fleurette mise dans la garniture. En effet, celle de Rouen était considérée sans égale à travers le monde.

lundi 20 juin

lever : 5 h 46
coucher : 21 h 57

Été

Bonne fête !

Silvère

Ordonné pape au VIe siècle, Silvère a la particularité d'être lui-même fils de pape. Il naquit en effet avant que son père, Hormisdas, n'entre dans les ordres. Mais il est également le premier pape à avoir été contraint d'abdiquer, pour maintenir la paix selon certains, pour trahison selon d'autres... De façon certaine en tout cas, parce que l'impératrice Théodora lui vouait une haine notoire.

La rubrique du 13 h

L'ANSE NOIRE

Martinique

L'anse Noire, au sud-ouest de la Martinique, dans la commune des Anses-d'Arlet, est une plage de sable noir enfermée dans une crique, à laquelle on accède par un escalier de cent trente marches. Ce petit coin de paradis, qui se situe juste à côté d'une autre anse, l'anse Dufour, est long de cent cinquante mètres. L'anse Noire abrite des outils de pêche (filets, casiers...) et un ponton, où peuvent accoster les petites embarcations des pêcheurs. C'est un endroit parfait pour faire de la plongée sous-marine. En effet, elle recèle de gorgones, de petits poissons colorés, de tortues, d'éponges tubulaires...

Au fil de l'eau

Nord-Pas-de-Calais

Rouvert à la navigation de plaisance depuis 2009, le canal de Roubaix raccorde par voie d'eau l'agglomération de Roubaix et Tourcoing à la Belgique. Son tracé de vingt-huit kilomètres, qui englobe une portion de la Marque, permet de relier les bassins de la Deûle et de l'Escaut.

Une charade en

Basse-Normandie

Mon 1er chausse les pieds des petits rats. Mon 2e se situe entre le soliste et le trio. Mon 3e est le son produit par la onzième lettre de l'alphabet. Situé à Cricqueville-en-Bessin, mon tout a été un territoire stratégique lors du débarquement allié.

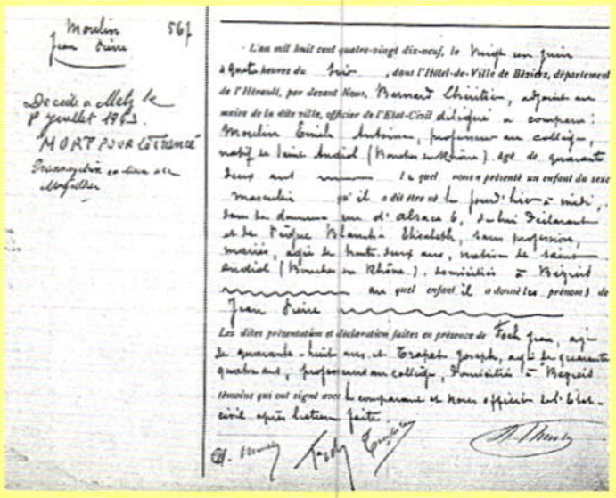
Moulin Jean Pierre 567

Décédé à Metz le 8 juillet 1943. MORT POUR LA FRANCE

L'an mil huit cent quatre-vingt dix-neuf, le vingt un juin à quatre heures du soir, dans l'Hôtel-de-Ville de Béziers, département de l'Hérault, par devant Nous, Bernard Chrétien, adjoint au maire de la dite ville, officier de l'État-Civil délégué a comparu : Moulin Émile Antoine, professeur au collège, natif de Saint Andiol (Bouches-du-Rhône), âgé de quarante deux ans, lequel nous a présenté un enfant du sexe masculin qu'il a dit être né le jour d'hier à midi, dans la demeure rue d'Alsace 6, de lui déclarant et de Pègue Blanche Élisabeth, sans profession, mariés, âgée de trente deux ans, native de Saint Andiol (Bouches-du-Rhône), domiciliés à Béziers auquel enfant il a donné les prénoms de Jean Pierre

Les dites présentation et déclaration faites en présence de Foch Jean, âgé de quarante-huit ans et Trapet Joseph, âgé de quarante quatre ans, professeurs au collège, domiciliés à Béziers témoins qui ont signé avec le comparant et nous officier de l'État-civil après lecture faite.

Il était une fois en 1899

Naissance de Jean Moulin à Béziers

Languedoc-Roussillon

Né en 1889 rue d'Alsace à Béziers, Jean Moulin est le fils d'un professeur d'histoire-géographie, franc-maçon et radical de gauche. Avant de devenir le héros de la Résistance française qu'on connaît, Jean fut un enfant brillant et assez timide, avec une passion précoce pour la politique. Après la Première Guerre mondiale, au cours de laquelle il est mobilisé, il passe une licence de droit à Montpellier et travaille au cabinet du préfet de l'Hérault. Amateur d'art, il dessine aussi et vend quelques caricatures humoristiques à des journaux. Mais, en dehors de cette passion, il consacre sa vie à sa carrière professionnelle, et il devient à 38 ans, en 1937, préfet de l'Aveyron, le plus jeune préfet de France.

Pointe du Hoc (pointes-duo-[k]).

mardi 21 juin

lever : 5 h 47
coucher : 21 h 57

Fête de la Musique

Une charade en Poitou-Charentes

Lorsqu'il est intérieur, mon 1er désigne le jugement de la conscience. Mon 2e est le produit de la sylviculture. Mon 3e affirme en allemand. Mon 4e est le son produit par la quatorzième consonne. Visible depuis la petite ville de Fouras, mon tout a été construit pour protéger l'arsenal de Rochefort.

Un gentilé d'Aquitaine

Station thermale millénaire des Landes, la ville de Dax possède également des vestiges gallo-romains des IIe et IVe siècles. En août, les Fêtes de Dax rassemblent, dans une ambiance de liesse, les habitants de cette cité, les...

Dacquois.

La rubrique du 13 h

LE TRAIN DU MAQUIS DU COL DE CRICHETO

Corse

Le trajet dure environ une heure aller-retour, et le train part d'une petite gare bâtie sur le col à sept cent vingt-cinq mètres de hauteur, avant de traverser une exploitation agricole – un arrêt est prévu pour aller voir de plus près les enclos à cochons – et une châtaigneraie. Le terminus offre une vue sur le lac et sur le village de Toll, mais ensuite le chauffeur accompagne les voyageurs à pied jusqu'à la crête de Sardaja, d'où l'on découvre un panorama exceptionnel, des îles Sanguinaires jusqu'au monte d'Oro et aux montagnes qui protègent la vallée du Prunelli.

Bonne fête !

Rodolphe

Rodolphe devint archevêque de Bourges, avec l'aval de Charles le Chauve, et, diplomate chevronné, dit-on, il régla avec finesse de nombreux conflits politiques. Il rédigea une instruction pastorale importante, afin de guider les prêtres de son diocèse et d'engager les fidèles à communier fréquemment.

Il était une fois en 1791

La fuite de Louis XVI et l'arrestation à Varennes

Lorraine

Dans la nuit du lundi 20 au mardi 21 juin 1791, Louis XVI, déguisé en valet, s'enfuit des Tuileries avec reine et enfants, tous munis de faux passeports et sous le nom de « Durand ». Leur objectif est de rallier Montmédy, où se trouve l'armée du marquis de Bouillé. Alors qu'on découvre la fuite, des courriers sont envoyés aux quatre coins de la France pour ordonner l'arrestation des fuyards. Et les cavaliers seront plus rapides que les six chevaux du carrosse. Le roi est reconnu sur la route par un maître de poste, qui a précédemment séjourné à Versailles. La famille royale est arrêtée dans la soirée à Varennes, un bourg de l'Argonne proche de la frontière luxembourgeoise.

Fort Boyard (for-bois-ja-[r]).

mercredi 22 juin

lever : 5 h 47
coucher : 21 h 58

St Alban

C'est un festival !

Languedoc-Roussillon

Où Nîmes est envahie d'électro, des Jardins de la Fontaine à la place de la Calade, où les arènes tremblent au son des samplers, où le public découvre avec nostalgie le petit frère de Boréalis, précurseur du festival techno dans les années 1990. Dès potron-minet, le festival A-nîmé, fin juin, va vous *espanter, fadas* !

Bonne fête !

Alban

Alban vécut au IIIe siècle dans la ville de Verulamium. Il y accueillit un prêtre missionnaire, qui le convertit au christianisme. Lorsque les soldats de Dioclétien vinrent le chercher pour l'exécuter, Alban échangea ses vêtements avec lui et fut pris à sa place. Il fut le premier martyr d'Angleterre, décapité sur une colline surplombant la ville. Laquelle porte d'ailleurs aujourd'hui le nom de... Saint Albans.

La rubrique du 13 h

LA PIERRE CLOUISE

Picardie

Souvent mentionnée comme étant un menhir, la pierre Clouise, qui se trouve dans la forêt de Retz, est une « pierre à glissade », un bloc de grès lisse de neuf mètres sur huit mètres et demi, que l'érosion a fait s'incliner à quarante-cinq degrés au milieu des bois. Cette étrangeté naturelle a donné lieu à de nombreuses croyances : si une jeune fille arrive à glisser de bout en bout de la pierre, elle sera assurée de se marier dans l'année. Cependant, elle ne doit tenter sa chance qu'une seule fois par an et en étant le plus dévêtue possible. Jusqu'en 1867, des fêtes païennes s'y tenaient encore, avant d'être interdites par l'administration forestière.

Une charade en Centre

Mon 1er désigne un morceau de parquet. Mon 2e est un attribut incontournable du Père Noël. Précédé de « Sainte », mon 3e est le patronyme d'un célèbre critique littéraire, contemporain de Flaubert, de Baudelaire ou encore de Hugo. Lorsqu'un compte est mon 4e, c'est qu'il tombe juste. Grâce à sa forêt giboyeuse, mon tout est un haut lieu de la chasse solognote.

Il était une fois en 1397

Le prévôt de Paris interdit partiellement la pratique du jeu de paume

Île-de-France

Victime de son succès à la fin du XIVe siècle, le jeu de paume en salle est interdit en semaine le 22 juin 1397 par le prévôt de Paris, sous prétexte que « plusieurs gens de métier et autres du petit peuple quittaient leur ouvrage et leur famille pendant les jours ouvrables, ce qui était fort préjudiciable pour le bon ordre public », joueurs et joueuses étant condamnés à s'exercer le dimanche. L'engouement était tel qu'il existait depuis un siècle un corps de métier spécifique, celui des maîtres paumiers. Ancêtre du tennis, ce sport se jouait main gantée, avec une petite balle et un filet, en plein air ou dans des salles appelées « tripots ».

Lamotte-Beuvron (lame-hotte-Beuve-rond).

jeudi 23 juin

lever : 5 h 47
coucher : 21 h 58

Ste Audrey

Savoirs d'antan

Les mouches et les moucherons réapparaissent avec le retour du beau temps. Investissez dans l'achat de quelques pieds de basilic. Ces petites bêtes en détestent l'odeur. Vous pourrez, de plus, agrémenter vos plats à l'aide des feuilles de ces plants.

Au fil de l'eau

Champagne-Ardenne

Le canal des Ardennes relie les vallées de l'Aisne et de la Meuse en quatre-vingt-huit kilomètres, empruntant le lit de la Bar sur le tiers de sa longueur environ. L'un de ses principaux points d'intérêt est la voûte de Saint-Aignan, un tunnel d'environ deux cents mètres, qui transperce la colline.

La rubrique du 13 h

L'ANCIENNE ÉGLISE DE MARANS

Poitou-Charentes

Sur les terres de Marans se trouvent les ruines d'une église du XIIe siècle. Subissant les affres de l'histoire, elle fut plusieurs fois partiellement détruite et reconstruite. L'édification en 1902 d'une nouvelle église dans le centre fait que le bâtiment est laissé à l'abandon, puis partiellement démoli en 1920. Mais l'année suivante, les vestiges sont classés monument historique et, aujourd'hui, il est possible d'admirer ce témoignage de l'architecture romane, à travers la base de son clocher octogonal, ses colonnes à chapiteaux ornés de scènes bibliques et une partie d'une travée de la nef.

Bonne fête !

Audrey

Autrement nommée « Ætheldrède » ou « Awdrey », Audrey, patronne de Cambridge et des malades de la gorge, fut une sainte très populaire. Pourtant, son nom a donné l'adjectif *tawdry*, qui signifie « clinquant », « de mauvaise qualité » ! C'est que, jadis, les jeunes amants achetaient des articles en dentelle vendus lors d'une fête destinée à la sainte, à Ely (Cambridgeshire). Mais la tradition passa de mode, les parures également… Et il resta cet adjectif !

Il était une fois en 2006

Première édition du Hellfest à Clisson

Pays de la Loire

Au commencement était le Furyfest, un festival de musique extrême qui disparaît en 2005 pour des raisons financières. C'est sur ses cendres que Benjamin Barbaud et Yoan Le Nevé, anciens salariés du festival, décident l'année suivante d'en créer un nouveau. Hellfest se tient en juin à Clisson et se voit fréquenté, pour sa première édition, par plus de vingt mille personnes sur trois jours. Malgré ses détracteurs – personnalités politiques comme Christine Boutin ou associations catholiques –, le festival grandit peu à peu, accueillant des groupes prestigieux comme Scorpions ou Deep Purple, pour devenir un des plus importants du genre en Europe.

vendredi 24 juin

lever : 5 h 47
coucher : 21 h 58

Fête de la Saint-Jean

Bonne fête !

Jean le Baptiste

Précurseur, le saint Jean-Baptiste dont il est question ici est le plus célèbre d'entre tous, puisque c'est lui qui baptisa Jésus dans le Jourdain, mais aussi parce qu'il fut tué sur ordre d'Hérode Antipas. La belle fille de ce dernier, Salomé, exigea qu'on lui apporte sa tête sur un plateau, ce qui fut fait et inspira de nombreux peintres, dont le Caravage.

La rubrique du 13 h

LE MUSÉE DE LA PRÉHISTOIRE D'EYZIES-DE-TAYAC

Aquitaine

C'est là, dans l'ancien château de Tayac, qu'en 1918 Denis Peyrony fonda le musée national de la Préhistoire. Ce musée connut plusieurs phases de travaux pour agrandissement, car son succès ne fit qu'aller croissant, en raison, bien sûr, de ses collections et de la beauté du site, mais aussi grâce à un véritable engouement populaire attisé depuis 1940 par la découverte non loin de là de la grotte de Lascaux. Aujourd'hui, il présente l'une des plus grandes collections d'art paléolithique de France et met en valeur les premières traces laissées par l'homme.

Savoirs d'antan

Vous avez récupéré de belles mirabelles, en quantité, et vous souhaitez les préparer à l'eau-de-vie. Avant de mettre les fruits dans le bocal, pensez à les piquer avec une grosse aiguille, afin qu'ils se gorgent du mélange eau-de-vie et sucre-cannelle pendant la macération.

Un gentilé

du Nord-Pas-de-Calais

La ville de Croix, dans le Nord, abrite l'élégante villa Cavrois de 1932, ainsi que l'église Saint-Martin de style néogothique. Elle est également la ville de naissance d'Arnaud Desplechin et de Laurent Delahousse, tous deux des...

Croisiens.

Il était une fois en 1795

Lyon est déclarée hors la loi

Rhône-Alpes

Sombre période pour la ville de Lyon ! Plusieurs milliers de familles ont vu des proches être dénoncés pour contre-révolution. Celles-ci cherchent à se venger et emploient donc les Compagnons de Jésus, un groupe de jeunes royalistes réfugiés en Haute-Loire ou en Suisse, pour assassiner les responsables de la mort des leurs. Dès lors, Lyon devient une ville dangereuse, où rixes et assassinats se multiplient. C'est pourquoi, le 24 juin 1795, la ville est déclarée hors la loi par la Convention : l'armée est autorisée à agir et à instaurer un couvre-feu en cas de débordements, pour mettre fin à la « terreur blanche ».

Les rougets à la sétoise

Languedoc-Roussillon

Ingrédients

Pour 4 personnes
4 rougets parés
500 g de tomates bien mûres
250 g de riz
2 poivrons rouges
2 oignons
4 gousses d'ail
1 tranche de pain de campagne rassis
5 branches de persil plat
piment d'Espelette
40 g de beurre
huile d'olive
sel et poivre

Recette

- Épluchez et émincez finement les oignons. Pelez et écrasez l'ail. Pelez les tomates après les avoir ébouillantées, puis concassez-les. Lavez les poivrons, pelez-les au rasoir à légumes, ôtez les graines et les parties intérieures blanches, puis taillez-les en lanières.
- Dans une sauteuse, mettez l'huile à chauffer, puis faites-y revenir les oignons. Quand ils sont translucides, ajoutez les tomates, les poivrons et l'ail, assaisonnez et faites mijoter doucement environ 20 min, en remuant régulièrement. En fin de cuisson, ajoutez une pointe de couteau de piment d'Espelette.
- Faites fondre le beurre dans une poêle. Quand celle-ci est bien chaude, placez-y les rougets et faites-les saisir rapidement de chaque côté, à feu très chaud.
- Rangez les poissons dans un plat allant au four, recouvrez-les de la fondue de tomates préalablement préparée. Répartissez sur toute la surface du plat le pain émietté finement, puis le persil ciselé.
- Enfournez pour 15 min dans un four préchauffé à 200 °C.
- Pendant ce temps, dans une casserole, faites revenir le riz dans un fond d'huile. Quand il est bien enrobé, ajoutez 3 fois son volume d'eau et assaisonnez. Portez à ébullition, puis baissez le feu, couvrez et faites cuire doucement jusqu'à complète absorption de l'eau. Servez aussitôt.

La « petite Venise du Languedoc »

C'est parce qu'elle est traversée par un réseau de canaux qui relient la mer Méditerranée à l'étang de Thau que la commune de Sète est ainsi surnommée. Avec son port au cœur de la ville, la pêche y est une activité prépondérante. Le poisson est donc indissociable de la gastronomie sétoise.

lundi 27 juin

lever : 5 h 49
coucher : 21 h 58

St Fernand

Bonne fête !

Fernand

Plus de quarante mille personnes portent à ce jour le nom du bienheureux Ferdinand de Cajazzo, également appelé « Ferdinand d'Aragon », dont le prénom a été francisé de deux manières, « Fernand » et « Ferdinand ». Si le saint bénéficia d'une certaine popularité, notamment en Campanie (Italie), c'est fort probablement parce qu'on le confondit avec Ferdinand III de Castille, canonisé au XVIIe siècle, dont les reliques se trouvent justement en Campanie. Et qui fut, de par sa qualité de roi, bien plus célèbre que le premier...

La rubrique du 13 h

LA CRYPTE DE CURZON

Pays de la Loire

L'église Saint-Romain de Curzon, en Vendée, reconstruite en 1875, abrite en son chœur un véritable chef-d'œuvre du XIe siècle, unique témoignage de l'église romane qui occupait auparavant le site. C'est par une petite trappe en bois, au milieu des dalles, que l'on descend un escalier abrupt pour se rendre dans la crypte. Les neuf voûtes de la pièce sont soutenues par quatre colonnes monolithiques à chapiteaux finement sculptés. Cette pièce fut apparemment oubliée pendant une longue période, en raison de l'éboulement de la travée près de l'escalier, avant sa découverte en 1861, d'où le parfait état de conservation !

Une charade en Île-de-France

Lorsque le cygne émet mon 1er, c'est qu'il se meurt. Mon 2e désigne l'ardeur et l'empressement à appliquer une consigne ou à effectuer une tâche. Mon 3e conserve la même place dans l'ordre inverse des voyelles. Mon 4e est l'une des autres appellations du saint-pierre. Situé dans le VIIIe arrondissement, mon tout est l'une des plus célèbres avenues parisiennes.

INSOLITE

Lorraine

Si l'intérieur des églises était autrefois peint, peu de ces fresques ont résisté au temps. Raison de plus pour pousser la porte de l'église Saint-Martin de Sillegny en Moselle : elle est surnommée la « chapelle Sixtine lorraine », et ses murs et plafonds sont recouverts de peintures flamboyantes du XVIe siècle.

Il était une fois en 1492

Première ascension du mont Aiguille

Rhône-Alpes

C'est sur ordre de Charles VIII qu'Antoine de Ville, seigneur lorrain, entame l'ascension du mont Aiguille, dénommé « mont inaccessible », car jamais personne n'était arrivé au faîte de cette falaise, où se trouve une prairie. Antoine de Ville entreprend l'expédition avec dix ascensionnistes munis de cordes et d'échelles. Un huissier, en bas du mont, est chargé de constater l'arrivée effective au sommet. Ils séjournent six jours sur ce bastion avancé du Vercors. Dans le *Quart Livre*, Rabelais raconte que les alpinistes trouvèrent là-haut un bélier et émet l'hypothèse qu'il y aurait été déposé, lorsqu'il était petit, par un aigle.

Champs-Élysées (chant-zèle-l-zée).

mardi 28 juin

lever : 5 h 49
coucher : 21 h 58

St Irénée

INSOLITE

PACA

Le village de Coaraze, pas très loin de Nice, est surnommé « village du soleil » à cause de son ensoleillement exceptionnel, mais aussi du fait des cadrans solaires – signés par de grands artistes tels que Cocteau – qui ornent les façades des bâtiments municipaux.

Au fil de l'eau

Franche-Comté

Bien qu'elle soit considérée comme un des affluents du Doubs, la Loue en est en réalité une résurgence. Tenue pour l'une des plus belles rivières de France, la Loue, que Gustave Courbet a peinte plusieurs fois, est très prisée des pêcheurs à la mouche.

La rubrique du 13 h

LE HAMEAU DU YAUDET

Bretagne

Entre l'embouchure du Léguer et l'anse de la Vierge se trouve le hameau du Yaudet, qui n'est plus constitué que de quelques habitations regroupées autour d'une chapelle. À marée basse, on peut voir les vestiges d'un mur de pêcherie, qui servait à retenir le poisson prisonnier. Puis l'endroit devint une cité gallo-romaine, dont quelques vestiges sont restés visibles. Mais c'est le retable de type Renaissance dans le chœur de la chapelle qui étonne le plus, puisqu'il semble offrir, dans la représentation rare de la Vierge couchée allaitant l'Enfant Jésus, des signes de la survivance de cultes païens.

Bonne fête !

Irénée

Moins usité que son équivalent féminin, « Irène », ce prénom connut néanmoins une certaine popularité il y a quelque temps : au IIe siècle ! Il fut en effet porté par un saint qui marqua les esprits : Irénée de Lyon, évêque de la métropole des Gaules. D'origine grecque, brillant, il joua un grand rôle dans l'unité de l'Église et laissa de nombreux écrits qui firent autorité. Il défendit l'idée selon laquelle il devait n'y avoir que quatre Évangiles inscrits dans le Nouveau Testament.

Il était une fois en 1952

Naissance de Jean-Christophe Rufin à Bourges

Centre

Jean-Christophe Rufin est né le 28 juin 1952 à Bourges, où il grandit, en partie élevé par son grand-père, médecin et ancien résistant déporté à Buchenwald. Il effectue des études de médecine à Paris et s'investit dans l'humanitaire. Il est un des premiers membres, avec Bernard Kouchner, du mouvement Médecins sans frontières. Il devient président d'Action contre la faim et administrateur de la Croix-Rouge, puis il embrasse une carrière diplomatique, en tant qu'ambassadeur au Sénégal et en Gambie. Mais Jean-Christophe Rufin est également écrivain : il a obtenu de nombreux prix pour ses romans, dont le Goncourt pour *Rouge Brésil*, en 2001, et il a été élu à l'Académie française en 2008.

mercredi 29 juin

lever : 5 h 50
coucher : 21 h 57

St Paul

Bonne fête !

Paul

Apôtre, interprète des enseignements de Jésus, saint Paul pour les catholiques – Paul de Tarse, simplement, pour d'autres – est parfois considéré comme le fondateur du christianisme. Pourtant, sa première ambition n'était pas de convertir les Juifs, mais de poursuivre les chrétiens. De persécuteur, il devint disciple, lors d'une vision de Jésus sur le chemin de Damas. Il se heurta ensuite, comme on l'imagine, à la méfiance des chrétiens, mais aussi des juifs, qui se considérèrent trahis… C'est Néron qui le fit arrêter, alors qu'il vivait à Rome depuis trois ans, vers 65.

La rubrique du 13 h

LES VITRAUX DE SAINT-REMY DE BACCARAT

Lorraine

Après la destruction de l'église de Baccarat en 1944 par des bombardements alliés, la construction d'une nouvelle église fut confiée à l'architecte Nicolas Kazis. Si le bâtiment résolument moderne, en béton armé, jouxté d'un campanile de cinquante-cinq mètres de haut, est remarquable, ce sont surtout ses vitraux qui impressionnent et font sa réputation. L'idée de rendre hommage aux cristalleries de Baccarat, si elle s'imposa bien logiquement, prit ici la dimension du sublime. Ainsi, huit cents mètres carrés de vitraux en cristal, de cent cinquante teintes différentes, illuminent la nef et nécessitèrent plus de dix-huit mois de travail.

Savoirs d'antan

En fouillant, vous avez retrouvé de vieilles diapositives. Laissez-les dans les boîtes qui étaient celles fournies par le laboratoire de développement. À défaut, achetez des boîtes de rangement qui les protégeront de la poussière et gardez-les à l'abri de la lumière et de l'humidité.

Une charade en Champagne-Ardenne

Mon 1er vaut 954 + 631 - 1569. Dans la tradition chrétienne, mon 2d est le prénom de la grand-mère de Jésus. Homonyme d'un grand peintre impressionniste, mon tout s'est illustré en 2013, après qu'un bijoutier de la ville a abattu un braqueur.

Il était une fois en 2013

Lancement du 100e Tour de France à Porto-Vecchio

Corse

Le Tour de France a fêté ses 100 ans en 2013. Il a débuté le 29 juin à Porto-Vecchio, par une étape de deux cent treize kilomètres le long des côtes méditerranéennes, remportée en un peu moins de cinq heures par l'Allemand Marcel Kittel. Les deux étapes suivantes se sont également déroulées sur l'île de Beauté, qui n'avait en un siècle jamais accueilli d'étapes du Tour. Il s'est conclu le 21 juillet sur les Champs-Élysées, en une arrivée de nuit, par la victoire du Britannique Christopher Froome, qui avait remporté trois étapes. Le deuxième, le Colombien Nairo Quintana, a été nommé, quant à lui, meilleur grimpeur et meilleur jeune.

Sézanne (16-Anne).

lever : 5 h 50
coucher : 21 h 57

Une charade en PACA

Mon 1er indique la possession de la première personne du pluriel. Lorsque mon 2e est « à son plus grand », il est synonyme de « dommage », de « préjudice ». Précédé de « au », mon 3e devient le monde des trépassés. Mon 4e peut être « barrière », « chasse », « frontière » ou encore « côte ». Dominant la cité phocéenne, mon tout veille depuis des siècles sur les marins et les pêcheurs de la ville.

Au fil de l'eau

Bourgogne

L'Ouche serpente à travers le département de la Côte-d'Or sur environ cent kilomètres, avant de se jeter dans la Saône. Elle traverse Dijon, où elle forme un lac artificiel, le lac Kir, base de loisirs très appréciée des Dijonnais, qui y pratiquent notamment le canoë-kayak.

La rubrique du 13 h

L'ABRI PRÉHISTORIQUE D'AURIGNAC

Midi-Pyrénées

La grotte d'Aurignac, aussi connue sous le nom d'« abri préhistorique », fut découverte en 1852 par un ouvrier carrier, qui dégagea cette cavité alors masquée de roches et de végétation. En passant le bras, il trouva des ossements de ce qui paraissait être des squelettes de grands mammifères. Cette découverte devait représenter une des avancées majeures pour l'étude de la préhistoire : en effet, le paléontologue Édouard Lartet, qui entreprit de fouiller l'abri, y découvrit des silex taillés, des bois de rennes travaillés par l'homme et de nombreux os d'espèces animales disparues, ce qui lui permit de prouver « l'ancienneté géologique de l'homme ».

Bonne fête !

Martial

Saint Martial de Limoges vécut au IIIe siècle, mais des écrits des VIIIe et XIe siècles racontent que, neveu de saint Pierre, il aurait été pris comme modèle par Jésus affirmant : « Si vous ne vous rendez pas semblables à cet enfant, vous n'entrerez pas dans le royaume des cieux. » C'est également lui, selon ses biographes fantaisistes, qui aurait amené les poissons lors du fameux épisode de la multiplication des petits pains. Il semble plus plausible néanmoins que saint Martial ait été un évêque de Limoges et qu'il n'ait donc pas connu le Christ. L'Église a tranché sur ce point, mais le culte du saint n'en reste pas moins vivace dans le Limousin.

Il était une fois en 2007

Inauguration de la passerelle des Trois-Pays

Alsace

Construit entre avril et novembre 2006 au-dessus du Rhin, ce pont asymétrique en acier, de plus de mille tonnes et de deux cent trente-huit mètres, est le plus long au monde réservé aux piétons et aux cyclistes. Il relie la commune de Huningue, dans le Haut-Rhin, et la ville de Weil-am-Rhein, située à l'extrême sud-ouest de l'Allemagne, à la frontière suisse. En ce 30 juin 2007, la passerelle est inaugurée en présence du président du Sénat, Christian Poncelet, et fêtée par les habitants des deux rives pendant quarante-huit heures, avec des spectacles de danse et de cirque, des concerts et un feu d'artifice spectaculaire.

Notre-Dame-de-la-Garde (notre-dam-delà-garde).

vendredi 1er juillet

lever : 5 h 51
coucher : 21 h 57

St Thierry

Bonne fête !

Thierry

Le jour de son mariage, Thierry se rendit compte qu'il était fait pour entrer au couvent. Mais, comme sa promise était bien décidée à l'épouser, il passa néanmoins devant le curé. Pour se défaire de cette union et embrasser sa vocation et non sa femme, il en appela alors à saint Remi, qui annula ce mariage non consommé, pour son plus grand soulagement.

La rubrique du 13 h

LE CENTRE DE LA FRANCE À BRUÈRE-ALLICHAMPS

Centre

Cette borne milliaire romaine fut découverte en 1757 dans la nécropole d'Allichamps. Elle servait au IIIe siècle à baliser les voies de communication et fut réutilisée au Ve siècle pour la construction d'un sarcophage. Son installation fut décidée en 1799, et il s'avéra soixante ans plus tard qu'elle se trouvait à l'endroit exact du centre de la France. Cette position, officialisée en 1950 par le Touring Club de France, et historiquement la première, est en réalité celle du centre du quadrilatère fictif qui contient la France, sans tenir compte de la Corse.

C'est un festival !

Nord-Pas-de-Calais

C'est au nord (très au nord), dans la métropole lilloise, que le festival de théâtre improvisé Au Nord d'Avignon caracole au rythme de représentations burlesques, de stages et d'échanges conviviaux, à partir du 25 juin. Improvisation à partir d'un livre, d'un thème, improvisation d'une conférence, chantée, dansée, une programmation riche et joyeuse attend les amateurs !

Une charade en

Alsace

Mon 1er est une résine naturelle. Mon 2e est nécessaire pour jouer au craps, au 421 ou encore au yams. Mon 3e est au porc ce que la laie est au sanglier. Mon 4e vient entre « me » et « se ». Avec ses mille trois cent trois mètres de hauteur, mon tout domine les autres lacs vosgiens.

Il était une fois en 1901

Vote de la loi relative à la liberté d'association

France

Pierre Waldeck-Rousseau, président du Conseil et ministre de l'Intérieur et des Cultes, fait adopter, au terme d'une longue bataille parlementaire, la loi qui consacre le droit d'association. La loi Le Chapelier de 1791 a interdit les corporations paysannes et les organisations, le but étant de mettre fin aux dérives corporatistes de l'Ancien Régime. Une certaine tolérance s'est développée sous la IIIe République, mais c'est la loi de 1901 qui entérine la liberté, pour deux ou plusieurs personnes, de s'associer afin de mettre en commun « d'une façon permanente leurs connaissances ou leur activité dans un but autre que de partager des bénéfices ». Cette loi est l'une des plus populaires de notre arsenal législatif.

Lac des Truites (laque-des-truie-te).

samedi 2 juillet

St Martinien

dimanche 3 juillet

St Thomas

La cervelle de canut

Rhône-Alpes

Ingrédients

Pour 4 personnes
400 g de fromage blanc en faisselle
20 g de crème fraîche épaisse
2 échalotes
1 gousse d'ail
1 bouquet de ciboulette
10 branches d'estragon
10 branches de persil plat
1 c. à s. de vinaigre de vin blanc
2 c. à s. d'huile de noix
pain de campagne
huile d'olive
fleur de sel et poivre

Recette

- Démoulez le fromage blanc et mettez-le à égoutter dans un récipient.
- Épluchez et hachez finement les échalotes. Pelez et pressez l'ail à l'aide d'un presse-ail.
- Après les avoir lavés, effeuillez et ciselez la ciboulette, l'estragon et le persil plat.
- Dans un saladier, fouettez le fromage frais avec la crème fraîche.
- Ajoutez le vinaigre, puis assaisonnez de fleur de sel et de poivre. Incorporez ensuite l'huile de noix, en battant bien la préparation.
- Terminez en ajoutant les échalotes hachées, l'ail pressé et les herbes ciselées. Réservez au réfrigérateur au moins 1 h.
- Badigeonnez des tranches de pain de campagne avec un peu d'huile d'olive et passez-les sous le gril du four.
- Servez la cervelle de canut accompagnée des tranches de pain toastées, à l'apéritif, en entrée ou encore à la place du fromage.

De l'art des économies

Au XXe siècle, les tisserands fabriquant de la soie à Lyon étaient surnommés « les canuts ». À cette époque, la cervelle d'agneau était un plat très apprécié, mais fort onéreux. Les canuts, modestes ouvriers, n'avaient pas les moyens de s'offrir un mets pareil et se nourrissaient plutôt de fromages frais accommodés d'herbes fraîches. Ce plat devint alors emblématique des canuts – leur cervelle à eux, en quelque sorte – et fut naturellement appelé « la cervelle de canut ».

lundi 4 juillet

lever : 5 h 53
coucher : 21 h 56

Ste Élisabeth

Bonne fête !

Élisabeth du Portugal

Douce reine très pieuse, Élisabeth du Portugal avait la faculté de réconcilier les personnes en conflit. Ainsi, pendant le règne de son mari, elle réconcilia celui-ci avec leur fils, qui avait pris les armes contre son père, et, quelques années plus tard, elle fit de même pour son fils et son petit-fils.

La rubrique du 13 h

LE GNOMON DE SAINT-SULPICE À PARIS

Île-de-France

Un gnomon est un outil utilisé en astronomie pour mesurer précisément la position du soleil. En 1727, le curé de l'église Saint-Sulpice voulut fixer la date de Pâques, qui suit la première lune après l'équinoxe de printemps. Ainsi, il commanda la construction d'un obélisque d'une dizaine de mètres, au pied duquel s'élance une méridienne en cuivre. En face se trouve une lentille, au milieu du vitrail, qui permet au soleil d'indiquer les moments respectifs des solstices et des équinoxes, lorsque ses rayons viennent frapper des marques précises faites sur l'obélisque ou sur la méridienne.

Savoirs d'antan

Pour teindre une pièce de coton en machine, il est préférable de la laver ou de l'humidifier avant de la mettre dans le tambour. N'oubliez pas que plus vous versez de teinture, plus la couleur sera foncée. Et, dans tous les cas, relavez le linge après teinture.

Un gentilé de Rhône-Alpes

Les nombreux parcs de la commune de Vénissieux, dans la banlieue sud de Lyon, tels que Parilly, Louis-Dupic, ou celui des Minguettes, en font une ville idéale pour flâner. Ses nombreux marchés sont aussi les lieux de rendez-vous de ses habitants, appelés…

Vénissians.

Il était une fois en 1189

La paix de Colombiers au château de Villandry

Centre

En ce 4 juillet 1189, le château de Villandry est le théâtre d'un événement déterminant dans l'affrontement franco-français entre les Plantagenêts et les Capétiens, ce qui constitue la « première guerre de Cent Ans », selon certains historiens. En signant la paix de Colombiers, Henri II Plantagenêt s'incline devant le roi de France Philippe Auguste. La victoire n'est pas des moindres, car le roi d'Angleterre, détenteur d'un vaste territoire sur le sol français, dont les duchés de Normandie et d'Aquitaine, représente une grande menace pour la couronne de France. Cette paix de Colombiers marque un tournant dans la reconquête de l'autorité du roi de France.

mardi 5 juillet

lever : 5 h 54
coucher : 21 h 55

St Antoine-Marie

Au fil de l'eau

Languedoc-Roussillon

On dit souvent de la Jonte, née sur le massif du mont Aigoual, qu'elle est une version plus modeste du Tarn, dans lequel elle se jette au Rozier. Ses eaux claires et tumultueuses, qui ont creusé des gorges de falaises calcaires, sont un lieu privilégié d'observation des vautours.

La rubrique du 13 h

LE MOULIN DE HAUVILLE

Haute-Normandie

Ce moulin a été construit aux alentours de 1220, non loin de Rouen, par les religieux de l'abbaye royale de Saint-Pierre de Jumièges. C'est l'un des plus anciens moulins de France. Après avoir fonctionné jusqu'en 1880, il est laissé à l'abandon pendant une centaine d'années, jusqu'à ce que le parc régional de Brotonne restaure la tour, la toiture couverte de roseaux, les mécanismes et les ailes. Régulièrement, des bénévoles lui font broyer des céréales. Classé monument historique depuis 1979, le moulin ainsi que la maison du meunier sont visitables.

Savoirs d'antan

Le saviez-vous? La terre de Sommières est une argile, souvent de couleur ocre, provenant de la montmorillonite. Se présentant sous forme de poudre, elle possède de remarquables propriétés absorbantes et détachantes. Son usage est simple et cent pour cent naturel.

Bonne fête !

Antoine-Marie Zaccaria

Antoine-Marie Zaccaria abandonna sa profession de médecin pour se consacrer à sa foi et à la guérison des âmes. Particulièrement attaché à l'enseignement de l'apôtre Paul, il fonda une congrégation de prêtres à son nom, qu'on appela par la suite « les Barnabites ».

Il était une fois en 1925

Poincaré donne le droit de vote aux Indiens

Guadeloupe

L'arrivée d'Indiens en Guadeloupe à partir de 1854 participe d'une politique d'immigration destinée à recruter de la main-d'œuvre, qui intervient au lendemain de l'abolition de l'esclavage. Issus de toutes les régions de l'Inde, les immigrants sont pour la plupart des agriculteurs à qui on a promis une vie meilleure, mais qui vont rapidement déchanter. Sous la domination de leurs employeurs, qui profitent de leur statut juridique très flou, soumis à des violences et à des conditions de travail très dures, ceux qu'on surnomme les « coolies » vivent dans une situation que Victor Schœlcher n'hésitera pas à comparer à l'esclavage. Il faut attendre 1923 pour voir les Indiens de Guadeloupe obtenir la nationalité française, grâce notamment à Henry Sidambarom. Deux ans plus tard, en 1925, le droit de vote leur est accordé par le président Poincaré.

mercredi 6 juillet

lever : 5 h 55
coucher : 21 h 55

Ste Marietta

Bonne fête !

Marietta

Marietta fait partie des saintes qui moururent en refusant d'abandonner leur vertu. Alors qu'elle avait 12 ans, elle fut poignardée par un jeune homme qui vivait chez elle, parce qu'elle l'avait une nouvelle fois éconduit. Très croyante, elle pardonna même à son meurtrier avant de mourir.

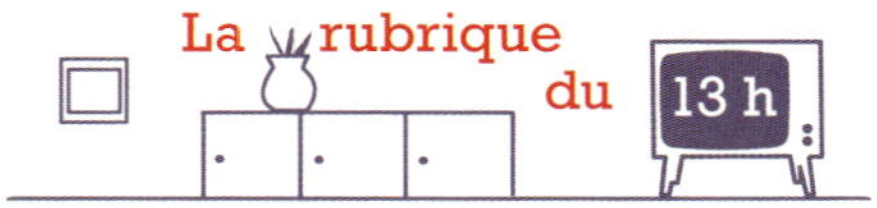

LA COLONNE ROMAINE DE CUSSY-LA-COLONNE

Bourgogne

Cette commune doit son nom à un monument qui n'a que peu d'équivalents en Europe : une monumentale colonne gallo-romaine datant du IIIe siècle, qui se situe un peu à l'écart du village. Jusqu'en 1825, sa hauteur était de huit mètres vingt-cinq, avant d'atteindre onze mètres soixante après sa restauration et l'ajout de fûts et d'un chapiteau. Son piédestal octogonal est sculpté et semble présenter un mélange de personnages divins et mortels : Hercule, Junon, peut-être un captif gaulois... De part et d'autre de ce vestige se trouvent deux pierres sculptées, trouvées dans les environs.

INSOLITE

Centre

C'est une bien étrange pierre que l'on peut voir dans un bois de Pouligny-Saint-Pierre, dans le Berry, puisqu'elle semble tout droit tirée d'un livre d'anatomie, tant elle ressemble à un sexe féminin. Naturelle ou sculptée ? Nul ne le sait, mais cette « pierre à sexe » a sans doute servi à un culte de la fécondité.

Au fil de l'eau

Guadeloupe

La Grande Rivière à Goyaves est le principal cours d'eau de la Guadeloupe. Il serpente dans Basse-Terre, sur une quarantaine de kilomètres, traversant une zone de mangrove, avant de rejoindre l'océan Atlantique dans le Grand Cul-de-Sac Marin, près de Lamentin.

Il était une fois en 1886

Naissance de Marc Bloch à Lyon

Rhône-Alpes

C'est à Lyon que naît Marc Bloch. Il fait de brillantes études, passant par l'École normale supérieure, puis enseigne à la faculté de Strasbourg. Auteur de nombreux ouvrages, son apport à l'histoire médiévale est énorme. Mais on ne peut résumer sa vie à celle d'un paisible historien prolifique. Mobilisé comme sergent lors de la Première Guerre mondiale, il finit capitaine, décoré de la Légion d'honneur et de la croix de guerre. Lors de la Seconde Guerre mondiale, il demande à combattre malgré une polyarthrite et assiste de près à la défaite de son pays, qu'il aborde dans son livre *L'Étrange Défaite*. Puis il entre dans la Résistance, devenant un de ses chefs dans la région lyonnaise, et meurt fusillé en juin 1944.

jeudi 7 juillet

St Raoul

lever : 5 h 55
coucher : 21 h 54

Une charade en Rhône-Alpes

Mon 1er aurait été créé, selon la Genèse, à partir d'une côte. Mon 2e est l'auteur de *L'Écume des jours*. De son prénom Michel, mon 3e est un humoriste français qui a connu la gloire dans les années 1980-1990 grâce à ses imitations. Mon 4e est un ancien peuple nomade d'Asie centrale, acteur des grandes invasions barbares du IVe siècle. Chef-lieu du canton du même nom, mon tout est célèbre pour son « embouteillage ».

Un gentilé des Pays de la Loire

Le Week'n Ride est, en avril, le rendez-vous de l'année des Fontenaisiens adeptes de VTT. Leur commune abrite une très belle église Notre-Dame du XVe siècle, ainsi que le couvent des Tiercelettes, du XVIIe siècle. Mais quelle ville cherchons-nous ici ?

Fontenay-le-Comte.

La rubrique du 13 h

LE THÉÂTRE GALLO-ROMAIN DES BOUCHAUDS

Poitou-Charentes

Sa découverte se fit presque par hasard en 1865. À la recherche des vestiges féodaux, Jean Gontier, qui s'était porté acquéreur de la parcelle, entreprend de défricher ce terrain et finance lui-même des fouilles, qui révéleront des ruines bien plus anciennes. Classé monument historique dès 1881, le site se détériore néanmoins rapidement. Ce n'est qu'entre 1974 et 1995 que la présence d'habitations et d'un sanctuaire sera découverte. Le théâtre, qui date du Ier siècle, est le plus grand du sud-ouest de la France, pouvant accueillir jusqu'à six mille spectateurs.

Bonne fête !

Raoul Milner

Raoul, paysan anglican, décida de se convertir au catholicisme à une époque où ce n'était pas très bien vu en Angleterre. Il fut jeté en prison et condamné à la corde en 1591. Il est l'un des quarante martyrs d'Angleterre et du pays de Galles qui furent canonisés en 1970.

Il était une fois en 2013

Début du tournage de Magic in the Moonlight

Provence-Alpes-Côte d'Azur

« Avez-vous vu Woody Allen ? Il paraît qu'il est là pour son prochain film. » Voilà le genre de rumeur qu'on a dû entendre dans Nice et ses environs début juillet 2013. Après avoir mis Paris et Rome à l'honneur, le célèbre réalisateur a choisi la Riviera française comme toile de fond de son nouveau film. Et le moins qu'on puisse dire, c'est qu'il offre une belle balade dans la région ! Son héros vit dans la villa La Renardière, dans la commune de Mouans-Sartoux. De nombreuses séquences ont été tournées à Nice – à l'Opéra, à l'observatoire et à l'hôtel Negresco –, à Antibes ou encore à Menton. Il se murmure qu'il aurait même donné un petit concert de jazz avec le tromboniste Jerry Zigmont pendant le tournage.

Évian-les-Bains (Ève-Vian-Leeb-Huns).

vendredi 8 juillet

lever : 5 h 56
coucher : 21 h 54

St Thibaut

Bonne fête ! Thibaut de Marly

Abbé cistercien dans les Yvelines, Thibaut mena une vie exemplaire. Il aidait les plus démunis et ne rechignait jamais à la tâche. En outre, Saint Louis pensait que c'était grâce à lui et à ses prières qu'il avait pu avoir une descendance avec son épouse, Marguerite de Provence.

La rubrique du 13 h

LES PERTES DE LA VALSERINE

Rhône-Alpes

En partant de Bellegarde-sur-Valserine, une promenade s'offre à vous sur les berges de la Valserine, une petite rivière de l'Ain. Jusqu'ici, rien d'exceptionnel, mais le paysage aux alentours vaut le détour ! En effet, cette rivière à régime torrentiel a creusé son lit dans des strates calcaires, y créant sur trois cents mètres un labyrinthe de fissures, jalonné d'une centaine de marmites de géants, ces cavités rocheuses remplies d'eau, que le tourbillonnement de galets a élargies au fil du temps. Puis la rivière disparaît, pour continuer son parcours sous terre, avant de refaire surface, comme calmée et adoucie, dans un joli plan d'eau.

Savoirs d'antan

Vous appréciez vos draps correctement rangés, mais souhaitez ne pas les repasser : pliez-les avant de les mettre dans votre lave-linge. Puis, renouvelez l'opération avant de les introduire dans votre sèche-linge. Ils seront, une fois secs, peu froissés et faciles à empiler.

Une charade en Corse

Mon 1er exprimait jadis, en deux lettres, l'indignation, le mépris ou encore le dégoût. Qu'il soit mineur ou majeur, mon 2e désigne l'espace qu'occupe un cours d'eau. Mon 3e eut le courage, l'audace de se lancer. Mon tout est un site préhistorique corse, connu pour ses menhirs sculptés.

Il était une fois en 1522

Signature du traité de neutralité à Saint-Jean-de-Losne

Franche-Comté

Cette commune franc-comtoise, une des plus petites de France par l'étendue de son territoire, est depuis longtemps symbole de neutralité, notamment de par son positionnement stratégique sur la Saône et son pont à péage. Elle fut dès le XIIe siècle un terrain neutre entre le royaume de France et l'Empire germanique. C'est là que, le 8 juillet 1522, fut signé un traité de neutralité entre le comté de Bourgogne, dépendant du royaume de France, et le duché de Bourgogne, dépendant de l'Empire germanique, ce qui constitua une zone de paix entre deux États en guerre.

Filitosa (fi-li-t-osa).

Le millard aux cerises noires

Auvergne

Ingrédients

Pour 8 personnes
1 kg de cerises noires
200 g de farine
200 g de sucre semoule
6 œufs
40 cl de lait
25 g de beurre
1 sachet de sucre vanillé
1 pincée de sel
sucre pour le moule

Recette

- Préchauffez le four à 200 °C.
- Lavez les cerises, puis équeutez-les. Séchez-les au torchon et réservez-les sans les dénoyauter.
- Dans un saladier, mélangez la farine avec le sucre semoule, le sucre vanillé et la pincée de sel. Formez un puits au centre et incorporez les œufs un à un.
- Allongez la préparation au lait et mélangez au fouet pour obtenir une pâte bien lisse, sans grumeaux. Enfin, ajoutez les cerises.
- Beurrez un moule à manqué ou un plat, à votre convenance. Saupoudrez-le de sucre, puis enlevez l'excédent en retournant le plat. Le sucre remplace la farine, pour éviter que la préparation n'attache au plat à la cuisson, et ajoutera un petit côté cristallisé au pourtour du gâteau.
- Versez la préparation dans le moule, parsemez de quelques noix de beurre et enfournez pour 35 à 45 min, en surveillant la cuisson.
- Saupoudrez de sucre à la sortie du four. Servez tiède ou froid.

Au cœur du goût, le noyau

Le millard est à l'Auvergne ce que le clafoutis est au Limousin. Cette pâtisserie ménagère est composée d'un appareil à flan recouvrant des cerises entières. Ne pas ôter les noyaux permet aux cerises de conserver pleinement leur saveur et évite que leur jus ne détrempe la pâte.

lundi 11 juillet

lever : 5 h 59
coucher : 21 h 52

St Benoît

Bonne fête !

Benoît de Nursie

Saint patron de l'Europe, Benoît de Nursie est surtout célèbre pour avoir écrit la règle bénédictine, qui organise la vie des moines autour du travail et de la prière. Cette règle fut adoptée par les communautés monastiques chrétiennes, et elle est toujours observée de nos jours.

La rubrique du 13 h

LE CHÂTEAU D'ARQUIZAT

Midi-Pyrénées

Il domine les vallées de Miglos et de Vicdessos, depuis l'éperon rocheux où il est fièrement installé. Son existence est attestée dès 1213, et son seigneur, Arnaud de Miglos, va croupir quatre ans dans les geôles de Carcassonne en 1244, condamné par l'Inquisition pour avoir prêté assistance aux assiégés de Montségur lors des croisades albigeoises. À la veille de la Révolution, il est en ruine, et même incendié en 1792. Aujourd'hui, ses vestiges, inscrits aux monuments historiques depuis 1987, sont heureusement sauvegardés et entretenus.

C'est un festival !

Franche-Comté

C'est à Moirans-en-Montagne, capitale du jouet connue pour sa tradition artisanale du bois et de la tournerie, qu'Idéklic voit le jour en 1990. Au détour de spectacles, d'ateliers de danse, de chasse au trésor à dos de poney ou encore d'ateliers philosophiques, l'enfant fait appel à tous ses sens et à sa créativité, le temps de son escale au pays des merveilles, du 10 au 13 juillet cette année.

Une charade en

Bourgogne

Mon 1er est un préfixe indiquant un élément double. Célèbre pour ses *Maisons à l'Estaque*, mon 2e est un acteur majeur du cubisme. Mon 3e est le son produit par la vingtième lettre. Mon tout est une ancienne cité fortifiée celte, érigée il y a plus de deux mille ans sur le mont Beuvray.

Il était une fois en 1947

Le Président Warfield appareille du port de Sète

Languedoc-Roussillon

Au lendemain de la Seconde Guerre mondiale, des juifs rescapés des camps rêvent d'un nouveau départ en Terre promise, et de nombreux bateaux clandestins partent pour la Palestine, malgré des quotas stricts d'immigration. Craignant une réaction armée des Arabes, les Britanniques s'opposent à ces départs. Pourtant, le 11 juillet 1947, le paquebot *Président Warfield* quitte Sète clandestinement avec, à son bord, près de cinq mille survivants des camps. Le bateau, rebaptisé *Exodus 1947*, est attaqué par la marine anglaise dès son entrée dans les eaux palestiniennes. Il est rapatrié en France, où l'on propose la nationalité française à tous ceux qui descendront du bateau. Mais les passagers refusent et entament une grève de la faim. Ils seront finalement autorisés à émigrer en Palestine quelques mois plus tard.

Bibracte (bi-Braque-[t]).

mardi 12 juillet

lever : 6 h 00
coucher : 21 h 51

St Jean

INSOLITE
Picardie

Une statue de sainte qui fume, cela semble impossible ! C'est pourtant l'impression que donne la statue de sainte Ulphe sculptée sur la maison du Pèlerin à Amiens. Sainte Ulphe impose en réalité le silence avec son index sur ses lèvres, mais sa main a été cassée, n'y laissant qu'un morceau de doigt !

Un gentilé
du Centre

Tous les premiers week-ends de juin, Joué-lès-Tours accueille un festival des arts de la rue très dynamique. La commune possède aussi quatre églises et se trouve être la ville de naissance de la chanteuse Amel Bent et des frères Dalmat, footballeurs. Ce sont donc tous des...

Jocondiens.

La rubrique du 13 h

LE BAPTISTÈRE DE VÉNASQUE
Provence-Alpes-Côte d'Azur

Le baptistère Saint-Jean-Baptiste fut sûrement au départ un temple consacré à une divinité romaine. Il fut édifié, selon la tradition, au VIe siècle par saint Siffrein et était utilisé pour le baptême d'adultes. Il est bâti en forme de croix grecque, et ses quatre absides représentent chacun un des points cardinaux. Lorsque Prosper Mérimée visita l'édifice en 1834, il en fut tellement impressionné qu'il le fit inscrire sur la première liste des monuments historiques de France, établie par la suite en 1840.

Bonne fête !
Jean Gualbert

Ce jeune Florentin est éveillé à la foi catholique d'une bien étrange manière. Alors qu'il tient, sur le fil de son épée, l'assassin de son frère et qu'il s'apprête à se faire justice, Jean est ému de voir le coupable se mettre à genoux et commencer à prier. Il se convertit peu après et devient très pieux. Il est le fondateur de la congrégation des Vallombrosains.

Il était une fois en 1824
Naissance d'Eugène Boudin
Basse-Normandie

Eugène Boudin n'a pas révolutionné le monde de la charcuterie, mais bien celui de la peinture. Né à Honfleur, il est d'abord papetier-encadreur et ouvre sa propre boutique en 1844. Parallèlement, il se met à la peinture pour, rapidement, ne plus se consacrer qu'à cela. Sortant des ateliers pour aller peindre à l'extérieur, il puise son inspiration dans les paysages maritimes et les ports. Son talent est reconnu par les grands peintres de l'époque, tels Corot ou Courbet. Il est considéré par beaucoup comme un précurseur de l'impressionnisme et obtient une médaille d'or à l'Exposition universelle de Paris en 1889.

mercredi 13 juillet

lever : 6 h 01
coucher : 21 h 50

Bx Jacques

Savoirs d'antan

Les baies de groseilles fraîchement cueillies se détachent facilement si vous passez la queue de la grappe entre les dents d'une fourchette, en tirant doucement. Ajoutez un peu de sucre et nappez de crème fraîche épaisse, votre dessert est prêt !

Bonne fête !

Jacques de Voragine

Jacques de Voragine, du nom de la localité italienne où il est né au XIIIe siècle, était archevêque de Gênes. Mais il est surtout connu pour son œuvre de chroniqueur, ayant rédigé *La Légende dorée*, un recueil sur la vie des saints, qui a notamment beaucoup influencé l'art religieux.

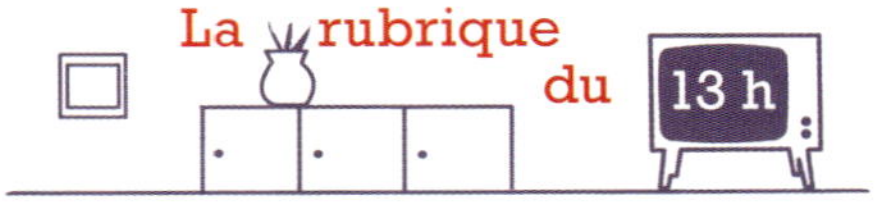

LA TUFIÈRE DE ROLAMPONT

Champagne-Ardenne

La tufière est un milieu biologique vivant et actif, mais d'une très grande fragilité. Ici, depuis des millénaires, les eaux d'infiltration, chargées de calcaire, s'écoulent au travers de mousses, les pétrifiant peu à peu, formant ainsi des bassins en escalier. Le tuf résultant de cette pétrification constitue un matériau résistant et léger, utilisé pour la construction de nombreux bâtiments. Longtemps exploitée, elle est devenue site naturel classé et protégé depuis 1982, et il n'est plus désormais question d'en extraire la moindre pierre. Dès les années 1970, la tufière fut valorisée et aménagée pour permettre aux visiteurs de découvrir cet environnement tout en le respectant.

Au fil de l'eau

Basse-Normandie

La Dives prend sa source dans l'Orne. Elle alimente plusieurs marais avant de rejoindre la Manche dans le Calvados, entre Cabourg et Dives-sur-Mer, à Port-Guillaume, à l'endroit même où Guillaume le Conquérant a assemblé une partie de sa flotte avant de partir pour l'Angleterre.

Il était une fois en 1911

Classement des fresques de l'église de La Ferté-Loupière

Bourgogne

Le village de La Ferté-Loupière a gardé son implantation urbaine médiévale, plaçant l'église en son centre, laquelle fait la fierté des habitants. Outre son architecture, elle se distingue par ses peintures murales, notamment par une remarquable danse macabre, l'une des cinq du Moyen Âge qui nous soient parvenues intactes. Réalisée sur enduit sec, la peinture se développe sur une longueur de vingt-cinq mètres et met en scène quarante-deux personnages. La qualité de l'œuvre fait de l'église de La Ferté-Loupière un des attraits majeurs de la région, et elle fut donc classée monument historique le 13 juillet 1911.

jeudi 14 juillet

lever : 6 h 02
coucher : 21 h 49

Fête nationale

INSOLITE
Pays de la Loire

Dans le Maine-et-Loire, la région de Doué est connue pour ses sites troglodytiques. À Dénezé-sous-Doué, l'un d'eux suscite la curiosité de nombreux visiteurs : la cave aux Sculptures et ses centaines de personnages dont on ne connaît pas l'origine.

Un gentilé
de Haute-Normandie

On trouve à Étrépagny, dans l'Eure, les vestiges d'un château datant des XIIe et XVe siècles, ainsi que le manoir de Mansigny, du XVIIe siècle. C'est également une ville connue pour sa fabrique de sucrerie très dynamique, où travaillent de nombreux habitants, appelés…

Sterpiniaciens.

La rubrique du 13 h

L'ABBAYE D'ALET-LES-BAINS
Languedoc-Roussillon

Le monastère fut élevé au rang d'abbaye en 813, par le comte Bera de Barcelone. L'abbaye fut ainsi richement dotée, et, la période connaissant de nombreux troubles et les pillages des biens de l'Église étant monnaie courante, elle subit des mises à sac au XIe siècle. Elles entraînèrent l'édification d'un mur d'enceinte autour du bourg, et l'abbaye prospéra jusqu'aux croisades albigeoises au XIIe siècle. Elle devint ensuite cathédrale, mais, lors des guerres de Religion, une partie du bâtiment fut détruite. Ce n'est qu'à partir de 1903 que des travaux de restauration préservèrent ses ruines, encore visibles.

Bonne fête !
Camille de Lellis

C'est en se faisant soigner à l'hôpital, à Rome, que Camille réalise le sort peu enviable des malades du XVIIe siècle. Devenu infirmier, il est bientôt rejoint par des disciples qui admirent son altruisme et sa compassion. Ensemble, ils donnent naissance à l'ordre des Clercs réguliers ministres des infirmes et vont d'hôpital en hôpital, allégeant la souffrance des malades.

Il était une fois en 1904
Inauguration du champ des sports au Touquet
Nord-Pas-de-Calais

La célèbre station balnéaire du Touquet doit principalement son existence à deux hommes. Le premier, Alphonse Jean-Baptiste Daloz, acquiert en 1837 un terrain sableux à l'embouchure de la Canche. Il y plante plus de huit cents hectares de forêt, puis crée en 1882 le premier lotissement, qu'on appellera « Paris-Plage ». Le second, un homme d'affaires anglais, John Whitley, poursuit le développement du site en construisant des hôtels de luxe, deux casinos et des infrastructures sportives, parmi lesquelles « le champ des sports », inauguré par Pierre de Coubertin en juillet 1904.

vendredi 15 juillet

lever : 6 h 03
coucher : 21 h 49

St Donald

Au fil de l'eau

Bretagne

Fleuve d'une centaine de kilomètres, le Couesnon traverse l'Ille-et-Vilaine avant de rejoindre la Manche au niveau du Mont-Saint-Michel. Il a longtemps fait office de frontière entre la Bretagne et la Normandie, arbitrant les querelles pour savoir laquelle des deux possédait la « huitième merveille du monde ».

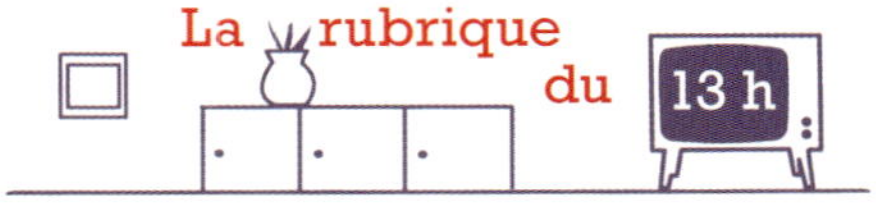

LE CIMETIÈRE AMÉRICAIN DE SAINT-AVOLD

Lorraine

Le cimetière américain de Saint-Avold est, en Europe, le plus grand de la Seconde Guerre mondiale. Avec ses dix mille quatre cent quatre-vingt-neuf tombes et ses quarante-six hectares, il est la dernière demeure des soldats qui ont donné leur vie, décédés pour la plupart lors de la conquête du Rhin. Au départ, le cimetière se trouvait un peu plus au sud et avait été créé par la 7e armée des États-Unis, pour y inhumer les corps de quelque seize mille hommes. En juillet 1947, le site définitif fut choisi, et le gouvernement français offrit à son homologue américain d'en disposer librement et à perpétuité.

Une charade en

Languedoc-Roussillon

Mon 1er, à ne pas confondre avec le poids, se mesure en kilogrammes. Mon 2e est un conifère décoratif, très connu des amateurs de mots fléchés. Mon 3e suit « Saint-Pierre » lorsque l'on évoque la gare TGV. Mon 4e est généralement fabriqué à partir d'eau, de malt et de houblon. Mon tout, célèbre pour son vin ou encore son miel, a pour point culminant le pic de Bugarach.

Bonne fête !

Donald

La femme de Donald, un père de famille écossais, lui avait demandé sur son lit de mort qu'il prenne bien soin de leurs neuf filles. Et on peut dire qu'il s'exécuta avec un certain zèle, voire un zèle certain puisqu'il transforma sa maison en couvent, fit de ses filles des religieuses et devint leur père supérieur !

Il était une fois en 1914

La France adopte l'impôt sur le revenu

France

Très discutée, cette adoption a été accélérée par la nécessité de participer à l'effort de guerre à l'été 1914. Ce nouvel impôt implique pour la première fois la déclaration des revenus de chacun et introduit la notion de progressivité – plus le revenu est important, plus le taux d'imposition est élevé. À droite, on n'hésitait pas à qualifier cette mesure d'« inquisition fiscale ». L'impôt sur le revenu concernait 20 % des foyers après la Seconde Guerre mondiale, et s'est stabilisé aujourd'hui à un peu plus de 50 % d'entre eux.

Massif des Corbières (masse-if-des-Corps-bière).

La pôchouse

Bourgogne

Ingrédients

Pour 6 personnes
2 kg de poissons d'eau douce
12 écrevisses
2 poireaux
1 carotte
15 g de lardons
2 échalotes grises
2 gousses d'ail
1 bouquet garni
40 g de beurre
2 c. à s. de farine
1 l de bourgogne aligoté
¼ de verre de marc
sel et poivre

Recette

- Videz et parez les poissons, puis coupez-les en tronçons de 5 cm d'épaisseur. Réservez. Décortiquez les écrevisses, puis enlevez le boyau noir au dos. Réservez. Conservez les têtes et les queues des écrevisses, ainsi que les parures des poissons.
- Épluchez et émincez grossièrement la carotte et les poireaux. Pelez et hachez finement les échalotes et l'ail. Dans une grande cocotte, mettez-les à suer dans 10 g de beurre. Ajoutez ensuite les parures des poissons et des écrevisses, le bouquet garni, la carotte et les poireaux émincés.
- Mouillez avec le vin blanc, salez, poivrez, couvrez, amenez à ébullition, puis laissez mijoter 15 min. Enlevez le couvercle, amenez à petit frémissement et poursuivez la cuisson pendant environ 1 h, pour que le vin blanc réduise de moitié.
- Travaillez les 30 g de beurre mou restant, ajoutez la farine en une fois et malaxez le tout pour l'incorporer complètement.
- Passez le jus au chinois et versez-le dans une autre cocotte. Incorporez le beurre manié, par petits morceaux, à l'aide d'un fouet. Portez à ébullition, puis faites flamber au marc.
- Ajoutez les lardons préalablement blanchis, puis faites pocher dans cette sauce les poissons et les écrevisses pendant 15 min. Rectifiez l'assaisonnement. Dans un plat chaud, dressez les poissons avec leur bouillon. Servez bien chaud, accompagné de croûtons frottés à l'ail.

Recette verdunoise

La pôchouse est originaire de Verdun-sur-le-Doubs, en Saône-et-Loire. Cette commune, posée au confluent de la Saône et du Doubs, est un véritable paradis pour les pêcheurs, et ce depuis fort longtemps. En effet, au XVIe siècle déjà, les pôchoux – « pêcheurs », en patois verdunois – profitaient de la richesse de ces rivières et préparaient cette délicieuse recette.

lundi 18 juillet

lever : 6 h 06
coucher : 21 h 46

St Arnoul

Bonne fête !

Arnoul de Metz

L'évêque de Metz Arnoul était connu pour son humilité. Ainsi, il jeta un jour son anneau épiscopal dans la Moselle, en déclarant qu'il se trouverait digne de le porter le jour où il le reverrait. Miracle ! Quelque temps plus tard, il le retrouva dans le ventre d'un poisson servi à sa table. Arnoul est en outre le saint patron des brasseurs, car, après sa mort, les personnes chargées de ramener ses reliques à Metz manquèrent de bière… Elles le prièrent et en trouvèrent !

La rubrique du 13 h

L'ANCIENNE PRISON DE BOURBOURG

Nord-Pas-de-Calais

La visite de cette prison construite en 1539 fera frissonner petits et grands, car, si les cachots sont vides, ils semblent encore chargés du souffle de leurs occupants ! La vision des cellules dites « de luxe », et qui offraient un trou en guise de latrines, vous rappellera la relativité du sens des mots dans le milieu carcéral. Au sous-sol, le « cachot noir », qui enfermait les fous, et deux autres cachots, aux lourdes portes en chêne, pourvus d'anneaux scellés dans le mur pour y attacher les criminels, finiront de vous glacer le sang !

Savoirs d'antan

Les brochettes en bois ont une fâcheuse tendance à brûler lors de la cuisson de la viande au barbecue. Pour éviter ce désagrément, vous pouvez les mettre à tremper une demi-heure dans de l'eau. Il suffit ensuite d'enfiler les aliments et de réaliser la cuisson.

Au fil de l'eau

Île-de-France

Les rives de l'Almont comptaient autrefois plusieurs moulins, et on y pratiquait le canotage. Cette rivière de Seine-et-Marne, qui rejoint la Seine à Melun, ne s'appelle « Almont » que pour quelques kilomètres, à partir de sa sortie du bassin du château de Vaux-le-Vicomte : elle est connue auparavant sous le nom de « ru d'Ancœur ».

Il était une fois en 961

L'évêque Gothescalk consacre la chapelle Saint-Michel d'Aiguilhe

Auvergne

Si vous vous rendez au Puy-en-Velay, n'hésitez pas à faire un crochet par la commune d'Aiguilhe, située sur le chemin du pèlerinage de Saint-Jacques-de-Compostelle, pour y admirer sa superbe chapelle. Juchée au sommet d'un rocher, elle fut construite au Xe siècle, à la demande du doyen de l'église du Puy, Truamus, qui voulait bâtir au sommet du pic un sanctuaire dédié à saint Michel. Construite sur une ancienne cheminée de volcan, la chapelle est une vraie prouesse technique pour l'époque. L'évêque du Puy, Gothescalk, aurait consacré l'édifice fraîchement achevé en juillet 961. Si vous voulez la visiter, sachez qu'il vous faudra d'abord gravir les deux cent soixante-huit marches qui mènent à son entrée !

mardi 19 juillet

lever : 6 h 08
coucher : 21 h 45

St Arsène

INSOLITE
Aquitaine

Prendre place à bord du petit train d'Artouste, c'est faire un voyage dans le temps. Inaugurée en 1920 pour acheminer à flanc de montagne, dans une vallée vertigineuse, les hommes et les matériaux nécessaires à la construction du barrage du lac d'Artouste, la ligne accueille désormais les touristes.

Une charade en
Auvergne

Mon 1er a été l'objet d'une impressionnante ruée outre-Atlantique au XIXe siècle. Mon 2e est l'autre appellation, moins usitée, de la ciboule. Mon 3e peut être « de Marne », « d'Oise » ou encore « de Loire » ou « de Saône ». Mon tout est un charmant village du parc naturel des Volcans d'Auvergne, dont la basilique est typique de l'art roman auvergnat.

La rubrique du 13 h

LE CHÂTEAU DE CHÂLUS-CHABROL
Limousin

Le château de Châlus-Chabrol fait partie d'un ensemble unique en France de quinze châteaux forts situés entre le Périgord et le Limousin, érigés pour protéger l'accès à Limoges et pour séparer le duché d'Aquitaine, appartenant alors au royaume d'Angleterre, du royaume de France. Le château doit une grande partie de sa renommée au siège de 1199, au cours duquel Richard Cœur de Lion trouva la mort, après avoir été blessé par un carreau d'arbalète décoché depuis le donjon par le chevalier limousin Pierre Basile.

Bonne fête !
Arsène

Arsène, diacre et ermite, vivait dans les montagnes égyptiennes au Ve siècle et avait, nous dit-on, le « don des larmes ». Il pouvait ainsi pleurer à volonté des larmes de recueillement, purifiantes, et tout cela bien avant l'invention des mouchoirs en papier.

Il était une fois en 2013
Tournage des Vacances du Petit Nicolas à Noirmoutier
Pays de la Loire

Fini les vacances pour le Petit Nicolas, le célèbre personnage de Goscinny et Sempé, qui avait posé ses valises depuis juin à Noirmoutier avec toute une équipe de tournage. Le deuxième épisode des aventures cinématographiques de ce petit garçon espiègle a pour cadre la célèbre île vendéenne, et le programme est chargé : aller à la plage, se faire de nouveaux copains, faire des bêtises, rencontrer l'amour... Autour de Mathéo Boisselier, Kad Merad et Valérie Lemercier, les Noirmoutrins ont été sollicités pour jouer les figurants lors de ce voyage dans les années 1960.

Orcival (or-cive-val).

mercredi 20 juillet

lever : 6 h 09
coucher : 21 h 44

St Joseph Barsabbas

Savoirs d'antan

Afin d'atteindre le dentifrice restant au fond d'un tube, vous pouvez découper l'extrémité opposée au bouchon. Cette même extrémité sera un couvercle idéal pour fermer le tube et éviter le dessèchement de la pâte, si vous n'avez pas pu la terminer en une seule fois.

Bonne fête !
Joseph Barsabbas

Joseph a failli devenir apôtre, quand il a fallu remplacer Judas pour des raisons évidentes. Deux hommes ont été présentés aux apôtres, mais c'est saint Matthias qui obtint finalement la place. Ce malheureux Joseph, qui n'était pas rancunier, a consacré sa vie à la prédication.

La rubrique du 13 h

LES SOURCES DU CUSANCIN

Franche-Comté

Le Cusancin, qui court dans une vallée sur quelques kilomètres, possède deux sources, appelées « source Bleue » et « source Verte ». La source Bleue voit ses eaux limpides, d'un bleu cristallin par beau temps, surgir d'une vasque ovale de neuf mètres de profondeur et dont la galerie noyée fut explorée par des plongeurs sur deux cent vingt mètres. Non loin de là, la source Verte – ou Cuse – jaillit en plusieurs points, au milieu des rochers d'une grotte de quatre mètres de profondeur pour autant de large. C'est l'alliance de ces deux sources qui donne son nom au village de Cusance et à cet affluent du Doubs.

Un gentilé
de Basse-Normandie

La ville de Saint-Lô, dans la Manche, jouit d'un patrimoine historique important, avec sa chapelle de la Madeleine du XIVe siècle, les vestiges de ses remparts ou encore son haras national. Les nombreux espaces verts de la ville font aussi le plaisir de ses habitants, les...

Saint-Lois ou Laudois ou Laudiens.

Il était une fois en 1858
Entrevue secrète entre Napoléon III et Cavour

Lorraine

C'est dans la petite station thermale de Plombières que Napoléon III rencontre Cavour, le Premier ministre du roi de Piémont-Sardaigne Victor-Emmanuel II, en 1858. Une entrevue secrète qui a pour but un accord entre la France et l'Italie en cas d'intervention militaire contre l'Autriche. La rencontre intervient six mois après une tentative d'assassinat de Napoléon par un révolutionnaire italien, Felice Orsini. Ce dernier, condamné à mort, réussit à faire parvenir à l'Empereur des lettres où il l'exhorte à donner son soutien à l'unification de l'Italie. Elles auraient bouleversé Napoléon et auraient conduit à cette rencontre.

jeudi 21 juillet

lever : 6 h 10
coucher : 21 h 43

St Victor

Bonne fête !

Victor de Marseille

Être broyé sous une meule en pleine place publique, c'est le triste sort réservé au soldat romain Victor, en garnison à Marseille, pour avoir refusé sa solde et proclamé sa foi. Emprisonné avant son supplice, il convertit ses trois gardiens, qui furent, quant à eux, condamnés à être décapités.

INSOLITE

Corse

Les calanques de Piana, entre Ajaccio et Calvi, sont des pitons érodés de granit rouge, qui émergent de la mer. La nature, facétieuse, y a fait apparaître des formes qu'on peut s'amuser à retrouver, comme celles de l'aigle, de l'évêque, du chien ou du célèbre cœur.

La rubrique du 13 h

LE CHÂTEAU DE TURENNE

Limousin

Il fut édifié au XIe siècle au sommet d'une corniche. Aujourd'hui, il n'en reste plus que trois éléments : deux tours et une salle des gardes. Cette dernière abrite du mobilier Louis XVIII et une collection de coffres à sel. Au sud, à l'entrée du château, se dresse la tour quadrangulaire, appelée aussi « tour du Trésor ». Au nord s'élève la tour ronde, dite « tour de César », qui servait d'observatoire, accessible grâce à un escalier à vis. De là, vous aurez une vue panoramique sur la vallée de la Dordogne et, si le temps vous sourit, jusqu'aux monts du Cantal.

Une charade en

Aquitaine

Mon 1er est un morceau gras du porc, issu du ventre, du dos ou de la poitrine de l'animal. Mon 2e est un style musical très populaire, né aux États-Unis dans les années 1940-1950. Mon 3e désigne la rémunération des domestiques. Mon 4e, moine dans la comptine pour enfants, devient « fataliste » sous la plume de Diderot. Construit à flanc de falaise le long de la Dordogne, mon tout est une étape touristique incontournable du Périgord noir.

Il était une fois en 1242

Bataille du pont de Taillebourg

Poitou-Charentes

Le pont de Taillebourg était un lieu de passage stratégique de seulement deux mètres de large, au-dessus de la Charente. Il fut le théâtre de plusieurs batailles, dont la principale eut lieu le 21 juillet 1242. Elle fut décisive, dans une lutte de près d'un siècle entre les rois Capétiens et leurs ennemis anglo-angevins. Il s'agit également de la première campagne du jeune Louis IX, futur Saint Louis, qui fait face à une révolte féodale. Il prend les rênes du pouvoir et lève une armée pour rétablir l'autorité royale. Pour un coup d'essai, c'est un coup de maître : le roi de France met fin à un conflit séculaire. Un tableau de Delacroix (1837) qui immortalise ce succès est conservé dans la galerie des Batailles, à Versailles.

La Roque-Gageac (lard-rock-gages-Jacques).

vendredi 22 juillet

lever : 6 h 11
coucher : 21 h 41

Ste Marie Madeleine

Bonne fête !

Marie de Magdala

Marie de Magdala, aussi connue sous le nom de Marie Madeleine, est un personnage de l'entourage proche de Jésus. Ce dernier a chassé les démons de son corps, et elle est devenue depuis une de ses disciples. Quand le Christ ressuscite, elle est la première à le voir.

La rubrique du 13 h

LA TIERKIRCHLEIN

Alsace

Au bout d'un chemin forestier, sur un rocher creusé d'une grotte, se trouvent les ruines de cette chapelle gothique, dont seulement une partie du chœur subsiste et qui fut probablement construite au XIIIe siècle sur un ancien lieu de culte païen. Une légende raconte que ce sont les animaux de la forêt qui l'édifièrent, car les hommes s'étaient détournés de Dieu. Impressionnés par la beauté du lieu, les pécheurs se souvinrent alors du Seigneur. Au Moyen Âge, ce fut un lieu de pèlerinage célèbre, où l'on venait demander la guérison et la protection des animaux domestiques et des troupeaux.

Au fil de l'eau

Picardie

Née dans les Ardennes, la Serre s'écoule principalement dans l'Aisne, où elle rejoint l'Oise à Danizy, après un parcours d'une centaine de kilomètres, le long duquel on peut voir de nombreuses églises fortifiées, la Serre délimitant autrefois plusieurs territoires.

Un gentilé

de PACA

La plage la plus connue de La Seyne-sur-Mer, les Sablettes, située sur la presqu'île de Saint-Mandrier, attire de nombreux baigneurs chaque année. Les touristes se pressent aussi au fort Balaguier ou sur le site historique des anciens chantiers navals, bien connus des...

Seynois.

Il était une fois en 2014

Mont-Saint-Michel : ouverture du nouveau pont-passerelle aux piétons

Basse-Normandie

Le Mont-Saint-Michel doit redevenir une île. C'est pourquoi de grands travaux ont été menés dès 2005, avec la destruction de la digue qui le reliait au continent depuis 1879 et des parkings maritimes, et la construction d'un pont-passerelle, seul accès public au mont, ouvert ce 22 juillet 2014. Réalisé par l'architecte Dietmar Feichtinger, l'ouvrage, constitué d'une voie centrale et d'une voie pour piétons, enjambe la mer sur une longueur de sept cent soixante mètres. L'étape finale de ce projet est la reconstitution d'un des bras de la rivière qui se jette dans la baie, le Couesnon, asséché par la digue-route du XIXe siècle, ce qui permettra au Mont-Saint-Michel de retrouver son insularité.

samedi 23 juillet

Ste Brigitte

dimanche 24 juillet

Ste Christine

La tatin de courgettes

Provence-Alpes-Côte d'Azur

Ingrédients

Pour 6 personnes
1 pâte brisée
4 petites courgettes
200 g de fromage de chèvre frais
200 g d'allumettes de lardons fumés
2 gousses d'ail
10 feuilles de basilic
pesto rosso
huile d'olive
sel et poivre

Recette

- Lavez les courgettes, puis détaillez-les en rondelles en gardant la peau. Pelez, puis écrasez légèrement les gousses d'ail avec le plat d'un couteau.
- Dans une sauteuse, faites dorer les lardons, sans ajouter de matière grasse, puis réservez sur du papier absorbant.
- Dans la même sauteuse, faites revenir les courgettes dans un peu d'huile d'olive. Une fois qu'elles sont saisies, baissez le feu, ajoutez l'ail, assaisonnez, puis poursuivez la cuisson. Quand les rondelles de courgettes sont translucides, ajoutez 1 c. à s. de pesto, mélangez délicatement, puis laissez sur le feu encore 2 min.
- À l'aide d'une fourchette, émiettez le fromage de chèvre dans un bol. Ajoutez le basilic ciselé, un tour de moulin à poivre et mélangez.
- Recouvrez un moule à manqué de papier sulfurisé. Badigeonnez-le d'un peu d'huile d'olive. Tapissez le fond du moule avec une couche de courgettes bien rangées. Recouvrez d'une fine couche de pesto rosso, puis de préparation au fromage et ensuite de quelques lardons. Renouvelez l'opération une fois. Enfin, déposez la pâte brisée sur le tout. Rentrez les bords de la pâte à l'intérieur du moule, en les enfonçant avec les doigts. Pressez sur la pâte avec le plat des mains, pour qu'elle adhère bien à la préparation, puis percez une petite cheminée au centre, avec la pointe d'un couteau, pour permettre l'évacuation de la vapeur d'eau pendant la cuisson.
- Faites cuire à mi-hauteur dans un four préchauffé à 210 °C, jusqu'à ce que la pâte soit cuite et ait une belle couleur dorée. Comptez 20 à 30 min. Retournez sur un plat de service ayant un petit rebord. Servez à votre convenance chaud, tiède ou froid.

Le pesto rosso

Pour profiter pleinement des richesses provençales, faites votre propre pesto rosso. Pour cela, mondez et coupez en cubes 200 g de tomates bien mûres. Hachez grossièrement 100 g de tomates séchées marinées à l'huile d'olive. Faites cuire à l'eau bouillante 100 g d'amandes fraîches pendant 10 min, puis, après les avoir passées sous l'eau froide, épluchez-les. Effeuillez et ciselez 1 bouquet de basilic frais. Pelez et pressez 2 gousses d'ail. Mélangez le tout dans le bol d'un mixeur, puis mixez à forte puissance, en ajoutant peu à peu 50 ml d'huile d'olive. Assaisonnez à votre convenance. Vous voilà avec un pesto fait à 100 % avec les produits stars de la région !

lundi 25 juillet

lever : 6 h 15
coucher : 21 h 38

St Jacques

Savoirs d'antan

La température extérieure est caniculaire ? Adaptez vos habitudes. Mangez plutôt des fruits. Habillez-vous de tenues légères, en lin ou en coton. Pratiquez vos activités avant 10 heures et après 15 heures. Parsemez vos plats de menthe ciselée ou de graines de coriandre.

Bonne fête !

Jacques le Majeur

Jacques est un des premiers apôtres à suivre Jésus, avec son frère Jean. Ils le rencontrent alors qu'ils sont pêcheurs en Galilée et l'accompagnent jusqu'à son arrestation. C'est à son tombeau que mène le très célèbre pèlerinage chrétien de Saint-Jacques-de-Compostelle.

La rubrique du 13 h

LE VILLAGE DES FOURMIS

Corse

Situé au cœur des montagnes corses, près du village de Tralonca, à douze kilomètres de Corte, Zuccarellu est un petit hameau abandonné. Une légende d'autrefois conte que, au xe siècle, un habitant du village, furieux que le prêtre ait célébré la messe sans l'attendre, le tua sans autre forme de procès. En guise de représailles divines, des fourmis dévastèrent les lieux, obligeant les habitants à fuir. On retrouve encore à Tralonca et à Sainte-Lucie des familles se nommant Zuccarelli, descendant de ces infortunés villageois.

Une charade en

Bretagne

Mon 1er est un quotidien français, sans son « Le », fondé en 1944 par Hubert Beuve-Méry. Mon 2e mesure cent mètres carrés. Mon 3e est la terre des Rhétais. Couvrant environ soixante-cinq mille kilomètres carrés, mon tout fait partie du massif armoricain.

Il était une fois en 1912

La colonie de Mayotte rattachée à Madagascar

Mayotte

Maintes fois victime d'invasions, l'île a une histoire pour le moins troublée. Originellement colonisée par les Bantous autour du ve siècle, Mayotte développe des relations commerciales avec les îles environnantes et le continent africain. Sous domination arabe, elle devient un sultanat soumis aux attaques incessantes de ses voisins, les violences culminant au début du xixe siècle. Pour y mettre fin, le sultan Andriansouli se place sous protectorat français en 1841. L'influence de la France est entérinée par la loi du 25 juillet 1912, qui rattache Mayotte et ses dépendances à Madagascar, elle aussi devenue colonie française en 1896.

Monts d'Arrée (Monde-are-Ré).

mardi 26 juillet

lever : 6 h 16
coucher : 21 h 36

Ste Anne

INSOLITE
Limousin

Qui a dit que l'art devait être cantonné dans les musées ? Dans la Creuse, sur l'île de Vassivière, au milieu d'un immense lac artificiel, on peut admirer, au détour d'un bosquet, une cinquantaine d'œuvres contemporaines réparties dans un parc de trente hectares.

Un gentilé
d'Auvergne

Pont-du-Château est une jolie commune du Puy-de-Dôme qui vous ravira par la beauté de ses maisons à colombages du XVIe siècle et de son église Sainte-Martine, avec sa nef du XIIe siècle. À noter que le célèbre linguiste Alain Rey en est originaire ; il est donc un...

Castelpontin.

La rubrique du 13 h

LA FORÊT DE SAINT-GOBAIN
Picardie

À l'ouest de Laon, en Picardie, se trouve la majestueuse forêt de Saint-Gobain. Plusieurs routes forestières permettent de découvrir les nombreuses essences naturelles, plusieurs étangs, mais aussi, pour les plus chanceux ou les plus discrets, des cerfs ou des chevreuils, nombreux à arpenter ces sous-bois. Ces chemins mènent aussi aux ruines de l'ancienne abbaye bénédictine de Saint-Nicolas-aux-Bois, au prieuré fortifié du Tortoir – datant du XIVe siècle – et à l'abbaye de Prémontré construite au XIIe siècle, dont certains bâtiments accueillent aujourd'hui un hôpital, mais qui reste en partie ouverte au public.

Bonne fête !
Anne

Le culte d'Anne, mère de Marie et grand-mère de Jésus, a été souvent contesté, notamment parce que son histoire reprend en grande partie celle de la mère de Samuel – nommée Anne, elle aussi –, qui est contée dans l'Ancien Testament. L'affirmation tardive de sa supposée virginité a rencontré également de vives critiques.

Il était une fois en 1340
La bataille de Saint-Omer
Nord-Pas-de-Calais

Saint-Omer fut le cadre d'une des premières opérations terrestres de la guerre de Cent Ans, le 26 juillet 1340. Édouard III avait trouvé un allié de choix en la personne de Jacob Van Artevelde, à la tête du comté de Flandre. Ce fief du royaume de France, qui se révoltait régulièrement contre Philippe VI pour son indépendance, s'allia aux Anglais. Robert III d'Artois dirigea les troupes anglaises vers Saint-Omer, de manière assez visible d'ailleurs : on eut le temps de se préparer et de fortifier la ville. L'attaque impromptue de chefs français lança les hostilités. Ce qui était une erreur au départ créa une brèche dans les troupes anglo-flamandes. Saint-Omer tint bon et la France récupéra quelques soutiens en Flandre. Mais la rivalité avec l'ennemi anglais était loin de s'éteindre !

mercredi 27 juillet

lever : 6 h 17
coucher : 21 h 35

Bse Marie-Clémence

Au fil de l'eau

Bourgogne

Qui pourrait croire que cette rivière du Morvan, sur laquelle une retenue d'eau forme un paisible lac, attire de nombreux amateurs de kayak et de rafting ? Le Chalaux devient en fait un cours d'eau très sportif après le barrage de Chaumeçon, lors des lâchers d'eau.

Bonne fête !

Marie-Clémence de Jésus Crucifié

Malgré les nombreux avertissements de la Gestapo, Marie, sœur ursuline polonaise, accueillit dans son couvent des jeunes filles juives pendant la Seconde Guerre mondiale. Sa bonté lui valut une déportation au camp d'Auschwitz, où elle mourut en 1943 à l'âge de 53 ans. Elle fut béatifiée en 1999 pour sa générosité.

La rubrique du 13 h

NOTRE-DAME-D'ORCIVAL

Auvergne

Cette église romane, construite dans la seconde moitié du XIIe siècle à Orcival, dans le Puy-de-Dôme, est une des cinq églises dites « majeures » de la Basse-Auvergne. Basilique, elle est surnommée « Notre-Dame-des-Fers » : des fers et des boulons suspendus, sous les arcatures, seraient des offrandes de prisonniers ou de croisés délivrés grâce à l'intervention de la Vierge. Le bâtiment est inscrit sur la liste des monuments historiques de 1840 – la première – dressée par Prosper Mérimée, alors inspecteur des Monuments historiques.

Un gentilé

du Nord-Pas-de-Calais

Les Sinois vous parleront sans doute de leur église Saint-Martin et de ses nefs néogothiques, ou de leur ancienne abbaye de Beaulieu fondée en 1224, dont on a perdu toute trace archéologique. Leur cité est aujourd'hui impliquée dans le projet d'un des plus grands écoquartiers de France, et se nomme…

Sin-le-Noble.

Il était une fois en 1883

Victor Hugo écrit une lettre pour sauver les arènes de Lutèce

Île-de-France

« Conservez les arènes de Lutèce. Conservez-les à tout prix. Vous ferez une action utile, et, ce qui vaut mieux, vous donnerez un grand exemple. » Ces mots sont de Victor Hugo, tirés de la lettre qu'il adresse au président du conseil municipal de Paris en 1883. Il parle au nom de la Société des amis des arènes, après la découverte des vestiges d'arènes lors de travaux de terrassement. Construites au Ier siècle, elles prenaient la forme d'un amphithéâtre pouvant accueillir dix-sept mille personnes. Conçues pour le théâtre et les combats de gladiateurs, elles furent préservées jusqu'au XIVe siècle, puis ensevelies. Grâce à l'intervention de l'écrivain, le conseil municipal racheta les vestiges et les classa monument historique.

Savoirs d'antan

Le saviez-vous ? Le fruit de la bardane se cueille au mois de juillet. Il fait la joie des jeunes enfants, qui le lancent sur les vêtements, auxquels il s'accroche. C'est l'observation au microscope d'un de ces fruits qui a permis l'invention du Velcro.

Une charade en Haute-Normandie

Mon 1er est un grand arbre typique des forêts tempérées, principalement utilisé pour l'ameublement. Mon 2e est une interjection marquant l'hésitation. On apprend sur mon 3e lorsqu'on se forme tout en travaillant. Ses grandes falaises crayeuses ont fait de mon tout un haut lieu du tourisme normand.

La rubrique du 13 h

LES TRIPTYQUES DE L'ÉGLISE DE TERNANT

Bourgogne

La petite église Saint-Roch ravira les amateurs d'art sacré et d'art tout court, grâce à la présentation de deux retables flamands en triptyque du XVe siècle. Ces joyaux en bois sculpté, peint et doré furent offerts à l'église par le baron Philippe de Ternant et son fils Charles. L'un représente sept épisodes de la vie de la Vierge et Philippe accompagné de son épouse, et l'autre, différents moments de la vie du Christ, ainsi que Charles et sa femme. La finesse et la précision de la sculpture rehaussées par les dorures font de ces deux pièces des merveilles artistiques rares !

Bonne fête ! Samson

Apparemment, cet évangélisateur gallois, qui devint archevêque de Dol après avoir prêché à travers toute la Bretagne, parlait et même commandait aux animaux. Ainsi, selon la légende, il convainquit les oiseaux d'arrêter de piller les récoltes et les oies de ne pas faire de bruit pendant les vêpres.

Il était une fois en 1947

Explosion de l'Ocean Liberty à Brest

Bretagne

L'horreur de la guerre est encore présente dans les têtes, à Brest, lorsqu'une nouvelle tragédie survient en 1947. L'*Ocean Liberty* est un cargo sous pavillon norvégien. Comme souvent, la catastrophe est le résultat d'une série d'événements exceptionnels. Tout d'abord, le navire accoste à Anvers, mais une grève des dockers l'oblige à changer ses plans. Le port de Brest est alors un des rares à pouvoir accueillir un navire de cette taille. Le chargement, constitué de plus de trois mille trois cents tonnes de produits inflammables, s'embrase. Malgré les tentatives pour couler le bateau avant qu'il n'explose, le drame a bien lieu et endommage le port et une partie de la ville. Au total, vingt-six personnes périssent, plusieurs centaines sont blessées et des milliers d'autres marquées pour le reste de leur vie.

Étretat (hêtre-euh-tas).

vendredi 29 juillet

lever : 6 h 20
coucher : 21 h 32

Ste Marthe

INSOLITE

Champagne-Ardenne

En 2013, près de Reims, c'est un logement social d'un nouveau genre qui a vu le jour : la maison-vague. Construite en bois, elle a des allures de hangar avec sa forme en demi-cylindre. Elle semble flotter, tandis que son toit, qui forme ladite vague, est entièrement végétalisé.

Bonne fête !

Marthe

Marthe, sœur de Lazare, était une excellente maîtresse de maison. Elle avait sa demeure, à Béthanie, près de Jérusalem, et Jésus, nous dit-on, aimait à venir s'y reposer. Ainsi, quand son frère Lazare mourut, Jésus le ressuscita sous les yeux ébahis, mais confiants, de Marthe.

La rubrique du 13 h

LA VILLA ARNAGA

Aquitaine

En 1901, Edmond Rostand, célèbre auteur de *Cyrano de Bergerac* fraîchement élu à l'Académie française, acquiert une parcelle de terrain à Cambo-les-Bains et y fait construire une villa de quarante pièces. Baptisée « Arnaga » par le poète – déformation du mot *arraga* qui signifie en basque « eau qui coule sur les rochers » –, cette villa verra se dérouler de nombreuses fêtes, qui ruineront son propriétaire. C'est en 1960 que la municipalité se porte acquéreur de l'endroit et y installe le musée Edmond-Rostand.

Au fil de l'eau

Poitou-Charentes

La Boivre – ou « rivière aux castors » – promène ses eaux calmes entre Vasles et Poitiers, où, canalisée, elle rejoint le Clain. Si les rongeurs à queue plate l'ont désertée, de même que les autres sources de la vallée, plusieurs espèces de poissons s'y plaisent, tout comme les écrevisses.

Il était une fois en 1939

Décret de dissolution du corps municipal des sapeurs-pompiers de Marseille

Provence-Alpes-Côte d'Azur

L'unité de pompiers de Marseille est, avec celle de Paris, la seule unité militaire de sapeurs-pompiers en France. Mais, avant 1939, la lutte contre les incendies y était assurée par le corps municipal des sapeurs-pompiers, composé de professionnels payés par la municipalité. Hélas, un événement tragique va causer sa perte : l'incendie des Nouvelles Galeries, le 28 octobre 1938. La catastrophe coûte la vie à soixante-treize personnes, détruisant entièrement le magasin et plusieurs immeubles. Le corps municipal, très vite dépassé par l'ampleur du désastre, fait appel aux marins-pompiers voisins de Toulon, dont le professionnalisme impressionne le président du Conseil, Édouard Daladier, présent sur les lieux. Il est donc dissous neuf mois plus tard, au profit d'un bataillon de marins-pompiers, dont la réputation fait depuis la fierté des Marseillais.

samedi 30 juillet

Ste Juliette

dimanche 31 juillet

St Ignace de Loyola

La piperade à la basquaise

Aquitaine

Ingrédients

Pour 4 personnes

1 kg de tomates
2 poivrons rouges
1 poivron vert
2 gros oignons
3 gousses d'ail
8 œufs
200 g de jambon de Bayonne
1 noix de beurre
huile d'olive
1 branche de thym
1 feuille de laurier
piment d'Espelette
sucre
sel et poivre

Recette

- Ébouillantez les tomates, mondez-les, puis coupez-les en petits cubes.
- Épluchez les poivrons, ôtez-en les graines et les parties blanches, puis taillez-les en lanières.
- Épluchez et hachez finement les oignons. Pelez et pressez l'ail.
- Faites chauffer un peu d'huile d'olive dans une sauteuse, puis faites-y fondre les oignons à feu doux. Quand ils sont translucides, ajoutez les poivrons et l'ail, et poursuivez la cuisson environ 10 min. Versez ensuite dans la sauteuse les tomates, ainsi que le thym, le laurier et une pointe de couteau de piment d'Espelette. Assaisonnez. Vous pouvez à ce moment-là ajouter 1 c. à s. de sucre pour enlever l'acidité des tomates, si besoin.
- Laissez mijoter à feu doux 30 à 40 min à découvert.
- Battez les œufs en omelette dans un bol. Assaisonnez.
- Retirez la branche de thym et la feuille de laurier de la sauteuse, puis versez-y les œufs et laissez cuire jusqu'à obtention d'une consistance d'œufs brouillés.
- Pendant ce temps, faites chauffer une noix de beurre dans une poêle. Quand celle-ci est bien chaude, faites-y revenir rapidement le jambon de Bayonne préalablement coupé en lanières. Quand il est bien doré, déposez-le sur la piperade, puis servez aussitôt.

Couleurs locales

Plat aux couleurs du drapeau basque, la piperade est originaire du pays de Soule, une des sept provinces du Pays basque. Incontournable de la cuisine du Sud-Ouest, elle est, à l'origine, un accompagnement servi avec une viande ou un poisson. Cependant, il n'est pas rare de la trouver agrémentée d'œufs et servie alors en plat principal.

lundi 1er août

lever : 6 h 24
coucher : 21 h 28

St Alphonse

Bonne fête !

Alphonse de Liguori

Napolitain de bonne famille, studieux, le jeune Alphonse, né en 1696, obtient son doctorat de droit à 17 ans à peine. Avocat renommé, car orateur brillant, il perd cependant une affaire : les clients sont prestigieux, les juges faibles, et Alphonse, pieux depuis sa plus tendre enfance, perd la foi en la justice humaine, choisissant dès lors de se consacrer à celle de Dieu. Missionnaire, évêque jusqu'à un âge avancé, il ne faillira pas à sa nouvelle mission, malgré ses nombreuses maladies. Il est d'ailleurs le patron des moralistes...

La rubrique du 13 h

LA TOUR DE MORICQ

Pays de la Loire

Moricq est un petit village de Vendée, qui dépend de la commune d'Angles et qui fut fortifié au Moyen Âge, au moins dès le XIe siècle. Cependant, du château et de ses fortifications, il ne reste aujourd'hui rien d'autre que des voûtes romanes en sous-sol et cette tour presque cubique, puisque ses trois dimensions sont quasi identiques. Ce donjon fut reconstruit en 1435 par le maire de La Rochelle et avait pour but de protéger le port de Moricq, qui exportait vins, céréales et bois vers d'autres ports de la côte atlantique française.

Savoirs d'antan

Une tache sur un carrelage peut se retirer à l'aide d'une éponge imbibée d'eau savonneuse. Mais, si vous avez affaire à une tache tenace – encre, peinture... –, utilisez un linge imprégné d'alcool à brûler. Rincez soigneusement à l'eau claire.

Au fil de l'eau

Auvergne

Rivière du Massif central – elle prend sa source dans la Margeride, à mille quatre cent cinquante mètres d'altitude –, la Truyère est un important affluent du Lot. Ses eaux abondantes ont creusé de splendides gorges et ont également permis l'installation de plusieurs barrages hydroélectriques.

Il était une fois en 2010

Inscription de la zone dite « pitons, cirques et remparts » au patrimoine mondial de l'Unesco

La Réunion

En 2010, le parc naturel de La Réunion est, pour sa partie centrale appelée « pitons, cirques et remparts », le troisième site naturel français classé au patrimoine mondial de l'Unesco – après le golfe de Porto en Corse et les lagons de Nouvelle-Calédonie. Ces paysages à couper le souffle occupent pas moins de cent mille hectares, soit près de la moitié de la superficie de l'île. La conjonction des activités volcanique et tectonique et de l'érosion a façonné un paysage singulier, comprenant deux volcans importants, le piton des Neiges et le piton de la Fournaise, ainsi que des cirques formant des amphithéâtres naturels, la zone étant fermée par d'impressionnantes falaises. La biodiversité et les écosystèmes y sont exceptionnels et précieux, et contribuent à rendre le lieu unique au monde.

mardi 2 août

lever : 6 h 25
coucher : 21 h 27

Bx Basile

INSOLITE
Bretagne

Passer une bonne soirée dans une prison ? À Rennes, c'est possible. L'ancienne prison Saint-Michel, du xvᵉ siècle, a été transformée en restaurant, bar et discothèque : les tables ont remplacé les prisonniers dans la cour intérieure, et c'est en toute liberté qu'on y vient applaudir de nombreux artistes.

Un gentilé
de Bourgogne

Classée « ville d'art et d'histoire », la commune de Nevers abrite une magnifique cathédrale gothique érigée du xᵉ au xviᵉ siècle, mais doit aussi sa renommée à ses somptueuses faïences. Le chef triplement étoilé Guy Savoy en est originaire ; il est donc un…

Nivernais.

La rubrique du 13 h

LES PONTS ROMAINS DE THÔNES
Rhône-Alpes

Dans la vallée de Thônes, plusieurs ponts situés le long de l'ancienne voie romaine se sont vu attribuer une origine antique. S'ils datent bien d'une époque ancienne, voire antérieure à la période gallo-romaine, cette appellation est un peu abusive, puisqu'on ne saurait les dater précisément. Toutefois, cela n'enlève rien au charme des édifices. Le pont des Clefs, sur le Fier, et le pont du Nom, sur le petit torrent du même nom, présentent des tabliers en accent circonflexe, au-dessus d'une arche, dont la forme pure semble auréoler les cours d'eau qu'ils enjambent.

Bonne fête !
Basile le Bienheureux

Né non loin de Moscou en 1469, Basile était un fol-en-Christ : il déambulait sans aucun bien matériel, niant les conventions sociales et dormant à la belle et fraîche étoile russe. Se privant de tout, et même de vêtements, portant des chaînes, il fit forte impression sur ses contemporains – c'est en effet un personnage historique –, et même sur les plus durs d'entre eux. Il semble que le tsar Ivan le Terrible lui-même ait redouté le jugement de cet homme, dont la célèbre cathédrale de la place Rouge, à Moscou, porte aujourd'hui le nom.

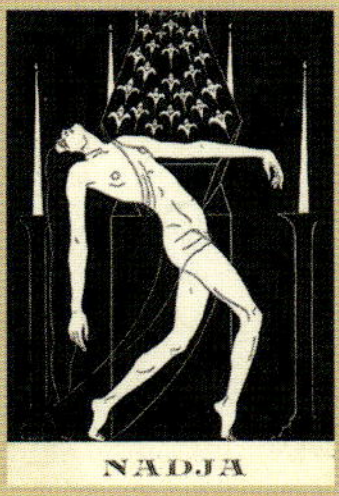

Il était une fois en 1927
André Breton commence l'écriture de Nadja
Haute-Normandie

Début août 1927, le chef de file du mouvement surréaliste se retire au manoir d'Ango, non loin de Varengeville-sur-Mer, pour écrire. Il prend pour point de départ sa rencontre avec Léona Delcourt, surnommée « Nadja », quelques mois plus tôt. Il s'agit là d'un projet singulier pour un roman, car il vise à la raconter de manière factuelle, sans artifices narratifs. Son but est de montrer que la banalité du quotidien cache une richesse insoupçonnée, qui révèle qui nous sommes mieux que bien des discours. Dans sa retraite solitaire, Breton reçoit tout de même des visites, notamment celle d'Aragon, dont la rapidité d'écriture le laisse admiratif, quand lui avance trop lentement à son goût. Le livre, considéré comme une pièce majeure de l'auteur, paraîtra en mai 1928.

mercredi 3 août

lever : 6 h 27
coucher : 21 h 25

Ste Lydie

Bonne fête !

Lydie de Thyatire

La pourpre, voilà comme on appelle aujourd'hui le vêtement des cardinaux, du nom de la teinture violacée. Et c'est marchande de pourpre, justement, qu'était Lydie, dans un port de la mer Égée. Peut-être première chrétienne en Europe, autour de l'an 50, elle fut convertie par l'apôtre Paul, de passage en Asie Mineure.

La rubrique du 13 h

LE MUSÉE AIRBORNE

Basse-Normandie

Le musée Airborne honore la mémoire des parachutistes américains dans la commune de Sainte-Mère-Église, célèbre depuis que l'un d'entre eux, John Steele, resta accroché à son clocher en juin 1944. En 1964, un premier bâtiment, en forme de parachute, est inauguré et abrite le dernier exemplaire en France d'un planeur Waco. En 1984, un autre bâtiment est achevé et présente, lui, un avion C-47 qui participa aux opérations de largage sur le village. Enfin, en 2014, le musée se dote d'un troisième espace, qui offre aux visiteurs des salles informatives et immersives, pour revivre le débarquement.

Savoirs d'antan

Cueillez des fleurs, nombreuses en cette saison, et glissez-les entre deux feuilles de buvard. Placez des livres sur le papier buvard, pour assurer un poids suffisant. Après deux semaines, vous aurez des fleurs séchées pour décorer des cartes ou des marque-pages.

Une charade en *Limousin*

Mon 1er est la source de toute vie sur Terre. Parfois artificiel, mon 2e est une ouverture sur la mer plus étroite qu'une baie. Lorsqu'il est mal léché, mon 3e est désagréable, bourru. Mon 4e est un court synonyme d'« aurochs ». Mon 5e ramasse les épis dans les champs. Mon tout a été le théâtre d'un terrible massacre au sortir de la Seconde Guerre mondiale.

Il était une fois en 1979

Le Festival interceltique des cornemuses de Lorient devient les Interceltiques

Bretagne

Lorient lance sa première fête des Cornemuses en 1971. Dès la deuxième année, la fête, rebaptisée « Festival interceltique des cornemuses de Lorient », veut transcender les frontières dans sa célébration de la culture celte. Ainsi, d'année en année, de plus en plus d'étrangers prennent part à ce rassemblement : Galiciens, Gallois, Irlandais, Asturiens. Très cosmopolite, la fête attire désormais près de huit cent mille personnes par édition, dont plus de 25 % d'étrangers venant soutenir leur nation. Devenue « Festival interceltique de Lorient » en 1979, la manifestation voit s'affronter les pays présents dans des épreuves de chant, de cornemuse ou sportives.

Oradour-sur-Glane (eau-rade-ours-ure-glane).

jeudi 4 août

lever : 6 h 28
coucher : 21 h 24

St Jean-Marie Vianney

INSOLITE

Auvergne

La nature est parfois bien plus ordonnée que l'homme, comme en témoignent les nombreuses colonnes basaltiques présentes dans le Massif central : en se refroidissant, la lave a façonné ces tuyaux qui se dressent bien droits et qui rappellent ceux d'un orgue.

Un gentilé

de Corse

Les Villais habitent une cité de Haute-Corse au riche patrimoine religieux, où de nombreux randonneurs se retrouvent pour arpenter les sentiers la sillonnant. Le 23 novembre, la Santa-Felicita est célébrée dans cette commune appelée...

Ville-di-Pietrabugno.

La rubrique du 13 h

LE CIRQUE DU BOUT DU MONDE

Bourgogne

Taillé par la rivière Cozanne dans la roche calcaire, ce cirque est une reculée, c'est-à-dire formant une vallée en cul-de-sac, sur la commune de Vauchignon. Bien que bénéficiant de la proximité du vignoble bourguignon, le site est peu fréquenté, ce qui permet d'observer une faune et une flore uniques dans la région. Alexandre Dumas père, dans ses *Impressions de voyage*, écrira ces mots pour décrire l'endroit : « Nous étions arrivés à la merveille [...] une vallée délicieuse, verte comme l'émeraude et sillonnée par une petite rivière blanche et bruissante [...]. »

Bonne fête !

Jean-Marie Vianney

Jean-Marie Vianney n'était pas n'importe quel curé. Il est le saint curé d'Ars, nommé par Pie XI en 1929 patron de tous les curés de l'univers ! Cela n'avait pourtant pas très bien commencé, puisqu'il fut renvoyé du séminaire. Un niveau trop faible en philosophie... Peu d'aptitude aux études, en somme. Sa piété fut néanmoins récompensée, et on le nomma vicaire, puis curé. Il exerça alors sa fonction de façon si exemplaire qu'un véritable pèlerinage se mit en place dès son vivant.

Il était une fois en 1693

Dom Pérignon découvre la méthode champenoise

Champagne-Ardenne

Parmi les grands noms du champagne, dom Pérignon est sans conteste le plus connu. Il s'agit d'un moine bénédictin qui aurait découvert par hasard la recette du champagne, le 4 août 1693. Selon la légende, il aurait bouché les goulots de bouteilles de vin avec de la cire d'abeille, pour les fermer hermétiquement. Lorsqu'elles explosèrent sous la pression, quelques semaines plus tard, il découvrit avec bonheur cette mousse effervescente propre au champagne. Mais la réalité est tout autre : le but de dom Pérignon était justement d'empêcher ce phénomène d'effervescence, très mal vu à l'époque !

vendredi 5 août

lever : 6 h 29
coucher : 21 h 22

St Abel

Au fil de l'eau

Pays de la Loire

Affluent de la Loire, qu'il rejoint tout près de Saumur, le Thouet est une rivière d'environ cent cinquante kilomètres de long. Très tôt utilisé pour la navigation, il a gardé trois paléo-écluses, vestiges particulièrement bien conservés, qui témoignent des techniques d'antan en la matière.

Bonne fête !

Abel de Lobbes

Il n'est pas simple de reprendre la charge d'un archevêque destitué sans s'en attirer les mauvaises grâces ! Tel fut pourtant le lot de saint Abel, nommé à Reims par Pépin le Bref, à la place de Milon. On dit que, furieux, ce dernier aurait tant cherché à compliquer la vie d'Abel que celui-ci aurait démissionné trois ans plus tard, pour se retirer dans un monastère.

La rubrique du 13 h

LE MUSÉE CARNAVALET

Île-de-France

Au cœur du Marais, dans un cadre exceptionnel, le musée Carnavalet retrace l'histoire de Paris, de la préhistoire à nos jours. C'est le baron Haussmann qui, le premier, ressentit la nécessité de créer un musée dédié à l'histoire de la ville, projet qui vit le jour en 1880. Toute l'originalité de ce musée est qu'il propose un cheminement dans des décors reconstitués, qui, en plus de permettre d'appréhender l'évolution des intérieurs parisiens, offre aux visiteurs une vision historique et artistique de la ville, à travers les objets et les œuvres qui y sont exposés, depuis le temps de la tribu gauloise des Parisii jusqu'au XXe siècle.

Une charade en

Lorraine

Mon 1er n'est pas en pente. Mon 2e est le prénom d'un célèbre joueur de tennis qui a donné son nom à un modèle de chaussures fabriqué par Adidas. Mon 3e suit « oh » lorsqu'il s'agit de tirer, d'élever quelque chose de lourd. Mon 4e est synonyme d'« épuisée », d'« exténuée ». Situé au cœur de Nancy, mon tout a été construit par Emmanuel Héré sous l'impulsion du grand-père d'une certaine Marie-Antoinette.

Il était une fois en 1498

Christophe Colomb découvre la Guyane

Guyane

Six ans après sa première incursion dans les Amériques, Christophe Colomb longe les côtes de la Guyane. Si cette découverte n'est pas d'une grande importance pour l'explorateur, elle marque l'avenir de cette terre alors essentiellement peuplée d'indigènes amérindiens. C'est le point de départ d'une période de colonisation laborieuse, compliquée par les relations conflictuelles avec les populations locales et un environnement naturel difficile. Cayenne est fondée en 1643 par un représentant de Louis XIII, Charles Poncet de Brétigny, et la Guyane reste une colonie française jusqu'en 1946, où elle devient un département d'outre-mer.

Place Stanislas (plat-Stan-hisse-lasse).

La tarte aux myrtilles

Franche-Comté

Ingrédients

Pour 6 personnes
200 g de farine
120 g + 60 g de beurre mou
80 g + 75 g + 20 g de sucre
80 g + 75 g de poudre d'amandes
2 jaunes d'œufs + 1 œuf entier
40 ml de crème liquide entière
500 g de myrtilles
1 pincée de sel

Recette

× Préparez une pâte sucrée. Dans un saladier, versez la farine en fontaine. Ajoutez 120 g de beurre mou et mélangez du bout des doigts. Ajoutez ensuite les 2 jaunes d'œufs, 80 g de sucre, 80 g de poudre d'amandes et une pincée de sel. Malaxez jusqu'à obtention d'une texture sableuse. Quand le mélange est bien homogène, formez une boule, recouvrez-la d'un film alimentaire et laissez reposer 1 h au réfrigérateur. Au bout de 1 h, sortez-la et laissez-la reposer encore 20 min à température ambiante.

× Après repos, abaissez la pâte entre deux feuilles de papier sulfurisé, avec un rouleau à pâtisserie. Déposez-la ensuite dans un moule à tarte beurré et sucré. Faites bien adhérer la pâte sur les parois du moule, puis enlevez l'excédent en passant le rouleau à pâtisserie sur le rebord du moule.

× Protégez la pâte d'une feuille de papier sulfurisé. Remplissez le moule de billes de céramique ou de légumes secs, puis faites précuire la pâte à blanc pendant 15 min, dans un four préchauffé à 180 °C.

× Pendant ce temps, dans un saladier, mélangez les 60 g de beurre mou restant avec 75 g de sucre, puis incorporez 75 g de poudre d'amandes et 1 œuf entier. Détendez la préparation avec la crème liquide.

× Étalez la crème obtenue sur le fond de tarte précuit, puis recouvrez de myrtilles. Saupoudrez du sucre restant, puis enfournez 20 min à 200 °C. Servez tiède.

Un bon coin à myrtilles

La tarte aux myrtilles est un dessert typique des pays montagneux en général et de la Franche-Comté en particulier. En effet, cette région est propice à la production de myrtilles, qu'on trouve en abondance à l'état sauvage. Ce fruit est d'ailleurs célébré tous les ans lors de la fête de la Myrtille sauvage à Belfahy, village le plus haut de Haute-Saône.

lundi 8 août

lever : 6 h 33
coucher : 21 h 17

St Dominique

Bonne fête !

Dominique de Guzmán

« Dominique-nique-nique s'en allait tout simplement, routier, pauvre et chantant... », chantait justement à tue-tête – et toute la France en chœur – sœur Sourire, en 1962. Si ce refrain est resté, les couplets ont été souvent oubliés, et avec eux l'histoire du père de l'ordre dominicain, Dominique de Guzmán, qui tenta de combattre les cathares par le prêche plutôt que par les armes, en Occitanie.

La rubrique du 13 h

LA NÉCROPOLE DU FORT BÉVAUX

Champagne-Ardenne

Non loin du village d'Andelot-Blancheville se trouve une immense nécropole mégalithique contenant une centaine de tumuli, et dont les fouilles ont mis au jour de nombreux objets, certains datant de trois mille ans avant notre ère. Là, en pleine forêt, un dolmen garde l'entrée du site. La plupart des tumuli recouvrent des coffres en pierre, réalisés par l'érection de dalles surmontées d'une ou de plusieurs autres dalles. C'est ensuite que ces coffres sont recouverts d'un monticule de pierres, le « cairn », qui, recouvert de terre, forme le tumulus abritant la sépulture.

Savoirs d'antan

Lorsque vous préparez vos boissons domestiques, il est préférable d'utiliser des bouchons neufs. En effet, le liège est un matériau qui s'imprègne, au contact des liquides, de leur goût et de leur odeur. Vous risquez, avec des bouchons récupérés, d'altérer vos préparations.

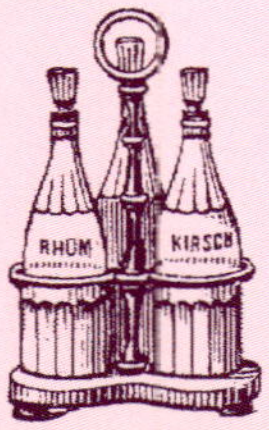

Au fil de l'eau

Rhône-Alpes

Longue d'une quinzaine de kilomètres, la Diosaz est un torrent de Haute-Savoie qui doit sa réputation à ses gorges : elles sont si étroites et si profondes que les forêts en pente des alentours, qui n'ont jamais pu être exploitées, abritent des sapins aux troncs de plus de quatre mètres de circonférence !

Il était une fois en 1873

Arrestation de Paul Verlaine

France

Pour comprendre cette arrestation, il faut remonter deux ans en arrière, en 1871, à Paris. Verlaine rencontre Rimbaud, de dix ans son cadet. Entre les deux poètes naît alors une relation qui, plus qu'artistique, fera scandale. Verlaine quitte sa femme et suit Rimbaud en Angleterre, puis en Belgique ; une fugue de deux ans pendant laquelle les deux hommes s'inspirent et se déchirent. L'aventure finit tragiquement en juillet 1873, lorsque Verlaine, ivre, tire sur Rimbaud, le blessant superficiellement. Il est arrêté le 8 août et sera condamné à deux ans de prison.

mardi 9 août

lever : 6 h 35
coucher : 21 h 15

St Amour

INSOLITE
Île-de-France

La villa Beauséjour est une voie privée du XVIe arrondissement de Paris, mais les curieux auraient tort de ne pas y pénétrer : on peut y voir des isbas russes. Ces maisons de bois ont été bâties pour l'Exposition universelle de 1867, puis démontées et reconverties en habitations.

Une charade en
Franche-Comté

Mon 1er est un terme récent désignant une info qui, grâce notamment à Internet, connaît un succès médiatique rapide et à grande échelle. Mon 2e permet de porter un panier, un arrosoir... Mon 3e est le plus impersonnel des pronoms. Peuplé de Bisontins, mon tout est la préfecture du Doubs.

La rubrique du 13 h

LE PONT-CANAL DU GUÉTIN
Centre

Il fut bâti afin d'éviter aux bateaux tout danger lors des crues et de permettre au canal latéral à la Loire de traverser ainsi l'Allier, l'un des plus grands cours d'eau sauvages de France. Construit de 1832 à 1835, il est long de trois cent quarante-trois mètres pour un peu plus de dix mètres de large. De 1880 à 1890, il connut une période de travaux qui transformèrent l'écluse triple, permettant de rattraper les neuf mètres soixante de dénivelé, en une écluse double. Utilisé dès son inauguration en 1838 par les péniches chargées de marchandises, il ne voit guère plus passer que des bateaux de plaisance.

Bonne fête !
Amour

Quel doux nom que celui de ce saint franc-comtois ! Mais de là à savoir s'il a réellement existé... mystère ! Ses reliques se trouveraient dans le petit village de Saint-Amour, justement, dans le Jura, avec celles de saint Viateur. Mais, puisque l'on ne sait rien de la vie de ces saints, l'on pourrait imaginer qu'ils relèvent de la mythologie, créés de toutes pièces pour supplanter des dieux païens... Saint Amour serait-il en effet Cupidon ? Cela est fort probable !

Il était une fois en 1803
Premier essai du bateau de Fulton
Île-de-France

Il est environ 18 heures, ce 9 août 1803, lorsqu'un bateau d'un nouveau genre, de trente-trois mètres de long, s'engage sur la Seine à Paris, à la vitesse de six kilomètres-heure. Il a été créé par un certain Robert Fulton, inventeur américain autodidacte, et c'est la première embarcation fonctionnant à la vapeur. Arrivé à Paris à la demande de son ami et ambassadeur des États-Unis en France Joel Barlow, le chercheur s'est entouré de jeunes polytechniciens pour mettre en œuvre son projet. Après un premier essai catastrophique, cette deuxième tentative est concluante. Pourtant, elle ne suscite pas un grand enthousiasme en France. Napoléon, qui n'a pas confiance en Fulton, rejette l'invention. Fulton retourne donc aux États-Unis, où le navire est très vite commercialisé. Dix ans plus tard, cent trente et un bateaux du même genre naviguent de par le monde.

Besançon (buzz-anse-on).

mercredi 10 août

lever : 6 h 36
coucher : 21 h 14

St Laurent

Au fil de l'eau

Lorraine

Le Mouzon est une petite rivière longue de soixante-quatre kilomètres qui s'écoule principalement dans le département des Vosges. Il serpente au milieu de prairies humides, de coteaux boisés et de falaises de calcaire, avant de rejoindre la Meuse à Neufchâteau.

Bonne fête !

Laurent de Rome

Détenteur du trésor de l'Église, saint Laurent est laissé sauf dans un premier temps par l'empereur Valérien, vivement intéressé. Mais, quand Laurent lui montre que le « véritable trésor de l'Église » est constitué d'infirmes et de pauvres gens, l'empereur voit rouge. C'est condamné au terrible supplice du gril que serait mort le martyr, désormais saint patron... des rôtisseurs, bien sûr.

La rubrique du 13 h

LE CHÂTEAU D'OIRON

Poitou-Charentes

Le château d'Oiron, dans les Deux-Sèvres, fut édifié à partir du XVIe siècle par l'illustre famille seigneuriale des Gouffiers, qui atteignit son apogée lorsque Claude Gouffier fut fait grand écuyer de France en 1546. Claude fut un collectionneur d'art et un mécène averti ; on dit même qu'il aurait servi de modèle au marquis de Carabas. L'État l'acquit en 1941 et effectua une restauration qui dura près de cinquante ans, avant d'y créer en 1990 une collection d'art contemporain, à l'image des cabinets de curiosités, qui donne aujourd'hui l'impression que le château est à nouveau habité.

Un gentilé

de Midi-Pyrénées

Surnommée la « Cité d'Ingres », l'artiste y étant né, Montauban propose un patrimoine culturel riche et varié, avec quarante-trois monuments classés. Elle brille aussi par la beauté de sa place Nationale et la fraîcheur de son jardin des Plantes de 1861, qui plaît tant à ses habitants, les...

Montalbanais.

Il était une fois en 1901

Les fantômes du Trianon

Île-de-France

Le temps est chaud et orageux à Versailles en ce 10 août 1901. Eleanor Jourdain et Anne Moberly, perdues dans le parc du château, cherchent le Petit Trianon. Elles croisent une femme secouant une nappe blanche, puis deux hommes accoutrés de manière étrange, qui leur indiquent la route à suivre. Tous ces gens sont inquiétants, les deux jeunes femmes en sont convaincues, mais aucune ne le dit à l'autre. L'effroi monte lorsqu'elles croisent un homme à la peau vérolée, et Anne jure même avoir vu Marie-Antoinette en personne ! Ce n'est que plus tard, en parlant entre elles de cette expérience, qu'elles se rendent compte qu'elles ont vécu un moment étrange, mais de façon différente. Cette histoire controversée eut un grand retentissement et suscita l'intérêt des parapsychologues des années 1950.

jeudi 11 août

lever : 6 h 38
coucher : 21 h 12

Ste Claire

C'est un festival !

Limousin

Le Festival aux champs, connu aussi sous le nom de « Festival de la patate », a été créé en 1987 et met à l'honneur la pomme de terre en musique ! Pendant quatre jours – du 11 au 14 août –, à Chanteix, vous entendrez du classique, du rock, du celtique, du trad'n'roll... des tubercules, des groupes ravageurs et un soupçon de magie, la recette gagnante !

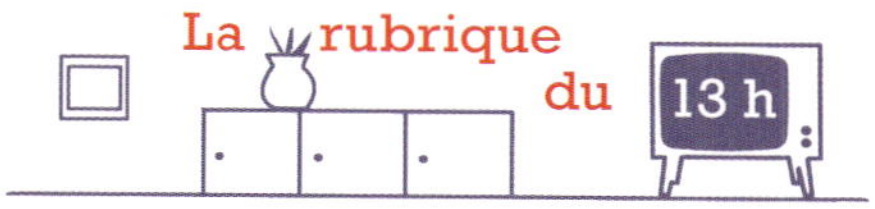

LES HABITATS TROGLODYTIQUES DE CARROUFRA

Provence-Alpes-Côte d'Azur

Dans le vallon du Carroufra se trouvent nombre d'habitats troglodytiques. Ce sont d'anciennes fermes construites sous la roche et aujourd'hui désaffectées. Elles témoignent d'un passé agricole dynamique, quand les oliveraies et les vergers étagés en terrasse occupaient les flancs du vallon. Les constructions en pierre, les bories, sont assez bien conservées, et il est facile d'imaginer la vie des hommes qui creusèrent ici le rocher pour y construire écuries, étables, remises, mais aussi leurs propres habitations.

Un gentilé

de Champagne-Ardenne

La commune de Tinqueux, dans la Marne, a été sélectionnée comme l'une des étapes notables des routes touristiques du champagne. N'hésitez pas à arpenter également le joli circuit fleuri qui embellit le cadre de vie de ses habitants, les...

Aquitiniens.

Bonne fête !

Claire d'Assise

Foi inflexible, volonté de fer, sainte Claire convainquit son père, qui y était pourtant absolument opposé, de la laisser entrer au couvent. Mais elle ne s'arrêta pas là : persuadée par François d'Assise du bien-fondé de sa décision, elle y entraîna également sa mère et ses sœurs ! Son amour pour Dieu était si fort qu'on raconte que, un jour, malade et alitée, elle vit et entendit la messe sans bouger de son lit. Pour que l'on n'oublie jamais ce miracle, Pie XII la proclama en 1958 sainte patronne de la télévision, cet autre miracle, mais de la technologie, cette fois !

Il était une fois en 1792

Adoption du suffrage universel

France

Expression née en 1765 sous la plume de Diderot, le suffrage universel est le droit de vote accordé à tous les citoyens pour désigner les représentants politiques. Il suffit d'être français, d'avoir l'âge requis et d'être inscrit sur les listes électorales. Mais le concept était plus restrictif à son adoption en 1792, où il signifiait « vote à l'unanimité ». Supprimé par le Directoire dès 1795, il réapparaît en 1848, où il est utilisé pour élire le président, puis pour l'ensemble des grandes élections. Mais il n'a encore d'universel que le nom, puisqu'il exclut les femmes jusqu'en 1944 et les militaires jusqu'en 1945. Il faut attendre le référendum du 28 octobre 1962, organisé par de Gaulle, pour voir l'adoption du suffrage universel direct tel qu'on le connaît aujourd'hui.

vendredi 12 août

lever : 6 h 39
coucher : 21 h 10

Ste Clarisse

Bonne fête !

Clarisse

Sainte Clarisse ne naquit pas sous ce nom, mais sous celui de « Sigeberge ». Elle fut l'une des premières abbesses de l'abbaye de Remiremont, dans les Vosges, et l'on dit qu'elle pleura tant sur la Passion du Christ qu'elle en perdit la vue. On l'appela dès lors « Cécile », du latin *caecilia*, qui signifie « aveugle ». Mais on lui attribua ensuite tant de miracles de guérison de cécité ou de maladies oculaires qu'on la nomma ensuite « Clarisse », du latin *clara* : « claire », « lumineuse » !

La rubrique du 13 h

LA GROTTE DU CUZOUL

Midi-Pyrénées

En 1923, Raymond Lacam découvrit dans la grotte du Cuzoul, sur le causse de Gramat, dans le Lot, un gisement grâce auquel il put faire mieux connaître la période du mésolithique (10000 et 5000 avant notre ère). Cette vaste grotte s'ouvre sur une première salle, d'où partent deux boyaux, dont l'un mène à une deuxième salle, renfermant la sépulture d'un jeune adulte, mais aussi et surtout des pointes de flèches triangulaires et trapézoïdales, changement de forme et avancée technique qui permettent de diviser le mésolithique en deux périodes distinctes.

C'est un festival !

Picardie

Solidarité, écologie et musique, c'est la recette détonante de ce Festival des vers solidaires qui place la Terre et l'homme au cœur de ses priorités. On mange bio, on tambouille écolo, on se soulage dans les copeaux ; le bon geste écocitoyen aux rythmes des flonflons rock ou folk ! Les 12, 13 et 14 août, mais pourquoi pas le prolonger toute l'année ?

Au fil de l'eau

Centre

Né dans la Creuse, le Cher rejoint la Loire près de Tours, après un voyage de trois cent soixante-sept kilomètres. Son tracé dévoile des paysages très variés, l'un des plus beaux sites traversés par le Cher étant bien sûr le château de Chenonceau, dont les arches enjambent la rivière.

Il était une fois en 1999

José Bové démantèle le McDonald's de Millau

Midi-Pyrénées

José Bové est une des figures emblématiques de la lutte antimondialisation, et celui qu'on surnomme « Astérix » va frapper fort à l'été 1999, avec le démantèlement du McDo de Millau. Cette action arrive au lendemain d'un bras de fer entre l'Europe, qui refuse l'importation de viande de vaches élevées aux hormones de croissance, et les États-Unis, qui ripostent en surtaxant certains produits français, notamment le roquefort. Entouré de plus de deux cents éleveurs de brebis, le leader de la Confédération paysanne pénètre sur le chantier du fast-food. Les dégâts sont estimés à près de cent mille euros, et José Bové est condamné à trois mois de prison ferme. Ce qui ne l'empêchera pas de mener à nouveau, dès l'année suivante, des « opérations coups de poing », comme l'arrachage de plants de colza transgénique.

samedi 13 août

St Hippolyte

dimanche 14 août

St Évrard

Le risotto aux saucisses de Toulouse

Midi-Pyrénées

Ingrédients

Pour 4 personnes
4 saucisses de Toulouse
2 verres de riz à long grain
1 poivron rouge
1 grosse tomate bien mûre
1 gros oignon
2 gousses d'ail
½ verre de vin blanc sec
500 ml de bouillon de volaille
1 c. à c. de paprika fumé
5 branches de persil plat
huile d'olive
sel et poivre

Recette

- Épluchez, puis hachez l'oignon. Pelez, dégermez, puis pressez l'ail à l'aide d'un presse-ail. Pelez le poivron à l'aide d'un rasoir à légumes, ôtez les graines et les parties blanches intérieures, puis émincez-le finement.
- Pelez la tomate et coupez-la en petits dés. Enlevez la peau des saucisses.
- Dans une sauteuse, faites chauffer un peu d'huile d'olive, puis faites-y suer l'oignon. Quand il est translucide, ajoutez le poivron et l'ail, et assaisonnez. Laissez cuire à feu moyen jusqu'à ce que les poivrons soient tendres, puis réservez. Vous pouvez ajouter un fond d'eau en cours de cuisson, si la préparation commence à accrocher.
- Dans la même sauteuse, remettez à chauffer un filet d'huile d'olive à feu moyen-fort, puis faites-y revenir les saucisses coupées en tronçons de 3 à 4 cm de long. Faites dorer sur toutes les faces. Pour que la viande saisisse plus facilement, procédez en plusieurs fois, par petites quantités.
- Quand la viande est bien colorée, remettez l'oignon et le poivron dans la sauteuse, ajoutez le paprika fumé, puis remuez. Ajustez l'assaisonnement.
- Ajoutez ensuite le riz cru à la préparation, et mélangez intimement. Déglacez la sauteuse au vin blanc, puis versez le bouillon de volaille et laissez mijoter jusqu'à ce que le riz ait absorbé le liquide et soit cuit.
- Hors du feu, ajoutez la tomate et le persil ciselé et mélangez délicatement. Servez aussitôt.

Double label

Souvent imitée mais jamais égalée, la saucisse de Toulouse possède non seulement un Label Rouge, mais également, depuis 2010, un label « véritable saucisse de Toulouse » par les charcutiers de Haute-Garonne, afin de protéger la recette traditionnelle de ce joyau de la gastronomie en région Midi-Pyrénées.

lundi 15 août

lever : 6 h 43
coucher : 21 h 05

Assomption

Au fil de l'eau
Limousin

La Briance est une rivière née au mont Gargan, qui rejoint la Vienne à proximité de Limoges. Plusieurs sites remarquables bordent son parcours d'environ soixante kilomètres, comme la commune de Solignac avec son abbaye et son pont rompu, sur lequel passait l'ancienne voie romaine.

Bonne fête !
Tarcisius

Voici ce qu'on peut lire sur la tombe du pape Damase Ier au sujet de ce jeune martyr : « Tarcisius portait les sacrements du Christ. C'est alors qu'une troupe d'excités le pressa de les montrer aux impies. Il préféra donner sa vie plutôt que de montrer à ces chiens enragés les célestes membres. » Le jeune garçon, devenu patron des enfants de chœur, serait ainsi mort à l'âge de 8 ans, mais l'on ne connaît son existence que par cette seule inscription.

La rubrique du 13 h

LE CHÂTEAU DE HAUTEFORT
Aquitaine

Le château de Hautefort domine le village du même nom depuis un éperon rocheux et est considéré à juste titre comme un des joyaux du Périgord. Il fut construit sur les bases d'un château fort du Moyen Âge, entre la fin du XVIe siècle et la fin du siècle suivant, à une époque où les forteresses d'antan devenaient de fastueuses demeures. Les seigneurs de Hautefort, qui firent alors travailler deux architectes étrangers à la région, contribuèrent à donner à leur bâtisse une silhouette proche de celle des châteaux de la Loire, cas unique dans la région.

Un gentilé de PACA

Ville la plus sportive de France en 2013, Gap est aussi une commune au riche patrimoine : une remarquable cathédrale néogothique du XIXe siècle, ainsi que le domaine de Charance et son château du XVIe siècle, que vous invitent à découvrir les…

Gapençais.

Il était une fois en 1968
Première feria de Béziers
Languedoc-Roussillon

Dans la grande tradition du sud-ouest de la France et de l'Espagne, Béziers accueille sa première feria en 1968, avec Pierre Perret parmi les artistes invités. Si le terme « feria » désigne plutôt, au départ, une foire commerciale, il est devenu indissociable de l'idée de spectacles taurins autour des arènes. Celles de Béziers, inaugurées en 1897, peuvent accueillir treize mille cent personnes – ce sont les plus grandes après celles de Nîmes. Construites dans le style espagnol, elles contribuèrent au surnom de la ville, la « Séville française ». La feria accueille chaque année près d'un million de personnes, qui viennent manger, boire et danser dans les bodegas, au son des bandas, les orchestres locaux.

mardi 16 août

lever : 6 h 45
coucher : 21 h 03

St Roch

INSOLITE
Rhône-Alpes

On trouve beaucoup d'anciens monastères en France, mais celui-ci n'est pas banal, puisqu'il est une commune à part entière ! Sainte-Croix-en-Jarez, dans la Loire, est une ancienne chartreuse, et les habitations, à l'intérieur du mur d'enceinte, sont d'anciens ermitages.

Une charade en
Pays de la Loire

Fuji, clocharde ou encore boskoop sont autant de variétés de mon 1er. Mon 2e est l'interjection préférée des indécis. Mon 3e partage la chevelure en deux. Mon tout est le nom d'un célèbre passage nantais, cher au cinéaste Jacques Demy.

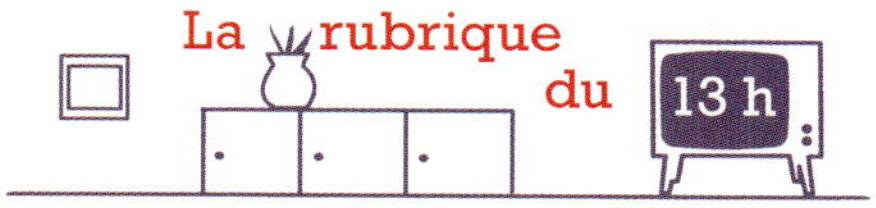

LE DOLMEN DU VAMPRIN
Champagne-Ardenne

Dans le département de l'Aube, au lieu-dit La Pierre Couverte, deux dolmens se dressent dans un écrin de verdure, à sept cent cinquante mètres l'un de l'autre, comme deux vestiges d'une culture oubliée. Érigé là par des hommes de la culture Seine-Oise-Marne, entre 3000 et 2000 avant notre ère, le plus impressionnant des deux, l'imposant dolmen du Vamprin, est composé d'une grande dalle de couverture de trois mètres sur deux mètres trente, soutenue par deux grandes dalles longues de deux mètres cinquante. Deux petites dalles ferment les extrémités nord et sud de la chambre.

Bonne fête !

Roch de Montpellier

Ayant donné tous ses biens, saint Roch quitta Montpellier pour Paris, puis Rome, venant en aide aux malades de la peste, qui sévissait alors dans les villes. Contaminé à son tour, il se réfugia dans les bois et ne dut son salut qu'à un chien, qui vint le nourrir des restes du repas de son maître. C'est pourquoi il est le plus souvent représenté en compagnie d'un chien, et c'est là aussi que se trouverait l'origine du mot « roquet » !

Il était une fois en 1870

Le drame de Hautefaye
Aquitaine

Petit village tranquille de Dordogne, Hautefaye devient tristement célèbre le 16 août 1870. C'est jour de foire au village, mais le moral n'y est pas : la guerre contre la Prusse, les rumeurs de présence d'espions dans la région, la sécheresse et les mauvaises récoltes… L'alcool coule à flots, et les esprits s'échauffent, lorsque Alain de Monéys, jeune aristocrate de la région, est pris à partie et accusé d'être du côté des Prussiens. Il est frappé par des villageois qui, pris de folie, le lynchent. Une séance de torture qui se termine par l'immolation de l'homme, sous les yeux du maire, impuissant, qui aurait déclaré ironiquement : « Mangez-le si vous voulez. » Comble de l'horreur, il fut pris au mot par certains.

Pomeraye (pomme-euh-raie).

mercredi 17 août

lever : 6 h 46
coucher : 21 h 01

St Hyacinthe

Bonne fête !

Hyacinthe de Cracovie

Les récits hagiographiques ne tarissent pas d'éloges sur cet « apôtre du Nord », évangélisateur de la Pologne notamment. On dit que, alors qu'il devait fuir les Tartares, il entendit la Vierge le supplier de sauver une statue d'elle en l'emportant loin de ces sauvages. L'œuvre pesait fort lourd – neuf cents livres, dit-on –, mais il s'enfuit en la portant – d'une main, selon certains – comme si elle ne pesait guère plus qu'une plume !

La rubrique du 13 h

LE POLISSOIR DE HASPELSCHIEDT

Lorraine

Non loin du petit village de Haspelschiedt, dans les Vosges, se trouve un impressionnant vestige préhistorique : un polissoir. Au pied d'une falaise rocheuse en grès, un pilier détaché de la paroi à la base, mais qui la rejoint en son sommet, forme un abri rocheux. Là, on a pu dénombrer plus de six cents rainures laissées par le polissage des outils de nos ancêtres du néolithique. Cette étape s'avérait essentielle pour aiguiser les « lames » des haches de pierre ou de silex et devait être souvent longue et fastidieuse.

INSOLITE

Alsace

La cathédrale de Strasbourg a été construite au-dessus d'une nappe phréatique à l'aide de pieux de bois : on pourrait rêver plus stable pour un édifice de cette ampleur ! Et pourtant, ce n'est que neuf cents ans plus tard, en 1906, qu'il fallut renforcer l'édifice, quand le niveau de l'eau s'abaissa.

Une charade à Mayotte

Mon 1er est le nom que l'on donne à la nourriture une fois digérée par l'estomac. Mon 2e est le féminin de « mon ». Mon 3e n'est pas bas. Mon 4e n'est que deuxième dans la gamme musicale. Mon tout est l'une des langues principales de Mayotte.

Il était une fois en 1893

Massacre des Italiens d'Aigues-Mortes

Languedoc-Roussillon

Comme chaque année, à Aigues-Mortes, des saisonniers sont recrutés pour le pénible travail du battage et du levage du sel. Mais, avec la crise économique, le travail manque, et les saisonniers français voient d'un mauvais œil la venue de main-d'œuvre italienne, les Ritals. Très vite, des rixes apparaissent, et, le 17 août, une chasse à l'homme, encouragée par la rumeur d'assassinat de Français par des Italiens, s'organise dans la ville. Il faut l'intervention de l'armée pour faire cesser cette bagarre, qui fait « officiellement » huit morts et plus d'une centaine de blessés. En dépit de preuves accablantes, les suspects sont acquittés, ce qui provoque en Italie une vague de haine à l'égard des Français.

Shi-mahorais (chyme-ma-haut-ré).

jeudi 18 août

lever : 6 h 47
coucher : 20 h 59

Ste Hélène

Bonne fête !

Hélène

Répudiée par le général romain Constance, Hélène n'en resta pas moins la mère de celui qui allait devenir l'empereur Constantin, en 306. Elle eut en outre une grande influence sur son fils, qui, converti au christianisme, peut-être même avant elle, accorda sous son règne la liberté de culte à toutes les religions, comme l'indiquait l'édit de Milan. On attribue par ailleurs à sainte Hélène, lors d'un voyage en Terre sainte, la découverte de la Sainte Croix, avec laquelle elle est généralement représentée.

STE HÉLÈNE

Savoirs d'antan

Si vous souhaitez aromatiser la crème anglaise, utilisez du cacao ou de l'arôme de café. Avant de fourrer des petits choux, laissez-la d'abord refroidir. Enfin, pour l'alléger, remplacez la farine par de la Maïzena.

Une charade en Franche-Comté

Mon 1er est un adjectif possessif de la première personne. Mon 2e désigne l'arrière d'un bateau. Mon 3e, végétal, permet de délimiter les terrains. Du haut de ses huit cent mètres cinquante, mon tout offre une magnifique vue sur la vallée de la Furieuse.

La rubrique du 13 h

L'ABBAYE DE SABLONCEAUX

Poitou-Charentes

L'abbaye de Sablonceaux connut la gloire, mais fut soumise aux vicissitudes de l'Histoire. Sa fondation fut décidée en 1136 par Guillaume X, duc d'Aquitaine, pour se faire pardonner d'avoir soutenu l'antipape Anaclet II. Elle prospéra rapidement, mais, rare bastion catholique en pays huguenot, elle fut pillée et incendiée par les troupes protestantes en 1568, avant de subir les assauts de leurs pièces d'artillerie en 1622. Rénovée à partir de 1723, elle fut vendue et démantelée pendant la Révolution. Bien que classés aux monuments historiques en 1907, les bâtiments en ruine accueillent ensuite un orphelinat, puis une laiterie, pour connaître enfin la renaissance à partir de 1962.

Il était une fois en 1634

Urbain Grandier brûlé pour sorcellerie

Poitou-Charentes

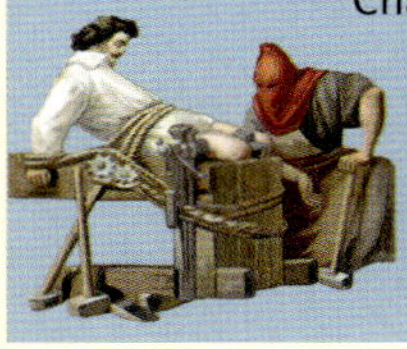

Chanoine de l'église Sainte-Croix de Loudun à partir de 1617, Urbain Grandier avait une personnalité qui détonnait avec l'image austère de l'homme d'Église. Bel homme, il attisait la jalousie de certains et plaisait à d'autres, notamment à la gent féminine… Il militait d'ailleurs à l'époque contre le célibat des prêtres, ce qui lui attira bien des ennemis, qui tentèrent de le faire condamner pour débauche et impiété. Grandier fut plusieurs fois acquitté, jusqu'à ce que le cardinal de Richelieu lui-même fît rouvrir son procès. Refusant de reconnaître les faits, le chanoine fut condamné au bûcher… au grand dam de ses admiratrices.

Mont Poupet (mon-poupe-haie).

vendredi 19 août

lever : 6 h 49
coucher : 20 h 57

St Jean Eudes

Bonne fête !

Jean Eudes

Frère de l'historien François Eudes de Mézeray, Jean Eudes était un homme d'Église qui faisait partie de la société de l'Oratoire. Cet ordre avait pour mission d'éduquer les futurs membres du clergé en leur offrant un enseignement religieux, moral et spirituel de qualité. Figure prépondérante de l'école française de spiritualité, Jean Eudes a ainsi créé plusieurs séminaires dans sa région natale, la Normandie, sous l'impulsion du concile de Trente.

La rubrique du 13 h

LA PORTE DE PARIS À LILLE

Nord-Pas-de-Calais

La porte de Paris est une des portes des remparts qui protégeaient jadis la ville de Lille. Une fois la cité devenue française, sous le règne de Louis XIV, c'est ce dernier qui la fait bâtir. Elle a un rôle défensif réel : l'ouverture est donc très petite par rapport à l'ensemble de la construction. Pour rappeler la victoire du Roi-Soleil, deux allégories de la Renommée, au sommet, sonnent du clairon. Au milieu, celle de la Victoire tient une couronne de laurier destinée au monarque. Classée monument historique en 1875, elle se situe sur une place qui a adopté le nom de son architecte, Simon Vollant.

INSOLITE

Limousin

Désertée, la commune corrézienne de Marc-la-Tour était en train de mourir quand elle est devenue un « village sculpté ». S'appuyant sur le granit omniprésent, elle a créé une promenade jalonnée de pierres sculptées et organise une biennale internationale de sculpture.

Une charade en

Lorraine

Mon 1er se passe à la fin de la terminale. Mon 2e est un moyen de transport collectif utilisé notamment pour le ramassage scolaire. Rongeur à la mauvaise réputation, mon 3e désigne également une personne avare. Mon tout est une cité de Meurthe-et-Moselle qui, depuis le XVIIIe siècle, est associée à l'art de la cristallerie.

Il était une fois en 1949

Rencontre de Simone Signoret et d'Yves Montand

Provence-Alpes-Côte d'Azur

Bel endroit pour une rencontre. Et quelle rencontre ! L'auberge La Colombe d'Or, à Saint-Paul-de-Vence, dans l'arrière-pays niçois, est un lieu prisé des artistes, qui viennent s'y reposer. Il n'est donc pas étonnant que Simone Signoret tombe sur Yves Montand en entrant dans l'établissement. Le coup de foudre est immédiat, les deux tourtereaux ne se quitteront plus. Signoret divorce un an plus tard pour s'installer avec Montand, qu'elle épouse en 1951. Mais Yves Montand est un séducteur, et on lui prête des aventures avec Marilyn Monroe, Shirley MacLaine ou encore Ingrid Bergman. Le couple de monstres sacrés reste toutefois soudé, et ils reviendront souvent au village qui a vu naître leur amour.

Baccarat (bac-car-rat).

samedi 20 août

St Bernard

dimanche 21 août

St Christophe

Les ouassous au lait de coco

Guadeloupe

Ingrédients

Pour 4 personnes

20 grosses crevettes ouassous
400 ml de lait de coco
1 petit verre de rhum vieux
2 tomates
1 citron vert
1 gros oignon
3 piments végétariens (piments très aromatiques, mais très doux)
4 gousses d'ail
1 petit bouquet de ciboulette
4 branches de coriandre
4 branches de persil plat
4 branches de thym
1 feuille de laurier
1 noix de gingembre frais
1 c. à s. de curcuma
huile végétale et beurre
sel et poivre

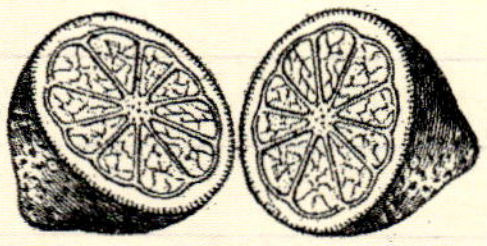

Recette

- Pelez et pressez le gingembre, ainsi qu'une gousse d'ail. Ciselez finement les feuilles de coriandre et un piment végétarien. Mélangez le tout dans un bol avec un peu de lait de coco. Réservez.
- Rangez les ouassous dans un plat. Arrosez-les du jus du citron vert, assaisonnez, puis recouvrez-les de la préparation au lait de coco. Posez un film alimentaire sur le plat et laissez mariner au réfrigérateur au moins 4 h.
- Épluchez et hachez l'oignon. Pelez et pressez les gousses d'ail restantes. Émincez finement les 2 derniers piments végétariens. Ciselez la ciboulette et le persil plat. Pelez les tomates et coupez-les en dés.
- Dans une grande sauteuse, faites chauffer un mélange d'huile et de beurre. Faites-y revenir les ouassous sans leur marinade. Quand elles sont bien saisies sur chaque face, ajoutez le curcuma et mélangez bien. Laissez revenir de nouveau quelques minutes, puis déglacez au rhum vieux. Faites flamber le rhum, laissez réduire 1 min, puis réservez le tout dans un plat.
- Dans la même sauteuse, versez l'oignon, les piments, l'ail, le persil, la ciboulette et le thym. Faites revenir à feu moyen jusqu'à ce que l'oignon soit tendre. Déglacez avec le jus de cuisson des ouassous, puis ajoutez la marinade préalablement filtrée et le reste de lait de coco. Ajoutez les tomates, la feuille de laurier, ajustez l'assaisonnement et laissez réduire de moitié.
- Remettez rapidement les ouassous dans la sauteuse en fin de cuisson, pour les réchauffer. Servez avec du riz blanc.

Définition

Les ouassous sont de grosses crevettes d'eau douce originaires de Guadeloupe et possédant deux très grandes pinces bleues. On les trouve aussi en Martinique, sous le nom de « z'habitants ».

lundi 22 août

lever : 6 h 53
coucher : 20 h 52

St Symphorien

Bonne fête !

Symphorien d'Autun

Jeune chrétien refusant de renier sa foi face aux idoles des païens, il fut jeté au cachot, puis décapité. La légende veut que, avant qu'on ne l'achève, ses bourreaux lui aient fait dévorer le visage par des insectes et des scorpions. Atroce torture s'il en est, mais sachez que c'est donc saint Symphorien qu'il faut en conséquence invoquer lorsqu'un insecte vous rentre dans l'œil !

La rubrique du 13 h

LA GROTTE DU BISONTIN

Franche-Comté

En suivant le sentier des falaises depuis le village de Saint-Hippolyte, on peut découvrir l'arche naturelle des Beaumes-Berceau. Elle naquit de l'érosion d'une ancienne grotte, ainsi que l'abri-sous-roche se trouvant à ses pieds, appelé « grotte du Bisontin ». Des fouilles, qui révélèrent la présence de quelques outils et de restes d'os d'animaux, permirent d'affirmer que la grotte fut régulièrement occupée vers 25000 et vers 12000 avant notre ère, mais le site doit son nom à une légende qui affirme qu'elle fut un lieu de stockage pour un contrebandier de Besançon, qui faisait transiter sa marchandise depuis la région jusqu'en Suisse.

Savoirs d'antan

Le vieil étain mat s'entretient avec de la flanelle. Toutefois, s'il est brillant, il est préférable d'humecter la flanelle avec du pétrole désodorisé. Pour éliminer une tache de graisse, frottez avec un linge imbibé d'alcool à brûler. Il suffit ensuite de rincer et d'essuyer.

Un gentilé

de Poitou-Charentes

Découvrez Saint-Jean-d'Angély et les vestiges de sa grande aumônerie du XIe siècle, ainsi que son beffroi du XVe siècle avec sa toiture d'ardoise. Ses maisons à pans de bois des XVe et XVIe siècles ne cessent de charmer ses habitants, que l'on nomme les...

Angériens.

Il était une fois en 851

Victoire d'Erispoë dans la bataille de Jengland

Bretagne

Les historiens sont partagés sur sa localisation exacte, mais il semble qu'une bataille décisive pour l'histoire de la Bretagne se soit jouée aux abords du Grand-Fougeray, au terme d'une série d'actions menées par Nominoë en vue de l'unification et l'indépendance de la Bretagne. Celui-ci meurt en mars 851, mais son fils Erispoë poursuit son œuvre. C'est donc lui qui affronte Charles le Chauve en août 851. Les Bretons infligent aux Francs de lourdes pertes et remportent la victoire. Celle-ci débouche sur le traité d'Angers, qui fait d'Erispoë l'égal d'un roi – bien qu'en principe toujours sujet de Charles le Chauve – et lui donne autorité sur le pays rennais, le pays nantais et le pays de Retz.

mardi 23 août

lever : 6 h 55
coucher : 20 h 50

Ste Rose

INSOLITE
Île-de-France

Une église peu conventionnelle que l'église Notre-Dame-du-Travail, inaugurée en 1902 dans le XIVe arrondissement de Paris ! Outre son nom peu religieux, c'est sa charpente métallique qui interpelle. L'édifice était destiné aux ouvriers qui devaient s'y sentir chez eux.

Au fil de l'eau
Auvergne

Né sur le plateau de l'Aubrac, le Bès marque la frontière naturelle entre la Lozère et le Cantal. Il serpente en pleine nature, avant de se faufiler dans des gorges encaissées. Le Bès attire les amoureux de la nature et les pêcheurs : ses eaux sont très réputées pour la pêche de la truite fario.

La rubrique du 13 h

LE SITE ARCHÉOLOGIQUE DE CAURIA
Corse

Sur l'île de Beauté, on peut actuellement dénombrer plus d'un millier de menhirs, qui témoignent de l'occupation précoce de la Corse. Dans la région du Sartenais, le vaste site de Cauria est fameux entre tous, car il présente des alignements de monuments mégalithiques variés : menhirs, stèles, statues-menhirs, dont les plus anciens datent de plus de six mille ans. Le dolmen du Funtanaccia, qui est le mieux conservé de l'île, en est la construction la plus emblématique.

Bonne fête !

Rose de Lima

On raconte que sainte Rose, née Isabelle Florès, sut lire à 4 ans et décida de consacrer sa vie à Dieu dès l'âge de 5 ans. Suivant pour modèle Catherine de Sienne, elle se dévoua corps et âme à la prière et aux déshérités, mourant d'épuisement et de privation à l'âge de 31 ans. Celle qui ne se nourrissait plus que de pain et d'eau, n'hésitant pas à se flageller, fut canonisée en 1671 : ce fut la première sainte du Nouveau Monde.

Il était une fois en 1944

Discours du général de Gaulle à Chartres
Centre

Si on connaît bien le discours du général de Gaulle du 25 août 1944, à l'occasion de la Libération de Paris, on connaît moins celui qu'il a prononcé à Chartres deux jours plus tôt. La ville, libérée définitivement le 19 août, attend avec fébrilité la venue du père de la Résistance. Ce dernier, parti la veille de Casablanca, est accueilli par une foule enthousiaste : le général se sent « entraîné par une espèce de fleuve de joie », comme il le dira lui-même. Il se dirige alors vers l'hôtel des postes, où il prononce son allocution : « Chartres sur le chemin de Paris, c'est-à-dire sur le chemin de la Victoire ! » Ce discours résonne comme une parole prémonitoire, une répétition générale de celui du 25 août.

mercredi 24 août

lever : 6 h 56
coucher : 20 h 48

St Barthélemy

Bonne fête !

Barthélemy l'Apôtre

Saint Barthélemy est souvent représenté un poignard à la main, tenant la peau d'un homme. De qui ? Mais de lui-même ! Certains disent en effet qu'il mourut écorché vif, « détail » qui inspira de nombreux peintres, dont Léonard de Vinci. Sans surprise, mais non sans cruauté, le sixième apôtre est aujourd'hui considéré comme le patron des tanneurs, des fourreurs et des gantiers.

La rubrique du 13 h

LE DOLMEN DE LA COUSTY

Auvergne

Cet amas de blocs rocheux, qui fait, aujourd'hui encore, polémique, est connu sous le nom de « dolmen de La Cousty ». Il se trouve au sommet d'une colline depuis laquelle on peut admirer le puy d'Augoules. S'il n'est pas rare de croiser menhirs et dolmens dans la région, certains attribuent la création de celui-ci à des phénomènes naturels de l'ère glaciaire qui se termina à peu près douze mille ans avant Jésus-Christ. L'absence de chambre funéraire et le poids de la dalle supérieure (à peu près trente tonnes) ont en effet contribué à invalider la théorie d'une construction humaine.

Savoirs d'antan

Vous bénéficiez d'une belle journée ensoleillée ? Pensez à votre matelas. Sortez-le et laissez-le au soleil. Vous éliminerez ainsi les mauvaises odeurs et les acariens. Avant de le rentrer, passez un coup d'aspirateur pour le débarrasser de la poussière.

Au fil de l'eau

Picardie

L'Ourcq est un affluent de la Marne qui prend sa source dans l'Aisne et dont la proximité avec Paris lui a toujours donné un rôle essentiel dans l'alimentation en eau de la capitale. La rivière s'écoule naturellement jusqu'à Silly-la-Poterie, où elle est canalisée jusqu'au bassin de la Villette.

Il était une fois en 1968

La France devient une puissance nucléaire

France

Considérant l'arme nucléaire comme déterminante dans la politique des puissances mondiales, la France entre en jeu dès 1960, procédant à des essais dans le désert algérien. Après les accords d'Évian, en 1962, elle cherche un nouveau site pour des explosions aériennes et se tourne vers la Polynésie, idéalement isolée. De grands travaux sont entrepris, et des infrastructures construites. La France réalise quatre essais entre 1966 et 1970. Le plus important a lieu le 24 août 1968, avec le largage d'une bombe d'une puissance cent soixante-dix fois supérieure à celle d'Hiroshima. Après les États-Unis, l'URSS, la Grande-Bretagne et la Chine, la France est alors le cinquième pays à posséder la bombe H.

jeudi 25 août

lever : 6 h 57
coucher : 20 h 46

St Louis

Un gentilé
de Bretagne

Le château de la Lambardais, construit en 1513, fait partie des monuments intéressants de la commune de Maure-de-Bretagne, au même titre que la chapelle des Domaines ou la croix du cimetière du XVIe siècle. Son gentilé évoque par ailleurs un pays d'Afrique, car il s'agit de...

Mauritanien.

INSOLITE
Corse

Les *orii* – *oriu* au singulier – sont des abris-sous-roche naturels, que les habitants de l'île de Beauté utilisaient déjà à la préhistoire. Leur entrée a été murée, et ils ont été occupés plus tard par les bergers et les maquisards ; les *orii* restent cependant peu connus des touristes.

La rubrique du 13 h

LA DALLE GRAVÉE DE GLORIANES
Languedoc-Roussillon

Voir cette dalle demandera des efforts : elle se trouve à quelques kilomètres du village de Glorianes, à mille quarante-cinq mètres d'altitude. Sur une grande dalle de schiste inclinée à quarante-cinq degrés, plus de soixante-dix gravures sont visibles. Les premières semblent avoir été réalisées en 6000 avant notre ère et représentent des figures animales et anthropomorphes. On aperçoit aussi des fleurs et des croix sûrement gravées, elles, aux XVIIIe et XIXe siècles, comme si la dalle témoignait de l'évolution historique de la représentation du sacré chez l'homme.

Bonne fête !

Saint Louis

Louis IX n'a que 12 ans lorsqu'il accède au trône de France, en 1226, mais déjà une tête bien pleine. Secondé par sa mère, Blanche de Castille, il adopte ses principes de justice et de piété. Il fait bâtir la Sainte-Chapelle, pour accueillir la couronne d'épines du Christ, et organise la septième croisade, afin de reprendre le Saint-Sépulcre aux infidèles. Canonisé dès 1297, considéré comme un saint de son vivant, il meurt de la peste à Tunis, lors d'une nouvelle croisade.

Il était une fois en 1875

Matthew Webb boucle la première traversée de la Manche à la nage
Nord-Pas-de-Calais

Il est 12 h 56, ce 25 août 1875, lorsque Matthew Webb arrive sur la plage de Calais. Rien que de très banal en somme, si ce n'est qu'il l'atteint, quant à lui, après avoir nagé vingt et une heures et quarante-cinq minutes ! Un exploit incroyable qu'il est le premier à réaliser. Compte tenu des courants, il a parcouru soixante-quatre kilomètres entre Douvres et Calais, soit le double de la distance normale. Depuis, plus de mille cinq cents personnes ont réalisé cette traversée – que certains appellent « l'Everest du nageur » –, le record revenant à une Britannique, Alison Streeter, qui a parcouru quarante-trois fois la distance. L'épreuve est désormais officiellement encadrée par deux associations chargées d'accompagner les nageurs, de veiller au respect des règles et de valider leur traversée.

vendredi 26 août

lever : 6 h 59
coucher : 20 h 44

Ste Natacha

Au fil de l'eau
Midi-Pyrénées

Rivière de montagne qui prend sa source en Andorre, l'Ariège s'écoule ensuite en France, jusqu'à sa confluence avec la Garonne à Portet-sur-Garonne, près de Toulouse. L'orpaillage a été pratiqué dans l'Ariège au cours des siècles derniers, et certaines portions de la rivière sont toujours aurifères.

Bonne fête !
Natacha

Natalie, Nathalie ou encore Natacha, était l'épouse de saint Adrianus. Condamné, martyr, son époux eut une main coupée et fut jeté dans un bûcher. Alors que Natacha se jetait dans les flammes pour la retrouver, on dit qu'une pluie violente et subite les éteignit d'un seul coup. La veuve put ainsi récupérer la main d'Adrianus, et la conserver précieusement.

La rubrique du 13 h

LA VILLE ANTIQUE DE VENDEUIL-CAPLY
Picardie

Au XVIIe siècle, cet endroit était surnommé le « Pérou des Antiquaires », car les riches collectionneurs venaient s'y fournir en objets antiques, que l'on trouvait alors abondamment. Ainsi, des fouilles eurent lieu dès le XIXe siècle, mais ce n'est qu'en 1955 qu'un cliché aérien de l'IGN entraîna des recherches archéologiques plus poussées, qui révélèrent la richesse de cette agglomération de cent trente hectares. Furent exhumées notamment les ruines d'un petit théâtre d'un diamètre de soixante-dix mètres et celles un camp romain datant de l'époque césarienne.

Un gentilé
du Limousin

À Bourganeuf, dans la Creuse, vous pourrez découvrir le château du XVe siècle et sa célèbre tour Zizim. La cité est traversée par un GR de soixante-cinq kilomètres qui ravira les randonneurs. Notez enfin que l'animateur Thierry Ardisson est né dans cette ville ; il est donc un…

Bourgouniaud ou Bourganiaud.

Il était une fois en 2000
Premiere fête du Cassoulet à Castelnaudary
Languedoc-Roussillon

Selon la légende, le cassoulet serait né au Moyen Âge pendant le siège de Castelnaudary, dans l'Aude, grâce aux Anglais. Les assiégés rassemblèrent les vivres qu'il leur restait, haricots et viande, et firent un ragoût. Revigorés par le plat, ils trouvèrent la force de vaincre l'ennemi. Cette histoire, bien que peu vraisemblable, témoigne de l'attachement de la ville à sa spécialité. Une fête lui est donc consacrée depuis une quinzaine d'années. Cet événement rassemble désormais environ quatre-vingt mille participants, avec concerts, animations sportives et, bien sûr, de plantureux repas, sous l'œil bienveillant de la Grande Confrérie du cassoulet de Castelnaudary, qui assure la renommée mondiale de ce plat généreux.

samedi 27 août

Ste Monique

dimanche 28 août

St Augustin

La tarte aux herbes

Corse

Ingrédients

Pour 4 personnes

1 rouleau de pâte feuilletée
500 g de feuilles de blettes
250 g de cresson
2 gros oignons
1 gousse d'ail
2 branches de menthe
2 branches de persil plat
4 branches de marjolaine
2 œufs
15 cl de crème liquide
50 g de fromage de brebis sec râpé
huile d'olive
sel et poivre

Recette

- Préchauffez le four à 180 °C.
- Ôtez les côtes des blettes. Lavez soigneusement les feuilles de blettes et le cresson dans plusieurs eaux froides. Immergez-les dans une casserole d'eau bouillante salée. Attendez la reprise d'ébullition, puis retirez les feuilles de la casserole à l'aide d'une écumoire et plongez-les immédiatement dans un bain d'eau glacée pour fixer la couleur. Égouttez-les, pressez-les dans un torchon pour les essorer au maximum, puis ciselez-les finement.
- Épluchez et émincez les oignons. Ciselez les herbes. Pelez et pressez la gousse d'ail avec le plat d'un couteau.
- Dans une poêle, faites chauffer un filet d'huile d'olive à feu moyen. Versez les oignons et faites-les suer. Ajoutez ensuite les herbes ciselées, les blettes, le cresson et la gousse d'ail. Assaisonnez, puis poursuivez la cuisson 2 à 3 min.
- Dans un saladier, mélangez les œufs entiers battus, la crème liquide et le fromage râpé. Ajoutez la préparation aux herbes et remuez intimement.
- Tapissez un moule à tarte avec la pâte feuilletée. Versez la garniture et répartissez-la sur tout le fond de tarte. Donnez quelques tours de moulin à poivre. Enfournez à mi-hauteur pendant 25 à 30 min. Servez à votre convenance, chaud, tiède ou froid.

Une plante typique

La blette est une plante potagère très appréciée des Corses. Aimant les terres riches et humides, elle est cultivée sur l'île de Beauté depuis le XVIII siècle au moins. On la retrouve dans bon nombre de préparations corses, mais c'est avant tout la base de tous les plats « aux herbes », comme les soupes, les omelettes, les chaussons ou encore, comme ici, les tartes.

lundi 29 août

lever : 7 h 03
coucher : 20 h 38

Ste Sabine

Savoirs d'antan

Pour réaliser un bouquet de fleurs séchées, il est préférable de ne pas attendre que les fleurs soient en fin de floraison. Cueillez-les après évaporation de la rosée et faites-les sécher dans un endroit sec, bien ventilé. Évitez surtout de les laisser au soleil.

Bonne fête !

Sabine de Rome

Sabine aurait été martyrisée pour avoir enterré sa servante, devenue sainte Séraphie, elle-même victime des persécutions. Ce qui est certain, c'est que, émue par cette légende, une Romaine riche comme Crésus fit bâtir une église sur ses terres et en son honneur, au ve siècle : la basilique Sainte-Sabine de Rome, toujours visible aujourd'hui.

La rubrique du 13 h

LE CHÂTEAU DU GUILDO

Bretagne

Les ruines du château du Guildo, situées sur un éperon rocheux dans les Côtes-d'Armor, offrent un spectacle romantique qui semble tout droit sorti d'un conte de fées. Après des travaux d'aménagement, de nombreuses fouilles furent entreprises et révélèrent l'histoire ancienne et complexe de cette construction, qui, en raison de son emplacement stratégique, essuya de nombreux revers de fortune. Plusieurs fois détruit et reconstruit, le château fut ensuite progressivement abandonné, avant d'être classé monument historique en 1951.

Une charade en Nord-Pas-de-Calais

Mon 1er est un petit passereau reconnaissable à son plumage noir et à son bec jaune. Recouvert d'émeri, mon 2e est un accessoire incontournable de la manucure. Lorsqu'il est « de piété », mon 3e devient prêteur sur gages. Mon tout est une petite station balnéaire de la Côte d'Opale.

Il était une fois en 1986

Première édition du festival d'Aurillac

Auvergne

Ce 29 août 1986, on peut voir au journal télévisé un reportage sur la préfecture du Cantal : un homme monté sur échasses poursuit un cracheur de feu masqué sous l'œil médusé des badauds. Pas de panique, ce ne sont que des comédiens qui jouent ! Créé par le scénographe et metteur en scène Michel Crespin, le festival d'Aurillac met à l'honneur le théâtre de rue. Il s'agit de rencontrer un public qui n'a pas l'habitude de venir au théâtre et de proposer des spectacles souvent gratuits et de qualité. Le théâtre équestre Zingaro, fraîchement créé par Bartabas, y donne alors sa première représentation. À l'instar de ce dernier, le festival d'Aurillac gagnera en renommée : ce sont aujourd'hui plus de cent vingt mille spectateurs qui s'y rendent chaque année.

Merlimont (merle-lime-mont).

mardi 30 août

lever : 7 h 04
coucher : 20 h 36

St Fiacre

INSOLITE
Lorraine

Dans la forêt mosellane, près de Dabo, se trouve une « pierre à glissade » et, contrairement à ce qu'on pourrait imaginer, c'est une affaire sérieuse, car cette pierre est magique ! Appelée « le Rutschfelsen », elle permet à une femme qui glisse les fesses nues dessus – ou les pieds joints – d'avoir un enfant !

Une charade en
Bourgogne

Mon 1er est deux fois à la queue dans une expression populaire signifiant « en file indienne ». Mon 2e est un synonyme de « trou », « cavité ». Mon 3e est un parc animalier. Mon tout est une ancienne cité industrielle, renommée pour son gigantesque marteau-pilon.

La rubrique du 13 h

LE JARDIN JUNGLE KARLOSTACHYS
Haute-Normandie

Ce jardin émane de la volonté de son créateur, Charles Boulanger, d'intégrer dans un environnement naturel et sauvage ses propres collections botaniques. Ici, c'est la nature qui range les choses : ronciers, orties, lierres ont leur place, aucun produit chimique n'est utilisé, la biodiversité est la priorité. Ce jardin est divisé en trois espaces : l'arboretum et la bambouseraie, un jardin clos pour les collections et une lande à eucalyptus, espaces que son créateur vous fera visiter pendant à peu près une heure et demie.

Bonne fête !
Fiacre

Né et élevé en Irlande au VIIe siècle, c'est en région parisienne que saint Fiacre s'installa, non loin de Meaux, sur la commune aujourd'hui nommée… « Saint-Fiacre ». Son ermitage était un refuge pour les plus démunis, et le saint homme y cultivait fruits et légumes, afin de les nourrir. Très populaire, il est aujourd'hui le patron des jardiniers !

Il était une fois en 1523
Début de la Grande Braderie de Lille
Nord-Pas-de-Calais

Les prémices de la Grande Braderie remonteraient au XIIe siècle : il s'agissait d'une grande foire aux tissus, où se côtoyaient des marchands de Lille et de l'étranger et des particuliers vendant de vieux vêtements. En 1523, la foire prend son nom actuel de « braderie », et dure une semaine à partir du 30 août. C'est également à cette époque que la braderie devient un vaste vide-greniers, où viennent en masse les « bradeux », un surnom donné aux domestiques qui avaient le droit de vendre la nuit des objets cédés par leurs maîtres, mais devaient être rentrés pour les servir au matin. Les célèbres moules-frites apparaissent au XXe siècle. Si la braderie a connu des hauts et des bas, elle a repris de l'ampleur dans les années 1970, pour devenir ce gigantesque marché aux puces, qui attire chaque année plus de deux millions de visiteurs.

Le Creusot (leu-creux-zoo).

mercredi 31 août

lever : 7h06
coucher : 20h34

St Aristide

Savoirs d'antan

Le saviez-vous ? Le savon noir est un mélange d'huile de lin et de glycérine. Il est 100 % naturel et biodégradable. Vendu dans n'importe quelle grande surface, il est peu coûteux. Il est à la fois dégraissant, détachant, désinfectant et décapant.

Bonne fête !

Aristide d'Athènes

« Il ne se trouve pas de mensonge entre eux et ils s'aiment les uns les autres. » C'est ainsi qu'Aristide d'Athènes, philosophe du IIe siècle, considérait les chrétiens. Converti, il s'évertua à les défendre par la plume et la réflexion. Son Apologie, adressée à l'empereur Hadrien, contraste avec les écrits dogmatiques de l'époque. Elle dépeint plutôt, en effet, la vie des premières communautés chrétiennes, la solidarité et l'espoir qui les unissaient.

La rubrique du 13 h

NOTRE-DAME-DES-CYCLISTES

Aquitaine

Notre-Dame-des-Cyclistes est une chapelle située à Labastide-d'Armagnac, dans les Landes. L'idée en vint à l'abbé Joseph Massie, adepte du vélo, et le pape Jean XXIII l'approuva un an plus tard, en 1959. Cette chapelle du XIe siècle, vestige d'une ancienne forteresse des Templiers, est donc devenue le sanctuaire national du cyclisme et du cyclotourisme et abrite aujourd'hui un musée du cyclisme. Quatre Tours de France sont passés près de cet édifice, dans lequel vous pourrez voir les maillots de grands champions, tels qu'Eddy Merckx, Raymond Poulidor, Bernard Hinault…

Un gentilé de Rhône-Alpes

Pommiers est une ravissante commune de deux mille trois cents âmes située dans le vignoble du Beaujolais. On y trouve la belle église Saint-Barthélemy du XIIe siècle, et la ville jouit d'une activité culturelle et sportive dynamique. Mais connaissez-vous son gentilé ?

Gnocs.

Il était une fois en 1832

Honoré Daumier en prison

Île-de-France

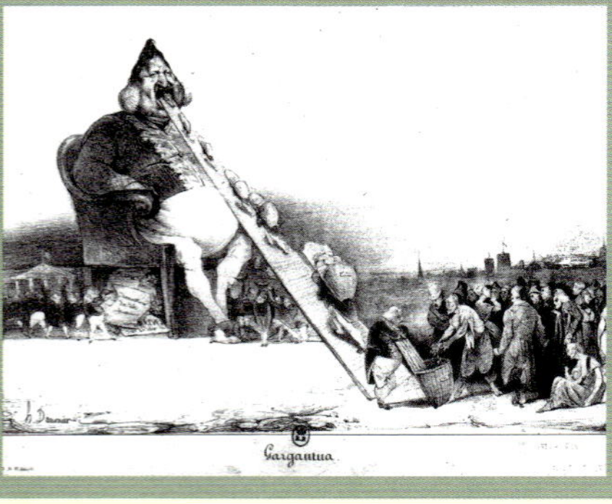

Ce sont ses caricatures politiques qui ont rendu célèbre Daumier. Un art qu'il a exercé d'abord dans la revue *La Silhouette* à partir de 1828, puis dans *La Caricature* de 1830 à 1835, date à laquelle la censure se durcit, provoquant la fin de la parution du journal. Ses dessins le rendent rapidement populaire et n'épargnent aucune tête dirigeante, pas même celle de Louis-Philippe. Or, le roi n'apprécie pas de se retrouver sous les traits de Gargantua avalant tout l'or du peuple. Daumier est donc condamné à six mois de prison en 1832, peine qu'il effectue à la prison Sainte-Pélagie à Paris.

jeudi 1er septembre

lever : 7h07
coucher : 20h32

St Vérène

INSOLITE
Auvergne

À Boudes, on peut déguster un bon verre de vin tout en se croyant au Far West ! C'est sur le territoire de cette commune du Puy-de-Dôme que se trouve la vallée des Saints, une sorte de petit Colorado auvergnat avec ses falaises, ses cheminées de fées et ses cirques ocre.

Un gentilé
de Midi-Pyrénées

Carmaux, dans le Tarn, abrite le très beau domaine de la Verrerie, mais aussi de nombreux espaces verts, comme le parc Jean-Jaurès, ce dernier ayant été député de la ville près de vingt ans. Tous les ans, le festival À fleur de peau rassemble ses habitants, les...

Carmausins.

La rubrique du 13 h

LA GROTTE DU HUSSARD DE NEUWILLER-LÈS-SAVERNE
Alsace

La grotte du Hussard est un abri-sous-roche créé par l'érosion provoquée par les éléments. Elle se cache derrière les arbres, au fond du petit vallon de Thomastal, dans les Vosges du Nord, tout près du village de Neuwiller. Une légende raconte qu'elle servit de refuge et de cachette à un grognard des armées napoléoniennes, qui cherchait à échapper aux cosaques. Là, il attendit des années, en vain, le retour de Napoléon. Le culte de l'Empereur était, en effet, très vivace dans la région, lieu de villégiature de nombreux anciens officiers de son armée.

Bonne fête ! Vérène

On attribue de nombreux miracles à sainte Vérène, qui vécut en ermite en Suisse au IVe siècle. Outre plusieurs guérisons, dont celle d'un dignitaire romain qui l'avait emprisonnée, elle fit apparaître par la prière des sacs de farine, qui ne désemplissaient jamais, pour nourrir toutes ses disciples. Et, même après sa mort, les miracles continuèrent. Ainsi, des hommes munis de ses reliques réussirent à faire reculer le Rhin dans son lit, alors qu'il était en crue.

Il était une fois en 1930
Naissance de Michel Serres à Agen
Aquitaine

On connaît Michel Serres, son œuvre – une soixantaine de livres ! – et sa carrière d'académicien, d'homme de lettres, de philosophe et d'historien des sciences. On connaît moins son attachement à sa région natale. Issu d'une lignée de paysans et de mariniers gascons, Michel Serres a grandi à Agen, sur les rives de la Garonne, où il fut lui-même dragueur de sable pendant son adolescence. « Le fil de l'eau nous servait de drap et de couverture, les peupleraies de murs, les graviers de salons et le ciel pastel de toit », écrit Michel Serres dans son ouvrage *Habiter*, publié en 2011.

vendredi 2 septembre

lever : 7 h 09
coucher : 20 h 30

Bse Ingrid

Une charade en Centre

Au sud de l'Asie, mon 1er est le deuxième pays le plus peuplé au monde. Mon 2e est un filet de lumière. Celui qui dort comme mon 3e reste assoupi longtemps et profondément. Mon tout est le département de Chambray-lès-Tours, Ballan-Miré ou encore Chinon.

Bonne fête !

Ingrid de Skänninge

Après la mort de son mari, Ingrid, petite-fille du roi Knut, décida de partir en pèlerinage en Terre sainte et revint avec la volonté – et la permission du pape, qu'elle avait rencontré à Rome – de fonder un couvent dominicain sur ses terres, en Suède. Grâce à l'argent de sa famille, elle mena son projet à bien, mais mourut malheureusement un an plus tard, avant que sa communauté ne connaisse un grand rayonnement.

La rubrique du 13 h

LE CHÂTEAU DE RANROUËT À HERBIGNAC

Pays de la Loire

Au milieu d'un bosquet de chênes centenaires et en bordure du marais de Brière se dressent les ruines du château de Ranrouët. Le site, occupé par une motte féodale, vit l'érection d'un château en pierre au XIIIe siècle. Tout au long de son histoire guerrière, il fut souvent détruit, reconstruit, remanié, jusqu'à la Révolution, où il est incendié, puis sert de carrière de pierres, avant d'être abandonné. Acheté en 1929 et partiellement restauré, il est ensuite revendu en 1989 au conseil général de Loire-Atlantique, qui l'ouvre au public. Il est depuis lors visitable et accueille de nombreux événements.

Un gentilé de Bourgogne

La commune des Pictiens ne compte pas moins de six châteaux du XVe au XVIIIe siècle, ainsi qu'une église romane et une chapelle néogothique. Mais la cité est plus connue pour son nom amusant, ses habitants n'étant pas frileux, car ils vivent à...

Poil.

Il était une fois en 1914

Le gouvernement se réfugie à Bordeaux

Aquitaine

À l'été 1914, l'engrenage des alliances provoque l'entrée en guerre de la France. Le 1er août, tous les clochers du pays font sonner le tocsin, et on annonce la mobilisation générale. L'Empire allemand envahit la Belgique le 4 août et avance rapidement vers Paris. À partir du 20 août, la bataille des frontières se termine sur des échecs sanglants. Le général Joffre essuie une défaite dans les Ardennes ainsi qu'à Charleroi et donne, le 25, l'ordre général de retraite à l'ouest de Verdun. La progression des forces ennemies semble incontrôlable : le 2 septembre, les Allemands sont à quarante-cinq kilomètres de Paris, et le gouvernement français se réfugie à Bordeaux.

Indre-et-Loire (Inde-rai-loir).

Les moules à la normande

Basse-Normandie

Ingrédients

Pour 4 personnes
3 l de moules sauvages de Barfleur
50 g de beurre doux
3 échalotes
1 oignon
1 bouquet de persil
20 cl de cidre brut
40 cl de crème fraîche
1 jaune d'œuf
1 petit bouquet garni
poivre

Recette

- Grattez et lavez soigneusement les moules une à une à l'eau claire, en prenant soin d'enlever le filament. Écartez toutes les moules ébréchées ou ouvertes.
- Épluchez, puis hachez l'oignon et les échalotes. Ciselez le persil.
- Dans un bol, mélangez le jaune d'œuf à la crème fraîche.
- Dans une cocotte, faites fondre un peu de beurre à feu doux. Faites-y suer l'oignon et l'échalote.
- Ajoutez les moules et faites revenir à feu vif pendant 2 à 3 min. Dès que les moules sont ouvertes, ajoutez le reste du beurre, le cidre et le bouquet garni. Poivrez, couvrez et laissez pocher doucement à feu moyen quelques minutes, sans porter à ébullition. Quand les moules sont bien ouvertes, retirez-les avec une écumoire et réservez-les.
- Filtrez le jus de cuisson et remettez-le dans la cocotte. Faites-le réduire de 1/3 à feu vif, puis baissez le feu, ajoutez le mélange crème-œuf et mélangez. Poivrez à nouveau si nécessaire, mais ne salez pas.
- Replacez brièvement les moules dans la cocotte pour les réchauffer. Enrobez-les bien de sauce, saupoudrez de persil ciselé, et servez aussitôt.

La blonde de Barfleur

La blonde de Barfleur est une variété de moules sauvages, particulièrement appréciée des connaisseurs pour sa chair tendre et savoureuse. Pêchées dans la Manche, ces moules croissent et se reproduisent en haute mer, de manière totalement naturelle. La richesse en nutriments des eaux où elles baignent leur permet de développer une chair blonde et volumineuse, faisant de cette variété l'une des plus charnues existantes. Elle bénéficie d'ailleurs depuis 2001 du label « Belle, blonde et sauvage ».

lundi 5 septembre

lever : 7 h 13
coucher : 20 h 23

Ste Raïssa

Bonne fête !

Raïssa

On peut dire que sainte Raïssa avait le don de la compassion. Elle allait à la fontaine puiser de l'eau, lorsqu'elle rencontra des chrétiens qui avaient été arrêtés sur les ordres de Dioclétien et qui étaient conduits à Alexandrie pour être mis à mort. Elle ne réfléchit pas un instant et décida de se joindre à eux. Devant son insistance, les soldats, qui avaient d'abord refusé de l'emmener, la laissèrent finalement intégrer le cortège, et elle eut même le privilège d'être décapitée la première !

La rubrique du 13 h

LA PLÂTRIÈRE D'ARMOY

Rhône-Alpes

Près du village d'Armoy, il y avait autrefois un important gisement de gypse, minerai qui, une fois réduit en poudre et cuit, devient la matière première du plâtre. Le baron Saladin de Lubière fut le premier à l'exploiter, en créant ce qui allait devenir une des plus importantes plâtrières de France. Les ruines de cette entreprise offrent le spectacle surprenant d'une immense cheminée en brique, avec, derrière elle, les restes d'un bâtiment envahi par la végétation. Au sol, le tracé d'un petit canal est encore visible : il servait à acheminer l'eau qui entraînait une roue et des meules pour briser le gypse.

INSOLITE

Centre

Le château de Chambord, symbole de la Renaissance française, a été voulu par François Ier, qui a notamment fait appel à Léonard de Vinci pour sa conception. C'est au génie italien qu'on doit l'escalier central à double hélice, qui permet de l'emprunter à deux sans jamais se croiser !

Au fil de l'eau

Bourgogne

On a coutume de dire au sujet de l'Armançon : « mauvaise rivière et bon poisson ». Ce cours d'eau important – il est long de plus de deux cents kilomètres – est un des principaux affluents de l'Yonne. Il doit sans doute cette réputation à son débit irrégulier et à ses crues fréquentes.

Il était une fois en 1791

Olympe de Gouges rédige la Déclaration des droits de la femme et de la citoyenne

Île-de-France

Pionnière du féminisme, Olympe de Gouges s'insurge, en septembre 1791, contre l'adoption d'une Constitution qui ignore complètement les femmes. Elle rédige sa Déclaration des droits de la femme et de la citoyenne, dans laquelle elle affirme que « la femme naît libre et demeure égale à l'homme en droits ». Elle demande donc le droit de vote et celui d'être élue, puisque la femme détient déjà celui de monter sur l'échafaud ! Propos cruellement prophétiques en ce qui la concerne : Olympe de Gouges sera guillotinée en 1793. Et il faudra attendre un siècle et demi pour que sa voix soit entendue et pour que les Françaises puissent voter.

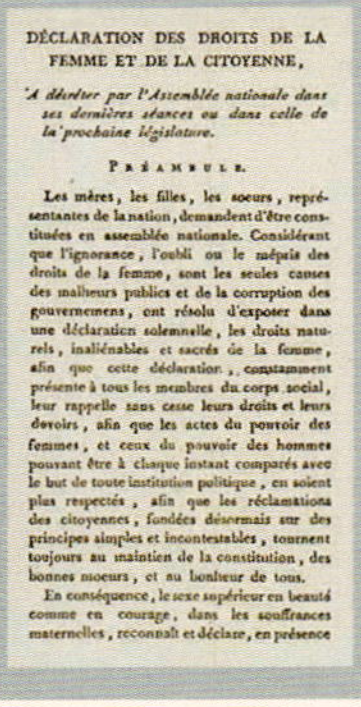

DÉCLARATION DES DROITS DE LA FEMME ET DE LA CITOYENNE,

A décréter par l'Assemblée nationale dans ses dernières séances ou dans celle de la prochaine législature.

PRÉAMBULE.

Les mères, les filles, les soeurs, représentantes de la nation, demandent d'être constituées en assemblée nationale. Considérant que l'ignorance, l'oubli ou le mépris des droits de la femme, sont les seules causes des malheurs publics et de la corruption des gouvernemens, ont résolu d'exposer dans une déclaration solemnelle, les droits naturels, inaliénables et sacrés de la femme, afin que cette déclaration, constamment présente à tous les membres du corps social, leur rappelle sans cesse leurs droits et leurs devoirs, afin que les actes du pouvoir des femmes, et ceux du pouvoir des hommes pouvant être à chaque instant comparés avec le but de toute institution politique, en soient plus respectés, afin que les réclamations des citoyennes, fondées désormais sur des principes simples et incontestables, tournent toujours au maintien de la constitution, des bonnes moeurs, et au bonheur de tous.

En conséquence, le sexe supérieur en beauté comme en courage, dans les souffrances maternelles, reconnaît et déclare, en présence

mardi 6 septembre

lever : 7 h 14
coucher : 20 h 21

Bx Bertrand

Savoirs d'antan

Il vous reste du pain rassis ? Ne le jetez pas. Vous pouvez régaler tout le monde en cuisinant du pain perdu. Vous pouvez aussi piler les morceaux ou les passer au robot, pour en faire de la chapelure. En dernier ressort, donnez-le à ceux qui ont des poules ou des chevaux.

Au fil de l'eau

Champagne-Ardenne

La Vesle, rivière de cent quarante kilomètres de long, a un débit plutôt faible : elle ne permet pas le transport de marchandises et n'a été que faiblement exploitée par l'industrie. Cela n'a pourtant pas empêché Reims, qu'elle traverse à peu près à mi-parcours, de se développer sur chacune de ses rives.

La rubrique du 13 h

L'ABBAYE SAINT-MARTIN DE MONDAYE

Basse-Normandie

L'abbaye Saint-Martin de Mondaye, outre le fait d'être la seule abbaye de l'ordre des Prémontrés encore en activité en Normandie, forme un bel ensemble classique du XVIIIe siècle. Elle fut fondée vers 1200, après que le prêtre Turstin se fut retiré là en ermite, avant d'être rejoint par ses disciples. À la mort de Turstin, l'abbaye devint vite florissante, mais la guerre de Cent Ans, la peste noire et les guerres de Religion stoppèrent cet élan. Une partie de l'abbaye est aujourd'hui visitable, et vous pourrez admirer un groupe sculpté en terre cuite, l'orgue Parisot et une magnifique bibliothèque.

Bonne fête !

Bertrand de Garrigues

Né dans le Midi, à Garrigues, Bertrand fut l'un des premiers compagnons de saint Dominique. Ensemble, ils entreprirent de convertir les cathares par la prière et par leur vie de pauvreté. Saint Dominique, qui l'estimait beaucoup et était impressionné par sa droiture, l'envoya ensuite fonder des couvents à Paris, Montpellier et Avignon. Bertrand mourut en 1230, dans un monastère de la Drôme, et fut béatifié au XIXe siècle.

Il était une fois en 1757

Naissance de La Fayette au château de Chavaniac

Auvergne

Né sous le règne de Louis XV dans un château de la Haute-Loire, Gilbert Du Motier tire son nom de famille du village d'Aix-la-Fayette, dans le Puy-de-Dôme, où vivaient ses ancêtres. Issu d'une famille très fortunée, il devient orphelin à 13 ans et est envoyé à Paris pour ses études. Il commence une carrière militaire et obtient en 1771 la charge de lieutenant des mousquetaires noirs. Il se montre héroïque lors de la guerre d'Indépendance américaine, puis s'intéresse à la vie politique française, et il y participera activement jusqu'en 1830. S'opposant à l'Ancien Régime et au système nobiliaire, il décide dès 1789 de signer « Lafayette », en un seul mot.

lever : 7 h 16
coucher : 20 h 19

Ste Reine

Bonne fête !
Reine

On sait peu de chose sur Reine, dont la vie aurait peut-être été confondue avec celle de sainte Marguerite. Son culte est attesté en Bourgogne, notamment à Alise-Sainte-Reine, village qui l'a choisie comme sainte patronne. Convertie à la religion chrétienne par sa nourrice, elle aurait refusé d'abjurer sa foi et de céder aux avances d'un gouverneur romain qui, pour se venger, la condamna à la décapitation en 252.

La rubrique du 13 h

LE JARDIN BOTANIQUE DU MONTET

Lorraine

Véritable musée des Plantes, le jardin botanique du Montet est un des plus grands de France. Créé en 1975, le parc offre aux visiteurs une vision de l'immense diversité du monde végétal. Depuis les plantes bien connues de nos jardins jusqu'aux espèces les plus exotiques, différents espaces thématiques proposent une visite enchanteresse. Outre son alpinum et son arboretum, le parc possède une serre tropicale immense. Enfin, ses collections d'orchidacées, de plantes insectivores, etc., sont réputées et reconnues par la communauté scientifique pour être d'une très grande richesse.

Savoirs d'antan

Les enfants s'ennuient ? Préparez de la pâte à sel. Mélangez pour cela une tasse de sel fin, une tasse de farine et environ une demi-tasse d'eau. Pour varier les couleurs, utilisez des colorants alimentaires. Fabriquez ensuite de petits personnages.

Une charade en Île-de-France

Filles de Zeus et de Mnémosyne, mon 1er inspire depuis toujours les artistes. Mon 2e clôt l'alphabet. Mon 3e a pour symbole chimique Au. De son prénom Camille, mon 4e fut à l'origine de la loi instituant l'enseignement secondaire pour les filles. Aujourd'hui spécialiste de l'art impressionniste, mon tout fut jadis un palais, puis une gare.

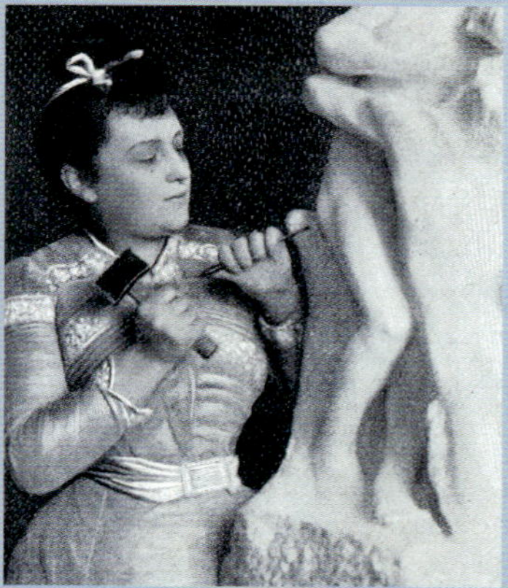

Il était une fois en 1914
Camille Claudel est internée à Montdevergues

Provence-Alpes-Côte d'Azur

Quand Camille Claudel est transférée à l'hôpital psychiatrique de Montdevergues, dans le Vaucluse, près d'Avignon, en septembre 1914, elle ne se doute pas qu'elle ne le quittera plus jamais. Sa rupture avec Rodin en 1898 l'a durement éprouvée, et sa carrière est brisée. Depuis 1905, Camille souffre de crises d'hystérie et de délires paranoïaques. Dès mars 1913, juste après la mort de son père, elle est emmenée de force à l'asile, par sa mère et son frère Paul, qui espère ainsi éviter les scandales. La sculptrice mérite-t-elle l'internement et la séquestration ? Elle passe la fin de sa vie à Montdevergues, où elle décède, seule et mutique, en 1943.

Musée d'Orsay (muses-Z-or-Sée).

jeudi 8 septembre

lever : 7 h 17
coucher : 20 h 17

Ste Béline

Un gentilé
d'Auvergne

La Haute-Loire est réputée pour la finesse de sa dentelle du Puy, mais aussi pour ses lentilles vertes ou encore ses fromages. Le département propose de nombreux festivals de musique ou de théâtre, qui rassemblent les habitants, les...

Altiligériens.

Au fil de l'eau
Corse

Le Prunelli est un petit fleuve côtier qui partage son embouchure, dans le golfe d'Ajaccio, avec l'un de ses affluents : la Gravona. Les deux cours d'eau, d'une longueur comparable, ont également des sources rapprochées dans le massif du Renoso, au cœur de l'île.

La rubrique du 13 h

LE MUSÉE MAGNIN
Bourgogne

En plus d'être installé dans un des plus beaux hôtels particuliers de Dijon, le musée montre une collection de plus de deux mille œuvres d'art, réunies par Maurice Magnin et sa sœur Jeanne, entre la fin du XIXe siècle et le début du siècle suivant. L'hôtel particulier, dont la construction date du XVIIe siècle, fut acquis en 1829 par leur grand-père, et c'est là que la fratrie choisit d'exposer sa collection de peintures, selon une présentation traditionnelle, par écoles. Ainsi, le musée propose de découvrir les maîtres oubliés des écoles du Nord, italienne et française, mais aussi plus de sept cents dessins, ainsi que du mobilier et des objets d'art.

Bonne fête !
Béline

Béline fait partie des martyres de la virginité, qui refusèrent les avances d'un homme puissant et qui le payèrent de leur vie. C'était une jeune bergère de l'Aube très pieuse qui, nous dit-on, passait ses journées à garder les moutons de son père et ses nuits à s'occuper des malades. Elle était pour cela très estimée dans son village, et son culte se répandit rapidement après sa mort.

Il était une fois en 1888
Vincent Van Gogh achève Le Café de nuit
Provence-Alpes-Côte d'Azur

« Aujourd'hui je vais probablement entreprendre l'intérieur du café où j'ai une chambre, le soir sous l'éclairage au gaz. [...] Les "rôdeurs nocturnes" peuvent y trouver refuge s'ils n'ont pas d'argent pour se loger ou s'ils sont trop ivres pour rentrer. » Voilà comment Vincent Van Gogh dépeint, dans une lettre à son frère Théo datée d'août 1888, le café de la place Lamartine, à Arles, qu'il compte bientôt immortaliser. La scène représente une pièce presque déserte et haute de plafond, une caractéristique des cafés provençaux de l'époque. Après trois séances nocturnes, il achève son tableau le 8 septembre 1888 et l'expose, les jours qui suivent, dans la « maison jaune », où il vit à cette époque.

vendredi 9 septembre

lever : 7 h 19
coucher : 20 h 15

Bx Alain

Bonne fête !

Alain de la Roche

Ce moine breton fut un grand prédicateur dominicain qui enrichit et promut à travers toute la France la pratique du rosaire. Il disait à son propos que le rosaire ne devait pas être une « récitation mécanique et expéditive du “Je vous salue Marie”, mais une célébration des mystères de la vie de Jésus avec le regard et le cœur de Marie ». Après avoir fondé plusieurs confréries du Rosaire, il partit en Hollande, où il mourut en 1475.

La rubrique du 13 h

LE MUSÉE MARMOTTAN-MONET

Île-de-France

À proximité du bois de Boulogne, ce musée est un ancien pavillon de chasse, racheté en 1882 par Jules Marmottan à la famille du duc de Valmy. Le père et son fils Paul sont passionnés d'art et collectionnent, l'un les œuvres du Moyen Âge et de la Renaissance, l'autre celles du premier Empire. En 1932, à sa mort, Paul Marmottan lègue l'hôtel et les collections à l'Académie des beaux-arts. Tout au long du XXe siècle, le musée connaît une série de donations sans égales, parmi lesquelles celle de Michel Monet, fils de Claude, qui lègue toute sa collection de tableaux de son père.

INSOLITE

Languedoc-Roussillon

Il s'agit d'une simple route qui serpente au milieu de la garrigue, à quelques kilomètres du village de Siran, dans l'Hérault, et pourtant un panneau signale la « curiosité de Lauriole ». En fait, par une illusion d'optique, la route semble monter, alors qu'elle descend, et inversement : l'effet est saisissant !

Une charade en PACA

Mon 1er abrite le larynx et le pharynx. Mon 2e désigne les plumes qui recouvrent le corps des jeunes oiseaux. 78 % de diazote, près de 21 % de dioxygène et à peine 1 % d'autres gaz : telle est la composition de mon 3e. Mon 4e est une capacité, un talent notable et inné. Attirant des milliers de touristes chaque été, mon tout est, dit-on, le plus beau canyon d'Europe.

Il était une fois en 2009

Guillaume Canet tourne Les Petits Mouchoirs au Cap-Ferret

Aquitaine

Grand soleil et brise de fin d'été sur le bassin d'Arcachon, en ce troisième jeudi de septembre. Dans une maison de bois entourée de pins, Guillaume Canet filme une bande de copains en vacances – François Cluzet, Benoît Magimel, Laurent Lafitte, Gilles Lellouche et Marion Cotillard – tandis que l'un des leurs est à l'hôpital. La star inattendue du film, c'est Jean-Louis, l'ostréiculteur plein de bon sens, interprété par Joël Dupuch, comédien non professionnel et vrai ostréiculteur dans la vie. Un an plus tard, grand succès dans les salles avec plus de cinq millions d'entrées pour ce film personnel et bouleversant.

Gorges du Verdon (gorge-duvet-air-don).

samedi 10 septembre

Ste Inès

dimanche 11 septembre

St Adelphe

Le crumble aux fruits rouges

Rhône-Alpes

Ingrédients

Pour 6 personnes
200 g de framboises
200 g de mûres
200 g de groseilles
200 g de myrtilles
100 g + 30 g de cassonade
100 g +30 g de beurre demi-sel
100 g de farine
100 g de pralin
1 bouquet de basilic
1 citron vert

Recette

- Effeuillez le basilic, puis hachez-le très finement au couteau. Dans un saladier, mélangez la farine, le pralin, 100 g de cassonade et le basilic haché. Ajoutez 100 g de beurre demi-sel coupé en petits morceaux et malaxez du bout des doigts jusqu'à obtenir une consistance sableuse. Disposez la pâte sur une plaque et réservez au réfrigérateur.
- Égrainez les groseilles, lavez les myrtilles et équeutez les framboises et les mûres, s'il y a lieu.
- Dans une poêle, faites fondre 30 g de beurre demi-sel à feu doux. Ajoutez les fruits, puis saupoudrez de cassonade. Laissez compoter les fruits quelques minutes, jusqu'à ce qu'ils rendent leur jus. Égouttez-les délicatement et mettez de côté le jus.
- Préchauffez le four à 200 °C.
- Beurrez, puis sucrez 6 ramequins individuels passant au four, puis répartissez les fruits au fond. Recouvrez de pâte en l'émiettant en gros morceaux. Enfournez à mi-hauteur pour 35 min.
- Dans une casserole, faites chauffer le jus de cuisson des fruits. Assaisonnez à votre convenance de jus de citron vert et de cassonade. Servez les crumbles tièdes, accompagnés de leur coulis de fruits rouges.

Des fruits à la pelle

La région Rhône-Alpes est la première productrice de fruits rouges. À vingt kilomètres de Lyon se trouve la petite commune de Thurins, connue comme capitale de la framboise. D'ailleurs, depuis 1985, les Thurinois se rassemblent le deuxième dimanche de septembre à l'occasion de la fête du Fruit, où ils peuvent à loisir déguster les fruits sous toutes leurs formes.

lundi 12 septembre

lever : 7 h 23
coucher : 20 h 09

Bx Apollinaire

Bonne fête !

Apollinaire Franco

Au XVIIe siècle, et plus précisément en 1614, le Japon ordonna à tous les missionnaires catholiques présents sur son territoire de le quitter, en les menaçant de la peine de mort s'ils n'obéissaient pas. Apollinaire Franco, franciscain originaire d'Espagne, décida qu'il ne pouvait pas abandonner les Japonais convertis et ignora cet ordre. Il fut par conséquent brûlé vif en 1622, avec plusieurs de ses compagnons.

La rubrique du 13 h

LE PRÉHISTO-PARC

Aquitaine

Le Préhisto-Parc de Tursac est un parc pédagogique dédié à la préhistoire. Non loin de sites réputés – les grottes de Lascaux ne sont qu'à quelques kilomètres –, des scènes de la vie quotidienne de nos ancêtres néandertaliens et hommes de Cro-Magnon ont été reproduites, sous la supervision de l'Institut de paléontologie humaine, pour permettre aux visiteurs d'avoir une vision de ce à quoi pouvaient alors ressembler une chasse à l'ours, le dépeçage d'un renne ou encore la récolte périlleuse du miel. Ce parc à thèmes propose aussi des activités lors desquelles un tailleur de pierre vous montrera comment tailler un silex.

Savoirs d'antan

Pour réaliser une photo de groupe, choisissez, en arrière-plan, un environnement simple, débarrassé d'éléments superflus. Positionnez les plus petits devant et, surtout, la personne importante au centre – celle dont vous fêtez l'anniversaire, par exemple. Préférez une lumière douce.

Une charade en Champagne-Ardenne

Mon 1er désigne la boucle formée par le fil lorsqu'on tricote. Mon 2e est la troisième voyelle. Mon 3e est la spécialité de José Carreras, Jonas Kaufmann ou encore Roberto Alagna. Mon 4e est un morceau de tissu ou de matière végétale tissée se portant à la taille. Mon tout est un charmant village marnais, célèbre pour ses grands crus.

Il était une fois en 1642

Exécution du marquis de Cinq-Mars

Rhône-Alpes

Richelieu avait de nombreux ennemis. Parmi eux, Cinq-Mars, un des favoris du roi, dont l'influence sur Louis XIII dérangeait le cardinal. Ainsi, lorsque l'ambitieux demande à épouser Marie de Gonzague, une princesse de haut rang, Richelieu s'y oppose. Henri de Cinq-Mars organise alors un complot contre ce dernier, avec Gaston d'Orléans, frère cadet du roi, le magistrat François Auguste de Thou et la reine elle-même. En pleine guerre de Trente Ans, il prépare l'ouverture des frontières françaises aux troupes espagnoles. Mais le puissant Richelieu a vent de la conspiration et le fait arrêter. Cinq-Mars est condamné à mort pour crime de lèse-majesté et décapité le 12 septembre 1642 à Lyon, sur la place des Terreaux.

Mailly-Champagne (maille-I-chant-pagne).

mardi 13 septembre

lever : 7 h 24
coucher : 20 h 07

St Aimé

INSOLITE

Basse-Normandie

L'abbé Victor Paysant, curé de Ménil-Gondouin, dans l'Orne, voulait que son église soit vivante. Ainsi, de 1873 à sa mort en 1921, il a peint l'intérieur comme l'extérieur, inspiré par les Écritures et par ses voyages. Tout disparut à sa mort, et ce n'est qu'en 2004 que les peintures furent restaurées.

Au fil de l'eau

Alsace

La Zorn naît en Moselle de la confluence de deux ruisseaux : la Zorn jaune et la Zorn blanche. Elle se jette dans la Moder à Rohrwiller, dans le Bas-Rhin, après un parcours d'une centaine de kilomètres dans une vallée étroite, plutôt sauvage dans les Vosges, plus calme ensuite.

La rubrique du 13 h

LE CHÂTEAU DE LESPUGUE

Midi-Pyrénées

Les gorges de la Save, creusées dans le piémont pyrénéen et habitées depuis la période paléolithique, sont riches de sites connus : c'est là que furent découverts la statuette préhistorique dite la « Vénus de Lespugue » ou les vestiges de la villa gallo-romaine de Montmaurin. Au bout d'un sentier, non loin de la grotte où fut trouvée la célèbre statue, se dressent encore les ruines d'un château médiéval du XIVe siècle. Si les corps architecturaux sont démolis et envahis par la végétation, ce qu'il en reste laisse néanmoins l'ensemble de la construction encore facilement imaginable.

Bonne fête !

Aimé de Sion

Aimé était évêque de la ville de Sion dans le canton du Valais, en Suisse, et remplissait son office avec dévouement et courage, s'occupant des plus riches comme des plus démunis. C'est donc très injustement qu'il fut exilé par le pouvoir local et assigné à résidence en l'abbaye du mont Saint-Quentin, à Péronne, en Picardie, où il fut traité avec tout le respect qu'il inspirait à quiconque le côtoyait.

Il était une fois en 1956

Naissance d'Alain Ducasse à Orthez

Aquitaine

C'est à Orthez, le 13 septembre 1956, que naît Alain Ducasse, le célèbre chef cuisinier. Ses parents étant agriculteurs, il mange dès son plus jeune âge les fruits et légumes du potager. À 16 ans, il entre en apprentissage, côtoie de grands chefs étoilés, puis monte peu à peu les échelons, jusqu'à ouvrir le restaurant Le Louis XV à l'Hôtel de Paris de Monte-Carlo, à Monaco, pour lequel il obtient, à seulement 33 ans, les trois étoiles dans le Guide Michelin. Deux autres de ses restaurants obtiennent trois étoiles : le Meurice Alain Ducasse, à Paris, et l'Alain Ducasse at The Dorchester, à Londres. Il est naturalisé monégasque en 2008 et, de ce fait, perd sa nationalité française.

mercredi 14 septembre

lever : 7 h 26
coucher : 20 h 04

St Corneille

Bonne fête !
Corneille

Corneille est le vingt et unième pape, élu à une époque où la foi catholique est persécutée partout, notamment à Rome, sous le règne de l'empereur Dèce. Il est persuadé qu'il faut pardonner à tous ceux qui ont renié leur foi pendant la tyrannie de ce dernier, à l'inverse de Novatien, antipape élu par trois évêques, qui, lui, prône la sévérité. Corneille est cependant très vite arrêté et meurt en exil en 253, deux ans seulement après son élection.

La rubrique du 13 h

LE FORT DE LA POMPELLE
Champagne-Ardenne

Après la guerre de 1870, une ceinture fortifiée fut conçue autour de Reims par le général Séré de Rivières, et la construction du fort de la Pompelle la compléta. Occupé dès 1914 par les troupes allemandes, il fut reconquis par les Français vingt jours plus tard et ne sera plus repris. En 1916, au plus fort des bombardements qui détruisirent Reims, jusqu'à deux mille soldats l'occupaient, alors qu'il n'accueillait que deux cent soixante-dix-sept artilleurs avant la guerre. Il fut laissé à l'abandon à la fin des combats et cédé pour un franc symbolique à la Ville de Reims, qui installa, entre ses murs classés monuments historiques en 1922, un musée dédié à la Grande Guerre.

Un gentilé
de Martinique

Le Morne-Rouge, en Martinique, compte beaucoup de sites touristiques, tels que la montagne Pelée ou les circuits de randonnée que propose la forêt tropicale. À noter que le journaliste Harry Roselmack en est originaire ; il est donc un...

Péléen.

Une charade en
Languedoc-Roussillon

Le cinéma est le septième de mon 1er. L'agar-agar permet d'obtenir mon 2e. Mon 3e a pour équivalent grec *sigma*. Mon 4e est certain. Mon 5e a enfanté. Mon tout, village typique du pays catalan, peut s'enorgueillir de sa magnifique plage de sable longue de sept kilomètres.

Il était une fois en 2009
Sortie de Finistériens de Miossec
Bretagne

Le 14 septembre 2009 sortait le septième album de Christophe Miossec, *Finistériens*. Après avoir habité quelque temps en Belgique, il revient dans le Finistère en 2007 et, à partir de 2009, teste, lors d'une minitournée, les titres que Yann Tiersen – célèbre compositeur de la bande originale du film *Le Fabuleux Destin d'Amélie Poulain*, entre autres musiques – et lui ont composés. Miossec y parle du couple (« Nos plus belles années », « Hais-moi »), de la vie (« Seul ce que j'ai perdu »), du monde du travail (« Les chiens de paille », « CDD »), des gens (« Les joggers du dimanche »).

Argelès-sur-Mer (arts-gelée-S-sur-mère).

jeudi 15 septembre

lever : 7 h 27
coucher : 20 h 02

Bx Roland

INSOLITE
Haute-Normandie

Personne ne peut imaginer qu'on trouve des volcans sur le littoral normand, et pourtant ! Le Volcan en question est en réalité une salle de spectacle du Havre et un espace de culture. Dessiné par l'architecte Oscar Niemeyer, le Volcan étonne par sa forme et ses dimensions.

Un gentilé
de Corse

L'Île-Rousse, en Haute-Corse, a servi de décor pour le tournage du film *L'Enquête corse*, d'Alain Berbérian. Son marché couvert et son phare de la Pietra y apparaissent, ainsi que quelques habitants, en tant que figurants, habitants appelés les…

Isolani.

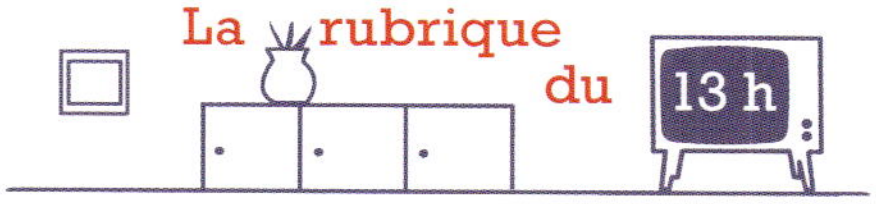

LA PLAGE DE N'GOUJA
Mayotte

Avec son eau turquoise, ses baobabs et son sable blanc, la plage de N'Gouja, au sud de Mayotte, fait rêver. Outre son cadre paradisiaque, cette plage, qui appartient à la commune de Kani-Kéli, abrite deux espèces d'animaux qui n'ont pas peur de l'homme : les makis – des lémuriens cousins du singe –, attirés par les bananes des visiteurs, équipés en connaissance de cause, et les tortues marines, avec lesquelles on peut nager ! Elle possède un ponton terminé par un *faré* – une maison –, représenté sur de nombreuses cartes postales.

Bonne fête !

Roland de Médicis

Homme extrêmement pieux, Roland de Médicis décida d'abandonner la futilité du monde dans lequel il vivait pour devenir ermite dans une forêt du nord de l'Italie. Il fit vœu de silence, le respecta jusqu'à son extrême-onction vingt-six ans plus tard, se nourrissant de fruits l'été et de ce qu'il parvenait à mendier l'hiver. Il restait, paraît-il, plusieurs heures par jour debout sur un pied pour réciter ses prières, uniquement vêtu d'une peau de chèvre.

Il était une fois en 1944

Jean Prouvé est maire de Nancy
Lorraine

Au lendemain de la Seconde Guerre mondiale, Nancy a pour maire un certain Jean Prouvé, ancien résistant et personnage pour le moins original. Enfant du pays, son père, Victor, est un peintre et sculpteur reconnu. Jean est d'abord ferronnier et ouvre un atelier à Nancy. Il commence à dessiner et à concevoir des meubles et des pièces d'architecture, et, en 1935, il dessine la maison du peuple de Clichy-la-Garenne, associant verre et acier. Sans étiquette politique, il est désigné maire provisoire en 1944, au lendemain du départ des troupes allemandes de la ville, et reste en fonction pendant neuf mois, pour assurer la transition avant l'élection d'un nouveau maire. Il s'attelle aux questions d'urgence et à la reconstruction de la ville.

vendredi 16 septembre

lever : 7h29
coucher : 20h00

Ste Édith

Bonne fête !

Édith de Barking

Édith était la fille du roi des Angles, Edgar, et de Wilfride, une de ses concubines. Lorsque cette dernière fut renvoyée de la cour et se réfugia dans un monastère, elle emmena sa fille avec elle. Édith devint religieuse très jeune et refusa par la suite les propositions de son père et de ses demi-frères de les rejoindre, préférant être fidèle à ses vœux. Elle mourut précocement, à 23 ans. Comme elle était vierge et fille de roi, un culte lui fut très vite consacré.

La rubrique du 13 h

LA CHAPELLE DE BIPIERRE

Alsace

Il s'agit en fait d'un rocher, situé en contrebas de l'ancienne frontière franco-germanique, au pied duquel l'érosion a formé une cavité et trois petites niches, où sont gravées dans la pierre, entre autres signes, un grand nombre de croix, qui contribuent à donner son nom au site. Ce signe se retrouve dès le néolithique, où il représentait sûrement l'homme, et il ne symbolisera la chrétienté qu'à partir du IVe siècle, mais il est bien difficile de dater ces gravures. La proximité du site celte du Donon laisse cependant penser que certaines de ces gravures sont antérieures à l'avènement de l'ère chrétienne.

INSOLITE

Midi-Pyrénées

À Lacrouzette, dans le Tarn, se trouve un énorme champignon… de pierre ! La Peyro Clabado – « la pierre clouée » – est un gigantesque bloc de granit de près de huit cents tonnes, tenant en équilibre sur un autre rocher bien plus petit. Ceux qui cherchent l'âme sœur tentent d'atteindre son sommet avec un caillou.

Au fil de l'eau

Bretagne

Rivière emblématique du département auquel elle a donné son nom, avec la Vilaine dans laquelle elle se jette, l'Ille a été canalisée dès la Renaissance. Le canal d'Ille-et-Rance, qui permet de relier Rennes à Saint-Malo, est aujourd'hui dévolu au tourisme fluvial.

Il était une fois en 1928

Création du golf de Font-Romeu

Languedoc-Roussillon

Créé en 1928 et financé par la Compagnie des chemins de fer du Midi, le golf de Font-Romeu fut un des premiers golfs de montagne de France et le plus ancien en Languedoc-Roussillon. Les années 1920 voient l'explosion du tourisme, et les compagnies de chemin de fer investissent dans la création d'activités sportives ou d'infrastructures hôtelières, générant par là même un trafic ferroviaire plus important. Le site du golf a de quoi attirer les foules : perché à mille huit cents mètres d'altitude, il offre une vue splendide sur les Pyrénées catalanes. Réputé difficile et assez physique, son parcours de neuf trous a été redessiné en 1985 par l'un des plus grands champions du golf français, Jean Garaïalde.

Les tomates farcies

Provence-Alpes-Côte d'Azur

Ingrédients

Pour 4 personnes
8 grosses tomates à farcir
400 g de chair à saucisse
200 g de bœuf haché
75 g de champignons de Paris
50 g de mie de pain trempée dans du lait
1 œuf
2 échalotes
2 gousses d'ail
1 bouquet de persil
200 g de riz
1 petit verre de vin blanc sec
huile d'olive
sel et poivre

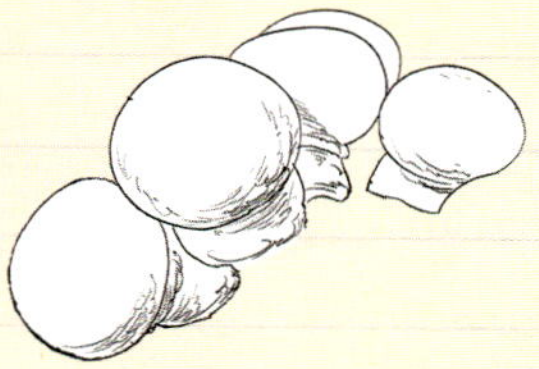

Recette

- Après avoir lavé les tomates, coupez-leur un chapeau et videz-les en réservant leur chair. Salez légèrement l'intérieur, puis retournez-les sur un plat. Détaillez la chair des tomates en petits dés, salez-la, puis laissez-la s'égoutter pour en récupérer le maximum de jus.

- Coupez le pied terreux des champignons de Paris, brossez-les ou épluchez-les, puis détaillez-les en petits cubes.

- Faites chauffer un peu d'huile d'olive dans une poêle, puis faites-y revenir la chair à saucisse. Quand elle s'émiette en petits morceaux, réservez-la dans un saladier. Dans la même poêle, faites rapidement revenir les champignons, pour qu'ils rendent leur eau.

- Épluchez les échalotes et effeuillez le persil. Hachez-les très finement à l'aide d'un robot. Pelez et pressez l'ail.

- Dans le saladier contenant la chair à saucisse, ajoutez le bœuf haché, les échalotes et le persil, l'ail, la mie de pain égouttée et émiettée, les champignons et l'œuf battu. Assaisonnez, puis mélangez intimement.

- Préchauffez le four à 180 °C. Retournez les tomates et remplissez-les généreusement de farce. Remettez leur chapeau, puis disposez-les dans un plat à gratin légèrement huilé. Mélangez le jus récupéré de la chair des tomates avec de l'eau pour obtenir ½ l de liquide. Ajoutez un petit verre de vin blanc, puis versez le riz cru et les cubes de chair de tomate. Salez, puis mélangez.

- Versez soigneusement cette préparation autour des tomates en une couche régulière. Arrosez le tout d'un filet d'huile d'olive, puis enfournez pour 45 min. Vous pouvez ajouter un peu d'eau en cours de cuisson, si le riz a absorbé tout le liquide mais n'est pas cuit, ou s'il commence à sécher. Servez aussitôt.

De la déco à la gastronomie

Fruit d'été par excellence, la tomate est arrivée en France par la Provence. Découverte en Amérique du Sud par Christophe Colomb au XVe siècle, elle ne débarque en Europe qu'un siècle plus tard, en Espagne et en Italie. Elle est alors considérée comme une plante décorative, et il faudra attendre le milieu du XVIIIe siècle pour que les Italiens l'intègrent à leur cuisine et la fassent découvrir à leurs voisins provençaux.

lever : 7 h 33
coucher : 19 h 54

Ste Émilie

Bonne fête !
Émilie

En 1815, Émilie, une religieuse qui a connu l'échec d'une vie communautaire, décide d'ouvrir une école catholique gratuite pour jeunes filles. Elle commence dans sa chambre, mais, devant l'affluence des élèves, elle se voit obligée de déménager plusieurs fois, jusqu'à l'acquisition d'un ancien couvent. C'est en ce lieu qu'elle fonde la congrégation de la Sainte-Famille, qui s'occupe aussi bien de l'éducation des jeunes filles que de la visite à domicile des malades.

La rubrique du 13 h

LE GRAOULLY DE METZ

Lorraine

Une légende du XIe siècle raconte que saint Pierre envoya saint Clément évangéliser Metz. Mais des serpents menés par le Graoully, sorte de dragon buveur de sang, lui barrent la route. Il les soumet en disant des messes et, les ayant enfermés dans son étole, les noie dans la Seille. Mais le Graoully hante toujours la ville : représenté plusieurs fois dans la cathédrale, sur des maisons, sur les blasons de différents clubs sportifs, dont le Football Club de Metz, on le retrouve suspendu au-dessus de la rue Taison, qui devrait son nom à ce vieux dicton : « Taisons-nous, car le Graoully rôde ! »

Au fil de l'eau

Nord-Pas-de-Calais

Petit fleuve côtier de vingt-deux kilomètres, le Wimereux a donné son nom à la fameuse station balnéaire du Pas-de-Calais où se situe son embouchure. Il s'écoule paisiblement, au milieu de paysages bocagers, avant de gagner la Manche, et appartient au parc naturel marin des estuaires picards et de la mer d'Opale.

Une charade en

Auvergne

Mon 1er administre. Mon 2e signifie « aller » en anglais. Mon 3e débute à la naissance et s'achève à la mort. Mon tout est un site antique marqué par la défaite et dont la localisation fait toujours débat.

Il était une fois en 1648
Pascal découvre le vide

Auvergne

En 1644, Torricelli, élève de Galilée, réalise grâce à un ancêtre du baromètre une expérience prouvant l'existence de la pression atmosphérique et montrant la probabilité de celle du vide, niée jusqu'alors suivant le principe d'Aristote. Quatre ans plus tard, Pascal – qui connaît ces travaux – imagine que la pression atmosphérique doit diminuer avec l'altitude. Il réalise alors deux mesures de cette pression, une à Clermont-Ferrand, puis une en altitude, au sommet du puy de Dôme. Elles confirment cette hypothèse et démontrent l'existence du vide. En hommage à cette découverte, l'unité légale internationale de pression est le pascal.

Gergovie (gère-go-vie).

mardi 20 septembre

lever : 7 h 34
coucher : 19 h 52

Bx Davy

Savoirs d'antan

L'huile de noix est très appréciée dans les salades, auxquelles elle donne une saveur fruitée. L'idéal est de la conserver à l'abri de la lumière, dans une bouteille en verre fumé, et de la consommer rapidement pour éviter que son goût ne s'altère.

Un gentilé du Centre

L'église Saint-Jean-Baptiste du XVIIe siècle fait partie des monuments remarquables de la commune de Saint-Jean-le-Blanc, dans le Loiret. Les touristes aiment aussi à flâner dans le parc de loisirs de l'île Charlemagne, tout comme les habitants de la ville, les...

Albiohanniciens.

La rubrique du 13 h

L'ENCEINTE DE DRIGAS

Languedoc-Roussillon

Vers 800 avant Jésus-Christ, l'essor démographique constant pousse les Celtes à occuper les Causses. Il faut bien, cependant, protéger les villages, et, au début, les Causses se couvrent de simples murs en pierres sèches, et, à partir du VIe siècle avant notre ère, des ouvrages plus complexes, véritables enceintes fermées, permettent l'élection de n'importe quel site en guise de lieu d'implantation pour la tribu. Cette sorte d'enceinte protohistorique est visible sur le causse Méjean. Les restes de ce rempart ovale, qui devait mesurer quatre mètres de hauteur, préfigurent ce que seront ensuite les murailles des châteaux forts.

Bonne fête !

Davy de Londres

Dans le conflit qui opposait le pape à la couronne d'Angleterre, Davy, moine chartreux de Londres, prit parti pour le premier. Mais Henri VIII n'était pas très clément avec les contestataires, et il fit persécuter tous ceux qui ne reconnaissaient pas son autorité religieuse suprême. Davy fut arrêté avec huit compagnons et enchaîné debout dans un cachot, jusqu'à ce qu'il succombe, le 6 juin 1537.

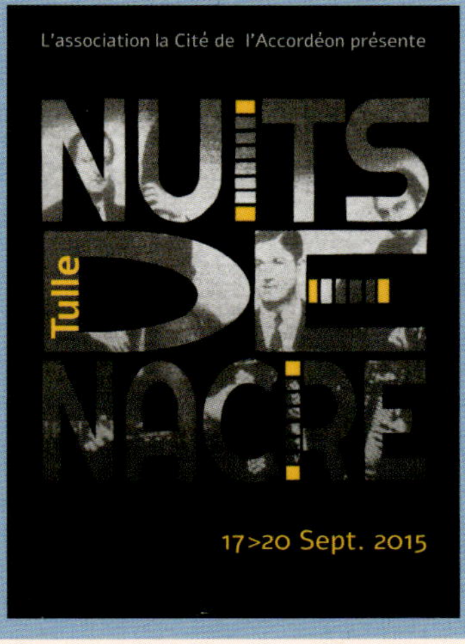

Il était une fois en 1988

Première édition du festival Nuits de nacre

Limousin

En septembre 1988, la ville de Tulle clôt sa première édition des Nuits de nacre, festival dédié à l'un des fleurons de la musique française : l'accordéon. La présence d'un tel événement à Tulle n'est pas anodine. La ville abrite la Manufacture d'accordéons Maugein, dernière de son genre à fabriquer ce fameux instrument. Depuis bientôt trente ans, le festival est l'occasion de voir les meilleurs accordéonistes mondiaux jouer aux côtés d'artistes variés, tels que Jacques Higelin, Manu Dibango, ou encore Dee Dee Bridgewater.

mercredi 21 septembre

lever : 7 h 36
coucher : 19 h 50

St Matthieu

Bonne fête !

Matthieu

Saint Matthieu est l'un des douze apôtres, mais aussi le premier évangéliste. Avant de rencontrer Jésus, il se nommait Lévi et travaillait à la collecte de taxes dans un poste de douane, ce qui lui vaut aujourd'hui d'être notamment le patron des douaniers. Après la mort du Christ, il partit évangéliser l'Éthiopie, mission qu'il mena à bien, en sauvant le fils du roi d'une mort certaine. On le sait moins, mais il a aussi à son actif la mort de deux dragons !

La rubrique du 13 h

LA PIERRE PERCÉE D'AROZ

Franche-Comté

La Franche-Comté porte les traces d'un passé celtique. Parmi celles-là, la pierre percée d'Aroz intrigue encore aujourd'hui. Partie d'un ancien dolmen, cette dalle séparait sûrement le couloir de la chambre mortuaire. Bien qu'elle ait été déplacée en 1802 pour permettre des fouilles, les vestiges du dolmen ne furent pas retrouvés. Une légende est associée au trou qui perce la dalle et qui n'aurait que le rôle symbolique de faire passer l'âme du défunt vers l'au-delà : quiconque passerait sept fois par cette ouverture changerait de sexe !

Savoirs d'antan

Si votre plat est resté trop longtemps dans le four et que les saletés se sont incrustées, laissez-le tremper pendant plusieurs heures dans votre évier rempli d'eau. Saupoudrez ensuite votre éponge de bicarbonate pour frotter les dernières tâches rebelles.

Une charade en

Rhône-Alpes

Mon 1er est une onomatopée bovine. Mon 2e est un passereau aux grands talents d'imitateur. Mon 3e se formule, notamment au début de l'année. Mon tout est une station de sports d'hiver créée au début du XXe siècle, pour, entre autres motifs, concurrencer Saint-Moritz.

Il était une fois en 1822

Exécution des quatre sergents de La Rochelle

Île-de-France

Au lendemain de l'exil de Napoléon à Sainte-Hélène et de la restauration de la royauté, la contestation va bon train, notamment dans l'armée. Les nostalgiques de l'Empire se réunissent en une organisation clandestine, la Charbonnerie, dont le nom est inspiré de l'organisation napolitaine née sous l'occupation française en Italie. La police royale arrête, le 19 mars 1822, quatre sergents d'une garnison de La Rochelle, l'un d'eux ayant été un peu trop bavard. Ils sont jugés et condamnés à mort pour l'exemple. Ils sont exécutés à Paris, place de Grève – l'actuelle place de l'Hôtel-de-Ville. Pris en pitié par le peuple, ils deviennent des martyrs, et leur mémoire sera longuement honorée.

Megève (meuh-geai-vœux).

jeudi 22 septembre

lever : 7 h 37
coucher : 19 h 47

Automne

INSOLITE
Pays de la Loire

L'île Penotte est un quartier incontournable des Sables-d'Olonne, depuis sa réhabilitation dans les années 1990 : au détour des venelles pittoresques, on découvre les façades des maisons recouvertes de mosaïques en coquillages réalisées par une même artiste, Danièle Arnaud-Aubin.

Un gentilé
de Champagne-Ardenne

Pôle très dynamique de l'industrie des vins de Champagne, la commune d'Ay célèbre tous les deux ans les fêtes Henri IV avec, au menu, dégustations et animations. La très belle église Saint-Brice fait aussi la fierté de ses habitants, les...

Agéens.

La rubrique du 13 h

LE CHÂTEAU DE LASTOURS
Limousin

Ses ruines se trouvent sur la route Richard-Cœur-de-Lion qui relie la Charente à la Corrèze. Au départ simple motte castrale, le château se fortifia du XIIe au XVIe siècle, se dotant d'un donjon, de tours, de fossés, de courtines... S'il est aujourd'hui en ruine, plusieurs de ses tours et la base de son donjon sont conservées et entretenues par l'Association de sauvegarde du patrimoine et de l'environnement en Limousin, dont les bénévoles guideront votre visite et vous inviteront à participer aux nombreuses fêtes et animations médiévales qu'ils organisent.

Bonne fête !
Maurice d'Agaune

En 286, Maximien devient empereur d'Occident et se met en tête d'y éradiquer totalement la foi chrétienne. À cette fin, il rappelle une légion de six mille hommes, cantonnée en Égypte, à Thèbes. Arrivés à destination en Suisse, dans la cité d'Agaune, les soldats sont mis au courant de leur mission... et se révoltent, pour la bonne raison qu'ils sont tous chrétiens. Si l'on a retenu le nom de Maurice, c'est bien toute la légion qui fut exécutée !

Il était une fois en 1878

Robert Louis Stevenson entreprend une traversée des Cévennes
Auvergne

Robert Louis Stevenson a imaginé l'aventure dans ses livres, le plus connu étant *L'Île au trésor.* Mais, en septembre 1878, il pose ses crayons pour vivre une aventure bien réelle. L'écrivain écossais s'isole dans le village du Monastier-sur-Gazeilles. Malgré sa santé fragile, il décide de partir seul avec une ânesse répondant au doux nom de « Modestine ». Il parcourra à pied près de deux cent cinquante kilomètres, passant par les plateaux volcaniques du Velay, par la Lozère et les Cévennes, pour arriver à Saint-Jean-du-Gard douze jours plus tard. Un périple qu'il consigne dans un livre intitulé *Voyage avec un âne dans les Cévennes.* Son trajet est devenu un sentier de grande randonnée, le GR 70.

vendredi 23 septembre

lever : 7h39
coucher : 19h45

St Constant

Bonne fête !

Constant d'Ancône

Il est rapporté que Constant, sacristain à Ancône, était encore plus célèbre pour son humilité et « sa foi à déplacer des montagnes » que pour ses miracles. On peut cependant évoquer le jour où, manquant d'huile pour les lampes d'autel de son église, il les remplit d'eau, et elles brillèrent jusqu'au soir comme si c'était de l'huile. Ce saint particulièrement vénéré en Italie l'est surtout à Venise, où ses reliques sont conservées.

La rubrique du 13 h

LE DÉSERT DES AGRIATES

Corse

Le désert des Agriates est une microrégion du nord-ouest de la Corse, bordée au sud par le massif montagneux de la serra di Tenda et ailleurs par la Méditerranée. Trente-sept kilomètres de côte vierge et plus de cinq mille cinq cents hectares qui appartiennent au Conservatoire du littoral, associés à un statut de site naturel protégé, en font un lieu de randonnée idéal, où les beautés conjuguées du maquis, des roches granitiques taillées par le sel et le vent ainsi que des plages et criques sauvages vous montreront que le surnom d'« île de Beauté » qu'on donne à la Corse n'est pas usurpé.

C'est un festival !

Poitou-Charentes

Vos oreilles ont besoin d'un peu d'exotisme ? C'est sans aucun doute à Saintes qu'elles trouveront leur bonheur ! Pop, afro-électro, synth-funk, kuduro : élargissez vos horizons musicaux du 23 au 25 septembre dans le cadre sublime de l'abbaye aux Dames, avec un festival prometteur qui va réchauffer votre début d'automne, le Coconut Music Festival.

Un gentilé

de Poitou-Charentes

L'église Saint-Martin, avec ses fonts baptismaux du XIIe siècle, fait partie des monuments historiques d'Asnières-sur-Nouère, en Charente, au même titre que le logis de la Nouère, du XIXe siècle, bien connu de ses habitants, les...

Garobiers.

Il était une fois en 1913

Roland Garros décolle pour la première traversée de la Méditerranée en avion

Provence-Alpes-Côte d'Azur

Même si un des plus grands tournois de tennis porte son nom, Roland Garros n'a jamais été un champion dans ce domaine. C'est dans l'aviation qu'il a excellé. Vainqueur de nombreux prix, il est l'auteur d'un exploit sans précédent : la première traversée de la Méditerranée en avion. Parti de Fréjus à 5 h 47 le 23 septembre 1913, il atterrit moins de huit heures plus tard à Bizerte, en Tunisie. Il meurt en 1918, dans un combat aérien, à l'âge de 29 ans seulement. Il passera à la postérité grâce à son ami Émile Lesieur, qui insista pour qu'on donne son nom à un stade de tennis parisien, construit en 1928 du côté de la porte d'Auteuil.

samedi 24 septembre

Ste Thècle

dimanche 25 septembre

St Hermann

La tourte bordelaise aux cèpes

Aquitaine

Ingrédients

Pour 6 personnes
1 kg de cèpes de Bordeaux
1 pâte feuilletée
300 g de foie gras de canard cru
1 œuf
15 cl de crème fraîche épaisse
2 gousses d'ail
1 bouquet de persil plat
graisse de canard
huile neutre
piment d'Espelette
sel et poivre

Recette

× Nettoyez et brossez les cèpes. Coupez les têtes en tranches épaisses et hachez menu les pieds. Pelez et pressez l'ail. Effeuillez et ciselez finement le persil. Dans une poêle, faites chauffer un filet d'huile. Jetez-y les têtes de cèpes et faites-les revenir pendant 2 min pour qu'ils rendent leur eau. Égouttez-les, jetez l'huile de cuisson, puis remplacez-la par un peu de graisse de canard. Faites fondre à feu vif, puis remettez les têtes de cèpes et faites-les rissoler 7 ou 8 min. Salez et poivrez généreusement, puis réservez.

× Dans la même poêle, faites revenir les pieds de cèpes hachés avec l'ail dans un peu de graisse de canard pendant 8 à 10 min. Égouttez les cèpes, jetez l'excédent de matière grasse, puis remettez-les dans la poêle. Assaisonnez de sel, poivre, et d'une pointe de piment d'Espelette, puis ajoutez la crème fraîche et enfin le persil haché. Mélangez et poursuivez la cuisson à feu moyen pendant 10 min sans cesser de remuer. Quand la crème fraîche commence à épaissir, réservez.

× Faites chauffer à feu vif une poêle propre sans ajouter de matière grasse. Quand la poêle est bien chaude, déposez-y le foie gras coupé en gros dés de 2 ou 3 cm de côté. Salez, poivrez généreusement, puis faites-le dorer sur toutes ses faces, en retournant régulièrement pour qu'il cuise sans fondre excessivement.

× Tapissez le fond d'une tourtière de hachis de cèpes. Répartissez quelques dés de foie gras poêlé, puis disposez une couche de lamelles de cèpes grillés. Renouvelez l'opération jusqu'à épuisement des ingrédients. Recouvrez avec la pâte feuilletée et soudez-la sur le bord de la tourtière. Quadrillez légèrement la pâte avec la pointe d'un couteau, puis badigeonnez-la avec l'œuf battu. Faites une cheminée au centre, pour laisser s'évaporer la vapeur en cours de cuisson. Faites cuire à mi-hauteur pendant 30 à 35 min dans un four préchauffé à 210 °C. Servez aussitôt.

Le roi des champignons

Le cèpe de Bordeaux est considéré comme le plus noble des bolets, si ce n'est des champignons en général. Il se développe dans toutes les forêts de France, mais ce sont les récoltants du Bordelais qui furent les premiers à approvisionner les halles parisiennes et qui donnèrent ainsi leur nom au roi des champignons.

lundi 26 septembre

lever : 7 h 43
coucher : 19 h 39

Sts Côme et Damien

Bonne fête !

Côme et Damien

Côme et Damien moururent en martyrs à Cyr au IVe siècle, pendant les persécutions de Dioclétien. Ils étaient médecins et, comme ils n'acceptaient jamais de se faire payer, ils étaient très appréciés et convertissaient à la foi chrétienne, par leur bonté, beaucoup de leurs contemporains. Ils accomplirent aussi de nombreux miracles, dont le plus impressionnant est sans doute la greffe d'une jambe. Ils ont inspiré ce dicton : « Servez saint Côme et saint Damien, vous vous porterez toujours bien. »

La rubrique du 13 h

LE BLOCKHAUS D'ÉPERLECQUES

Nord-Pas-de-Calais

Construit entre 1943 et 1944 pour l'assemblage et le lancement de missiles V1 et V2 en direction de l'Angleterre, les bombardements alliés ne permirent pas au bâtiment d'être achevé, et il devint une usine de production d'oxygène liquide, nécessaire à la propulsion desdits missiles. Les Alliés s'emparèrent du site en septembre 1944, et il resta à l'abandon jusqu'en 1973. Il fut alors, pour la première fois, ouvert au public, qui peut aujourd'hui encore y voir, entre autres choses, un missile V1 sur une authentique rampe de lancement.

Une charade en

Haute-Normandie

Chez les oiseaux, mon 1er suit l'accouplement. Mon 2e porte le n° 11 dans la liste des départements. Mon 3e est à la tête du conseil municipal. Mon tout, surnommé la « Venise normande » pour ses canaux, est également la ville natale d'une certaine Laetitia Casta.

Au fil de l'eau

Franche-Comté

Le Lison est une rivière du Doubs, qui prend sa source à Nans-sous-Sainte-Anne, sous la forme d'une cascade, à la sortie d'une grotte. En réalité, cette source est une résurgence, et, si le Lison est long de vingt-cinq kilomètres, son réseau souterrain est immense, pour le plus grand bonheur des spéléologues.

Il était une fois en 1976

Création du parc régional naturel de la Montagne de Reims

Île-de-France

Le projet de création du parc de la Montagne de Reims, qui couvre un territoire compris entre les trois villes de Reims, Épernay et Châlons-en-Champagne, est dû à l'initiative des maires des communes de Germaine, Saint-Limoges et Ville-en-Selve, et se concrétise en 1976. L'objectif est la préservation de la faune et de la flore dans un espace appelé la « montagne » en raison de son relief assez élevé, à deux cent cinquante mètres d'altitude en moyenne, au milieu de la plaine champenoise. Essentiellement recouvert par la forêt et le vignoble, le parc regroupe la plupart des grands crus de champagne et jouit naturellement d'un attrait touristique. Vous y croiserez peut-être même des ratons laveurs, introduits par les Américains pendant la Seconde Guerre mondiale.

Pont-Audemer (ponte-Aude-maire).

mardi 27 septembre

lever : 7 h 44
coucher : 19 h 37

St Vincent de Paul

Au fil de l'eau

Centre

Agréable rivière de l'Indre, la Bouzanne prend sa source à Aigurande, et, après un cours bordé de bois, de prairies et de roches calcaires, elle se jette dans la Creuse, au Pont-Chrétien. On peut admirer, lovés dans ses méandres, de nombreux châteaux et donjons.

C'est un festival !

Rhône-Alpes

Amis de l'orgue, bonjour ! Sachez qu'un festival automnal lyonnais, Orgue en jeu, est consacré à votre instrument à vent préféré un mois durant, du 24 septembre au 22 octobre : hommages, concerts, improvisations, les imposantes « cornemuses du diable » vous attendent pour vous offrir leurs plus belles sonorités.

Curieux, organistes novices ou confirmés, venez vous aventurer pour un majestueux voyage dans le temps.

La rubrique du 13 h

LE FORT DE LA PRÉE

Poitou-Charentes

Construit sur l'île de Ré en 1626, il avait pour fonction d'asseoir le pouvoir de Louis XIII, roi catholique, sur une île qui occupait une position stratégique face à la ville protestante de La Rochelle. Cependant, l'édifice, conçu pour quatre cents hommes seulement et ne disposant pas d'eau potable, fut partiellement détruit en 1684 par Vauban, qui n'en conserva que l'étoile originale. Peu utilisé ensuite, il fut occupé en 1942 par l'armée allemande. Après la guerre, il accueillit une colonie de vacances, avant d'être racheté par le Comité national des œuvres sociales, sportives et culturelles de l'administration pénitentiaire, qui l'entretient depuis et l'a ouvert aux visiteurs.

Bonne fête !

Vincent de Paul

C'est un saint très important pour les catholiques d'aujourd'hui, qui frappait déjà ses contemporains par sa douceur et sa bonté. Il a fondé plusieurs congrégations pour prendre soin des pauvres et des malades délaissés par la société. Avant d'être prêtre et de devenir aumônier de la reine Margot, il était porcher dans les Landes, et il en gardera toute sa vie un esprit de simplicité et une attention à la misère rurale.

Il était une fois en 1521

Le chevalier Bayard est le héros de Mézières

Champagne-Ardenne

Affaiblie par de récentes défaites et une crise financière, la France est sous la menace de Charles Quint, qui décide d'envahir le nord du pays en août 1521. François Ier confie alors à Bayard la tâche de tenir tête à l'ennemi. Ainsi, avec un millier d'hommes – contre trente-cinq mille –, il résiste plus d'un mois à Mézières et, dit-on, remporte la victoire en faisant parvenir à l'ennemi une lettre mensongère, dans laquelle il feint de pouvoir tenir longtemps le siège, ce qui aurait découragé les généraux adverses.

mercredi 28 septembre

lever : 7 h 46
coucher : 19 h 35

St Venceslas

INSOLITE
Poitou-Charentes

L'église Saint-Jean d'Aubeterre-sur-Dronne est creusée à même la falaise, à partir d'anciennes grottes. Avec ses vingt-sept mètres de long et ses vingt mètres de haut, elle est la plus grande église souterraine d'Europe. Elle contient une nécropole abritant plus de quatre-vingts sarcophages taillés dans le calcaire.

Bonne fête !
Venceslas

Venceslas, héritier du duc de Bohème, était chrétien dans un pays où ses coreligionnaires étaient persécutés : lui-même devait se cacher pour pratiquer. De ce fait, quand il accéda au trône, il rappela tous les prêtres qui avaient été chassés et construisit des églises. Il gouvernait sagement, nous dit-on, avec bonté. Mais cela fut de courte durée, car il fut assassiné par son frère, Boleslas. Il est aujourd'hui le saint patron de la République tchèque.

La rubrique du 13 h

LE VIADUC DES FADES
Auvergne

En 1893, la Compagnie du chemin de fer de Paris à Orléans se voit confier un véritable challenge par l'État : relier Clermont-Ferrand à Montluçon, en franchissant la profonde vallée de la Sioule. La construction d'un immense viaduc commence donc en 1901 et ne s'achèvera qu'en septembre 1909, avec cet ouvrage semi-métallique. Après des tests de résistance, il est mis en service dès le 20 octobre. À son inauguration, il est alors le pont le plus haut du monde. Ses piliers restent encore aujourd'hui, avec leurs quatre-vingt-douze mètres, les plus hauts jamais construits en maçonnerie traditionnelle.

Un gentilé
d'Île-de-France

Ville-d'Avray est une charmante commune altoséquanaise dont les étangs sont aujourd'hui célèbres, car ils ont été peints par Corot en 1873. En outre, Auguste Renoir, Jean Rostand ou encore Isabelle Huppert y ont tous vécu et ont donc été des...

Dagovéraniens.

Il était une fois en 1106
Bataille de Tinchebray
Basse-Normandie

La petite commune de Tinchebray, en Basse-Normandie, fut le théâtre d'une bataille décisive dans l'histoire de la région, entre Henri Ier Beauclerc, roi d'Angleterre, et le duc de Normandie Robert Courteheuse. La défaite de Courteheuse entraîna le rattachement de son duché à la couronne d'Angleterre pendant près d'un siècle. Les historiens sont partagés sur la localisation exacte de cette bataille expéditive, qui n'aurait duré qu'une petite heure, mais certains noms de lieux-dits autour de Tinchebray y sont directement liés. Par exemple, La Prise, qui ferait référence au lieu de capture de Robert Courteheuse, ou encore Le Ruisseau du Traître, qui évoque la fuite d'un noble qui avait pris part au combat.

jeudi 29 septembre

lever : 7 h 47
coucher : 19 h 33

St Michel

Savoirs d'antan

Vous pouvez réaliser une décoration avec une feuille d'arbre ou d'arbuste. Préparez de la pâte à sel, prélevez une boule et aplatissez-la. Appliquez la feuille de manière à en garder l'empreinte. Cuisez-la à four doux pendant deux heures, puis peignez-la.

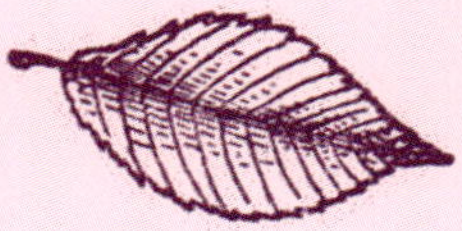

Une charade en Corse

Mon 1er va de pair avec l'épée lorsqu'il s'agit d'un roman médiéval. Mon 2e n'est que neuvième, selon l'alphabet. Mon 3e est l'abréviation du plus populaire des moyens de communication. Mon 4e n'est pas bas. Situé non loin de Corte, mon tout se niche dans la vallée de la Restonica.

La rubrique du 13 h

LE TEMPLE DE LA FORÊT D'HALATTE

Picardie

En 1825, on découvrit par hasard en pleine forêt d'Halatte les ruines d'un temple. Des fouilles successives révélèrent qu'il datait du Ier siècle, qu'il avait été abandonné au Ve, au début de la christianisation, et avait sans doute servi de carrière de pierres. Aujourd'hui, seules les fondations, hautes de cinquante centimètres à un mètre, sont visibles, mais les objets retrouvés sur place, laissés dans le temple en guise d'offrandes, ont permis de déterminer que les populations de l'Antiquité s'adressaient ici aux dieux afin de guérir de différentes maladies.

Bonne fête ! Michel

C'est l'archange Michel qui, dans l'Apocalypse, terrasse le dragon, représentant Satan, ainsi que tous les anges rebelles, et les chasse du paradis. Il est ainsi souvent représenté en guerrier, avec armure et épée, considéré comme le protecteur de l'Église. Saint Michel a un autre rôle : il est chargé de conduire les morts et de peser leur âme le jour du Jugement dernier.

Il était une fois en 2008

Inauguration du pont Flaubert à Rouen

Haute-Normandie

Ouvert depuis le 25 septembre, le pont Gustave-Flaubert est officiellement inauguré en ce lundi 29 septembre 2008 à Rouen. Il s'agit du sixième franchissement de la Seine dans la cité, et il est la concrétisation d'un projet datant des années 1970. Il aura fallu quatre ans et plus de soixante millions d'euros pour réaliser ce pont levant de cent vingt mètres de long, haut de plus de quatre-vingts mètres. Il permet la traversée de la Seine sans passer par le centre-ville et favorise l'accès au port. Sa particularité technique est de pouvoir se lever pour laisser passer de très grands bateaux, notamment au moment de l'Armada, grand rassemblement de voiliers ayant lieu à Rouen tous les quatre ou cinq ans.

Capitello (cape-l-tél-haut).

vendredi 30 septembre

lever : 7h49
coucher : 19h30

St Jérôme

Bonne fête !

Jérôme

Saint Jérôme est le saint patron des traducteurs car, après avoir appris le grec et l'hébreu, il traduisit lui-même la Bible en latin, dans une version qui fut plus tard considérée comme officielle par les autorités chrétiennes. Jérôme était d'autre part réputé pour son ascétisme, mais aussi pour son très mauvais caractère et son intransigeance, qui le firent se quereller avec nombre de ses contemporains.

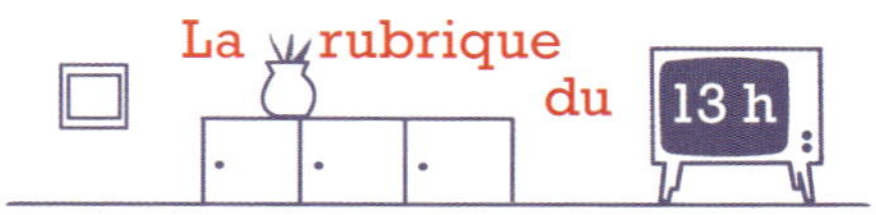

LES VESTIGES DU COL DU DONON

Alsace

Le sommet du col porte encore la trace d'une enceinte construite mille ans avant notre ère. Ainsi, une série de fouilles firent apparaître, en même temps que les ruines d'un temple gallo-romain du Ier siècle, un pan de l'histoire sacrée du col. Ici, les tribus celtes vénérèrent Teutatès et d'autres dieux, avant que l'influence romaine ne leur substitue le dieu Mercure, à qui le temple était dédié. L'influence du catholicisme marqua un coup d'arrêt à ces croyances. Mais on peut encore admirer sur le Donon les vestiges de plusieurs édifices dédiés aux anciens dieux.

C'est un festival !

Haute-Normandie

Vous faire faire le tour du monde assis, face à un écran panoramique, c'est le pari réussi de Voyage et Aventure, qui, depuis quinze éditions, invite ses festivaliers aux quatre coins du globe, à travers des reportages et des expositions de photographies, entre imagerie et imaginaire. Paysages somptueux, portraits authentiques, sortez vos passeports et rejoignez-les, les 1er et 2 octobre !

Un gentilé

d'Île-de-France

Pour avoir aménagé ses berges de Seine, Épinay-sur-Seine reçut en 2008 le label « Villes Seine », qui récompense cet accès à la rivière offert aux promeneurs. La ville abrite également l'église Saint-Médard du XVIIIe siècle, bien connue des habitants, qui sont les...

Spinassiens.

Il était une fois en 1681

Louis XIV entre dans Strasbourg

Alsace

Au milieu du XVIe siècle, l'Alsace appartient encore à l'Empire germanique. Au sein de cette région, il existe une formation politique unique appelée « Décapole », qui rassemble dix villes formant une ligue d'entraide et ayant le statut de villes libres d'Empire, parmi lesquelles Mulhouse, Colmar et Haguenau. À l'écart, Strasbourg est la seule ville restée libre au lendemain du traité de Westphalie, qui fait de l'Alsace une possession française et démantèle la Décapole. Strasbourg, esseulée et financièrement faible, ne tarde pas à se laisser conquérir par la France : Louis XIV entre sans combattre dans la cité en septembre 1681, en échange du maintien des privilèges de la ville et de la liberté du culte protestant.

Le filet mignon rôti au cidre

Haute-Normandie

Ingrédients

Pour 6 personnes

800 g de filet mignon de porc
150 g de tomates séchées à l'huile
4 gros oignons jaunes
3 pommes type golden
20 cl de crème fraîche épaisse
75 cl de cidre brut
25 g de beurre
huile
sel et poivre

Recette

- Dénervez et dégraissez le filet mignon. Épluchez, puis émincez finement les oignons.
- Dans une cocotte en fonte, faites chauffer à feu doux le beurre additionné de 1 c. à s. d'huile. Quand le beurre est bien mousseux, ajoutez les oignons et laissez-les suer à feu moyen. Une fois qu'ils sont translucides, réservez.
- Dans la même cocotte, mettez le filet mignon à dorer. Faites-le colorer sur toutes ses faces, puis sortez-le pour le découper en six parts égales.
- Remettez les tronçons de viande, ainsi que les oignons, dans la cocotte, poivrez généreusement, salez légèrement, puis ajoutez la moitié du cidre. Couvrez, puis laissez mijoter à petits bouillons.
- Pendant ce temps, épluchez les pommes et taillez-les en cubes.
- Après 30 min de cuisson, ajoutez le reste du cidre, ainsi que les cubes de pommes, ajustez l'assaisonnement, puis poursuivez la cuisson à couvert encore 30 min.
- Égouttez les tomates séchées, puis détaillez-les en grosses lanières.
- En fin de cuisson, ajoutez les tomates séchées et la crème fraîche, et faites bouillotter pendant 5 min à découvert. Servez avec des tagliatelles fraîches.

Top secret

En Normandie, chaque producteur garde jalousement sa recette de cidre. Comme pour le vin et ses cépages, le secret réside dans un assemblage subtil de variétés de pommes. Et, avec ses centaines de variétés, réparties sur plus de sept millions de pommiers, il y a de quoi faire, dans la région !

lundi 3 octobre

lever : 7 h 53
coucher : 19 h 24

St Gérard

Une charade en
Bretagne

Mon 1er, au nombre de deux chez la femme, est composé de tissus adipeux et de glandes lactogènes. Louis de son prénom, mon 2e est le cinéaste français qui a réalisé notamment *Zazie dans le métro* ou encore *Au revoir les enfants*. Mon 3e, très présent dans le registre lyrique, est la marque de l'apostrophe. Cité florissante aux XVIe et XVIIe siècles, mon tout est, avec sa comparse Dinard, la gardienne de l'estuaire de la Rance.

Bonne fête !

Gérard de Brogne

Gérard est né en Belgique, non loin de Namur. La famille de ce saint, qui vécut au Xe siècle, possédait les terres de Brogne, désormais appelées… Saint-Gérard ! Alors qu'il s'était engagé dans le métier des armes, Gérard eut une vision de saint Pierre lui demandant de ramener dans l'église de son domaine les reliques de saint Eugène de Tolède. Il y parvint : l'église possède encore aujourd'hui l'avant-bras du martyr.

La rubrique du 13 h

LE CHÂTEAU DU PLESSIS-BOURRÉ
Pays de la Loire

La forteresse du Plessis-Bourré a peu connu de modifications depuis son édification – entre 1468 et 1473 –, décidée par Jean Bourré, grand argentier du roi Louis XI. Semblant sortir comme par magie des douves qui l'entourent, elle fait un décor idéal pour le cinéma : y furent tournés, entre autres films, *Peau d'âne* de Jacques Demy et *Le Bossu* de Philippe de Broca. Un des points forts de la visite du château est la salle des gardes, dont le plafond à caissons est peint de vingt-quatre tableaux représentant des scènes alchimiques et proverbiales.

Au fil de l'eau
PACA

L'Arc suit son cours sur quatre-vingt-trois kilomètres, du mont Aurélien, dans le Var, à l'étang de Berre, dans les Bouches-du-Rhône : c'est par le biais de cette petite mer intérieure qu'il rejoint la Méditerranée. À Aix-en-Provence, le fleuve est intégré à un espace naturel prisé des promeneurs.

Il était une fois en 2001

Première édition des Absinthiades à Pontarlier
Franche-Comté

Quel meilleur choix pour organiser les Absinthiades que la ville de Pontarlier, haut lieu historique de production de cette boisson à la réputation sulfureuse ? Celle que l'on appelle « la fée verte » existerait depuis l'Antiquité. En France, c'est au XIXe siècle qu'elle connaît un grand succès. La production explose vers 1880, et son prix baisse notablement. Mais l'absinthe a mauvaise réputation, pour ses effets néfastes sur la santé. Elle rendrait même les gens fous. Elle est interdite en 1915, et il faudra attendre 1999 pour voir son retour en France. Ainsi, chaque année depuis 2001, des milliers d'artémisophiles – collectionneurs d'objets en rapport avec l'absinthe – viennent rendre hommage à la fée verte… avec modération, bien sûr !

Saint-Malo (seins-Malle-ô).

mardi 4 octobre

lever : 7 h 54
coucher : 19 h 22

St François d'Assise

INSOLITE

Champagne-Ardenne

Le dolmen de la Pierre Tournante, à Nogent, dans la Marne, doit son nom à une légende qui voudrait que le mégalithe pivote sur lui-même à chaque siècle ou millénaire. Des plaisantins, sans doute lassés d'attendre, ont fait tourner la dalle, qui ne recouvre plus que partiellement la chambre funéraire.

Un gentilé

de Franche-Comté

Lure est une commune connue pour avoir vu naître un des tout premiers personnages de la bande dessinée française, le sapeur Camember, sous le crayon du dessinateur Christophe en 1890. Une statue rend hommage à ce personnage rendant les habitants joyeux, les...

Lurons.

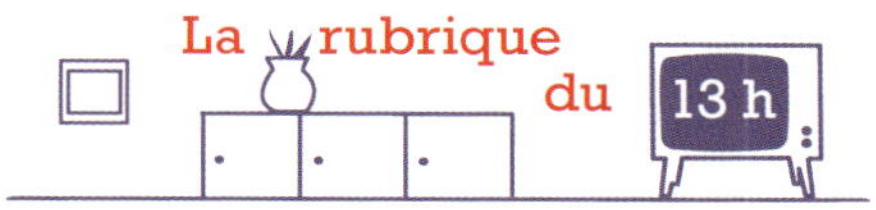

L'ABBAYE DE SAINT-EVROULT

Basse-Normandie

Les ruines de l'abbaye de Saint-Evroult forment un site de toute beauté au bord de la Charentonne. Au VIIe siècle, saint Evroult fonde un ermitage dans la forêt d'Ouche. Mise à mal par les invasions normandes, l'abbaye est restaurée par deux fois au XIe siècle et prospère jusqu'au XIIIe siècle. Mais son déclin commence au XIVe siècle. Incendiée, restaurée puis de nouveau incendiée, il faudra attendre son classement aux monuments historiques et des travaux de mise en valeur du site à partir de 1966 pour que ce qu'il reste de l'abbaye soit préservé.

Bonne fête !

François d'Assise

François d'Assise devait suivre les traces de son père et devenir marchand, mais il préféra s'amuser et combattre, jusqu'au jour où une voix lui demanda de « réparer son Église en ruine ». Voilà donc François en train de mendier pour restaurer l'église de sa ville... Plus tard, il comprit le véritable sens de la formule et devint missionnaire. Il est à l'origine de l'ordre des Frères mineurs, appelés aussi Franciscains.

Il était une fois en 2014

Inauguration du CECU à Lille

Nord-Pas-de-Calais

Martine Aubry inaugure en octobre 2014 ce Centre eurorégional des cultures urbaines, en présence de plus de trois cents artistes, rappeurs, danseurs, graffeurs et DJ, qui ont fait le déplacement. Le bâtiment, de style new-yorkais et mettant à l'honneur le street art, s'étend sur quatre niveaux et quatre mille mètres carrés. Salles de danse, de graff, studios de musique, ainsi qu'une salle de spectacle de sept cents places, le choix est vaste pour encourager les vocations. Les activités sont encadrées par des professionnels, et des conférences sont organisées pour informer et aider les pratiquants des arts urbains à se professionnaliser. Une initiative unique en France, qui montre une nouvelle fois le dynamisme culturel de Lille.

mercredi 5 octobre

lever : 7 h 56
coucher : 19 h 20

Ste Faustine

Bonne fête !

Faustine Kowalska

Faustine est une sainte polonaise du XXe siècle. Croyante précoce, elle souhaite devenir religieuse dès ses 7 ans. Jésus lui apparaît lorsqu'elle en a 15, mais ce n'est qu'à l'âge de 20 ans qu'elle est admise dans un couvent. Dès lors, elle a régulièrement des visions du Christ, qui lui dicte quatre dévotions. Elle n'aura alors de cesse de les propager.

Une charade en Midi-Pyrénées

Mon 1er est l'unité servant à mesurer la pression. Mon 2e a été pratiquement éradiqué chez l'homme grâce à un vaccin mis au point par Louis Pasteur. Mon 3e vaut (3 882 – 2 586) / 648. Mon 4e affirme face à la négation. Mon 5e est inutile, stérile. Mon 6e est le son produit par le serpent. Mon tout a fait grand débat fin 2014, notamment après la mort du jeune militant Rémi Fraisse.

La rubrique du 13 h

TERRA BOTANICA

Pays de la Loire

Terra Botanica est un parc à thème qui, comme son nom l'indique, transporte ses visiteurs dans l'univers végétal. Inauguré en 2010 sur le site de l'ancien aérodrome d'Angers-Avrillé, le parc propose de découvrir la biodiversité végétale mondiale, à travers différents espaces qui vous feront voyager autour du monde, du Brésil au Japon, en passant par le Mexique et la France, dans « la jungle tropicale », mais aussi dans le temps, dans « la forêt primaire ». Différentes activités ludiques et pédagogiques complètent cette visite, comme un ballon captif gonflé à l'hélium, qui vous emmène à cent cinquante mètres au-dessus du parc.

INSOLITE

Aquitaine

Avec une surface de trois hectares cinq cents, le village médiéval de Castelmoron-d'Albret peut s'enorgueillir d'être la plus petite commune de France ! Imaginez un espace de la superficie de la place Charles-de-Gaulle entouré de vignobles qui n'appartiennent pas à son territoire !

Il était une fois en 1962

Le gouvernement Pompidou censuré par l'Assemblée nationale

France

La motion de censure, prévue par l'article 49 de la Constitution, permet aux députés de renverser le gouvernement. Elle a concrètement très peu de chances d'aboutir, la majorité à l'Assemblée étant en règle générale acquise au gouvernement. Mais, le 5 octobre 1962, à 4 h 45, pour la première fois depuis le début de la Ve République, la motion de censure recueille deux cent quatre-vingts suffrages, la majorité requise étant de deux cent quarante et un. L'Assemblée s'oppose alors à l'organisation d'un référendum concernant l'élection du président de la République au suffrage universel direct. Le gouvernement de Georges Pompidou est censuré, il démissionne. Le général de Gaulle décide de dissoudre l'Assemblée nationale et renomme immédiatement Pompidou.

Barrage de Sivens (bar-rage-deux-si-vain-ssss).

jeudi 6 octobre

lever : 7 h 57
coucher : 19 h 18

St Bruno

INSOLITE

PACA

Voilà un village qui n'a pas usurpé son nom, puisqu'on compte pas moins de quarante fontaines publiques sur le territoire de Pernes-les-Fontaines ! Les visiteurs découvrent ainsi ce village du Vaucluse au gré de ces petites constructions, dont certaines sont classées.

Un gentilé

de Lorraine

Gérardmer est une ville qui fait la part belle au septième art avec le Festival international du film fantastique ou encore ses Rencontres du cinéma, au cours desquelles des acteurs et réalisateurs échangent sur leurs œuvres avec touristes et locaux, ces derniers s'appelant les…

Géromois.

La rubrique du 13 h

LE MUSÉE ZAFER LONTAN

La Réunion

Le musée Zafer Lontan, à Cilaos, sur l'île de La Réunion, est unique en son genre. Son nom, que du créole on pourrait traduire par « les choses d'il y a longtemps », annonce le contenu d'une partie de ses collections. En effet, le passé de La Réunion se dévoile ici à travers des objets vieux de cinquante à deux cents ans, comme des chaises à porteurs, des marmites, des voitures, plus de cinq cents objets d'un quotidien révolu. Dans la seconde partie du musée se trouve une galerie d'art, où sont exposées gravures, peintures et sculptures d'artistes locaux.

Bonne fête !

Bruno

Né au XIe siècle en Allemagne, Bruno se rend à Reims pour ses études. Il enseigne pendant vingt ans, puis devient le chancelier de l'archevêque Manassès de Gournay, un homme qui éprouve un appétit certain pour l'argent. Bruno dénonce sa simonie et doit donc s'exiler pour échapper au courroux de l'archevêque. C'est alors qu'il fonde l'ordre des Chartreux, dans le massif de la Chartreuse.

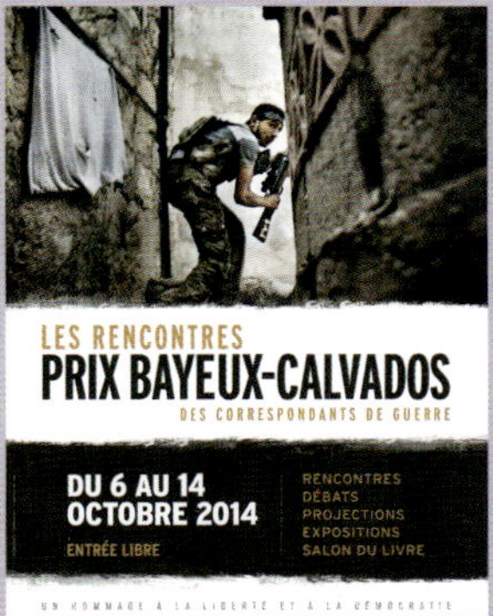

Il était une fois en 2014

Le prix Bayeux-Calvados a 20 ans

Basse-Normandie

Organisé par la ville et soutenu par le conseil général du Calvados, ce prix récompense chaque année, depuis 1994, les correspondants de guerre. Quatre catégories ont été créées : presse écrite, radio, télévision et photographie. Institué cinquante ans après le débarquement en Normandie, le prix trouve à Bayeux, première ville libérée lors de la Seconde Guerre mondiale, un ancrage fort. L'événement rend hommage au métier de reporter de guerre et aux risques pris par les journalistes. En 2007, un mémorial a été inauguré, sous la forme d'une promenade jalonnée de pierres sur lesquelles sont inscrits les noms de plus de deux mille journalistes tombés depuis 1944 dans l'exercice de leur profession.

vendredi 7 octobre

lever : 7 h 59
coucher : 19 h 16

St Serge

Bonne fête !

Serge

L'histoire de Serge n'est pas rose ! Soldat, avec son compagnon Bacchus, du temps de l'empereur romain Maximien, sa foi chrétienne fut découverte quand il refusa d'entrer dans un temple romain. Lui et Bacchus furent donc longuement torturés… Bacchus mourut pendant la torture, mais Serge survécut et fut alors décapité. Resafa, où eut lieu cette triste affaire, fut rebaptisée « Sergiopolis » en son honneur.

La rubrique du 13 h

LE CAIRN DE BARNENEZ

Bretagne

Sur la presqu'île de Kernéléhen se trouve une construction mégalithique monumentale qui a été construite entre 4600 et 4300 avant notre ère, c'est-à-dire deux mille ans avant les premières pyramides d'Égypte ! Il s'en fallut de peu que ce monument, qualifié de « Parthénon mégalithique » par Malraux, ne disparaisse de la baie de Morlaix. Le cairn, dont l'amas de pierres recouvre onze dolmens à couloir, fut en effet partiellement dévasté par un entrepreneur de travaux publics en 1955. Consolidée, restaurée et fouillée de 1956 à 1968, la construction, dont les couloirs étaient des espaces funéraires ou des lieux d'initiation, n'a pas encore révélé tous ses secrets.

Savoirs d'antan

Pour connaître la température de l'huile de friture, il suffit de jeter un petit morceau de pain de mie dans le bain. S'il blondit, la température est d'environ 170 °C. S'il noircit en remontant à la surface, la température est supérieure à 180 °C.

Au fil de l'eau

La Réunion

Principale rivière de l'île avec ses trente-quatre kilomètres de long, la rivière du Mât prend sa source sur le versant nord-est du piton des Neiges. Elle traverse notamment la commune de Salazie, alimentée par les splendides cascades de son cirque, comme la célèbre chute du Voile de la Mariée.

Il était une fois en 1798

Naissance de Jean-Baptiste Vuillaume

Lorraine

Jean-Baptiste Vuillaume, né à Mirecourt, est issu d'une famille de luthiers. Il apprend de son père les bases du métier et, en 1818, il part en apprentissage à Paris, où il connaît une ascension fulgurante. Son travail est vite reconnu par les plus grands, parmi lesquels le célèbre violoniste Paganini. Vuillaume copie certains modèles de Stradivari, contribuant à renforcer la notoriété de l'illustre Italien. Novateur, il crée l'octobasse, un instrument mesurant plus de trois mètres, au son plus grave qu'une contrebasse.

samedi 8 octobre

Ste Pélagie

dimanche 9 octobre

St Denis

La tourte ardennaise

Champagne-Ardenne

Ingrédients

Pour 6 personnes
2 pâtes brisées
800 g de pommes de terre
 à chair ferme
250 g de lardons fumés
100 g de crème fraîche épaisse
3 gros oignons jaunes
3 c. à s. de persil plat haché
1 œuf
sel et poivre

Recette

- Épluchez les pommes de terre, lavez-les à l'eau froide, puis séchez-les dans un torchon. Taillez-les en rondelles fines et régulières. Pelez les oignons et ciselez-les finement.
- Dans une poêle, faites dorer les lardons, puis égouttez-les sur du papier absorbant.
- Dans un saladier, mélangez les pommes de terre, les oignons et les lardons. Mélangez la crème fraîche et le persil dans un bol. Salez légèrement et poivrez généreusement.
- Ajoutez la crème fraîche assaisonnée aux pommes de terre, puis mélangez intimement. Étalez, dans une tourtière préalablement beurrée, la première pâte brisée en la laissant déborder. Versez dessus la préparation de pommes de terre.
- Recouvrez de la seconde pâte brisée retaillée au diamètre de la tourtière. Rabattez dessus la pâte qui déborde, puis soudez les bords, en les pinçant ensemble après les avoir humidifiés à l'eau froide. Faites préchauffer le four à 200 °C.
- Dorez le dessus au jaune d'œuf dilué à l'eau. Faites un trou au centre et glissez-y un cône de papier sulfurisé, pour laisser s'échapper la vapeur en cours de cuisson.
- Enfournez environ 1 h 30, selon l'épaisseur de coupe des pommes de terre. Dégustez chaud ou tiède.

Recette de foire

Chaque année, le 11 novembre, la ville de Givet accueille la Foire aux oignons. Baptisée ainsi en 1896, elle jouit depuis d'une popularité inégalée dans la région, et ce sont plusieurs milliers de personnes qui se pressent chaque année dans les rues de la commune, pour goûter les bonnes spécialités régionales, comme cette tourte ardennaise.

lundi 10 octobre

lever : 8 h 03
coucher : 19 h 10

St Ghislain

C'est un festival !

Corse

Bonghjornu, amichi ! Si vous aimez les sports nautiques et la musique du monde *caliente*, il est grand temps de faire escale à l'explosive Bonifacio, où le festival Nautic & Music, présent pour la huitième année consécutive, vous fera passer du rythme aux voiles. Tout simplement, *toccu de macu* ! Rendez-vous à partir du 8 octobre...

Bonne fête !

Ghislain

Originaire de Grèce, Ghislain chemine jusqu'à Mons, en Belgique, où il pense devoir construire son église. Alors que le roi Dagobert chasse une ourse, cette dernière veut se réfugier sous la robe de Ghislain ! Elle repart avec les affaires de celui-ci, qui la suit donc jusque dans une forêt. Ghislain bâtit son église dans le « buisson de l'ourse », qui deviendra ensuite une ville : Saint-Ghislain.

La rubrique du 13 h

LE CHÂTEAU DE BEAUREGARD

Centre

Bien que François Ier utilisât déjà le manoir de Beauregard comme relais de chasse, c'est Jean du Thier, grand humaniste et protecteur des poètes de la Pléiade, qui fit construire, sous le règne d'Henri II, la bâtisse telle qu'on la connaît aujourd'hui, avec sa galerie centrale de style Renaissance et le cabinet des Grelots aux magnifiques boiseries. Le château est célèbre notamment pour sa galerie des Illustres, qui offre trois cent vingt-sept portraits de personnages connus et des rois auxquels ils sont associés historiquement, et qui fut commandée par Paul Ardier, propriétaire du château en 1617.

Au fil de l'eau

Pays de la Loire

Née en Basse-Normandie, la Mayenne file rapidement dans le Maine-et-Loire, où elle forme, avec la Sarthe, la rivière Maine, au nord d'Angers. Sa vallée constitue un espace naturel sauvegardé, et le chemin de halage de la Mayenne est une voie verte prisée des randonneurs et des cyclistes.

Il était une fois en 1575

Bataille de Dormans

Champagne-Ardenne

En ce 10 octobre 1575, la petite ville de Dormans est le théâtre d'une première confrontation entre Français et Allemands, lors de la cinquième guerre de Religion. Côté français, le duc Henri de Guise, illustre chef militaire et grand défenseur du catholicisme. Face à lui, un corps de cavaliers allemands recrutés par des protestants auxquels sont alliés « les malcontents », des opposants au pouvoir royal. Si la victoire revient au duc de Guise, il est néanmoins blessé au visage au cours de la bataille, ce qui lui vaut son surnom de « balafré ». La ville connaît peu de dégâts, si ce n'est le pont détruit par les habitants eux-mêmes avant la bataille.

mardi 11 octobre

lever : 8 h 05
coucher : 19 h 08

Ste Soledad

INSOLITE

Basse-Normandie

De loin, le promeneur du sentier des douaniers de la Hague croit apercevoir une de ces maisons en pierres grises, typiques de la presqu'île du Cotentin. En s'approchant, il constate que ce n'est qu'un mur appelé étonnamment « Mur blanc » : il s'agit en réalité d'un amer bâti en 1887 pour guider les marins.

Une charade en

Pays de la Loire

Bout de terre faisant face à la pointe du Raz, mon 1er se nomme, en breton, *Enez Sun*. Mon 2e est, familièrement, fatigué ou cassé. Mon 3e est une très longue période de temps. Mon tout abrite le plus grand chantier naval de France, mais aussi d'Europe.

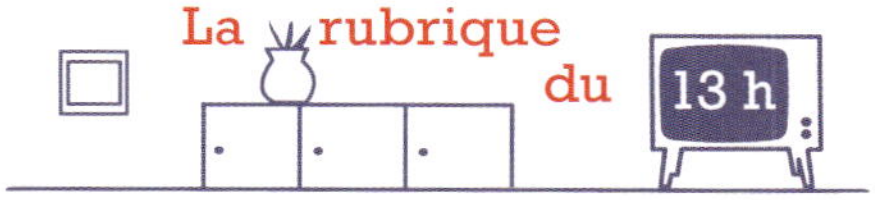

L'ÉGLISE NOTRE-DAME DU RAINCY

Île-de-France

L'église Notre-Dame du Raincy est dite « Sainte-Chapelle du béton armé », ce qui fit sa célébrité, puisqu'en 1923 elle est la première église construite en béton armé. Au début du XXe siècle, la population du Raincy avait été multipliée par deux en moins de quarante ans, et l'église précédente était devenue trop petite. Après un appel à donation pour la construction d'un nouvel édifice, il s'avéra que la somme récoltée était maigre. L'architecte Auguste Perret, chantre du rationalisme, par le choix du béton et les économies que cela représentait, permit la construction d'un tel bâtiment.

Bonne fête !

Soledad Torres Acosta

Soledad naît dans une famille pauvre espagnole. Elle devient Servante de Marie avec six autres compagnes et soigne des malades. La communauté est très pauvre, si bien que quatre sœurs abandonnent et que deux autres meurent. Ne reste donc que Soledad, qui réussit in extremis à sauver la congrégation, qui se répand ensuite en Espagne et en Amérique.

Il était une fois en 927

Fondation de l'abbaye de Sauxillanges

Auvergne

Quelques années après avoir participé à la création de l'abbaye de Cluny, symbolisant le renouveau monastique au Moyen Âge, le duc d'Aquitaine fait une nouvelle donation en 917, qui sera suivie, en 927, de celle de son neveu le duc Acfred, permettant la fondation de l'abbaye de Sauxillanges. Considérée comme une digne descendante de Cluny, dont elle dépend, son influence ne cesse de grandir. Le monastère est fortifié et comptera jusqu'à quarante-cinq moines. Mais le site sera en grande partie détruit à la Révolution, et les biens du clergé vendus. Il reste quelques vestiges de cette époque, notamment le tracé des fortifications et l'ancienne chapelle du prieur, devenue un musée.

Saint-Nazaire (Sein-nase-ère).

mercredi 12 octobre

lever : 8h06
coucher : 19h06

St Wilfrid

Bonne fête ! Wilfrid

Wilfrid a vécu au VIIe siècle en Angleterre. En tant qu'évêque d'York, il bâtit des églises et des monastères nombreux. Seul évêque du nord de l'Angleterre, il détient un pouvoir que craignent le roi Ecgfrith et l'archevêque de Canterbury. Il est donc déposé et s'établit dans le Sussex, où il crée l'évêché de Selsey. En butte à la malveillance de ses ennemis, mais soutenu par le pape, il termine sa vie dans un monastère qu'il a fondé.

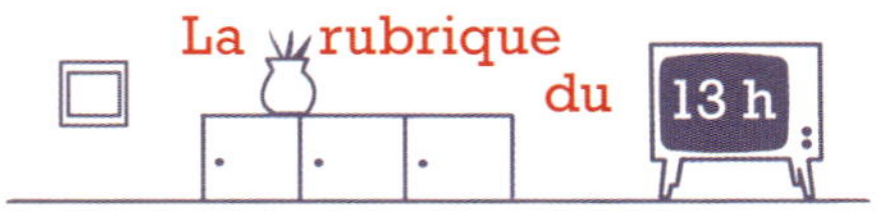

LA NÉCROPOLE DE BOURBOUILLET-FLANDRIN

Rhône-Alpes

Constituée d'une cinquantaine de dolmens dans des états de conservation divers, elle fut érigée à la fin du néolithique, aux alentours de 3500 avant Jésus-Christ, et marque la fin de l'utilisation des dolmens comme sépultures collectives, pour des inhumations individuelles sous des tumuli. Les dolmens restés en bon état se trouvent au bord d'un plateau difficile d'accès, d'où les dalles ne pouvaient donc pas être transportées. Celles des dolmens en contrebas ont malheureusement été souvent pillées pour la construction d'autres ouvrages, dès l'époque romaine.

INSOLITE

Guyane

Dans le centre de Cayenne, plusieurs panneaux indiquent que la baignade est interdite ou qu'elle n'est pas surveillée. Or, on a beau chercher, on ne trouve pas la plage ! C'est tout simplement que la mangrove, une forêt humide, l'a envahie, mais que les panneaux sont restés !

Un gentilé

d'Île-de-France

Noisy-le-Grand est une commune où vous pourrez admirer l'architecture très moderne des Arènes de Picasso ou du Palacio d'Abraxas. Vous pourrez aussi profiter des berges aménagées des bords de Marne, comme le font quotidiennement ses habitants, les...

Noiséens.

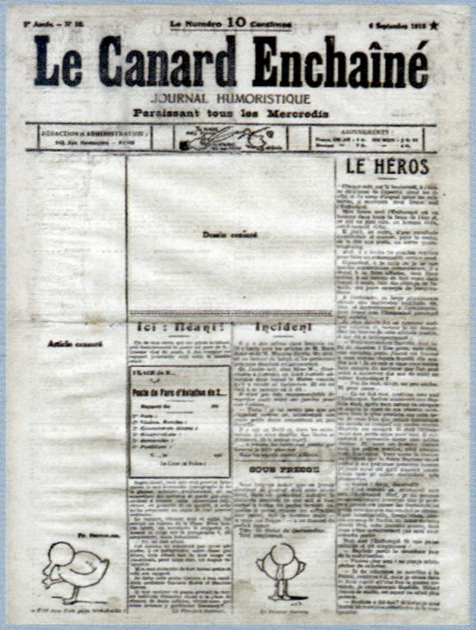

Le Canard Enchaîné
JOURNAL HUMORISTIQUE
Paraissant tous les Mercredis

LE HÉROS

Il était une fois en 1919

La censure est levée après la guerre

France

Avec le début de la guerre, en 1914, le gouvernement français est contraint d'appliquer des mesures exceptionnelles, dont la censure fait partie. La presse française, libre depuis 1881, est alors la première du monde. La volonté du gouvernement est de contrôler les informations concernant des opérations militaires, pour éviter qu'elles ne tombent entre les mains de l'ennemi ou qu'elles ne brisent le moral de la population. On tait, par exemple, le nombre de morts. La presse accepte cette situation, mais non sans réagir. En 1915, un journal est créé, le désormais célèbre *Canard enchaîné*, au titre évocateur. Il faudra attendre 1919 pour voir rétablie enfin la liberté de la presse.

jeudi 13 octobre

lever : 8h08
coucher : 19h04

St Géraud

Savoirs d'antan

Afin de limiter la prolifération des microbes sur une éponge, essorez-la soigneusement après usage et pensez à la désinfecter régulièrement. Pour cela, versez le jus d'un demi-citron dans un récipient, ajoutez un peu d'eau et laissez tremper l'éponge pendant douze heures.

Un gentilé de Basse-Normandie

Le château de Flers, dans l'Orne, fut bâti aux XVIe et XVIIe siècles et présente un grand parc arboré en bordure d'étang. De plus, le comédien, chanteur et homme de radio François Morel y est né ; il est donc un…

Flérien.

La rubrique du 13 h

LE CHÂTEAU DE TANLAY

Bourgogne

Cet édifice est un remarquable témoignage de l'architecture de la Renaissance. Érigé au XVIe siècle sur les bases d'une ancienne forteresse, il fut la demeure de la famille Coligny et un des principaux lieux de réunion des chefs protestants pendant les guerres de Religion. Michel Particelli d'Émery, un proche de Mazarin, le racheta par la suite et fit achever les travaux. La visite se déroule tant à l'extérieur, avec les douves, le canal et le parc, qu'à l'intérieur, où les peintures en trompe-l'œil et les fresques de la tour de la Ligue – qui représentent sous des traits olympiens des personnages de la cour de France – sont un ravissement.

Bonne fête !

Géraud d'Aurillac

Géraud d'Aurillac est un des premiers saints à avoir été canonisé sans qu'il ait été martyrisé ou soit entré dans les ordres. En effet, il était le seigneur d'Aurillac. Il ne se maria jamais et dissimula sa tonsure – signe de servitude – à tous. Il accueillit les pauvres à sa table, construisit une abbaye, protégea les habitants en boutant lui-même hors de son domaine les bandes armées venues de pays voisins.

Il était une fois en 1858

Wazemmes est rattaché à Lille

Nord-Pas-de-Calais

Wazemmes – dont le nom vient de *was*, qui signifie « le marais », et de *hem*, « la maison » – est aujourd'hui connu comme un quartier incontournable de Lille. Jusqu'au milieu du XIXe siècle, il s'agissait pourtant d'une commune à part entière, à la périphérie de la ville. Elle est rattachée à la capitale régionale sous le second Empire, en même temps que Moulins et Fives. Wazemmes s'étendait bien au-delà de l'actuel quartier qui porte son nom et rassemblait une population de près de trente mille habitants, pour une superficie représentant le double de celle de Lille, qui comptait soixante-dix mille âmes. Wazemmes devient alors un quartier industriel et populaire, qui conserve encore aujourd'hui son dynamisme et affiche sa mixité sociale.

vendredi 14 octobre

lever : 8 h 09
coucher : 19 h 02

St Calixte

Savoirs d'antan

Le congélateur est un consommateur gourmand d'énergie électrique. Cette consommation sera minimale si le remplissage est d'environ 75 % de la capacité. Si vous avez trop d'espace inoccupé, placez à l'intérieur des bouteilles de plastique remplies d'eau aux trois quarts.

Bonne fête !

Calixte

Après quelques mésaventures qui le conduisirent à purger une peine dans les mines de soufre de Sardaigne, il fut libéré et devint le secrétaire personnel du pape Zéphyrin et archidiacre de Rome, avant d'être élu pape à son tour. Il est à l'origine du premier cimetière chrétien, aujourd'hui appelé « catacombe de Saint-Calixte », où les papes eux-mêmes furent enterrés.

La rubrique du 13 h

LE MUSÉE DE L'ESPACE DE KOUROU

Guyane

Le Centre spatial guyanais, à Kourou – le seul site de lancement français et européen –, propose plusieurs possibilités de visites pour le grand public. En 1996, il s'est doté d'un musée sur deux étages, dont l'un récapitule l'histoire de la conquête spatiale depuis ses débuts, ainsi que les sciences et les techniques mobilisées par cette ambitieuse épopée. Le rez-de-chaussée accueille, quant à lui, des expositions temporaires. Le choix, en salle de projection et sur tablettes tactiles, d'une centaine de séquences documentaires autour du CSG vient parfaire la visite de ce musée aux grandes qualités pédagogiques.

Une charade en Picardie

Mon 1er est la société de production audiovisuelle qui a connu le succès grâce au *Club Dorothée*, à *Premiers baisers* ou encore à *Hélène et les garçons*. Mon 2e est laid, monstrueux, voire repoussant. Mon 3e est, chez Rimbaud, le lieu où repose un triste dormeur. Mon 4e est le plus long fleuve de France. Rattaché à l'abbaye de Cîteaux, mon tout est un édifice religieux cistercien, célèbre notamment pour ses jardins.

Il était une fois en 1973

Fin du premier Nancy Jazz Pulsations

Lorraine

Avec le premier volet du Nancy Jazz Pulsations, le pari est réussi pour les jeunes Nancéiens qui ont fait battre le cœur de leur ville au son du jazz pendant une semaine. Dès ses premières années, le festival s'offre de grands noms : Ray Charles, Dizzie Gillespie, John McLaughlin ou encore Michel Petrucciani. Loin de s'enfermer dans une vision sclérosée du jazz, il propose une approche éclectique et une programmation variée, qui n'hésite pas à pencher vers la pop, l'électro ou la world music, n'en déplaise aux puristes. Un succès qui ne se dément pas, puisque le festival dure depuis plus de quarante ans et attire, à chaque édition, plus de cent mille personnes.

Abbaye de Valloires (AB-hideux-val-Loire).

La brioche vendéenne

Pays de la Loire

Ingrédients

Pour 1 brioche

500 g de farine T45
100 g de sucre
100 g de beurre doux
20 g de levure de boulanger fraîche
150 ml de lait
2 c. à s. de crème fraîche épaisse
3 œufs + 1 jaune pour la dorure
2 c. à s. d'arôme de fleur d'oranger
1 pincée de sel

Recette

- Délayez la levure de boulanger fraîche dans un peu de lait tiède. Laissez mousser pendant 15 min à l'abri des courants d'air et à température ambiante.
- Dans le bol d'un batteur, mélangez la farine, le sucre et le sel. Ajoutez la levure diluée, le reste de lait et la crème fraîche, puis mélangez doucement à petite vitesse, pour que la préparation soit homogène. Incorporez ensuite les œufs un à un, puis la fleur d'oranger. Enfin, intégrez le beurre mou coupé en dés, petit à petit, et poursuivez le pétrissage jusqu'à obtention d'une pâte bien lisse qui ne colle plus.
- Placez la boule de pâte dans un saladier fariné et laissez pousser sous un linge humide, à température ambiante constante, pendant 1 h.
- Sortez la pâte du saladier et, sur un plan de travail fariné, aplatissez-la et repliez-la plusieurs fois, afin de la dégazer. Reformez une boule et laissez reposer de nouveau 1 h dans les mêmes conditions. Dégazez à nouveau la pâte en la pétrissant, puis divisez-la en trois pâtons de taille identique. Formez des boudins, puis tressez-les ensemble.
- Déposez la tresse dans un moule à cake beurré et sucré, puis laissez à nouveau lever au moins 1 h, jusqu'à ce que la pâte double de volume. Préchauffez le four à 180 °C.
- À l'aide d'un pinceau, dorez la brioche avec le jaune d'œuf dilué dans un peu d'eau. Répétez l'opération deux fois.
- Enfournez pour 25 min environ. Vous pouvez vérifier la cuisson en vous assurant que la pointe d'un couteau ressort sèche quand vous la plantez dans la brioche. Laissez refroidir à température ambiante.

La danse de la brioche

Autrefois, en Vendée, il était coutume que les parrains et marraines des mariés leur offrent une brioche. Elle pesait jusqu'à vingt kilos et était apportée sur un brancard. Tour à tour, les hommes présents devaient faire danser la brioche en la portant, tout en exécutant un pas de polka, avant qu'elle ne soit dégustée par les convives. On appelait cela « la danse de la brioche » !

lundi 17 octobre

lever : 8 h 14
coucher : 18 h 56

St Baudouin

Bonne fête !

Baudouin de Laon

Baudouin a vécu au VIIe siècle ; il était l'archidiacre de Laon et le chanoine de la cathédrale. L'armée d'Ébroïn, sous les ordres du roi de Neustrie Clotaire III, vainc celle de Pépin II, sous les ordres du roi d'Austrasie. Même s'il est de Neustrie, Baudouin héberge le demi-frère de Pépin. Ébroïn leur assure qu'ils auront la vie sauve s'ils se rendent. Mensonge ! Par la suite, la sœur de Baudouin l'honore comme martyr.

La rubrique du 13 h

LA GROTTE DU MAS-D'AZIL

Midi-Pyrénées

D'une largeur de quarante-huit mètres à l'entrée, la grotte fut creusée dans le massif rocheux par l'Arize, rivière ardéchoise. Une route départementale en permet la traversée sur quatre cent dix mètres, mais c'est surtout pour son occupation préhistorique qu'elle est digne d'intérêt. Plusieurs de ses galeries sont ornées de peintures rupestres, représentées dans le centre d'interprétation numérique de trois cents mètres carrés construit dans la grotte ; son histoire y est relatée, depuis la préhistoire jusqu'à l'époque contemporaine, avec la construction de la route départementale.

Un gentilé

de Haute-Normandie

Eu, en Seine-Maritime, abrite un beau château de type Renaissance, construit au XVIe siècle et accueillant le musée Louis-Philippe et ses décors des XVIIe et XIXe siècles. C'est une ville bien connue des cruciverbistes dont les habitants s'appellent les…

Eudois.

Au fil de l'eau

Île-de-France

Souvent définie comme une rivière modèle en raison de la régularité de son débit, l'Essonne déroule son cours d'une centaine de kilomètres depuis sa source au nord du Loiret – elle naît de la réunion de deux rivières plus modestes – jusqu'à sa confluence avec la Seine à Corbeil-Essonnes.

Il était une fois en 1793

Bataille de Cholet

Pays de la Loire

En 1793, la toute jeune République doit faire face à des révoltes de paysans, dont le sort s'est encore dégradé. Partout en France, ces émeutes sont réprimées, sauf dans l'Ouest. Une guerre particulièrement meurtrière, qui fera deux cent mille morts en trois ans, de 1793 à 1796. Affrontant les soldats républicains, les paysans, soutenus par les royalistes, font mieux que se défendre. Le 14 mars 1793, les insurgés s'emparent de Cholet, qui devient un symbole, car il s'agit de la principale ville conquise par les contre-révolutionnaires. Mais, le 17 octobre de la même année, une deuxième bataille se solde par la victoire des républicains. Peut-être est-ce à cause de cet épisode de l'histoire que, aujourd'hui encore, certains pensent à tort que Cholet est vendéenne.

mardi 18 octobre

lever : 8 h 16
coucher : 18 h 54

St Luc

Au fil de l'eau

Rhône-Alpes

L'Ain offre une grande variété de paysages : gorges, forêts alluviales, bras morts et saulaies qui hébergent des espèces remarquables. Sa réunion avec le Rhône est un site classé : c'est un des derniers exemples de confluence naturelle entre deux cours d'eau en Europe.

Une charade en Alsace

Mon 1er est un mot quelque peu désuet évoquant le moment où la mer se retire. Mon 2e compte trois mille six cents secondes. Mon 3e, de son vrai nom Tamara Marthe, est une jeune artiste française qui s'est illustrée dans l'émission « Danse avec les stars ». Dans la région de Sélestat, mon tout est la commune où a vu le jour le fondateur de la chocolaterie Weiss.

La rubrique du 13 h

LA BIBLIOTHÈQUE CARNEGIE

Champagne-Ardenne

Ce bâtiment, inauguré en 1928, symbolise la parfaite alliance de la culture et du goût. C'est un des chefs-d'œuvre du style Art déco français : la porte en fer forgé fut primée en 1925 à l'Exposition internationale des arts décoratifs. Dans l'entrée, des mosaïques de marbre illustrant les activités intellectuelles et physiques sont magnifiquement éclairées par la lanterne du maître verrier rémois Jacques Simon. La salle de lecture est, quant à elle, illuminée par une grande verrière et trois baies vitrées aux élégants dessins géométriques. Elle compte aujourd'hui environ quatre cent mille documents !

Bonne fête !

Luc

Luc est l'un des disciples de Jésus. Il est l'auteur du troisième Évangile et des Actes des Apôtres. Il fut le fidèle compagnon de Paul – disciple de Jésus, lui aussi –, qui l'aurait converti au christianisme. Quand ils furent jetés en prison, le savoir-faire de Luc en matière de médecine fut d'un grand secours à Paul. Raison pour laquelle Luc est aujourd'hui le saint patron des médecins. Pour des raisons moins évidentes, il est également le patron des peintres et des sculpteurs.

Il était une fois en 1804

Fontevraud devient une prison

Pays de la Loire

Fondée en 1101, l'abbaye angevine Notre-Dame-de-Fontevraud, près de Saumur, est une des communautés monastiques les plus importantes du bas Moyen Âge et la nécropole historique des Plantagenêts. Après la nationalisation des biens du clergé à la Révolution, Fontevraud est en partie détruite et pillée, et les religieux sont priés de quitter les lieux. En octobre 1804, Napoléon signe un décret qui en fait un établissement de détention, les premiers détenus arrivant en 1812. Ce pénitencier sera une des prisons les plus dures de l'Hexagone, accueillant jusqu'à près de deux mille personnes en même temps. Fermée en 1963, restaurée depuis, l'abbaye royale accueille aujourd'hui un vaste centre culturel, où se pressent deux cent mille visiteurs chaque année.

Ebersheim (ebbe-heure-Shy'm).

mercredi 19 octobre

lever : 8 h 17
coucher : 18 h 52

St Véran

INSOLITE

Bretagne

Le sillon de Talbert est une étroite bande de galets et de sable de trois kilomètres, formée par l'action des courants de deux rivières. Prisé des touristes l'été, il reste malgré tout un repaire d'oiseaux marins et migrateurs et fait partie d'une réserve naturelle protégée.

Bonne fête !

Véran

Véran a vécu au VIe siècle, c'est-à-dire au temps où les rois francs se menaient une guerre sans merci. Alors que la reine de Neustrie, Frédégonde, avait fait assassiner l'archevêque de Rouen, Véran lui reprocha ce crime. Conclusion ? Il ne fut pas tué, non... Le royaume rival, l'Austrasie, le nomma parrain du petit Thierry II, second fils du roi !

La rubrique du 13 h

LES CARRIÈRES DE RUSTREL

Provence-Alpes-Côte d'Azur

Il s'agit d'anciennes carrières d'ocre, que l'érosion a fini par faire ressembler à un décor de western. Ce site semi-naturel, dont l'exploitation dura du XVIIIe siècle jusqu'en 1992, année où le dernier ocrier prit sa retraite, s'étend sur plus d'une trentaine d'hectares. La lumière provençale y révèle toutes les teintes, plus de vingt, de l'ocre la plus jaune à la plus rouge, venant ainsi contraster avec la verte végétation du Lubéron pour créer un paysage des plus étonnants ! En suivant le GR 6, vous pourrez observer la diversité de ces paysages.

Un gentilé

des Pays de la Loire

Les Brévinois vous parleront certainement des neuf sites mégalithiques de leur commune, de la pointe de Mindin ou de la forêt de la Pierre Attelée composée de pins maritimes, chênes verts et érables. Mais comment leur cité s'appelle-t-elle ?

Saint-Brévin-les-Pins.

Il était une fois en 2012

Inscription du château de la Mercerie aux monuments historiques

Poitou-Charentes

Nous sommes en 1924 lorsque cette gentilhommière, située dans la commune de Magnac-Lavalette-Villars, est rachetée par deux frères fortunés, les Réthoré, l'un politicien en Charente, l'autre architecte, bien décidés à agrandir la bâtisse pour en faire, dit-on, le Versailles charentais. À partir de 1947, on entreprend la construction d'une façade monumentale de deux cent vingt mètres de large. Les travaux durent plus de vingt-cinq ans, mais s'arrêtent en 1970, faute d'argent. Les deux frères meurent dans les années 1980, avant d'avoir achevé leur rêve fou. Le bâtiment se dégrade jusqu'en 2011 ; il est alors mis à la disposition de la commune. Grâce à une association de bénévoles et à de généreux donateurs, le château est restauré et classé aux monuments historiques en octobre 2012.

jeudi 20 octobre

lever : 8 h 19
coucher : 18 h 50

St Caprais

Savoirs d'antan

Cuire du chou à l'eau ou à la vapeur engendre des odeurs tenaces, pas très agréables. Pour éviter ce désagrément, trempez un torchon dans du vinaigre blanc. Posez-le, maintenu par le couvercle, au-dessus de la casserole. Laissez-le pendant tout le temps de la cuisson.

Une charade en Nord-Pas-de-Calais

Parfois salé, mon 1er est un grand plan d'eau suffisamment vaste pour être navigable. Mon 2e est une touffe de cheveux dressée, placée sur le devant de la tête. Mon 3e est une chaîne de boulangerie originaire de la région et réputée pour ses tartes au sucre. Situé à quelques kilomètres de Saint-Omer, mon tout est un gigantesque bunker aujourd'hui converti en centre d'histoire.

La rubrique du 13 h

LE BARRAGE VAUBAN

Alsace

Louis XIV conquiert Strasbourg en 1681, et c'est cinq ans plus tard que, pour protéger sa nouvelle ville, il fait construire un barrage qui traverse l'Ill. Son but? Inonder les terres au sud de Strasbourg en fermant les vannes et donc en faisant monter le niveau de l'Ill en amont. Ainsi, les terres inondées empêchent les ennemis d'avancer. Ce barrage a en fait été construit par Tarade, un ingénieur, sur les plans de Vauban. Multifonction, le barrage permet également de passer d'une rive à l'autre de l'Ill, et son toit offre une vue remarquable sur les fort jolis ponts couverts de la cité et sur la cathédrale de Strasbourg.

Bonne fête !

Caprais d'Agen

Caprais a eu le malheur de vivre sous le règne de l'empereur Dioclétien, qui s'était fait un devoir de persécuter les chrétiens. Non seulement il n'échappa pas à son bourreau, mais il se présenta de lui-même devant lui ! En effet, impressionné par le courage de la jeune Foy, qui avait été jugée, brûlée, puis décapitée, il descendit des montagnes où il vivait en ermite et se rendit. Évidemment, il mourut en martyr.

Il était une fois en 1854

Naissance d'Alphonse Allais à Honfleur

Basse-Normandie

Alphonse Allais est resté dans les mémoires comme « le prince des humoristes » de la Belle Époque. Humour dont il fait déjà preuve dans la pharmacie de son père, place Hamelin, à Honfleur, où il effectue un stage. Mais ses expériences facétieuses à l'officine ne font pas rire son père, qui l'envoie étudier à Paris. Alphonse abandonne bientôt les études scientifiques pour la photographie et le journalisme. Il commence à rédiger des chroniques loufoques dans divers périodiques, notamment le *Gil Blas* et *Le Journal*, et son écriture incisive, qui vise principalement la petite bourgeoisie, le rend célèbre. Le prix Alphonse-Allais est créé en 1954 à Honfleur, pour le centenaire de sa naissance, et récompense chaque année un humoriste pour son œuvre.

La Coupole (lac-houppe-Paul).

vendredi 21 octobre

lever : 8 h 20
coucher : 18 h 48

Ste Céline

Bonne fête !

Céline

Céline était mariée au comte de Laon. Elle avait déjà des enfants et même des petits-enfants quand on l'avertit qu'elle serait de nouveau mère... et pas d'un enfant quelconque : d'un bébé que le Seigneur voulait utiliser pour délivrer son peuple ! L'enfant fut nommé « Remi », et il devint, comme plusieurs de ses frères, un homme d'Église. Ami du roi Clovis, il fut à l'origine de sa conversion. Le fils de Céline a donc délivré la France d'un roi païen.

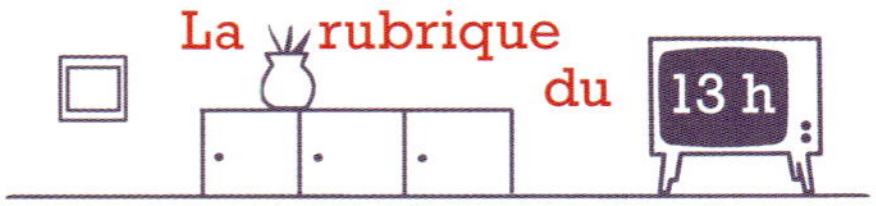

LE MAUSOLÉE DE LANUÉJOLS

Languedoc-Roussillon

À Lanuéjols se trouve un des rares vestiges de mausolée romain conservés sur le sol de France. Le bâtiment nous indique qu'il fut la tombe de notables, de par sa nature, mais aussi de par ses dimensions : érigé sur une plate-forme où conduit un escalier monumental, il forme à sa base un rectangle de neuf mètres sur huit et s'élève aujourd'hui à sept mètres, mais, à l'origine, il devait mesurer une douzaine de mètres lors de sa construction, entre le IIe et le IIIe siècle. Une inscription sur un linteau nous fournit aussi les noms de Lucius Pomponius Bassulus et de Lucius Pomponius Balbinus, dont ce « tombeau romain » fut la dernière demeure.

INSOLITE

Franche-Comté

Voilà un chiffre qui fait frissonner, mais dont les habitants de Mouthe s'accommodent parfaitement ! Ce village jurassien du Haut-Doubs, situé entre deux massifs montagneux, détient le record du village le plus froid de France, avec une température mesurée à - 41,2 °C en 1985.

Au fil de l'eau

Lorraine

Affluent de la Meuse, la Saônelle est une petite rivière des Vosges qui serpente dans une vallée karstique. Elle alimente plusieurs étangs ainsi que des marais et des tourbières : ces zones humides permettent de réguler le débit relativement élevé de la rivière.

Il était une fois en 1945

L'abbé Pierre devient député de Meurthe-et-Moselle

Lorraine

Avant d'être un homme d'Église, l'abbé Pierre est un humaniste et un homme de conviction. Si c'est son fameux appel de l'hiver 1954 qui le rend célèbre, il ne faut pas oublier que, entré dans la Résistance pendant la Seconde Guerre mondiale, il est décoré de la croix de guerre à la Libération. Élu député de Meurthe-et-Moselle en 1945 – fonction qu'il occupe jusqu'en 1951 –, il garde une certaine indépendance, mais est apparenté au Mouvement républicain populaire, dont il partage les grandes idées centristes : « ni capitaliste, ni collectiviste ». Il poursuit ensuite son œuvre d'homme engagé, notamment au travers de l'association Emmaüs, qu'il a fondée en 1949.

Le mtsolola de bœuf

Mayotte

Ingrédients

Pour 6 personnes
1 kg de viande de bœuf
20 bananes vertes
1 racine de manioc
4 gros oignons jaunes
1 gousse d'ail
2 citrons verts
1 petite boîte de concentré de tomates
1 c. à c. de cumin
1 dosette de safran
1 branche de thym
huile
sel et poivre

Recette

- Découpez la viande en petits morceaux. Placez-les dans une marmite avec un oignon épluché et coupé en quatre. Couvrez d'eau, salez, puis faites cuire 1 h environ.
- Épluchez les bananes et la racine de manioc, puis détaillez-les en cubes. Réservez dans un saladier d'eau pour éviter leur oxydation.
- Épluchez et émincez finement les 3 oignons restants. Pelez et écrasez la gousse d'ail.
- Faites chauffer à feu moyen un filet d'huile dans une cocotte. Quand l'huile est chaude, faites-y suer les oignons. Ajoutez l'ail, puis, quand les oignons sont translucides, mettez la viande préalablement égouttée. Saupoudrez de cumin et de safran, versez le concentré de tomates, assaisonnez, puis remuez le tout. Ajoutez un fond d'eau et la branche de thym, puis laissez cuire à couvert quelques minutes.
- Déposez dans la cocotte les bananes et le manioc, arrosez du jus des citrons, puis mélangez bien. Couvrez avec de l'eau et laissez cuire 30 min. Servez aussitôt.

Table ouverte

À Mayotte, il est de coutume de toujours prévoir de plus grandes quantités que nécessaire lors de la préparation d'un repas. En effet, tout visiteur, attendu ou pas, doit être bien accueilli et nourri, sinon vous passerez pour inhospitalier dans tout le quartier. C'est une marque de respect à laquelle la population mahoraise est très attentive.

lundi 24 octobre

lever : 8 h 25
coucher : 18 h 43

St Florentin

INSOLITE

Picardie

Est-ce simplement le hasard ou un trait d'humour? Dans le quartier de Renancourt, au sud-ouest d'Amiens, la rue qui longe l'église Sainte-Marie-Madeleine se nomme la rue d'Enfer! Le poteau qui la signale est même collé à l'édifice religieux; un avertissement aux paroissiens?

Bonne fête!

Florentin

Une ville porte son nom, mais ce n'est pas ce Florentin-là qui le lui a donné. Le florentin – biscuit sec à base de miel, d'amandes, d'oranges et de chocolat – et le fromage frais au lait de vache originaire de l'Yonne ne sont pas non plus de son fait. Mais alors, qu'a fait saint Florentin? Eh bien, passer sous son gisant, à Bonnet, dans la Meuse, permettrait de soigner les troubles mentaux. Pas mal!

La rubrique du 13 h

LA CHAPELLE SAINT-COLOMBAN

Franche-Comté

Colomban de Luxeuil est un moine irlandais né en 543 et mort en 615. En 587, il s'installe avec ses compagnons à Annegray, mais passe le plus clair de son temps en retraite, dans une grotte que l'ours qui l'occupait aurait eu, dit-on, l'amabilité de lui céder. Non loin de là, il aurait aussi fait jaillir une source, pour éviter aux moines du monastère d'Annegray la corvée de le ravitailler en eau chaque jour. La grotte s'effondra il y a longtemps, mais une petite chapelle a été construite sur la pierre où le saint se reposait et que l'on peut voir juste à côté de l'autel.

Un gentilé

des Pays de la Loire

Château-Gontier, en Mayenne, abrite quinze monuments historiques, dont le couvent des Ursulines du XVIIe siècle et l'église Saint-Jean-Baptiste du XIe. Elle possède aussi le plus grand marché aux veaux d'Europe, où se pressent de nombreux habitants, appelés...

Castelgontériens ou Baziliciens.
Castrogontériens ou

Il était une fois en 1665

Création de la Manufacture des glaces du faubourg Saint-Antoine

Île-de-France

Au XVIIe siècle, les miroirs sont de plus en plus utilisés en décoration d'intérieur. Les produits vénitiens dominent, mais Colbert crée, à Paris, la Manufacture des glaces du faubourg Saint-Antoine. Parallèlement, il interdit l'importation des miroirs vénitiens et embauche les meilleurs artisans italiens. Très vite, la compagnie acquiert ses lettres de noblesse, en participant notamment à la construction de la célèbre galerie des Glaces du château de Versailles. En 1693, elle déménage en Picardie, à Saint-Gobain, dont elle prend le nom. Cette société ne cessera de se développer et de se moderniser, devenant l'un des fleurons de l'industrie française au XXe siècle.

mardi 25 octobre

lever : 8 h 26
coucher : 18 h 41

St Crépin

Savoirs d'antan

Lorsque votre enfant reçoit en cadeau un jouet électronique particulièrement bruyant, diminuez le volume en plaçant un morceau de sparadrap ou de ruban adhésif sur la zone du haut-parleur. Le bruit sera alors bien diminué, et votre tranquillité préservée !

Au fil de l'eau

Poitou-Charentes

Fleuve de Charente-Maritime, la Seudre est indissociable de l'ostréiculture. En effet, son large estuaire, dans le golfe de Gascogne, est bordé d'anciens marais salants, qui ont été transformés en claires et sont maintenant utilisés pour l'affinage des huîtres Marennes-Oléron.

La rubrique du 13 h

LA MANUFACTURE-MUSÉE D'ÉZY

Haute-Normandie

Dès le XVIIe siècle, les paysans d'Ézy tirèrent parti de leur baisse d'activité en hiver en fabriquant des peignes. Ils les sculptèrent tout d'abord dans des matériaux comme le buis, la corne de bœuf ou encore le sabot de cheval, puis leur savoir-faire fut vite reconnu, jusqu'à atteindre une notoriété dépassant les frontières du pays. Ainsi, les grands couturiers et les coiffeurs vinrent passer commande ici, les matériaux travaillés s'ennoblirent. C'est pour honorer cette industrie que fut inaugurée en 1984 la manufacture-musée du peigne et parures.

Bonne fête !

Crépin

Crépin et son compagnon Crépinien étaient cordonniers et chrétiens. Dénoncés, ils furent torturés en vain. Les roseaux plantés sous les ongles ? Ils se retournèrent contre le bourreau. La noyade par une meule accrochée à leur cou ? Tout le monde flotta ! Après avoir été sauvés de l'huile bouillante par des anges et avoir survécu à divers autres supplices, ils furent finalement décapités.

Il était une fois en 1836

Érection de l'obélisque de la place de la Concorde

Île-de-France

Près de deux cent mille badauds sont réunis place de la Concorde, en ce 25 octobre 1836, pour applaudir la mise en place d'un obélisque offert à Charles X par le vice-roi d'Égypte, quelques années plus tôt. Faire venir de Louxor ce monument de vingt-trois mètres de haut et vieux de trois mille ans a pris plus de quatre ans : il a fallu descendre le Nil, traverser la Méditerranée, passer Gibraltar pour rejoindre Le Havre et remonter enfin la Seine jusqu'à Paris. Une épopée de dix mille kilomètres, sur un bateau construit pour l'occasion et baptisé *Le Luxor*. Trois cents personnes ont œuvré pendant quatre heures pour redresser les deux cent trente tonnes de granit dédiées à Ramsès II.

mercredi 26 octobre

lever : 8 h 28
coucher : 18 h 39

St Dimitri

Bonne fête !

Dimitri

Dimitri était un soldat romain du IVe siècle. Parallèlement à son activité guerrière, il aurait propagé le christianisme à Thessalonique, en Grèce, avant d'être dénoncé par des soldats et mené devant Galère, empereur romain alors en déplacement dans la région. Jeté dans l'arène avec son jeune disciple Nestor, il dut combattre un gladiateur bien plus imposant que lui. Nestor tua le géant, et l'empereur les mit à mort.

La rubrique du 13 h

LE MUSÉE D'ARCHÉOLOGIE ET D'ETHNOGRAPHIE DE LEVIE

Corse

Réputée pour ses criques paradisiaques, la Corse, habitée par l'homme depuis au moins dix mille ans avant notre ère, est aussi un lieu d'histoire. C'est à travers cette riche histoire que le musée de l'Alta Rocca, à Levie, vous propose de voyager. Vous aurez ainsi un aperçu de la vie quotidienne des Corses depuis le mésolithique jusqu'à la fin du Moyen Âge, illustrée par l'exposition des vestiges issus des fouilles menées sur ces terres granitiques. Une des pièces maîtresses du musée est un christ d'ivoire datant de 1516 et qui, selon la tradition, aurait été offert à la ville par le pape Sixte Quint.

Savoirs d'antan

Les jardiniers observent les noyers pour prédire la rudesse de l'hiver. S'ils perdent leurs feuilles en août, l'hiver sera long et très froid. Mais, si les feuilles restent présentes jusqu'en octobre, l'hiver sera beaucoup plus doux.

Une charade en Picardie

Mon 1er est un mot insultant vulgaire, mais très commun, désignant au départ le sexe féminin. Tarse, métatarse et phalanges composent mon 2e. Mon 3e est le son commun que possèdent l'agneau, la vigne et le soigneur. C'est dans la forêt de mon tout que fut signé l'armistice de 1918.

Il était une fois en 2014

Huitième marathon de Toulouse

Midi-Pyrénées

Plus de cinq mille participants se sont élancés sur le pont Pierre-de-Coubertin en octobre 2014 pour ce huitième marathon de Toulouse. Ils ont traversé Aucamville, Fonbeauzard, Saint-Alban, Castelginest, Launaguet et Toulouse, sur un parcours qualifié dans le jargon de la course à pied de « roulant », c'est-à-dire avec peu de dénivelé et donc propice à des records. Chez les hommes, le Kényan Raymond Kemboi a régné sur les quarante-deux kilomètres cent quatre-vingt-quinze mètres, en deux heures et dix minutes et, chez les femmes, la Russe Sardana Trofimova a franchi la première la ligne d'arrivée, place du Capitole, en deux heures et vingt-huit minutes.

Compiègne (con-pied-[ɲ]).

jeudi 27 octobre

lever : 8 h 30
coucher : 18 h 38

St Frumence

INSOLITE

Guadeloupe

À Morne-à-l'Eau, à une quinzaine de kilomètres de Pointe-à-Pitre, se trouve l'un des cimetières les plus visités de Grande-Terre et dont la renommée s'exporte bien au-delà de la Guadeloupe. La plupart des tombes sont bâties comme des cases créoles, disposées en amphithéâtre et décorées de carreaux de faïence noirs et blancs.

La rubrique du 13 h

LE CHÂTEAU DE MONTBRUN

Limousin

À la frontière de la Dordogne, ce château fort fut construit entre le XIIe et le XVe siècle. Son seigneur le plus célèbre fut Pierre Brun, qui commandait, avec Pierre Basile, la petite troupe assiégée à Châlus, là où Richard Cœur de Lion trouva la mort en 1199, blessé par un carreau d'arbalète. Érigé au bord d'un étang, ce bâtiment témoigne de l'évolution de l'architecture militaire : paraissant à première vue être le modèle idéal des structures fortifiées du Moyen Âge, il porte les marques de l'habitat de plaisance, avec son gros corps de logis percé de nombreuses fenêtres.

Un gentilé

d'Aquitaine

On ne présente plus la commune de Pau, devenue capitale historique du Béarn en 1464, et ses spécialités gastronomiques telles que la palombe, la garbure ou les Coucougnettes du Vert Galant ! Elles font le régal quotidien de ses habitants, les...

Palois.

Bonne fête !

Frumence d'Aksoum

Au IVe siècle, l'oncle de Frumence les emmena, lui et son frère Édésius, en Inde. Sur le chemin du retour, ils firent halte dans un port du royaume d'Aksoum – l'actuelle Éthiopie –, où leur bateau fut attaqué, et leur oncle tué. Les deux frères furent épargnés et conduits au palais, où l'un devint échanson, et l'autre secrétaire. C'est par le biais de Frumence que le christianisme se répandit dans la région.

Il était une fois en 1999

Décès de Zéna M'Déré, chef de file des Chatouilleuses

Mayotte

Enseignante coranique, Zéna M'Déré, personnalité populaire et respectée à Mayotte, était à la tête d'un groupe de femmes, les Chatouilleuses, qui se battaient pour ancrer Mayotte dans la République française, réduire l'influence des autres îles de l'archipel des Comores sur Mayotte et faire progresser le droit des femmes mahoraises. Ces dernières s'organisent dans les années 1960 et 1970 pour mener des opérations contre les autorités comoriennes, avec un moyen d'action pour le moins original : les chatouilles ! Elles prennent à partie les responsables politiques comoriens, les chatouillant pour faire passer leurs messages politiques et pour les obliger à quitter l'île.

vendredi 28 octobre

lever : 8 h 31
coucher : 18 h 36

St Jude

Savoirs d'antan

Il vous arrive d'être nauséeux ? L'aneth peut vous aider. Cette plante couramment employée dans les préparations digestives vous soulagera efficacement. Elle est simple d'usage : vous pouvez la prendre en tisane ou mâcher quelques graines achetées chez un herboriste.

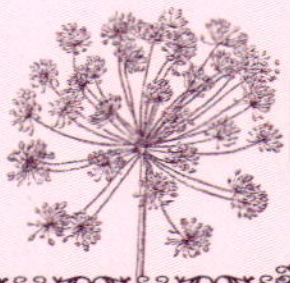

Bonne fête !

Jude

Jude aurait, entre autres tâches, évangélisé l'Arménie. Après avoir converti Sandoukht, la fille du roi, l'apôtre aurait réussi à faire de même avec le roi, Sanatrouk. Sauf que ce dernier apostasia et éprouva une très vive hostilité envers les chrétiens... Ce qui aboutit évidemment au martyre, non seulement de Jude, mais aussi de Sandoukht, la propre fille du roi !

La rubrique du 13 h

LE MÉMORIAL DE VIMY

Nord-Pas-de-Calais

Pendant la Première Guerre mondiale, du 9 au 12 avril 1917, l'armée canadienne livre une bataille qui lui permet de s'emparer de ce lieu hautement stratégique. Pour honorer cette victoire et rendre hommage aux soixante-six mille Canadiens morts au combat lors de la Grande Guerre, l'État français fit don de ce lieu historique au Canada. C'est là qu'en 1925 commença l'érection de ce mémorial monumental, œuvre de Walter Allward, un des sculpteurs canadiens les plus réputés. Achevé en 1936, le mémorial, entièrement restauré, a été rouvert en 2007.

Une charade en

Haute-Normandie

Mon 1er nuit, porte atteinte. Mon 2e est la plus longue chaîne de montagnes du monde. Mon 3e est un célèbre général américain, qui prit la tête des États confédérés. Mon tout est connu pour son impressionnante forteresse, bâtie par l'illustre Richard Cœur de Lion.

Il était une fois en 1954

Georges Brassens enregistre la « Chanson pour l'Auvergnat »

Auvergne

Brassens écrit en une heure, en octobre 1954, une ballade qui figurera sur son troisième album, *Les Sabots d'Hélène*. Mais qui est ce fameux Auvergnat, « qui sans façon [lui] a donné quatre bouts de bois/Quand dans [sa] vie il faisait froid », et auquel est dédiée la chanson ? Peut-être Louis Cambon, qui a tenu à Paris, dans le XIVe arrondissement, le Bar des Amis, un café qu'aurait fréquenté Brassens dans les années 1930. Ce Cantalien serait venu en aide au jeune artiste en lui faisant crédit. Mais ne s'agit-il pas plutôt de Marcel Planche, un ami d'origine auvergnate, qui l'hébergea lorsqu'il fuyait le Service du travail obligatoire pendant la guerre ?

Les Andelys (lèse-Andes-Lee).

Le crumble au potiron

Alsace

Ingrédients

Pour 6 personnes
650 g de potiron ou de potimarron
50 g de gruyère râpé
45 g de farine
45 g de beurre demi-sel
45 g de chapelure
30 g de parmesan
1 verre de lait
1 œuf
1 c. à c. de curry
gros sel
sel et poivre

Recette

- Épluchez le potiron, ôtez les graines, puis coupez-le en gros cubes. Si vous utilisez du potimarron, il est inutile de l'éplucher, il faut seulement ôter les graines.
- Placez les cubes de potiron dans une grande casserole et recouvrez-les d'eau froide. Ajoutez une grosse pincée de gros sel, portez à ébullition, puis laissez bouillotter, en surveillant la cuisson de temps en temps avec la pointe d'un couteau.
- Quand le potiron est cuit, égouttez-le en réservant un peu d'eau de cuisson, puis mixez-le. Ajoutez l'œuf, le verre de lait, la poudre de curry et le gruyère râpé. Assaisonnez généreusement, puis mélangez intimement. Vous pouvez ajouter un peu d'eau de cuisson, si la texture paraît trop pâteuse. Réservez.
- Dans un saladier, versez la farine, la chapelure et le parmesan. Mélangez bien, puis, du bout des doigts, incorporez le beurre ramolli coupé en dés, jusqu'à obtenir une texture sableuse grossière. Préchauffez le four à 200 °C.
- Dans un moule préalablement beurré et fariné, versez la préparation au potiron, puis répartissez dessus la pâte à crumble. Donnez quelques tours de moulin à poivre, puis enfournez à mi-hauteur environ 30 min, jusqu'à ce que le dessus soit bien doré. Servez aussitôt.

Courge en fête

Chaque année en octobre, la commune de Logelheim organise la Kürbisfäscht, autrement dit la fête du Potiron. Pendant deux jours, le potiron y est à l'honneur sous toutes ses formes : sur le marché local, évidemment, mais aussi en lampions illuminant la ville le soir venu, en soupe gargantuesque, préparée avec pas moins d'une tonne et demie de la fameuse courge, et même en saynètes, réalisées tout en cucurbitacées !

lundi 31 octobre

lever : 7 h 36
coucher : 17 h 31

St Quentin

Bonne fête !

Quentin

Cinquante-cinq ans après que Quentin eut été décapité et jeté dans les marais de la Somme, Eusébie, une aveugle, vint de Rome, après un rêve, afin de retrouver son corps. Il lui apparut – ainsi que sa tête – parfaitement intact ! Eusébie voulait le faire enterrer à Vermand, mais les bœufs le transportant s'arrêtèrent en haut d'une colline… Elle l'ensevelit donc là, construisit une chapelle et recouvra la vue. Au fil du temps, la chapelle devint la basilique de l'actuelle ville de Saint-Quentin.

La rubrique du 13 h

L'ÉGLISE RUINÉE DE CHAMPLIEU

Picardie

La vieille église Notre-Dame-de-la-Nativité dort dans un écrin de verdure. Bien que le bâtiment, situé sur la route de Compostelle, ait pu accueillir à une certaine époque plus de six cents fidèles, son histoire reste mal connue. Si son existence est attestée dès le XIIe siècle, il semble qu'il fût désaffecté à la fin du XVIIIe siècle. Des fouilles réalisées dans les années 1970 permirent néanmoins d'affirmer que l'église fut construite sur un ancien cimetière mérovingien. Aujourd'hui, personne ne prêche plus depuis longtemps dans ces vieilles pierres, si ce n'est la nature et sa beauté.

INSOLITE

Pays de la Loire

Long d'un peu plus de quatre kilomètres, le passage du Gois, qui relie l'île de Noirmoutier au continent, est peu à peu englouti par la mer à marée montante. Si cette chaussée submersible étonne et amuse, elle reste dangereuse, et nombreux sont ceux qui ont dû y laisser leur voiture !

Au fil de l'eau

Nord-Pas-de-Calais

On appelle « fleuve marin côtier » cette frange d'eau dessalée qui borde les côtes normandes, picardes et d'Opale, une sorte de courant parallèle à la côte, alimenté par sept fleuves et leurs estuaires. Le fleuve marin côtier est intégré à un parc naturel marin protégé.

Il était une fois en 1909

Fermeture de l'Exposition internationale de l'est de la France

Lorraine

De mai à novembre 1909, plus de deux millions de visiteurs ont pu se rendre à l'Exposition internationale de l'est de la France, installée notamment dans le parc Sainte-Marie de Nancy. Véritable vitrine de modernité et de dynamisme pour les provinces de l'Est, l'exposition met à l'honneur les découvertes et les progrès industriels au sein de plusieurs bâtiments : un palais de la métallurgie, un palais de l'électricité, un palais des textiles, un palais des arts libéraux, un palais de l'alimentation, un palais des transports, et enfin un palais des fêtes, dont le dôme atteint trente-cinq mètres de haut.

mardi 1er novembre

lever : 7 h 38
coucher : 17 h 29

Toussaint

Une charade en Poitou-Charentes

Mon 1er est à la tête d'un monastère. Mon 2e est plutôt neuvième, selon l'alphabet. Mon 3e est un poème en hommage à une personne, un événement, un lieu. Mon 4e habite le corps. Mon tout est un site religieux qui fait vibrer les Saintais depuis les années 1970.

Au fil de l'eau
Champagne-Ardenne

La Barse prend sa source au pied d'un château médiéval, à Vandeuvre-sur-Barse. Elle traverse le département de l'Aube sur une cinquantaine de kilomètres, avant de rejoindre la Seine à Troyes, via un canal aménagé pour protéger Paris d'éventuelles crues du fleuve.

La rubrique du 13 h

LE PARC DU PETIT PRINCE À UNGERSHEIM
Alsace

À Ungersheim se trouve le parc à thème du Petit Prince, qui propose à ses visiteurs un voyage poétique et ludique en compagnie du célèbre héros de Saint-Exupéry. « Le premier parc aérien au monde » offre différentes attractions et de nombreux spectacles, qui déclinent l'univers de l'auteur aviateur en trois espaces : « le Vol », avec la tour de saut et les ballons captifs, qui dominent les lieux, « le Voyage de planète en planète », avec des salles de cinéma 2D, 3D et 4D et un parc à trampolines, et enfin « les Animaux », où vous trouverez des renards et des moutons, emblématiques du conte.

Bonne fête !
Toussaint

Même si c'est la tradition d'aller au cimetière le jour de la Toussaint, ce n'est à l'origine pas du tout la fête des Morts (qui est le 2 novembre), mais bien la fête de tous les saints. Tous les saints, martyrs qui, trop nombreux, n'ont pas leur place dans le calendrier, ainsi que tous les saints en devenir.

Il était une fois en 1049
Dédicace de l'église Saint-Hilaire-le-Grand
Poitou-Charentes

Établie sur le lieu de sépulture de saint Hilaire, maintes fois détruite au cours du haut Moyen Âge, cette collégiale située à l'est de Poitiers a été inaugurée en 1049, en présence de nombreux archevêques et évêques et de la comtesse Agnès de Bourgogne. La voûte en bois sera remplacée par une voûte en pierre vers 1100 pour éviter tout incendie. Situé sur la route la plus septentrionale des chemins de Compostelle, cet impressionnant monument d'art roman fut un haut lieu de pèlerinage, notamment au XIIe siècle. La nef et la façade furent en partie détruites pendant la Révolution, mais elles ont été reconstruites dans les années 1870. Les reliques de saint Hilaire sont toujours conservées dans un coffret, dans la crypte de l'édifice.

Abbaye aux Dames (abbé-I-ode-âme).

mercredi 2 novembre

lever : 7h39
coucher : 17h28

St Victorin

Un gentilé
de Bourgogne

Fleurey-sur-Ouche, en Côte-d'Or, sert de cadre au prieuré Saint-Marcel du VIe siècle, mais aussi à plusieurs châteaux, dont celui de la Velotte, qui fut la résidence favorite de certains ducs de Bourgogne. Connaissez-vous le nom des habitants de cette commune ?

Borbetelis.

Bonne fête !

Victorin

Victorin est né en Slovénie au IIIe siècle. Évêque de Pettau (aujourd'hui Ptuj), il est surtout connu pour ses écrits sur la Bible, sur les Évangiles, notamment pour son commentaire de l'Apocalypse et pour son traité *De fabrica mundi*, qui sont les seuls à avoir traversé les siècles jusqu'à nous. Il est ainsi considéré comme le premier exégète – c'est-à-dire le plus ancien commentateur de ces textes sacrés – latin. Il mourut en martyr pendant la persécution de l'empereur Dioclétien.

La rubrique du 13 h

LE LAC DE SERVIÈRES

Auvergne

Le lac de Servières, dans le Massif central, est ce qu'on appelle un « maar », c'est-à-dire un lac de cratère. En effet, situé à une altitude de mille deux cents mètres et de forme quasi circulaire, sa création résulte de l'éruption provoquée par la rencontre entre le magma brûlant et une nappe phréatique, qui vient ensuite remplir le cratère. Entouré par la forêt et d'une superficie de quinze hectares, l'endroit est un lieu idéal pour les promenades. Le canotage et la baignade y sont interdits, mais vous pourrez y pêcher, non loin des vestiges de bâtiments en pierre appelés « burons », inoccupés ou écroulés.

Au fil de l'eau
Languedoc-Roussillon

Né dans l'Aigoual sous la forme d'un torrent impétueux, l'Hérault rejoint la Méditerranée à Agde, après un parcours d'environ cent cinquante kilomètres, au milieu de prairies parfois inondées – le fleuve est abondant, mais son débit est irrégulier, d'où des crues soudaines – et de splendides gorges.

Il était une fois en 1976

Naissance de Thierry Omeyer à Mulhouse

Alsace

Gardien de but de la multimédaillée équipe de France de handball pendant presque deux décennies, Thierry Omeyer est considéré comme le meilleur joueur à son poste de l'histoire de la discipline. Né en 1976 à Mulhouse, il commence le handball à 9 ans au club de Cernay, puis fait sa formation au club de Sélestat. Nommé meilleur joueur du Championnat du monde au Qatar en 2015 – à 38 ans ! –, il est un des piliers des fameux Costauds, puis des Experts. Avec quarante-cinq titres à son palmarès, il est tout simplement le joueur français, tous sports confondus, le plus médaillé de l'histoire. Et comme le talent, c'est de famille, son frère jumeau, Christian, a joué au club de Sélestat en tant que handballeur professionnel.

jeudi 3 novembre

St Hubert

Savoirs d'antan

Les bougies se raient ou se cassent facilement lors de leur transport. Pour éviter ce problème, enveloppez-les dans plusieurs épaisseurs de papier de soie. Placez-les ensuite dans une boîte en carton, en remplissant les espaces vides avec du papier journal froissé.

Un gentilé
du Nord-Pas-de-Calais

Cléty est une commune connue pour sa réserve naturelle régionale des anciennes carrières, qui protège des dépôts de craie de quatre-vingt-dix millions d'années. La faune et la flore présentes y sont par ailleurs riches et variées, mais comment nommez-vous ses habitants ?

Clétiens.

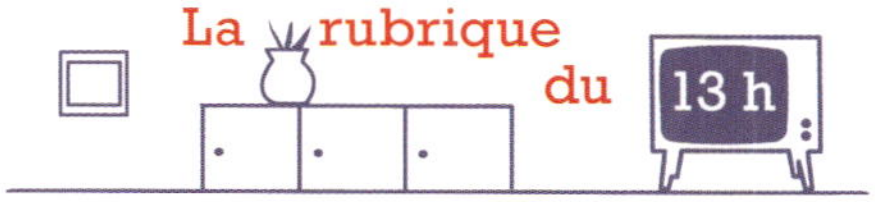

LA GROTTE DE LA DIAU
Rhône-Alpes

Attention, si la visite de cette grotte est l'occasion d'un émerveillement, elle se mérite ! Située au pied du plateau du Parmelan, la grotte de la Diau n'est accessible qu'après quarante-cinq minutes de marche au bout desquelles vous vous trouverez face à l'entrée de la grotte, encombrée de plusieurs blocs de pierre tombés du plafond. C'est là que commence le labyrinthe, et il serait audacieux de vous y aventurer seul, si vous n'êtes pas pourvu d'un solide sens de l'orientation. Cependant, les proportions immenses qu'offre l'entrée de ces trente-trois kilomètres de galeries souterraines valent à elles seules le détour !

Bonne fête !

Hubert de Liège

Hubert était l'époux de la fille de Dagobert et menait une vie insouciante de plaisirs. Un jour qu'il chassait, un cerf majestueux, avec une croix entre les bois, lui apparut et lui dit : « Chasser un jour pareil ! Pourquoi ne vas-tu pas prier ? » C'était en effet un vendredi saint et, à partir de ce jour, l'homme mena une vie pieuse et exemplaire, se consacra à Dieu et devint évêque de Liège-Tongres-Maastricht. Saint Hubert est, du fait de cet épisode, le saint patron des chasseurs et des forestiers.

Il était une fois en 1802

Napoléon Bonaparte à Elbeuf
Haute-Normandie

Le 3 novembre 1802, Bonaparte, en visite en Normandie, se rend à Elbeuf. Une compagnie de soixante citoyens d'Elbeuf vient à sa rencontre à cheval. « Elbeuf est une ruche, tout le monde y travaille ! » C'est ainsi que le Premier consul qualifie cette ville de tisserands où l'activité se concentre autour de la Manufacture royale de draps créée par Colbert en 1667. Avec l'apparition de la machine à vapeur, puis du métier Jacquard, la production lainière se développe et façonne le paysage urbain. En mémoire de cette journée de 1802, une ruche et des abeilles ornent les armoiries de la ville.

vendredi 4 novembre

lever : 7 h 42
coucher : 17 h 25

St Charles

Bonne fête !

Charles Borromée

Charles Borromée est né dans une famille privilégiée. Il avait un nom, de l'argent, et son oncle était pape. De quoi réussir sa vie sans se poser trop de questions. Il obtint ainsi, très jeune, le titre de cardinal, ainsi que des terres très lucratives, grâce à son nom. Mais loin de se laisser éblouir par cette facilité, il n'en montra que plus de rigueur dans son travail et dans sa foi. Il choisit de vivre frugalement et d'aider les pauvres, et ordonna à tous les religieux de faire comme lui. Il s'illustra aussi pendant la peste de 1576, en étant un modèle de dévouement auprès des malades.

La rubrique du 13 h

LE MUSÉE DES ARTS DÉCORATIFS DE L'OCÉAN INDIEN DE SAINT-LOUIS

La Réunion

Le MADOI, ouvert depuis 2008 sur un ancien domaine caféier, offre aux visiteurs de contempler sa très riche collection, grâce à l'organisation d'expositions temporaires thématiques, mettant à l'honneur les rivages de l'océan Indien, de l'Afrique à la Chine, en passant par l'Inde. La caféière qui accueille ces expositions dans ses anciennes écuries a été replantée sur un hectare et est également visitable. Ainsi, vous pourrez aussi découvrir l'histoire du domaine et de la culture du café sur l'île, avant de déguster une tasse d'arabica bourbon pointu à la boutique du musée.

INSOLITE

Nord-Pas-de-Calais

À Lille, à l'angle de la rue de la Clef et du boulevard Carnot, se dresse un singulier immeuble surnommé par les Lillois « l'immeuble-proue ». Il s'agit d'un édifice bâti en pierre de taille, au début du XXe siècle, qui devait préluder à un ensemble haussmannien qui ne vit finalement jamais le jour.

Une charade en

Aquitaine

Mon 1er est le verbe « être » en anglais. Mon 2e se verse à la commande, mais permet de se désister. Mon 3e est un grand hôtel de luxe parisien. Mon tout, très en vogue à la Belle Époque, surprend par son architecture haute en couleur.

Il était une fois en 1970

Le Concorde atteint la vitesse Mach 2

France

Le Concorde est un avion supersonique, c'est-à-dire dont la vitesse dépasse celle du son. Il est le seul avion de ligne – avec un avion soviétique qui n'a eu qu'une courte carrière – à avoir dépassé la vitesse du son. C'est le 4 novembre 1970, au cours de son cent deuxième vol, qu'il maintient, cinquante-trois minutes durant, la vitesse Mach 2, soit plus de six cent quatre-vingts mètres parcourus par seconde. Malheureusement, la forte consommation de carburant du Concorde fera de lui un échec commercial. Il n'en reste pas moins un avion ayant permis d'importants développements technologiques.

Biarritz (be-arrhes-Ritz).

samedi 5 novembre

Ste Sylvie

dimanche 6 novembre

Ste Bertille

La tarte aux poires Bourdaloue

Île-de-France

Ingrédients

Pour 6 personnes

1 rouleau de pâte brisée
3 à 6 poires, en fonction de leur taille
1 l d'eau
500 g + 100 g de sucre
1 citron
1 gousse de vanille
125 g d'amandes en poudre
20 cl de crème fraîche liquide
2 œufs
1 c. à c. d'arôme d'amande amère

Recette

- Épluchez les poires.
- Dans une grande casserole, versez l'eau additionnée de 500 g de sucre et de la gousse de vanille fendue en deux. Portez à ébullition, puis déposez les poires entières épluchées et arrosez avec le jus du citron. Faites cuire à frémissement pendant 10 à 15 min, selon la taille des fruits, puis arrêtez le feu et laissez-les refroidir dans le sirop. Quand les poires sont moelleuses, égouttez-les et réservez. Préchauffez le four à 180 °C.
- Étalez la pâte brisée dans un moule à tarte recouvert de papier sulfurisé. Enlevez l'excédent en passant la lame d'un couteau sur le bord du moule, de l'intérieur vers l'extérieur, avec un mouvement sec. Protégez la pâte d'une feuille de papier sulfurisé et garnissez-la de légumes secs. Enfournez à mi-hauteur pendant 15 min pour précuire le fond de tarte.
- Pendant ce temps, versez la poudre d'amandes et les 100 g de sucre restant dans un saladier. Ajoutez la crème fraîche liquide, les œufs battus et l'arôme d'amande amère, puis mélangez intimement.
- Sortez la pâte du four, et préchauffez à nouveau le four à 210 °C.
- Coupez les poires en deux dans la longueur, débarrassez-les de leur trognon, puis disposez-les sur le fond de tarte. Répartissez la préparation aux amandes dessus, puis enfournez à mi-hauteur pendant environ 30 min, jusqu'à obtention d'une surface bien dorée. Servez tiède.

Au nom de la rue

La tarte Bourdaloue est un dessert à base de poires et de crème d'amandes créé à la fin du XIXe siècle. Elle tient son nom de la rue où était installée la pâtisserie de son inventeur, dans le IXe arrondissement de Paris. Ici, le beurre de la crème d'amandes a été remplacé par de la crème liquide pour plus de légèreté.

lundi 7 novembre

lever : 7 h 47
coucher : 17 h 20

Ste Carine

Au fil de l'eau

Franche-Comté

L'Ognon est une rivière emblématique de la région, car elle marque, sur plus de la moitié de son parcours de deux cent quinze kilomètres, la frontière entre la Haute-Saône et le Doubs. Elle se jette dans la Saône après un cours paisible propice à la pêche et au canotage, au cœur d'une grande diversité géologique.

Bonne fête !

Carine d'Ancyre

C'est une belle histoire de famille que celle de Carine, de son époux Mélasippe et de leur fils Antoine. Ils étaient tous les trois chrétiens et vivaient à Ancyre (devenue Ankara, en Turquie) au IVe siècle. Arrêtés pendant la persécution de Julien l'Apostat, ils furent martyrisés pour leur foi. Carine et Mélasippe furent torturés, puis cloués encore vivants au pilori sous les yeux de leur enfant, qui s'obstina cependant à ne pas vouloir renier le Christ et fut décapité.

La rubrique du 13 h

L'AQUEDUC DU GUINDY

Bretagne

L'aqueduc du Guindy, qui franchit la rivière du même nom dans le département des Côtes-d'Armor, en Bretagne, fut bâti au XVIIe siècle pour acheminer l'eau jusqu'à la commune de Tréguier. Cette construction en pierres de taille de schiste, qui comporte huit arches enjambant le cours d'eau, fut décidée en 1610 par l'évêque de Tréguier, mais ne s'acheva qu'en 1623. Bien que la fontaine de Créven, dont l'aqueduc transportait l'eau, soit aujourd'hui tarie, le rendant obsolète, cet ouvrage d'art n'a rien perdu de sa superbe. Après avoir été restauré en 1809, il fut classé monument historique le 17 avril 1931.

INSOLITE

Midi-Pyrénées

De loin, on pourrait croire à un relief enneigé. Certes, on est à mille huit cents mètres, mais la chaîne des Pyrénées est de l'autre côté, et les pentes sont bien trop régulières. Cette carrière de talc de l'Ariège est l'une des plus grandes au monde, avec une production d'environ quatre cent mille tonnes par an.

Il était une fois en 2004

Départ de la cinquième édition du Vendée Globe

Pays de la Loire

La cinquième édition de cette course en solitaire, sans escale et sans assistance, démarre le 7 novembre 2004 devant trois cent mille personnes aux Sables-d'Olonne. Parmi les vingt monocoques qui prirent la mer, seuls treize réussirent à boucler leur tour du monde et à regagner les Sables-d'Olonne, en ayant traversé trois océans et parcouru plus de quarante mille kilomètres. Vincent Riou, 33 ans, surnommé « Vincent le Terrible », remporte cette édition le 2 février 2005, en quatre-vingt-sept jours, dix heures et quarante-sept minutes. Il améliore le record de l'épreuve détenu par Michel Desjoyaux.

mardi 8 novembre

lever : 7 h 49
coucher : 17 h 19

St Geoffroy

C'est un festival !

Aquitaine

Le Festival du film de Sarlat accueille des terminales L option cinéma, qui assistent à des conférences, participent à des ateliers, réalisent des courts-métrages et échangent avec réalisateurs et acteurs autour de leur passion. Une ode au septième art, qui réunit plusieurs milliers de spectateurs, depuis vingt-cinq ans, au cœur du Périgord noir. Cette année, l'événement aura lieu du 8 au 12 novembre.

Un gentilé

du Limousin

Jaillissant à six cent vingt mètres d'altitude, la source de Bois-Brûlé fait la singularité de la commune de Châtelus-le-Marcheix, dans la Creuse. On y trouve aussi le château de Peyrusse, érigé au ve siècle par les Wisigoths et bien connu de ses habitants, les…

Castelmarchois.

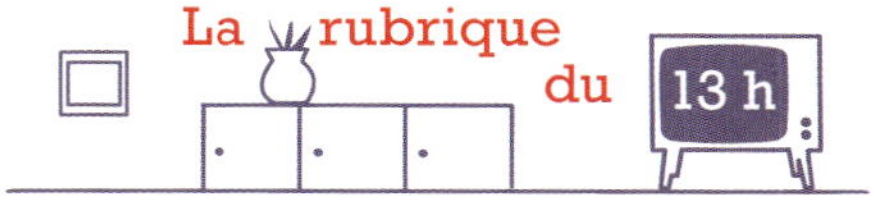

LA PIERRE DE KERLINKIN

Lorraine

Non loin du Saint-Mont, dans un ancien oppidum celtique des Vosges, se trouve une étrange pierre de six mètres de haut pour dix mètres de large. Ce monolithe, qui fut arraché et transporté là par un glacier, porte plusieurs cupules à son sommet, qui attestent son utilisation cultuelle dès le néolithique. On lui attribua par la suite des pouvoirs de fécondité, et les femmes stériles venaient s'y frotter, les sages-femmes lui présenter les nouveau-nés. Pierre à bébés, mais aussi pierre de légende, puisqu'elle serait le lieu de rendez-vous des fées de la forêt.

Bonne fête !

Geoffroy d'Amiens

Quand Geoffroy est nommé abbé du monastère de Nogent, celui-ci est en train de péricliter. Or, en quelques années, il en fait l'un des plus florissants de France. Il est, après cet accomplissement, choisi pour être évêque d'Amiens et profite de cette charge pour essayer de mettre de l'ordre dans le clergé régional qui, sous la coupe des seigneurs de Picardie, opprime les bourgeois locaux. Il n'y parvient pas et abandonne sa charge, accablé par son impuissance. S'il revient un an plus tard, il meurt malheureusement avant de voir le peuple obtenir gain de cause.

Il était une fois en 1959

Naissance de Tom Novembre à Nancy

Lorraine

Acteur, compositeur, chanteur et, plus jeune, diplômé des Beaux-Arts de Nancy, Tom est un artiste complet, qui alterne depuis trente ans la scène, les tournages et les tournées. Adolescent, il se voyait pourtant joueur de foot, mais son passage à l'AS Nancy fut de courte durée. Sa carrière de comédien commence en 1980 au théâtre Déjazet, avec un one-man-show intitulé *Les Taupes*, celle de chanteur en 1982, lorsqu'il est nommé révélation au Printemps de Bourges. Le pseudonyme de Jean Thomas Couture, « Tom Novembre », ne serait-il pas lié à son mois de naissance ? Son musicien de frère, Charlélie, a choisi, quant à lui, de garder le patronyme familial.

mercredi 9 novembre

lever : 7 h 50
coucher : 17 h 17

St Théodore

Un gentilé
de Corse

Serra-di-Ferro est célèbre pour son site préhistorique et pour ses petites chapelles pittoresques. Le charmant petit port de Porto-Pollo appartient aussi à cette cité de Corse-du-Sud, où vivent des membres de la famille de la chanteuse Jenifer, qui sont des...

Sarrafarinchi.

Bonne fête !

Théodore le Conscrit

Saint Théodore est un mégalomartyr, c'est-à-dire qu'il est considéré comme un grand martyr par la tradition grecque. Ce soldat romain est en garnison en Turquie quand il se convertit au christianisme et commence à haranguer les foules pour leur parler de la parole de Dieu. Sous son impulsion, un temple est détruit, ce qui conduit à son arrestation, puis à sa décapitation.
On ajouta plus tard à sa légende d'autres aventures, dont le terrassement d'un dragon !

La rubrique du 13 h

LE CHÂTEAU DE LA GUIGNARDIÈRE
Pays de la Loire

Situé en Vendée, le château de la Guignardière présente le double intérêt de pouvoir se visiter et d'offrir des parcours libres de jeux-énigmes, conçus pour toute la famille, sur le thème des grands aventuriers. L'édification du château commence en 1555, mais l'assassinat de son propriétaire en 1563 provoque l'abandon des travaux. Sa construction ne reprendra qu'au XVIIIe siècle, juste avant qu'il ne soit pillé à la Révolution. Ses intérieurs meublés, son parc, ainsi que la recherche des trésors des Vikings, de Marco Polo et de bien d'autres explorateurs, raviront petits et grands.

Au fil de l'eau
Aquitaine

Formée par un ancien méandre de la Garonne, alors que le fleuve était libre d'emprunter le chemin que bon lui semblait, la Mazière est une zone humide de soixante-huit hectares. Sa riche biodiversité a permis son classement en tant que réserve naturelle : la chasse et la pêche y sont donc interdites.

Il était une fois en 1988

Transfert des cendres de Jean Monnet au Panthéon
Île-de-France

En 1988, Jean Monnet rejoint Rousseau, Hugo, Zola, Gambetta et Jaurès au Panthéon, pour le centième anniversaire de sa naissance. François Mitterrand rend hommage, lors de la cérémonie, à celui qui fait partie des « pères de l'Europe », saluant l'homme qui avait « nourri le rêve d'unir pacifiquement les peuples de l'Europe ». Père fondateur de la Communauté européenne, Jean Monnet a contribué à l'intégration européenne et à transformer l'Europe en un espace d'unité, de paix et de liberté. Il fut, de 1952 à 1955, le premier président de la Communauté européenne du charbon et de l'acier. Le Conseil européen de Luxembourg le déclara « citoyen d'honneur de l'Europe » en 1976, quelques années avant sa mort.

jeudi 10 novembre

lever : 7 h 52
coucher : 17 h 16

St Léon

Savoirs d'antan

Si vos cheveux sont secs, utilisez les qualités de l'huile d'argan. Étalez de l'huile sur vos doigts, puis massez votre cuir chevelu et imprégnez vos cheveux. Brossez-les pour répartir l'huile. Laissez agir un quart d'heure, puis rincez avec un shampoing doux.

Une charade en Rhône-Alpes

Mon 1er désigne le trou d'une aiguille. Mon 2e est un singe à longue queue de la famille des cercopithèques. Mon 3e est la lettre correspondant au nombre dix chez les Romains. Grâce à la présence du mont Blanc sur son territoire, mon tout est, avec Saint-Gervais, la commune la plus élevée de France.

La rubrique du 13 h

L'ARC DE GERMANICUS

Poitou-Charentes

L'arc de Germanicus, qu'on peut voir se dresser sur les quais bordant la Charente à Saintes, est un arc datant de l'Antiquité romaine, de l'an 18 ou 19, long de presque seize mètres et haut de quinze. Sa construction fut financée par Julius Rufus, un notable de l'époque, dont le nom est inscrit sur le monument, juste au-dessous d'une autre inscription qui le dédie à l'empereur Tibère et à son fils adoptif Germanicus. Ce dernier nom, beaucoup plus lisible que le premier, fournit alors sa dénomination à l'arc, qui fut bâti à l'entrée du pont romain traversant la Charente.

Bonne fête !

Léon le Grand

Léon Ier fut élu pape pendant une période de grands troubles, où l'Empire romain décadent était assailli par les invasions barbares, et l'Église par des hérésies et des risques de schisme. En plus de sa tâche d'unificateur de l'Église, il joua un grand rôle diplomatique et politique. Ainsi, en 452, il négocia avec Attila, chef des Huns, pour que celui-ci stoppe son invasion avant Rome, et, en 455, quand les Vandales mirent Rome à sac, il rencontra Genséric pour obtenir de lui que ses troupes épargnent les grandes basiliques et la population.

Il était une fois en 1946

Élection de Gerty Archimède à l'Assemblée nationale

Guadeloupe

Gerty Archimède, née en 1909 à Morne-à-l'Eau, est une femme d'exception puisqu'elle a non seulement été la première femme avocate de Guadeloupe, mais aussi la première femme députée de l'île ! Elle est inscrite au barreau en 1939, s'implique dans la vie politique et, le 10 novembre 1946, devient députée. En 1948, elle entre au Parti communiste. Elle crée, en Guadeloupe, une fédération de l'Union des femmes françaises et lutte pour que soient accordés, aux femmes de Guadeloupe, la Sécurité sociale et le droit à la retraite. Un musée en son honneur a ouvert ses portes en 1984, à Basse-Terre, quatre ans après sa mort.

Chamonix (chas-mone-X).

vendredi 11 novembre

lever : 7 h 53
coucher : 17 h 14

Armistice de 1918

Bonne fête !

Martin de Tours

Martin, originaire de Hongrie, est un soldat romain, pas par choix, mais parce que son père l'était aussi. Envoyé en Gaule, à Amiens, il rencontre un soir un pauvre homme transi et déchire son manteau en deux pour lui en offrir la moitié. Après avoir compris que l'homme en question n'était autre que le Christ, il quitte l'armée et se convertit. Son parcours le conduit jusqu'à l'évêché de Tours où, dit-on, il offrit une nouvelle fois son manteau, cette fois-ci ecclésiastique, à un pauvre Tourangeau.

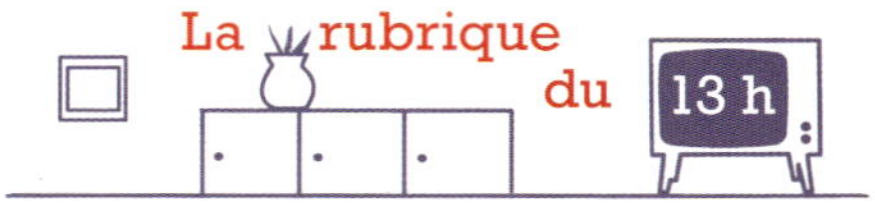

LE CIMETIÈRE MILITAIRE ALLEMAND DE LA CAMBE

Basse-Normandie

Le cimetière militaire allemand de La Cambe, dans le Calvados, qui offre sépulture aux soldats tombés en Normandie à la fin de la Seconde Guerre mondiale, est un véritable hymne à la paix. Lors de l'été 1944, les Alliés enterrèrent sur ces terres des combattants américains et allemands. À la fin du conflit, deux tiers des corps américains furent rapatriés, et le site devint en 1954 l'un des six cimetières allemands de Normandie. Le cimetière, qui abrite désormais plus de vingt mille soldats allemands, fut inauguré en 1961 et a depuis été augmenté d'un « jardin de la paix ».

C'est un festival !

Pays de la Loire

Soirée celtique électrique au pays de la fée Carabosse, à Guémené-Penfao, le 12 novembre : Breizh Folies, programmation éclectique mêlant nouvelle scène, rock, folk, électro, punk, festif, le successeur du Celtival on the rock a tout pour plaire avec sa formule neuve, fraîche et décoiffante. Des groupes de renom et du cidre, pour un festival à réveiller les druides !

Une charade en

Languedoc-Roussillon

Mon 1er monte dans les feuilles au printemps. Mon 2e transporte le sang vers le cœur. S'étirant de la Lozère au Gard, mon tout a été la terre des camisards.

Il était une fois en 2014

Inauguration du mémorial de Notre-Dame-de-Lorette

Nord-Pas-de-Calais

Le 11 novembre 2014, sur la colline de Notre-Dame-de-Lorette, en Artois, un mémorial en hommage aux combattants tombés sur le front entre Arras et Lens, lors de la Première Guerre mondiale, est inauguré en grande pompe, en présence du président de la République. Ce monument, en forme d'anneau, que l'on doit à l'architecte Philippe Prost, invite au recueillement. Il rappelle que presque cinq cent quatre-vingt mille soldats, toutes nationalités confondues, ont péri dans cette plaine entre 1914 et 1918. Leurs noms sont gravés par ordre alphabétique dans un ensemble de grands panneaux, qui définissent une sorte de cloître monumental, clos et sans angles, à la mesure de la tragédie.

Cévennes (sève-veine).

Le poulet au curry breton

Bretagne

Ingrédients

Pour 6 personnes

6 blancs de poulet fermier de Janzé
9 échalotes
20 cl de bouillon de volaille
30 ml de crème fraîche épaisse
1 morceau de gingembre frais
(de la taille d'une noisette)
½ citron
2 c. à s. de Kary Gosse
1 c. à c. de baies roses
huile
beurre demi-sel
sel et poivre

Recette

- Épluchez le gingembre avec le bord d'une petite cuiller et pressez-le à l'aide d'un presse-ail. Dans un bol, mélangez-le avec le Kari Gosse et le jus du demi-citron.
- Déposez les blancs de poulet dans un plat, enduisez-les du mélange d'épices, protégez d'un film alimentaire, puis réservez au frais pendant au moins 40 min.
- Épluchez les échalotes. Réservez les 6 plus petites, puis émincez finement les 3 autres.
- Dans une sauteuse, faites fondre à feu moyen une noix de beurre demi-sel. Quand il est bien mousseux, faites-y blondir les échalotes émincées. Sortez-les du feu quand elles deviennent translucides et réservez.
- Remettez à fondre une noix de beurre additionnée d'un filet d'huile dans la sauteuse. Déposez les blancs de poulet, ainsi que les échalotes entières, et faites-les colorer sur toutes les faces.
- Une fois le poulet bien doré, remettez dans la sauteuse les échalotes émincées, puis versez le bouillon de volaille. Assaisonnez légèrement, portez à frémissement, puis laissez cuire 10 min, sans couvrir. Sortez les blancs de poulet et détaillez-les en lamelles épaisses.
- Versez la crème fraîche dans la sauteuse et mélangez pour bien l'incorporer au bouillon. Remettez l'émincé de poulet, ajoutez les baies roses, rectifiez l'assaisonnement, puis laissez réduire la sauce quelques minutes. Servez accompagné de riz long grain.

Le curry breton véritable

Au XIXe siècle, les navires de la Compagnie des Indes arrivaient à Lorient, les cales chargées d'épices. Inspiré par ces currys indiens, un pharmacien, M. Gosse, créa son propre mélange d'épices et le fit breveter sous le nom de « Kari Gosse ». Le curry breton était né. Aujourd'hui encore, pour le trouver, c'est en pharmacie qu'il faut aller !

lundi 14 novembre

lever : 7 h 58
coucher : 17 h 11

St Sidoine

Bonne fête !

Sidoine de Jumièges

Natif de Grande-Bretagne, Sidoine fut capturé par des pirates dans son jeune âge et emmené sur les côtes normandes, pour être vendu comme esclave. Par chance, ce sont les moines de l'abbaye de Jumièges qui l'achetèrent, pour le délivrer immédiatement de la servitude, comme ils avaient coutume de le faire. Sidoine voulut cependant demeurer à l'abbaye et devint moine, puis partit fonder sa propre abbaye, Saint-Saëns, détruite par les Vikings après sa mort.

La rubrique du 13 h

LE MUSÉE D'ART ET D'HISTOIRE DE SAINT-DENIS

Île-de-France

Si la création du musée d'Art et d'Histoire de Saint-Denis remonte à 1901, son emplacement actuel, beaucoup plus récent, fut décidé en 1981. Installé à l'origine dans l'ancien hôtel-Dieu de la ville, il fut déplacé lorsque la municipalité fit l'acquisition de l'ancien carmel et qu'elle eut fini de le restaurer. C'est ainsi qu'aujourd'hui sont exposés les fonds du musée, qui restituent l'histoire de la ville, depuis les vestiges mérovingiens découverts près de la basilique jusqu'aux manuscrits de Paul Éluard, natif de Saint-Denis, en passant par de très nombreuses lithographies d'Honoré Daumier.

INSOLITE

Haute-Normandie

Au XIXe siècle, le docteur Auzoux, né près du Neubourg, réalise un modèle d'anatomie en carton-pâte destiné à la formation des médecins, le premier d'une longue série vendue dans le monde entier. Ouvert depuis 1995, le musée de l'Écorché d'anatomie présente cette collection unique au monde.

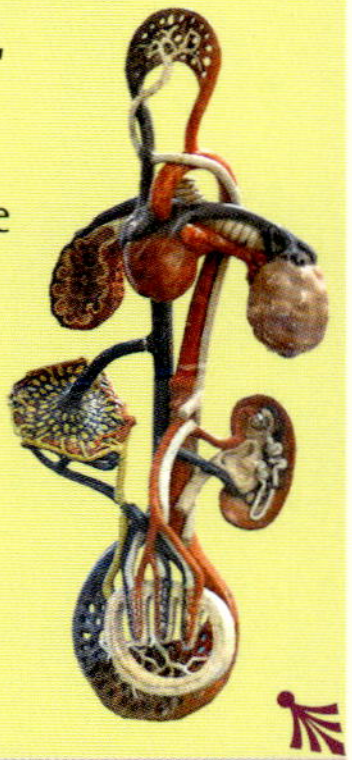

Une charade en Limousin

Mon 1er demande « quoi » en allemand. Mon 2e est le prénom du chanteur Duteil, du comique Lecoq ou encore du journaliste Calvi. Mon 3e désigne la journée de la veille. Même s'il est artificiel, mon tout n'en est pas moins le plus grand lac de la région.

Il était une fois en 2008

Dixième édition du festival Nördik Impakt

Basse-Normandie

Depuis une vingtaine d'années, Caen accueille tous les automnes et pendant une semaine la crème de la scène des musiques électroniques, avec une large place accordée à la vidéo, aux performances multimédias, à la danse ou encore aux arts plastiques. L'édition de 2008 a été ternie par un problème de subventions, ce qui n'a pas permis de réaliser la traditionnelle soirée de clôture au parc des expositions. L'association ArtsAttack !, qui organise l'événement, a déplacé les festivités dans la salle de concert du Cargö, réduisant l'accueil de dix mille à trois mille places. L'édition 2009 reprit place dans les lieux habituels, le parc expo de Caen, où les Caennais ont pu vibrer au rythme de l'électro jusqu'au petit matin.

Vassivière (*was-Yves-hier*).

mardi 15 novembre

lever : 8 h 00
coucher : 17 h 09

St Albert

Un gentilé
d'Alsace

De style baroque allemand, la belle église abbatiale Saint-Maurice fait partie des fleurons de la ville d'Ebersmunster, dans le Bas-Rhin, où se tiennent les Heures Musicales, proposant plusieurs concerts aux habitants, les…

Ebersmonastériens.

Au fil de l'eau
Auvergne

La cascade du Biaguin, au Falgoux, est alimentée par le Mars, une rivière du Cantal. Elle se sépare en trois chutes d'eau, et la partie supérieure de la cascade, bien visible, mesure une dizaine de mètres, tandis qu'il faut s'enfoncer dans un bois pour accéder à la partie inférieure.

La rubrique du 13 h

LE CIMETIÈRE ESPAGNOL DE SEPTFONDS
Midi-Pyrénées

Dans le Tarn-et-Garonne, le cimetière de Septfonds témoigne d'un épisode peu glorieux de l'histoire de France. En Espagne, le coup d'État militaire de Franco fait fuir quelque cinq cent mille Espagnols vers la France. Des camps d'internement pour « étrangers indésirables » sont alors créés. À Septfonds, le camp de Judes est un de ceux-là, et seize mille Espagnols s'y entassent jusqu'en 1940. Le camp sert ensuite de centre de rétention pour les Juifs raflés dans la région, avant leur départ pour Drancy, puis pour la Pologne. Le cimetière espagnol fut réhabilité en 1978.

Bonne fête !
Albert le Grand

Saint patron des savants et des scientifiques, Albert était un érudit qui essaya notamment de concilier Aristote avec les Écritures saintes. Reconnu pour son savoir, il enseigna la théologie et la philosophie à Paris, avant d'être appelé à devenir évêque de Ratisbonne, en Bavière. Cette période fut un échec, il ne fut pas très bien accepté par ses administrés, et cette charge ne lui convint pas. On lui permit heureusement assez vite de retourner à ses premières amours, l'étude et l'enseignement.

Il était une fois en 1972
Fin du tournage de La Nuit américaine de François Truffaut
Provence-Alpes-Côte d'Azur

La nuit américaine est un procédé cinématographique qui consiste à produire une nuit artificielle dans un tournage réalisé en plein jour. C'est aussi le titre du dix-huitième film de François Truffaut, tourné aux studios de la Victorine, à Nice, pendant l'automne 1972. *La Nuit américaine* est une véritable mise en abyme du tournage d'un film : l'histoire est celle des coulisses d'un tournage, avec ses splendeurs et ses misères, les doutes du réalisateur – interprété par Truffaut lui-même –, les caprices des vedettes, les colères des producteurs, la petite armée de techniciens sans lesquels rien ne serait possible… Le réalisateur décortique le cinéma sur un plateau, ce qui lui vaudra un oscar en 1974.

mercredi 16 novembre

lever : 8 h 01
coucher : 17 h 08

St Émilion

INSOLITE

Rhône-Alpes

Au pied de cet énorme piton rocheux, résultat d'une éruption volcanique, le village ardéchois de Sceautres semble bien petit ! Si, tout en bas, ses maisons médiévales ne manquent pas de charme, il ne faut pas avoir peur de grimper au sommet du neck pour admirer la vue sur le plateau du Coiron.

Bonne fête !

Émilion

Ermite du VIIIe siècle, d'origine bretonne, Émilion s'installa dans une grotte près de la Dordogne. Rapidement, ses miracles attirèrent de nombreux disciples, et une communauté se forma autour de lui, qui se transforma bientôt en commune. On y construisit notamment une église monolithe, qu'il est toujours possible de visiter dans la ville qui porte son nom, en Gironde. C'est, en toute logique, le saint patron des marchands de vin.

La rubrique du 13 h

L'ABBAYE SAINT-WANDRILLE DE FONTENELLE

Haute-Normandie

L'abbaye de Fontenelle est fondée en 649 par saint Wandrille. Elle prospère jusqu'en 862, date où des raids de Vikings font fuir les moines. Ce n'est qu'en 960 que la communauté revient l'occuper et qu'elle retrouve son éclat d'antan. Mais elle est de nouveau détruite, par les huguenots cette fois-ci, lors des guerres de Religion. Laissée en ruine, elle ne sera restaurée qu'à partir de 1636. En 1789, à la Révolution, elle devient bien national, puis carrière de pierres. Aujourd'hui, une nouvelle église a été construite et peut se visiter, tout comme les ruines de l'ancienne église abbatiale.

Une charade en

Midi-Pyrénées

Mon 1er est le diminutif de « Valérie ». Mon 2e est le repaire d'animaux sauvages, comme un lion ou un ours. Mon 3e fait la liaison. Également connu sous le nom de « pont du Diable », mon tout, solidement protégé, enjambe le Lot.

Il était une fois en 1240

Soumission de Guillaume de Peyrepertuse

Languedoc-Roussillon

À huit cents mètres d'altitude, au-dessus de la garrigue et des vignes des Corbières, se dresse sur une crête calcaire l'impressionnant château de Peyrepertuse. Situé à la frontière franco-espagnole et occupé depuis l'époque romaine, le site est historiquement disputé entre seigneurs occitans, princes espagnols et rois de France. À l'époque des croisades contre les albigeois, Guillaume de Peyrepertuse, issu d'une famille liée au catharisme, refuse de faire soumission au pape et est excommunié en 1224. Après avoir échoué dans le soulèvement du Languedoc, puis au siège de Carcassonne avec Raymond Trencavel, Guillaume se soumet en novembre 1240, et la place forte devient possession du pouvoir royal.

Valentré (Val-antre-et).

jeudi 17 novembre

lever : 8 h 03
coucher : 17 h 07

St Aignan

Bonne fête !
Aignan d'Orléans

Si saint Aignan est si connu, c'est que beaucoup de localités en France portent son nom, car il fut considéré comme un sauveur. En effet, en 451, alors qu'il est évêque d'Orléans, la ville est assiégée par Attila. Mais, par ses nombreuses prières et ses larmes, il aurait obtenu que les Huns libèrent la ville. Il avait aussi sollicité et obtenu, au cas où ses prières ne seraient pas suffisantes, l'aide d'un général romain et de ses troupes qui stationnaient dans la région.

Savoirs d'antan

La crème renversée est une recette qui a toujours beaucoup de succès. Innovez sur la présentation. Achetez quelques kumquats bien mûrs, charnus et brillants. Après les avoir lavés, coupez-les en rondelles, que vous poserez sur le dessus de votre crème.

La rubrique du 13 h

L'ABBAYE SAINT-PHILIBERT DE TOURNUS

Bourgogne

L'abbaye Saint-Philibert de Tournus est un chef-d'œuvre de l'art roman qui fut construit sur le site où saint Valérien connut le martyre, décapité par les Romains en 178. Dès le VIe siècle, une communauté religieuse y édifie un monastère. En 875, il accueille des moines bénédictins venus avec les reliques de saint Philibert. Une ère de prospérité commence alors, qui fait comparer la splendeur de l'abbaye à celle de Cluny. Extrêmement bien conservée, l'abbaye, dont la construction date du début du XIe siècle, est un des plus grands monuments du premier art roman en France.

Un gentilé
de Basse-Normandie

La commune de La Baleine, dans la Manche, vous invite à découvrir sa jolie chapelle Notre-Dame-du-Bon-Secours, édifiée au XVIIe siècle. La sauvegarde de ce monument est notament assurée par un rallye moto annuel où se pressent les habitants, les...

Balenois.

Il était une fois en 1815
Naissance du maçon Martin Nadaud dans la Creuse

Limousin

Peut-être connaissez-vous la phrase : « Quand le bâtiment va, tout va ! » En réalité, cette phrase est une simplification d'une autre, prononcée par Martin Nadaud dans un discours à l'Assemblée nationale : « À Paris, lorsque le bâtiment va, tout profite de son activité. » Né à La Martinèche en 1815, ce maçon a tout d'abord fait de nombreux voyages à Paris pour gagner sa vie, avant de devenir député de la Creuse. Il lutte pour l'amnistie des communards, l'instauration de retraites pour les ouvriers et de protections contre les accidents du travail, et œuvre pour la démocratisation de l'enseignement public laïc.

vendredi 18 novembre

lever : 8 h 04
coucher : 17 h 06

Ste Aude

Bonne fête !

Aude

La vie de sainte Aude, disciple de sainte Geneviève, la sainte patronne de Paris, est assez méconnue. Un miracle qu'elle aurait accompli nous est cependant parvenu. Partie pour aller assister à une messe dans un village proche de Paris, elle marcha sur la Marne, en faisant sortir de terre sur son passage de grosses pierres, qui mirent fin à des querelles de voisinage. Les paysans du coin, qui n'étaient pas d'accord entre eux sur les limites de leurs champs, en furent réconciliés.

La rubrique du 13 h

LE FORT DES AYVELLES

Champagne-Ardenne

Le fort des Ayvelles témoigne de ce qui fut appelé « le système Séré de Rivières » : plusieurs places fortes défensives adaptées aux progrès de l'artillerie, après la perte traumatisante de l'Alsace et de la Lorraine en 1871. Construit de 1876 à 1878, il peut accueillir huit cent quatre-vingts hommes, mais, en 1899, il est déclassé ; en 1914, il ne sert plus que de soutien aux troupes défendant la rive gauche de la Meuse, et il est pris par les Allemands en août de la même année. En 1940, il sera reconquis par l'armée allemande, avant de tomber dans l'oubli après la guerre. Aujourd'hui restauré par des bénévoles, il est visitable de mai à septembre.

INSOLITE

PACA

Voici un musée pas comme les autres : celui du tire-bouchon ! Au cœur du domaine de la Citadelle, un vignoble du Lubéron, sont réunis plus de mille deux cents pièces, certaines uniques et les plus anciennes remontant au XVIIe siècle. De quoi donner envie de passer à la dégustation !

Au fil de l'eau

Limousin

La Gartempe est un affluent de la Creuse, qu'elle rejoint à la frontière des régions Limousin et Centre-Val de Loire. Le saumon atlantique a été réintroduit il y a quelques années dans cette rivière longue d'un peu plus de deux cents kilomètres qu'il semble trouver à son goût.

Il était une fois en 1793

Ouverture du musée du Louvre au public

Île-de-France

L'idée de faire du Louvre un musée avait déjà été évoquée sous Louis XIV, mais c'est par décision de la Constituante et sous le nom de « Muséum central des arts de la République » que le Louvre ouvre officiellement ses portes en novembre 1793, avec six cent soixante œuvres exposées, essentiellement des peintures et des sculptures. Le principe était alors de mettre à la disposition du peuple les collections et les œuvres confisquées à l'Église, à la couronne et aux émigrés. Le Muséum a été, dans la première partie du XIXe siècle, un lieu de formation pour les artistes, qui étaient les seuls, jusqu'en 1855, à pouvoir y entrer en semaine, le public n'y étant admis que le dimanche.

La salade de lentilles vertes du Puy

Auvergne

Ingrédients

Pour 4 personnes

200 g de lentilles vertes du Puy
200 g d'allumettes de lardons fumés
4 belles tranches de jambon cru d'Auvergne
4 branches de céleri
2 belles poignées de pousses d'épinards
½ oignon rouge
1 c. à c. de thym
1 feuille de laurier
1 c. à c. de jus de citron
1 cube de bouillon de légumes
1 c. à s. de moutarde forte
huile d'olive
sel et poivre

Recette

- Plongez les lentilles dans une grande casserole d'eau froide. Amenez à ébullition, puis laissez bouillir 1 min. Égouttez aussitôt et réservez. Épluchez et hachez l'oignon rouge. Nettoyez et émincez finement les branches de céleri.
- Dans une cocotte, faites revenir les lardons sans ajouter de matière grasse. Quand ils sont bien dorés, laissez-en la moitié dans la cocotte et réservez le reste. Baissez le feu, ajoutez un filet d'huile d'olive, puis la moitié de l'oignon rouge haché. Poursuivez la cuisson jusqu'à ce que l'oignon soit translucide, puis ajoutez le céleri émincé et les lentilles égouttées.
- Laissez colorer quelques minutes, ajoutez le cube de bouillon de légumes, le thym et le laurier, puis couvrez d'eau bouillante. Réduisez à feu doux, couvrez et laissez cuire environ 30 min en remuant de temps en temps. Assaisonnez à peu près 10 min avant la fin de la cuisson. Quand les lentilles sont cuites, réservez-les dans une passoire pour qu'elles s'égouttent bien.
- Plongez les pousses d'épinards 1 min dans une casserole d'eau bouillante salée pour les attendrir, égouttez-les, puis versez-les aussitôt dans un saladier d'eau glacée pour fixer la couleur.
- Dans un bol, préparez la vinaigrette avec la moutarde, le jus de citron, l'huile d'olive, le sel et le poivre, puis incorporez le reste d'oignon rouge haché cru.
- Dans un saladier, versez la préparation de lentilles tiédies et les pousses d'épinards. Ajoutez la vinaigrette à votre convenance et mélangez délicatement. Répartissez dans quatre assiettes les lentilles, les lardons grillés réservés, ainsi que le jambon cru d'Auvergne grossièrement détaillé. Servez aussitôt.

Le caviar du pauvre

Surnommée le « caviar du pauvre », la lentille verte du Puy est le premier légume à avoir obtenu une appellation d'origine contrôlée (AOC), en 1996. Elle se distingue des autres lentilles vertes par son petit goût de noisette et sa chair non farineuse. De plus, sa peau plus fine lui permet de cuire plus rapidement, sans éclater.

lundi 21 novembre

lever : 8 h 09
coucher : 17 h 03

St Gélase

Savoirs d'antan

Vous souhaitez confectionner un calendrier de l'Avent sans sucreries ? Voici quelques idées. Vous pouvez déposer un bon pour une sortie au parc ou pour un après-midi de fabrication de gâteaux, mettre une photo ou un petit mot avec une devinette. Pensez aussi aux coloriages !

Bonne fête !

Gélase Ier

Gélase, originaire de Tunisie, fut le quarante-neuvième pape de l'Église d'Occident. Si son pontificat fut bref – quatre années –, il fut néanmoins marquant. Ses prises de position sur plusieurs sujets primordiaux furent, en effet, non seulement novatrices mais aussi durables, car elles restent encore aujourd'hui d'actualité. Il était en outre très charitable et somma ses contemporains de l'être autant que lui.

La rubrique du 13 h

LE CHÂTEAU DE VILLANDRY

Centre

Réputé pour ses jardins, il est le dernier des grands châteaux de la Loire à avoir été construit pendant la Renaissance. Il fut la demeure de Jean Le Breton, ministre des finances de François Ier. L'édification du château nécessita de raser l'ancienne forteresse qui occupait alors le site, à l'exception du donjon dans lequel le roi d'Angleterre avait reconnu sa défaite face à Philippe Auguste, roi de France, le 4 juillet 1189. Trois corps de logis furent alors construits, en observant une symétrie parfaite. Modifié au XVIIIe siècle, le bâtiment retrouva son aspect originel au début du XXe siècle.

Un gentilé

d'Île-de-France

Construit à la fin du XVIIIe siècle, le château des Marmousets, à la Queue-en-Brie, fait partie des monuments notables de la commune, au même titre que sa belle église Saint-Nicolas du XIe siècle. Mais saurez-vous nommer les habitants de cette cité val-de-marnaise ?

Caudaciens.

Il était une fois en 1831

Début de la révolte des canuts

Rhône-Alpes

En 1831, les ouvriers de la ville de Lyon travaillant la soie – les canuts – sont mécontents : l'activité est faible, ce qui occasionne des baisses de salaires. Pour limiter cette baisse, les canuts demandent aux fabricants la mise en place d'un tarif. Si cette mesure est bel et bien prise, les fabricants ne veulent pas l'appliquer, car ils jugent les prétentions salariales des canuts trop exigeantes. S'ensuit donc, le 21 novembre 1831, une révolte qui verra les canuts s'emparer un à un de tous les quartiers de Lyon. La ville sera ensuite reprise, et le tarif, non appliqué… Ce qui occasionnera, trois ans plus tard, une seconde révolte.

mardi 22 novembre

lever : 8 h 10
coucher : 17 h 02

Ste Cécile

INSOLITE

Languedoc-Roussillon

Quelle étrange situation que celle de la ville de Llívia : sise à l'intérieur du département des Pyrénées-Orientales, elle n'en est pas moins une commune espagnole ! Depuis 1659 et le traité des Pyrénées, les habitants de cette enclave de douze kilomètres carrés empruntent quatre kilomètres de « route neutre » pour rejoindre l'Espagne.

Au fil de l'eau

Lorraine

Rivière intégralement vosgienne, le Vair – comme pour la pantoufle de Cendrillon, on trouvait autrefois l'orthographe « verre » – prend sa source près de Contrexéville. Il est aussitôt rejoint par le Petit Vair et, après soixante-sept kilomètres, se jette dans la Meuse près de Domrémy-la-Pucelle.

La rubrique du 13 h

NOTRE-DAME D'AUBUNE

Provence-Alpes-Côte d'Azur

Sur la commune de Beaumes-de-Venise, dans le Vaucluse, se trouve un des plus beaux monuments de l'art roman provençal : la chapelle d'Aubune. Une légende raconte que, dominée par le rocher du Diable, cette chapelle fut construite pour commémorer une victoire de Charles Martel en ces lieux, lors même de la reconquête des territoires occupés par les Maures. Selon une autre légende, la chapelle aurait été sauvée par la Vierge d'un éboulis de rochers provoqué par le diable, qui tentait de la détruire. Le clocher carré, qui date du XIIe siècle, contribue à l'aspect majestueux de cet édifice.

Bonne fête !

Cécile de Rome

Apparemment, deux histoires et deux personnalités se confondent dans la légende de sainte Cécile de Rome. Celle d'une notable romaine qui convertit son mari et aida financièrement les papes grâce à sa grande fortune, et celle, plus classique, d'une jeune vierge chrétienne qui subit le martyre pour avoir refusé de renier sa foi. Ce qui est sûr, c'est qu'elle est la patronne des musiciens !

Il était une fois en 1869

Naissance d'André Gide à Paris

Île-de-France

L'enfance d'André Gide a marqué son œuvre. « Je naquis le 22 novembre 1869. Mes parents occupaient alors, rue de Médicis, un appartement [...]. Je revois les dragons de papier, découpés par mon père, que nous lancions du haut de ce balcon, et qu'emportait le vent, par-dessus le bassin de la place, jusqu'au jardin du Luxembourg. » André Gide évoque ainsi, dans sa biographie, *Si le grain ne meurt*, quelques souvenirs parisiens. Enfant à la santé fragile et sujet à des crises de nerfs, André reçoit une éducation religieuse rigide. Sa scolarité est difficile, et il est affecté, à 11 ans, par la mort de son père. « Je ne suis pas pareil aux autres », explique-t-il à l'époque à sa mère en sanglotant.

mercredi 23 novembre

lever : 8 h 12
coucher : 17 h 01

St Clément

Savoirs d'antan

Si vous habitez une région très froide, vous pouvez laisser, la nuit, à l'extérieur, deux ou trois bouteilles d'eau remplies aux trois quarts. Le matin, placez-les dans votre réfrigérateur ou votre congélateur. Vous ferez ainsi des économies d'énergie.

Bonne fête !

Clément Ier

Clément Ier est le quatrième pape et un disciple de l'apôtre Paul, qui le mentionne notamment dans sa lettre aux Philippiens. Malgré cela, la vie de Clément est très peu documentée. Si des textes de sa main nous sont parvenus, on ne connaît pas exactement les circonstances de sa mort. Il aurait peut-être été exilé en Crimée, où il aurait subi le martyre par noyade, mais les sources manquent pour l'attester.

La rubrique du 13 h

GORODKA

Aquitaine

Hors des sentiers battus touristiques du Périgord noir, à Sarlat, en pleine forêt, se trouve une galerie d'art à ciel ouvert, créée par Pierre Shasmoukine au début des années 1980. Ce « village », comme il l'appelle, est rempli de ses propres œuvres et organisé selon trois parcours, qui proposent plus de cinq cents pièces entre land art, art brut, surréalisme... Huit galeries complètent ce lieu, dont trois sont réservées à l'accueil et à l'exposition d'œuvres d'artistes invités. La visite se fait guidée ou non, et pourra prendre aussi bien une heure que toute la journée ou même plusieurs jours, puisque des chambres d'hôtes sont proposées.

Une charade en Basse-Normandie

Mon 1er, symbolisé par la lettre grecque oméga, mesure la résistance électrique. Mon 2e est une ferme typique du midi de la France. Mon 3e est la meilleure note du système scolaire américain. Parmi les cinq plages du débarquement, mon tout est la plus tristement célèbre.

Il était une fois en 1857

La station thermale de Bagnols-les-Bains reconnue d'utilité publique

Languedoc-Roussillon

La réputation de Bagnols-les-Bains remonte à l'Antiquité : le site était déjà célèbre sous l'Empire romain pour ses *aquae calidae*, c'est-à-dire ses bains chauds. Au ve siècle, l'évêque de Clermont évoque également les vertus des eaux de Bagnols dans une lettre. On sait aussi que la fille de Clotaire II y serait venue au viie siècle pour y soigner une lèpre qui l'avait atteinte au visage. Pas étonnant donc que cette station thermale devienne sous Napoléon III la première reconnue d'utilité publique par décret impérial. Les thermes étaient alors composés de piscines, d'étuves, de douches et de baignoires, et s'y rendait chaque année une foule de curistes.

Omaha (ohm-mas-A).

jeudi 24 novembre

lever : 8 h 13
coucher : 17 h 00

Ste Flora

INSOLITE
Corse

Au nord du cap Corse, les touristes se pressent pour admirer la beauté sauvage de la plage de Barcaggio, et ce autant pour ses hautes dunes que pour les vaches rousses qu'on peut y croiser. En effet, les bêtes s'y prélassent, comme si elles aussi profitaient de la vue sur l'île de la Giraglia.

Au fil de l'eau
PACA

La Méouge déroule son cours paisible jusqu'à ses gorges profondes, près de Laragne-Montéglin. Là, sur environ sept kilomètres, la rivière serpente au milieu de roches calcaires. Le site est classé Natura 2000, et les amateurs de baignade et de randonnée s'y retrouvent nombreux en saison.

La rubrique du 13 h

LA TOUR DE BATÈRE
Languedoc-Roussillon

La tour de Batère fut construite au XIVe siècle, pour défendre le royaume de Majorque et sa nouvelle capitale, Perpignan, de la menace que représentait le royaume d'Aragon. Elle faisait partie d'un réseau d'une cinquantaine de tours à signaux qui remplissaient le triple rôle de postes d'observation, de communication et de défense, pour prévenir d'un quelconque danger d'invasion, grâce à l'allumage de feux à leurs sommets. Aujourd'hui à l'état de ruine, la tour de Batère menace de s'écrouler. Un appel aux dons a été lancé par une association afin de réaliser des travaux de restauration.

Bonne fête !
Flora de Cordoue

Flora est née à Cordoue, sous la domination musulmane, au IXe siècle, d'un père musulman et d'une mère chrétienne. Selon la loi, elle était musulmane, mais son cœur était chrétien, car elle avait été élevée en secret par sa mère dans cette religion. Son frère le découvrit et la dénonça. Elle persista dans son hérésie malgré la torture et fut décapitée en compagnie d'une autre chrétienne, Marie, pour avoir abjuré l'islam.

Il était une fois en 885
Les Vikings assiègent Paris
Île-de-France

Les invasions vikings en France se succèdent depuis le début du IXe siècle. En 845, Charles le Chauve a dû payer un lourd tribut au chef Ragnar Lodbrok, qui avait mené le siège de la capitale avec six mille hommes. En 885, ce sont sept cents navires vikings qui remontent la Seine en direction de la Bourgogne. Le chef danois Sigfried demande, le 24 novembre, le libre passage des ponts et promet de ne pas attaquer la ville, mais l'évêque refuse : c'est le début du siège de l'île de la Cité, fortifiée. Après des mois de résistance, le comte Eudes perce les lignes et rejoint l'empereur Charles le Gros, pour lui demander de l'aide. Le siège se termine en 887 par le paiement – à nouveau – d'une lourde rançon.

vendredi 25 novembre

lever : 8 h 15
coucher : 17 h 00

Ste Catherine

Bonne fête !

Catherine d'Alexandrie

« Je suis la descendante de l'illustre roi Costos. On m'appelle Catherine. J'ai étudié les langues, exploré toute la science des philosophes et des poètes. Mais j'ai compris : ce ne sont que vanités ! Alors j'ai suivi mon Seigneur Jésus-Christ. Je n'épouserai que mon Dieu ! » Ainsi parle sainte Catherine, que les philosophes n'ont pas réussi à convaincre de la stupidité de sa foi. Elle subira le martyre, déchiquetée par quatre roues recouvertes de piques.

La rubrique du 13 h

LE MUSÉE DÉPARTEMENTAL DE PRÉHISTOIRE CORSE ET D'ARCHÉOLOGIE DE SARTÈNE

Corse

Le musée départemental de Sartène s'attache à retracer l'histoire de la Corse à travers l'exposition d'objets datant de la première occupation de l'île par les hommes, il y a près de dix mille ans, jusqu'à la fin du Moyen Âge et de l'époque génoise. Ainsi, le musée propose aux visiteurs un cheminement chronologique à travers trois salles couvrant une période allant de 350000 avant notre ère au XVe siècle. Depuis 2011, un espace destiné aux statues menhirs nous offre une vision de l'art mégalithique corse.

Une charade en PACA

Mon 1er est la partie du corps où se situe le muscle le plus puissant. Mon 2e supporte les balles de golf. Mon 3e est le singulier de « vaux ». Mon 4e marque la possession. Mon 5e barbote dans la mare, mais au féminin. Mon tout déroule chaque année le tapis rouge aux stars du grand écran.

Un gentilé du Centre

Dans le Loir-et-Cher, il est une commune dont le nom prête à sourire : Villechauve. La connotation humoristique de ce toponyme se poursuit jusque sur son blason, représentant un peigne ! Mais comment s'appellent les habitants de cette ville si singulière ?

Villacalvitiens.

Il était une fois en 1295

Première foire de la Sainte-Catherine à Vesoul

Franche-Comté

Chaque 25 novembre, depuis plus de sept cents ans, tout Vesoul vit au rythme d'une foire agricole. Après les vendanges et la saison des travaux des champs, les paysans viennent traditionnellement y acheter un porc qu'ils feront engraisser pendant l'hiver. Les boulangeries vendent d'ailleurs à cette époque des petits cochons en pain d'épices. Sept cents stands d'agriculteurs, d'artisans et de marchands sont dressés chaque année dans ce centre-ville, où se tient en outre un concours de chapeaux : les concurrentes sont les catherinettes, ces jeunes filles non mariées de 25 ans, qui s'affrontent lors de la désignation du plus beau couvre-chef.

Festival de Cannes (fesse-tee-val-de-cane).

Le bœuf bourguignon

Bourgogne

Ingrédients

Pour 4 personnes
1 kg de bœuf à bourguignon
300 g de champignons de Paris
150 g de lardons fumés
4 carottes
2 gros oignons
1 gousse d'ail
1 bouquet garni
50 g de farine
50 g de beurre
75 cl de bourgogne rouge
huile
sel et poivre
bouillon de veau (facultatif)

Recette

- La veille, faites mariner la viande. Détaillez-la en cubes de 3 à 4 cm de côté et placez-la dans un saladier inoxydable. Épluchez et émincez grossièrement les oignons. Épluchez et taillez les carottes en rondelles pas trop fines. Pelez et écrasez la gousse d'ail. Ajoutez ces trois éléments à la viande, ainsi que le bouquet garni, puis recouvrez avec le vin rouge. Couvrez d'un film alimentaire et réservez au frais pendant 24 h.

- Le lendemain, égouttez séparément la viande et la garniture, tout en conservant le liquide de marinade. Épluchez et émincez les champignons.

- Dans une cocotte, faites revenir à feu vif les lardons sans ajouter de matière grasse. Quand ils sont bien dorés, retirez-les de la cocotte et réservez. Dans la graisse des lardons, faites rapidement sauter les champignons, puis réservez. Dans la même cocotte, faites chauffer le beurre avec un filet d'huile. Quand le beurre est mousseux, mettez à rissoler la viande. Procédez en plusieurs fois pour dorer la viande sur chaque face plus facilement.

- Quand tous les morceaux sont colorés, réservez et versez à la place la garniture de la marinade. Passez à feu moyen, et faites suer les oignons. Quand ils sont translucides, remettez la viande dans la cocotte, puis saupoudrez de farine. Mélangez délicatement pour bien enrober la viande, puis laissez roussir quelques instants sans cesser de remuer.

- Versez le liquide de la marinade à hauteur, puis assaisonnez. S'il n'y a pas assez de liquide, vous pouvez ajouter un peu de bouillon de veau réduit. Amenez à ébullition, couvrez, puis faites cuire à petits bouillons pendant 45 min.

- Ajoutez les lardons et les champignons, puis laissez mijoter à feu doux pendant 2 à 3 h. Vérifiez l'assaisonnement. Attention à ne pas trop saler la sauce, qui va réduire et donc se corser. En fin de cuisson, la sauce doit être réduite, mais pas trop épaisse. Ôtez le bouquet garni, puis servez avec des pâtes fraîches ou une purée de pommes de terre maison.

Un vin de qualité

Pour faire un bon bœuf bourguignon, il ne faut pas négliger la qualité du vin utilisé. Sans pour autant recourir à un grand cru, il est tout de même nécessaire de choisir un vin fin et mature, pour éviter à la sauce de devenir trop acide ou astringente lors de sa réduction.

lundi 28 novembre

lever : 8 h 19
coucher : 16 h 57

Sts Hilaire et Quiéta

Savoirs d'antan

Les enfants perdent régulièrement des vêtements. La meilleure façon de les récupérer est d'avoir cousu le nom de l'enfant à l'intérieur. En effet, l'adulte, enseignant ou animateur, qui s'occupe de votre bambin pourra facilement identifier le propriétaire.

Bonne fête !

Hilaire et Quiéta

Ces Lyonnais, qui vécurent au ve siècle, sont considérés comme des modèles d'époux et de parents catholiques. Ils s'aimaient beaucoup et étaient très patients avec leur fils. La légende raconte que, lorsque Quiéta mourut un an après son mari et que son corps fut déposé dans le tombeau à côté du sien, Hilaire déploya son bras pour enlacer sa bien-aimée.

La rubrique du 13 h

LA PIERRE ÉNON

Franche-Comté

Au milieu du cirque de Vogna, qui fut creusé par le glacier recouvrant le Jura pendant une période glaciaire qui s'est achevée il y a cent vingt mille ans, se trouve un gros rocher solitaire, de forme cubique, posé sur un de ses sommets. La pierre Énon, dont le nom viendrait du grec *hénos* signifiant « vieillard », a une hauteur de huit mètres pour six mètres de largeur. Sa forme, ses proportions, sa situation justifient les nombreuses légendes qui lui sont associées et qui en font tour à tour un lieu de culte celtique, de réunion pour un collège de druidesses ou de résidence de fées insaisissables.

Un gentilé

de Midi-Pyrénées

C'est au XIIe siècle que fut construit le château de Richard Cœur de Lion en la commune de Saint-Nicolas-de-la-Grave, dans le Tarn-et-Garonne. On y trouve aussi la chapelle classée de Notre-Dame-de-Pitié, datant de 1836 et bien connue de ses habitants, les...

Nicolaïtes.

Il était une fois en 52 avant Jésus-Christ

Début du siège de Gergovie

Auvergne

La bataille de Gergovie – une importante bataille de la guerre des Gaules remportée par Vercingétorix contre Jules César – s'est déroulée près de Clermont-Ferrand. C'est lors de cette bataille, qui a lieu en 52 avant Jésus-Christ, que Vercingétorix se révèle un chef hors pair. Alors que César, en bon stratège, met au point des ruses pour tromper les Gaulois et s'emparer de la cité, le relief alentour empêche les ordres d'arriver à destination de toutes les oreilles romaines... Le camp romain subit de lourdes pertes, tandis que Vercingétorix, qui n'a fait sortir les soldats gaulois que pour des escarmouches, se tire d'affaire sans trop de dommages.

mardi 29 novembre

lever : 8 h 20
coucher : 16 h 57

St Saturnin

INSOLITE
Alsace

Le Rhin est souvent capricieux, comme on le constate à Rhinau, une commune sur les bords du fleuve : suite à une divagation du cours d'eau au XVIe siècle, elle a vu neuf cent quatre-vingt-dix-sept hectares de son territoire passer en Allemagne ! Pourtant, c'est toujours la commune alsacienne qui exploite ces terres.

Une charade en
Basse-Normandie

Mon 1er est un synonyme de « cernée », d'« entourée ». Mon 2e est la troisième planète la plus proche du Soleil. Mon 3e est le prénom des musiciens Charles et Ventura. Mon 4e est, en BD, le bruit du sommeil. Érigé à Lisieux à partir de 1929, mon tout est un haut lieu du pèlerinage en France.

La rubrique du 13 h

LE MUSÉE INTERACTIF DE LA MINE
Limousin

Entre 1948 et 2001, le Limousin est la région française qui fournit le plus d'uranium. Pour retracer et honorer cette histoire, le musée de la Mine, Urêka, ouvre ses portes en 2013 à Bessines-sur-Gartempe, sur le site d'une ancienne mine d'uranium. Le musée propose à ses visiteurs de découvrir toutes les avancées scientifiques qu'a permises l'utilisation de l'uranium, mais aussi de partager le quotidien des hommes qui descendaient à la mine, grâce à un parcours interactif immersif, qui vous fera les accompagner dans les entrailles de la terre.

Bonne fête !
Saturnin de Toulouse

Envoyé par saint Pierre pour évangéliser la Gaule, Saturnin fonda l'évêché de Toulouse et répandit la bonne parole jusqu'en Auvergne. Mais il ne se fit pas que des amis dans sa pieuse entreprise, comme en témoigne son martyre pour le moins original. Il fut en effet attaché par les pieds à un taureau qu'on excita et qui parcourut la ville, traînant le pauvre Saturnin, qui ne tarda pas à rendre l'âme, et tout cela devant une foule hostile.

Il était une fois en 1789
Création de la première fédération
Rhône-Alpes

Les fédérations désignent les mouvements nationaux issus des provinces dont les gardes nationaux furent à l'origine, qui se sont formés en 1789 et qui tendaient à l'unité nationale. La première fut ainsi créée le 29 novembre 1789, près de Valence, dans la plaine de l'Étoile, au sud de la ville, par douze mille gardes nationaux du Vivarais et du Dauphiné et les représentants de dix-sept communes des alentours. Comme l'a expliqué Michelet, c'est à partir de cet événement que se constitue une véritable armée patriotique nationale. Le 14 juillet 1790 est organisée à Paris, sur le Champ-de-Mars, la première fête de la Fédération, qui réunit cent mille fédérés.

Sainte-Thérèse (ceinte-Terre-Ray-ZZZ).

mercredi 30 novembre

lever : 8 h 21
coucher : 16 h 56

St André

Bonne fête !

André

André était pêcheur sur le lac Tibériade avec son frère Simon, qui fut ensuite renommé « Pierre ». Il connaissait déjà Jean-Baptiste, dont il était un disciple, mais, quand il fut appelé par Jésus, il abandonna tous ses biens pour le suivre. Il présenta aussi son frère, futur premier évêque chrétien, au Christ. Même si ce frère joua un rôle primordial, André reste un apôtre important et présent dans de nombreux épisodes des Évangiles, comme celui de la multiplication des pains.

La rubrique du 13 h

LE MUSÉE DU FORT DE LEVEAU

Nord-Pas-de-Calais

Le fort de Leveau est construit à Feignies entre 1882 et 1884. D'une superficie d'un peu plus de huit hectares, il connaîtra les combats de la Première et de la Seconde Guerre mondiale. L'association Sauvegarde du fort Leveau, qui naquit en 1993, restaure et entretient cet endroit, qui est devenu aujourd'hui un musée consacré à la Grande Guerre. Lieu de mémoire, il propose à ses visiteurs de découvrir ce conflit, grâce à une déambulation à travers les différents espaces du fort, où sont matérialisées les conditions de vie des soldats en 1914.

Savoirs d'antan

Nous pensons souvent, pendant l'hiver, à offrir aux oiseaux de la graisse ou des graines. Mais nous oublions que l'accès à l'eau pendant les grands froids leur est difficile. Disposez, dans votre jardin, une coupelle d'eau tiédie, renouvelée chaque jour.

Au fil de l'eau

Languedoc-Roussillon

Plus long fleuve des Pyrénées-Orientales, la Têt prend sa source en Cerdagne, au pied du pic Carlit, au niveau du lac artificiel des Bouillouses. Après avoir parcouru cent seize kilomètres au cours desquels elle arrose la préfecture Perpignan, elle rejoint la Méditerranée à Canet-en-Roussillon.

Il était une fois en 1639

Écrasement de la révolte des va-nu-pieds à Avranches

Basse-Normandie

En janvier 1639, le pouvoir royal décide de supprimer le privilège dont bénéficiait le Cotentin, qui est désormais soumis à la gabelle : le prix du sel triple ! Quelques mois plus tard, la pression fiscale est trop forte sur les salines, et le collecteur des impôts d'Avranches est lynché, puis assassiné par près de quatre cents insurgés, surnommés « nu-pieds », car ils collectent le sel en bord de mer. La révolte se propage, menée par un certain Jean Va-Nu-Pieds, jusqu'en Bretagne et à Paris. Richelieu décide en novembre de faire taire la menace : trois cents personnes sont tuées, deux cents sont arrêtées, les responsables sont jugés, et les villes normandes perdent leurs privilèges.

jeudi 1er décembre

lever : 8 h 23
coucher : 16 h 56

St Éloi

INSOLITE
Poitou-Charentes

Saujon est une station thermale de Charente-Maritime dont l'avant-port, le port de Ribérou, placé à l'embouchure de la Seudre, est barré d'un pont à écluse. Surnommé le « pont des eaux contraires », il marque la séparation entre l'eau douce du fleuve et les eaux saumâtres de l'estuaire.

Un gentilé
de Martinique

C'est en Martinique, à Sainte-Marie, que vous visiterez la distillerie Saint-James et son musée du Rhum. La commune fait aussi la part belle à la danse avec sa Maison du bèlè, proposant initiation et spectacles, pour le plaisir de ses habitants, les...

Samaritains.

La rubrique du 13 h

LE PONT DE SAURIER
Auvergne

La commune de Saurier, dans le Puy-de-Dôme, près de Clermont-Ferrand, n'est composée que d'un peu plus de deux cents habitants, et pourtant elle abrite plusieurs lieux intéressants. Parmi eux, un pont médiéval, qui enjambe la Couze Pavin, rivière parfois tumultueuse, ce qui explique les piliers triangulaires de l'ouvrage. Au milieu du pont est bâtie une toute petite chapelle consacrée à Notre-Dame-de-Pitié. À côté, un chemin mène aux sources salées, où l'on peut voir pousser des plantes que l'on ne trouve habituellement qu'au bord de la mer.

Bonne fête !
Éloi

Ce fameux conseiller du roi Dagobert, dont la chanson a fait la notoriété, ne s'occupait pas que de sous-vêtements.
D'une honnêteté à toute épreuve, trésorier royal, courtisan, artiste, mais fervent chrétien, il fait construire un monastère sur ses terres, est ordonné prêtre et se voit nommé évêque. Le « bon saint Éloi » meurt le 1er décembre 659, après une vie bien remplie.

Il était une fois en 1991

Victoire de la France en Coupe Davis à Lyon
Rhône-Alpes

C'est le 1er décembre 1991 que la France gagne, pour la septième fois, la Coupe Davis. Cette année-là, la compétition se déroule au stade Gerland de Lyon. L'équipe de France est menée par Yannick Noah. Quatre joueurs la composent : Guy Forget, Henri Leconte, Fabrice Santoro et Arnaud Boetsch. Après avoir battu Israël, l'Australie et la Yougoslavie, la France se retrouve face aux États-Unis. Elle remporte le match, et Yannick Noah entame un tour d'honneur sur son tube « Saga Africa ». Cela faisait presque soixante ans que la France n'avait pas brandi la coupe.

vendredi 2 décembre

lever : 8 h 24
coucher : 16 h 55

St Constantien

Bonne fête !

Constantien de Javron

C'est alors qu'il est moine à l'abbaye Saint-Mesmin de Micy que Constantien rencontre l'ermite saint Fraimbault, qui exerce une influence considérable sur sa vie. Se retrouvant en effet dans leur quête d'austérité, ils quittent l'abbaye pour devenir ermites dans la forêt de Nuz, en Mayenne. Constantien y recevra notamment le roi mérovingien Clotaire Ier, auquel il prédira certains faits historiques...

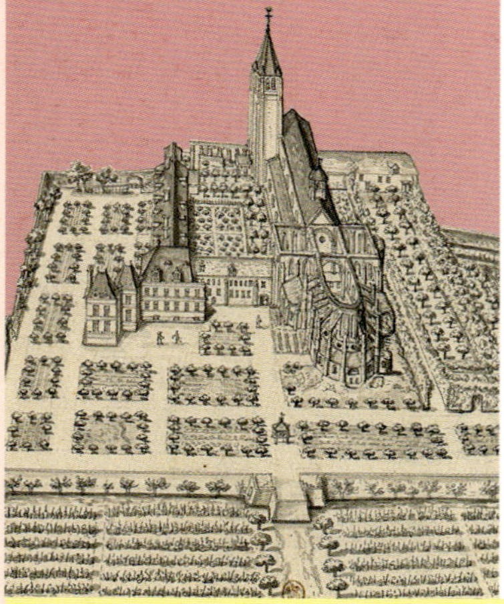

La rubrique du 13 h

L'ANCIENNE ÉGLISE DE BOURGON-MORCOURT

Picardie

Si vous passez non loin de Crépy-en-Valois, en Picardie, vous ne manquerez pas d'apercevoir un clocher en ruine dépassant tout juste d'un rideau d'arbres. Aux alentours, nul village ! En effet, le village de Bourbon, qui se trouvait là, fut détruit, puis abandonné après sa mise à sac pendant la guerre de Cent Ans. Seule l'église romane du XIIIe siècle survécut. Une fois restaurée, elle devint en 1516 l'église de Morcourt, une commune avoisinante. Elle se délabra jusqu'à ce que, en 1909, en ruine, elle soit vendue. C'est aujourd'hui un groupe de bénévoles qui assure les travaux de restauration.

Une charade en Poitou-Charentes

Mon 1er se jette dans la Vilaine. Mon 2e est le son produit par la quatrième lettre de l'alphabet. Mon 3e se scande à la corrida. Mon 4e n'est pas carré. Mon tout est la plus grande île de métropole après la Corse.

Au fil de l'eau

Mayotte

L'Ourovéni est un fleuve côtier qui s'écoule à Grande-Terre, l'île principale de Mayotte. Il prend sa source dans le massif du Mtsapéré, à l'ouest de l'île, puis il se jette dans la baie de Tsingoni, avant de rejoindre l'océan Indien par le canal de Mozambique.

Il était une fois en 1959

Rupture du barrage de Malpasset

Provence-Alpes-Côte d'Azur

Fin novembre 1959, des pluies diluviennes s'abattent sur la Côte d'Azur. De nombreuses inondations se sont déjà succédé dans la région, les pluies torrentielles remplissant complètement le réservoir du barrage de Malpasset, situé à dix kilomètres en amont de Fréjus, sur la rivière du Reyran. Dans la soirée du 2 décembre 1959, vers 21 heures, la voûte s'effondre dans un bruit terrifiant. En quelques secondes, cinquante millions de mètres cubes d'eau se déversent sur la ville de Fréjus et emportent tout sur leur passage. Plus de trois mille hectares seront noyés, et le bilan humain sera catastrophique : on dénombrera plus de quatre cents victimes.

Île d'Oléron (Ile-[d]-olé-rond).

La ficelle picarde

Picardie

Ingrédients

Pour 6 personnes

250 g + 30 g de farine
3 œufs
6 tranches de jambon blanc
250 g de champignons de Paris
100 g + 25 g de beurre
50 cl + 35 cl de lait
10 cl de crème fraîche liquide
75 g de gruyère râpé
3 échalotes
1 citron
muscade
sel et poivre

Recette

- Dans une casserole, faites fondre doucement 25 g de beurre jusqu'à obtention d'un beurre noisette, puis réservez et laissez tiédir. Dans un saladier, versez 250 g de farine et 1 pincée de sel. Creusez un puits au centre, puis mettez-y les 3 œufs entiers. Mélangez au fouet en incorporant la farine. Quand la préparation devient trop compacte, commencez à incorporer les 50 cl de lait, en versant petit à petit, sans cesser de fouetter. Quand la pâte est lisse et liquide, ajoutez le beurre noisette et mélangez jusqu'à ce que la pâte soit bien homogène. Laissez reposer au moins 1 h au frais. Épluchez les champignons et taillez-les en tout petits dés. Pelez et hachez les échalotes. Pressez le citron.

- Dans une sauteuse, faites fondre 50 g de beurre à feu moyen. Quand le beurre est mousseux, mettez-y le hachis d'échalotes à suer. Ajoutez ensuite les champignons, assaisonnez légèrement et arrosez du jus de citron. Mélangez, puis couvrez et laissez cuire environ 15 min. Découvrez et poursuivez la cuisson jusqu'à ce que les champignons aient rendu toute leur eau. Réservez.

- Dans une casserole, faites chauffer 30 g de beurre à feu moyen. Quand il est fondu, versez 30 g de farine d'un coup et faites cuire 5 min en mélangeant. Versez ensuite en dehors du feu 35 cl de lait d'un coup, incorporez-le bien, puis remettez au feu et poursuivez la cuisson sans cesser de remuer. Stoppez la cuisson quand la préparation a épaissi, puis, hors du feu, ajoutez la crème fraîche liquide et 1 pincée de muscade. Ajoutez la moitié de cette béchamel à la préparation de champignons. Assaisonnez, puis mélangez intimement. Réservez.

- Dans une poêle très chaude, faites cuire des crêpes très fines. Dans une assiette, déposez 1 crêpe. Étalez au centre 2 c. à s. de champignons, puis 1 demi-tranche de jambon. Repliez les côtés, rabattez le haut, puis roulez la crêpe de manière à éviter que la garniture ne s'échappe. Répétez l'opération jusqu'à épuisement des ingrédients.

- Déposez les crêpes roulées dans un plat à gratin préalablement beurré, puis recouvrez du reste de béchamel et de quelques copeaux de beurre. Mettez au four en mode gril et laissez gratiner 10 min environ. Servez aussitôt.

Origine

La ficelle picarde est une recette de crêpe gratinée, fourrée au jambon et aux champignons. Elle fut imaginée dans les années 1950 par deux cuisiniers, afin de figurer au menu d'un repas servi aux notables, lors d'une foire-exposition à Amiens.

Une charade en Pays de la Loire

L'homme descend de mon 1er. Mon 2e permet de mesurer l'âge. Prenez la 3e syllabe de la région pour obtenir... mon 3e ! Mon 4e est l'adjectif possessif de la première personne. Pas peu fier de sa longue plage de sable, mon tout marque le début de la Côte de Lumière.

Bonne fête !

Gérald de Moissac

Bibliothécaire de l'abbaye de Moissac, dont on voit ici un charmant détail, Gérald est un fin grammairien, mais surtout un brillant musicien. L'archevêque de Tolède, impressionné par la beauté des chants liturgiques de Moissac, le fait venir. Mais son succès est tel que c'est au tour des responsables religieux de Braga, au Portugal, de l'appeler. Il y est élu archevêque en 1100, et aujourd'hui encore enterré.

La rubrique du 13 h

L'OPPIDUM DES LAUZIÈRES

Provence-Alpes-Côte d'Azur

Sur le plateau des Lauzières, qui domine le massif du Lubéron, fut repéré en 1965 un oppidum néolithique. Des fouilles réalisées entre 1976 et 1982 permirent de mettre au jour un mur de pierres sèches de soixante-dix mètres de long, qui protégeait le seul accès à ce site de mille mètres carrés, situé à l'extrémité de l'éperon rocheux et donc entouré par le vide. Les recherches révélèrent que l'oppidum avait servi de nécropole à la fin du néolithique. Même si rien n'est sûr, l'absence d'eau à proximité ainsi que les petites dimensions de l'oppidum permettent de penser qu'il était un lieu de culte plus qu'un site habité en permanence.

Un gentilé de Guyane

Autrefois pénitencier agricole, Kourou est aujourd'hui célèbre pour son Centre spatial guyanais datant de 1968. La commune organise aussi chaque année son grand carnaval, qui rassemble touristes et habitants, ces derniers s'appelant les...

Kourouciens.

Il était une fois en 2008

Julien Clerc est parrain du Téléthon

France

36 37 ! C'est bien le numéro de téléphone à composer pour aider l'Association française contre les myopathies. En 2008, Julien Clerc est le parrain de la vingt-deuxième édition du Téléthon. Comme chaque année, il faut tenir l'antenne en direct pendant trente heures d'affilée pour mobiliser les Français et les inciter à financer la recherche contre les maladies génétiques. On se souvient de l'implication du chanteur, très fier d'endosser ce rôle, mais aussi un peu stressé, notamment lors de son duo avec Carla Bruni : il s'y reprendra à trois fois pour interpréter le titre. Ce qui n'a pas empêché le programme de réaliser une de ses plus belles performances, avec cent millions d'euros récoltés.

Saint-Jean-de-Monts (singe-an-de-mon).

mardi 6 décembre

lever : 8 h 29
coucher : 16 h 54

St Nicolas

C'est un festival !

PACA

Au pays d'Aix, lors de l'incontournable Tous Courts, on fait la connaissance d'amoureux de la petite bobine, au fil de débats, de projections inédites, du Marché du film court et d'une Nuit du court, de minuit à l'aube… Plus de trente ans de présence et toujours la même richesse cinématographique, de quoi couper court à vos hésitations ! Du 5 au 10… décembre : à vos agendas !

Au fil de l'eau

Haute-Normandie

Principal affluent de l'Eure, l'Iton prend sa source dans le Perche. Son cours sinueux traverse des paysages de campagne bordés de prairies et de nombreux bois. À Évreux, au cœur d'une vallée étroite, l'Iton se multiplie en plusieurs bras qui se faufilent dans la ville.

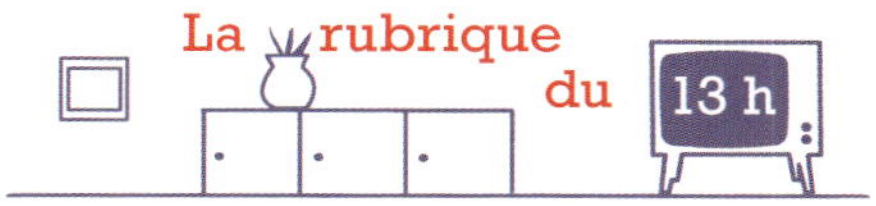

LE MENHIR DE DAMECHONNE

Lorraine

À proximité de Buxerulles se trouve le menhir de Damechonne, appelé aussi « menhir de la Haute-Borne ». D'une hauteur de deux mètres cinquante pour un mètre cinquante de largeur, il réussit à survivre sans encombres aux bombardements de la Grande Guerre, dont le front n'était distant que de quelques kilomètres. Il porte d'ailleurs plusieurs inscriptions, encore lisibles pour certaines, laissées dans sa pierre calcaire par les soldats allemands. Son nom lui-même pourrait être issu du mot allemand *schön*, qui signifie « joli ». Cette « jolie dame » fut classée monument historique en 1889.

Bonne fête !

Nicolas

Patron des navigateurs, des prisonniers, des bouchers et des veuves, saint Nicolas est surtout connu pour sa générosité envers les enfants, à qui il distribue friandises et cadeaux, traditionnellement du pain d'épices et une orange. Ancêtre du Père Noël, il est encore honoré dans l'est de la France. Des marchés de la Saint-Nicolas sont organisés dans de nombreuses villes, notamment en Lorraine, région dont il est le protecteur.

Il était une fois en 2003

Ouverture de Lille 2004, capitale européenne de la culture

Nord-Pas-de-Calais

Plus de cinq cent mille visiteurs participent, le 6 décembre 2003, au bal blanc, la fête d'ouverture de Lille 2004, capitale européenne de la culture. Deux mille cinq cents manifestations mobilisant dix-sept mille artistes furent organisées à Lille, mais aussi dans deux cents communes environnantes, parmi lesquelles Arras, Maubeuge ou Tourcoing dans le cadre du projet. Des usines et des friches furent réhabilitées, et c'est ainsi qu'apparut le Tripostal, né de la transformation de l'ancien centre de tri, près de la gare. « Lille est désormais perçue comme énergique, attractive et créative, avec des répercussions économiques très concrètes », dira Martine Aubry en 2012.

mercredi 7 décembre

lever : 8 h 30
coucher : 16 h 54

St Ambroise

Bonne fête !

Ambroise de Milan

Saint Ambroise est célèbre pour avoir fait fléchir l'empereur Théodose, notamment parce que cet événement influença de nombreux peintres. Lorsque, en avril 390, le peuple de Thessalonique se souleva, Théodose répondit par une répression : les milliers de morts provoquèrent la foudre d'Ambroise, qui menaça d'excommunier l'empereur. Repenti, l'empereur accepta la pénitence imposée par le religieux, s'humiliant publiquement.

La rubrique du 13 h

LA PLAINE DES SABLES

La Réunion

Gare à celui qui voudrait parcourir à pied la plaine des Sables, à La Réunion, quand le brouillard menace ! Il s'expose à tourner en rond, le paysage étant constitué de... rien. Seul le piton Chisny peut se révéler un bon point de repère. C'est d'ailleurs à son éruption, qui s'est produite il y a mille ans, que l'on doit cette plaine désertique. Désertique ? Pas tout à fait ! Car elle abrite quelques plantes endémiques de l'île, comme le très joli myosotis de Bourbon ou encore le thym marron. La route forestière du Volcan la traverse et permet d'atteindre le piton de la Fournaise.

INSOLITE

Languedoc-Roussillon

Le monde souterrain n'en finit pas de surprendre ! C'est dans l'aven Armand, du nom de son découvreur, près de Meyrueis, que se trouve la plus grande stalagmite du monde, s'élevant à trente mètres ! Le reste de la grotte n'est pas en reste, avec plus de quatre cents stalagmites réunies dans une immense salle.

Au fil de l'eau

Poitou-Charentes

Le Clain prend sa source en Charente, puis ses nombreux méandres sinuent à travers le département de la Vienne, où il arrose notamment Poitiers, avant de rejoindre la rivière du même nom, près de Châtellerault, après un parcours d'environ cent quarante-cinq kilomètres.

Il était une fois en 1770

Louis XV provoque la démission du parlement de Paris

Île-de-France

Le milieu du XVIIIe siècle est marqué par le développement de l'obstruction des parlements à l'encontre des mesures royales. Louis XV, affaibli par des difficultés financières, échoue dans ses tentatives de réformes et décide de durcir sa politique vers 1770, en s'entourant du chancelier Maupeou, du contrôleur général Terray et du duc d'Aiguillon, qui forment un triumvirat. Le roi fait paraître en décembre 1770 un édit de discipline, rappelant à l'ordre les parlements qui ont tendance à étendre leurs fonctions. Le parlement de Paris refuse d'enregistrer l'édit, ce qui pousse le roi à enregistrer le texte en lit de justice. En représailles, les parlementaires démissionnent.

jeudi 8 décembre

lever : 8 h 31
coucher : 16 h 54

St Romaric

Savoirs d'antan

Lors de la confection de sablés, il est très délicat de déplacer les formes découpées. Généralement, elles se cassent, et l'effet désiré n'est pas obtenu. Pour éviter cela, étalez la pâte sur la plaque de cuisson. Découpez les formes et retirez le surplus de pâte.

Une charade en Rhône-Alpes

Mon 1er ravit les salariés en fin d'année. Mon 2e n'est ni debout ni couché. À Châtelet, il ne reste de mon 3e que bien peu de chose aujourd'hui. Mon 4e n'est pas malsain. Mon 5e désigne un groupe de personnes. En plein cœur du vieux Lyon, mon tout est le siège du primat des Gaules.

La rubrique du 13 h

LE BOIS DE PAÏOLIVE

Rhône-Alpes

Au pied des Cévennes, en Ardèche, le bois de Païolive est le lieu idéal pour des promenades enchanteresses, tant ses paysages sont magnifiques, et sa biodiversité, riche. Il est traversé par le Chassezac, rivière qui a creusé sur le site des gorges profondes et qui a érodé la pierre calcaire, pour en faire d'hallucinantes sculptures minérales. Plusieurs ruisseaux coulent aussi sur ce plateau, qui, en plus de ses forêts de chênes blancs et verts, offre des paysages plus arides de garrigues et de pelouses sèches. Ces différents milieux naturels favorisent la diversité de la faune et de la flore et, si vous êtes chanceux, vous apercevrez peut-être quelques castors ou martins-pêcheurs.

Bonne fête !

Romaric

Romaric fonda, avec saint Amé, le monastère de Remiremont, dans les Vosges. Il le construisit en deux parties, l'une pour les femmes, en haut de la montagne, l'autre pour les hommes, dans la vallée. Le nom de la ville de Remiremont, la Coquette des Vosges, vient d'ailleurs de celui du saint : *Romarici mons*, « la montagne de Romaric » !

Il était une fois en 1851

Décret établissant la peine de transportation en Guyane

Guyane

Le 8 décembre 1851 est établi un décret permettant d'envoyer en Guyane et en Algérie des personnes placées sous la surveillance de la haute police et reconnues coupables d'avoir appartenu à une société secrète. Trois cent vingt-neuf insurgés sont au nombre des premiers condamnés partant pour Cayenne. En 1854, une loi instituant les bagnes coloniaux sera promulguée... Il faudra attendre 1867 pour que cesse la transportation en Guyane, et 1960 pour qu'une loi interdise la déportation.

Primatiale Saint-Jean (prime-assis-Halles-sain-gens).

vendredi 9 décembre

lever : 8 h 32
coucher : 16 h 53

St Pierre Fourier

Bonne fête !

Pierre Fourier

Canonisé en 1897, Pierre Fourier, pionnier de la Réforme catholique, a l'honneur d'être représenté sur un pilier de la basilique Saint-Pierre, à Rome. Lorrain de souche, il soutint inconditionnellement le duc de Lorraine, alors que Louis XIII et le cardinal de Richelieu désiraient annexer la région. Cet affront au pouvoir lui valut l'exil, lequel n'entacha nullement son patriotisme.

La rubrique du 13 h

L'ABBAYE DE LA TRINITÉ À VENDÔME

Centre

L'abbaye de la Trinité, à Vendôme, dans le Loir-et-Cher, a été fondée en 1033 par le comte de Vendôme Geoffroy Ier Martel qui, d'après la légende, vit trois étoiles tomber dans un puits. Cela ne pouvait être qu'un signe, aussi Geoffroy décida-t-il de construire là un bâtiment sacré. L'abbaye abritait la relique de la Sainte Larme – des larmes que le Christ aurait versées à la mort de Lazare –, mais celle-ci disparut lorsqu'on la transporta à Rome. L'abbaye a connu un vif succès et reçu la visite de deux papes : Urbain II et Pascal II.

C'est un festival !

Champagne-Ardenne

À Épernay, on goûte, on écoute, on découvre, on en prend plein les mirettes autour de l'art de vivre à la champenoise, pendant trois jours baroques, lumineux, rythmés par les festivités avenue de Champagne, les Habits de saveurs et la parade automobile – du 10 au 12 décembre. Une mise en valeur époustouflante du terroir, un arc-en-ciel de sensations, pour une fin d'année féerique et éclatante.

Un gentilé

de Picardie

Le château de Crèvecœur-le-Grand, dans l'Oise, fut aux XVIe et XVIIe siècles un des lieux de villégiature de François Ier et de Louis XIV. La commune abrite également la belle église Saint-Nicolas, du XIVe siècle, chère à ses habitants, les...

Crépicordiens.

Il était une fois en 2001

Élodie Gossuin est élue Miss France

Picardie

Riche parcours que celui d'Élodie Gossuin ! Élue Miss Picardie en 2000, puis Miss France et Miss Europe en 2001, elle a commencé des études de médecine avant de s'inscrire dans une école de soins infirmiers. Elle a également fait du mannequinat, été conseillère régionale de Picardie, ainsi qu'animatrice et chroniqueuse dans diverses émissions. Elle est la marraine de nombreuses associations, dont Fédération Jumeaux et plus, qui lui tient particulièrement à cœur, puisqu'elle est elle-même mère de deux paires de jumeaux !

Les spritz

Lorraine

Ingrédients

Pour 6 personnes
500 g de farine
250 g de beurre
250 g de sucre
250 g de poudre d'amandes ou de poudre de noisettes
3 œufs
1 sachet de levure chimique
1 sachet de sucre vanillé
1 pincée de sel

Recette

- Dans une casserole, faites fondre le beurre à feu doux. Quand il est mousseux, transvasez-le dans un grand saladier, ajoutez-y le sucre additionné du sucre vanillé, puis mélangez.
- Ajoutez ensuite les œufs un à un, puis versez progressivement la farine, préalablement mélangée à la levure chimique, en prenant soin de bien l'incorporer à la préparation au fur et à mesure. Ajoutez ensuite 1 pincée de sel et la poudre d'amandes, et mélangez intimement pour obtenir une pâte homogène.
- Laissez reposer la pâte au réfrigérateur toute une nuit, puis sortez-la une bonne heure avant de la travailler, pour qu'elle soit à température ambiante.
- Préchauffez le four à 200 °C. Passez la pâte dans un hachoir à viande avec un embout spécial gâteau et formez des bâtonnets de 10 cm environ. À défaut de hachoir, vous pouvez utiliser une machine à chichis ou même une poche à douille.
- Déposez les biscuits ainsi formés sur une plaque beurrée, puis enfournez pour 7 ou 8 min. Les biscuits doivent être blonds, à peine dorés. Adaptez la cuisson en fonction de la puissance de votre four.
- Laissez-les reposer une petite heure avant de les déguster.
- Vous pouvez conserver ces biscuits dans une boîte en fer pendant au moins deux semaines.

Un sablé traditionnel

Le spritz est un petit gâteau sablé indissociable des fêtes de Noël en Lorraine. Que les spritz soient de forme allongée ou en spirale, il est de coutume de les préparer en grande quantité, afin d'en offrir à ses proches, ainsi qu'aux voisins, tout au long du mois de décembre.

lundi 12 décembre

lever : 8 h 35
coucher : 16 h 53

St Corentin

Savoirs d'antan

Le repérage dans le temps est souvent un casse-tête pour les jeunes enfants. Profitez du début de l'année pour noter, sur un calendrier, les événements importants de la famille. Barrez chaque jour la date atteinte. Vos petits pourront ainsi anticiper joyeusement les temps forts familiaux.

Bonne fête !

Corentin de Quimper

Voilà un saint qui n'avait aucun problème pour subsister. Figurez-vous que, tous les jours, près de son ermitage, un poisson miraculeux se présentait à lui, afin qu'il puisse le découper et le manger en partie. Le morceau repoussait chaque fois, et l'on dit que le saint aimait à agrémenter ses menus invariables de quelques herbes locales !

La rubrique du 13 h

LES VILLAS DE DINARD

Bretagne

À Dinard, des villas plus impressionnantes les unes que les autres s'alignent le long de la Côte d'Émeraude. Elles ont été édifiées entre 1870 et 1915, à l'époque où la station était réputée pour ses bains de mer et ses jeux aquatiques et attirait princes, comtes, artistes et bourgeois. Leur style architectural est dans un premier temps très simple. À la fin du XIXe siècle, les villas construites sont plus fantaisistes, et les inspirations se mélangent : néogothique, mauresque, italien. En 1995, quatre cent sept d'entre elles ont été classées par le conseil municipal, afin d'empêcher leur démolition au profit d'ensembles immobiliers plus lucratifs.

Une charade en PACA

Mon 1er est une célèbre biscuiterie nantaise. La myrtille, le poivre ou encore l'airelle sont des exemples de mon 2e. Mon 3e est sphérique, courbé. S'étirant sur une soixantaine de kilomètres, mon tout a pour point culminant le Mourre Nègre.

Il était une fois en 1464

Création de l'université de Bourges

Centre

Charles, frère du roi Louis XI, souhaite que sa région – le Berry, dont il est le duc – bénéficie d'une université. Il demande donc l'autorisation d'en créer une à son frère, ainsi qu'au pape Paul II, et l'obtient le 12 décembre 1464. La toute nouvelle université s'installe en 1470 à l'hôtel-Dieu, déserté après la construction d'un nouvel hôpital un peu plus loin. Cette université, soutenue d'abord par Marguerite d'Angoulême, puis par Marguerite de France – respectivement sœur et fille de François Ier –, verra ses bancs fréquentés notamment par Jean Calvin, à l'origine de la doctrine du calvinisme. Elle fermera ses portes à la Révolution.

Luberon (Lu-baie-rond).

mardi 13 décembre

lever : 8 h 36
coucher : 16 h 53

Ste Lucie

INSOLITE
Nord-Pas-de-Calais

On ne se baigne pas dans cette piscine-là ! Depuis 2001, textiles, meubles, céramiques, photos, sculptures et peintures ont investi l'ancienne piscine Art déco des années 1930 de Roubaix : elle a conservé son grand bassin, mais est devenue le musée d'Art et d'Industrie André-Diligent.

Un gentilé
d'Alsace

Découvrez les maisons très pittoresques de Colroy-la-Roche, dans le Bas-Rhin. Ce sont pour la plupart d'anciennes fermes typiques de la haute vallée de la Bruche. Les habitants de cette commune autrefois allemande s'appellent les...

Colirégiens.

La rubrique du 13 h

LA CATHÉDRALE SAINT-PIERRE DE MAILLEZAIS

Pays de la Loire

L'ancienne cathédrale Saint-Pierre de Maillezais a une histoire qui remonte à la fin du Xe siècle, date à laquelle un premier monastère est fondé sur l'île de Maillezais. Au XIe siècle, l'île devient la place forte des ducs d'Aquitaine, conférant alors une grande importance à l'église, qui est convertie en cathédrale en 1317, et le reste jusqu'à ce que l'évêché soit transféré à La Rochelle en 1648. Le XIXe siècle la voit détruite en grande partie pour la réutilisation de ses pierres comme matériaux de construction. En 1840, de nouveaux acheteurs prennent la décision de restaurer ses ruines.

Bonne fête !
Lucie de Syracuse

Lucie n'était pas femme à se laisser faire. Aussi, lorsqu'elle décida de se consacrer à la religion, et ainsi de rester vierge et de ne pas épouser son fiancé, rien ne la fit changer d'avis. Pas même lorsque celui-ci la dénonça à Dioclétien, qui la plaça dans une maison close pour qu'elle soit violée. Miracle : lorsque les soldats vinrent la chercher, elle était devenue si lourde que personne ne put la déplacer !

Il était une fois en 1560
Michel de L'Hospital prononce un discours aux états généraux
Centre

Après la conjuration d'Amboise, en mars 1560, qui avait pour but d'enlever le jeune roi François II, la France est quelque peu agitée. François II meurt de maladie le 5 décembre, et c'est son frère Charles IX, âgé de 10 ans, qui devient roi. Pour réconcilier tout le monde, le chancelier du royaume, Michel de L'Hospital, décide de réunir le tiers état, le clergé et la noblesse. Ce sont les états généraux de 1560. C'est à cette occasion qu'il prononce un discours où il prône la tolérance : « Ostons ces mots diaboliques, noms de parts, factions et seditions, luthériens, huguenots, papistes. Ne changeons le nom de chrestien. »

mercredi 14 décembre

lever : 8 h 36
coucher : 16 h 54

Ste Odile

Bonne fête !

Odile de Hohenbourg

Odile, dont le nom signifie « fille de la lumière », naquit aveugle. Mais, alors que l'on déposait l'huile sainte sur son front lors de son baptême, elle recouvra la vue ! Et gagna donc son nom. Difficile, après un tel événement, de ne pas consacrer sa vie à Dieu… Ce que la patronne de l'Alsace s'évertua à faire, en fondant un monastère dans le château de Hohenbourg, sur ce qui est aujourd'hui le mont Sainte-Odile.

La rubrique du 13 h

L'ÎLOT DE TOMBELAINE

Basse-Normandie

Le nom de l'îlot de Tombelaine, situé dans la baie du Mont-Saint-Michel, viendrait, selon diverses légendes, de l'enlèvement d'Hélène, fille du roi Hoël, par un géant qui l'enterra là, « tombe Hélène » ayant alors donné « Tombelaine », ou de la contraction de « *tumulus* Belenos », du nom du dieu gaulois. Lieu d'ermitage pour les moines du Mont-Saint-Michel, puis de pèlerinage, après qu'un prieuré y fut fondé en 1137, il fut occupé par les Anglais, qui y construisirent un fort pendant la guerre de Cent Ans. L'État l'achète en 1933 et, en 1985, une réserve ornithologique y est créée. À marée basse, il est accessible à pied depuis la côte.

Une charade en Limousin

Mon 1er se prend aux dents lorsqu'on s'énerve subitement. Mon 2e se situe entre « me » et « se ». Mon 3e est indispensable dans l'art de la cafédomancie. Un des plus beaux villages de France, mon tout est aussi la plus petite commune de son département.

Au fil de l'eau

Picardie

Dans la première partie de son cours, la Maye est bordée par la forêt de Crécy – c'est par l'eau qu'on acheminait le bois abattu –, puis le petit fleuve pénètre un paysage de marais, paradis des oiseaux, avant de se jeter dans la baie de Somme entre les communes du Crotoy et de Saint-Quentin-en-Tourmont.

Il était une fois en 1503

Naissance de Nostradamus à Saint-Rémy-de-Provence

Provence-Alpes-Côte d'Azur

Né en 1503, rue du Viguier à Saint-Rémy-de-Provence – au douzième coup de midi, selon la légende –, Michel de Nostre-Dame a grandi au pied des Alpilles. Fin observateur des étoiles et doté d'une incroyable mémoire, il se fait connaître assez jeune pour son don de clairvoyance et ses prophéties. Après des études menées en Avignon, il se tourne vers la médecine, à l'université de Montpellier, qu'il doit quitter en 1526, lors de l'épidémie de peste. Il publie ses premiers almanachs vers 1550, et sa renommée l'amène à la cour de la reine Catherine de Médicis, passionnée d'astrologie, qui cherche à connaître l'avenir de ses fils.

Mortemart (mors-te-marc).

jeudi 15 décembre

lever : 8 h 37
coucher : 16 h 54

Ste Virginie

INSOLITE

Champagne-Ardenne

Symbole ardennais, le sanglier méritait bien d'avoir sa statue ! Woinic – c'est son nom – est le plus grand sanglier du monde, avec ses quatorze mètres de long, ses cinq mètres de large et ses huit mètres cinquante de haut. Réalisée en métal, cette œuvre marque l'entrée dans les Ardennes sur une aire d'autoroute près de Rethel.

Un gentilé

d'Île-de-France

Ville-d'Avray est une charmante commune altoséquanaise dont les étangs sont aujourd'hui célèbres, car ils ont été peints par Corot en 1873. En outre, Auguste Renoir, Jean Rostand ou encore Isabelle Huppert y ont tous vécu et ont donc été des…

Dagovéraniens.

La rubrique du 13 h

LE CHÂTEAU DE GIRSBERG

Alsace

En Alsace, la commune de Ribeauvillé est dominée par trois châteaux médiévaux qui semblent veiller sur elle. Parmi eux, le château de Girsberg, dont les vestiges se situent à cinq cent vingt-huit mètres d'altitude, fait figure de décor de cinéma. Construit au XIIIe siècle par les seigneurs de Ribeaupierre, il fut offert aux chevaliers de Girsberg en 1304. La lignée s'éteignit au XVe siècle, et le château fut abandonné deux siècles plus tard. Aujourd'hui, les ruines du donjon datant de la construction du château, ainsi que celles du logis, édifié au XIVe siècle, sont encore visibles.

Bonne fête !

Virginie

Forcée de se marier à 15 ans, Virginie supporte tant bien que mal son mari à la vie dissolue, mais pas pour longtemps : cinq ans après son mariage, il décède, la laissant libre de se consacrer à Dieu. Ses deux filles et elle vivront avec sa belle-mère jusqu'au décès de celle-ci. Elle se consacre aux miséreux, et ira même jusqu'à partager sa maison avec eux. Après le mariage de ses filles, elle fonde deux congrégations.

Il était une fois en 1887

Découverte de l'entrée des grottes de Naours

Picardie

L'abbé Danicourt, curé de Naours et chapelain de la cathédrale d'Amiens, met au jour, à la fin du XIXe siècle, avec l'aide de quelques paroissiens, l'entrée d'un immense réseau de galeries souterraines à une quinzaine de kilomètres au nord d'Amiens. Situées à trente-trois mètres sous terre, ces grottes, appelées « muches » en picard, pouvaient abriter jusqu'à trois mille personnes. Elles auraient été aménagées dès l'époque gallo-romaine et auraient servi de refuge pendant les conflits du Moyen Âge et les guerres de Religion ; elles abritèrent un hôpital militaire lors de la Première Guerre mondiale.

vendredi 16 décembre

lever : 8 h 38
coucher : 16 h 54

Ste Adélaïde

Bonne fête !

Adélaïde de Bourgogne

Adélaïde a vécu au xe siècle et fut reine d'Italie, avant d'épouser Othon Ier, roi de Germanie, puis empereur du Saint Empire. Elle eut une certaine influence religieuse sur son mari : elle favorisa la réforme clunisienne et fit construire plusieurs monastères. Elle mourut d'ailleurs dans l'un d'eux : le monastère de Seltz, en Alsace.

La rubrique du 13 h

LA GROTTE DE NIAUX

Midi-Pyrénées

La grotte de Niaux, en Ariège, est ornée de peintures préhistoriques représentant plusieurs animaux de la faune de cette époque. Les hommes qui décorèrent ces murs de représentations de bisons, bouquetins, chevaux ou encore poissons, utilisèrent le charbon de bois ou de l'hématite broyée pour la couleur rouge. Si la grotte ne semble pas avoir été un lieu d'habitation, son rôle, encore mystérieux, était peut-être rituel. Elle se visite aujourd'hui par petits groupes de vingt personnes, accompagnés d'un guide qui, après un parcours de huit cents mètres, vous mènera au « salon noir », où sont visibles ces œuvres d'art datant de plus de treize mille ans.

Savoirs d'antan

Si votre sol en ciment est taché, vous pouvez le nettoyer en le frottant avec une brosse recouverte de poudre à récurer. Si ce sont des taches d'huile, remplacez la poudre par du bicarbonate de soude. Dans tous les cas, rincez et séchez ensuite soigneusement.

Au fil de l'eau

Haute-Normandie

Fleuve d'une quarantaine de kilomètres débouchant sur la Manche à Criel-sur-Mer, l'Yères est un cours d'eau paisible arrosant une vallée peu urbanisée. Les kayakistes pourront compter toutefois sur quelques chutes d'eau, notamment à l'approche de ses nombreux anciens moulins.

Il était une fois en 1946

Ouverture de la maison de couture Christian Dior

Île-de-France

En passant devant un hôtel particulier situé au numéro 30 de l'avenue Montaigne, non loin des Champs-Élysées, Christian Dior est saisi d'une certitude : c'est ici qu'il doit fonder sa maison de haute couture. Soutenu, notamment sur le plan financier, par Marcel Boussac, que l'on surnomme à l'époque le « roi du coton », Christian Dior s'approprie ce petit hôtel, à l'échelle « modeste » de son rêve ambitieux. La maison est inaugurée le 16 décembre 1946 à 9 heures, et, le 12 février suivant, il y présente à la presse sa première collection, qui rencontre immédiatement un succès international.

Les feuilles d'endives au saumon

Nord-Pas-de-Calais

Ingrédients

Pour 6 personnes
4 ou 5 endives
6 tranches de saumon fumé
250 g de fromage frais
1 petit bouquet de ciboulette
1 citron
sel et poivre

Recette

- Épluchez les endives. Ôtez les feuilles abîmées, puis séparez les feuilles restantes. Sélectionnez les feuilles faisant 10 cm de long maximum, déposez-les délicatement sur un plat, puis réservez-les. Les feuilles trop grandes pourront vous servir pour une autre préparation.
- Émincez le saumon en lanières d'environ 5 mm, puis recoupez chaque lanière en tronçons de 2 cm. Lavez, puis émincez finement la ciboulette. Réservez-en quelques brins pour la décoration. Pressez le jus de 1 demi-citron.
- Versez le fromage frais dans un petit saladier, puis battez-le à la fourchette pour lui donner une consistance plus onctueuse. Arrosez de jus de citron, en l'incorporant au fur et à mesure, puis salez et poivrez à votre convenance. Incorporez la ciboulette émincée, puis ajoutez le saumon fumé et mélangez délicatement. Réservez cette préparation au frais pendant au moins 30 min.
- Pour dresser, prenez 1 feuille d'endive, remplissez-la avec soin de préparation au saumon, puis décorez de 1 brin de ciboulette ciselé. Déposez-la sur un plat de service, puis renouvelez l'opération jusqu'à épuisement des ingrédients.
- Servez bien frais à l'apéritif.

Région n° 1

Ce n'est qu'en 1873 que l'endive, d'origine belge, traversa la frontière française. Aujourd'hui, à peine cent cinquante ans plus tard, la région Nord-Pas-de-Calais est la première productrice mondiale de la fameuse perle du Nord. Belle performance pour nos chicons ch'tis !

lundi 19 décembre

lever : 8 h 40
coucher : 16 h 55

Bx Urbain

Savoirs d'antan

Quelques jours avant Noël, empaquetez vos cadeaux avec un papier kraft de couleur. Tracez sur ce papier, avec de la colle en tube, les lettres du prénom du destinataire, puis versez des paillettes multicolores sur la colle. Laissez sécher, puis déposez sous le sapin !

Bonne fête !

Urbain

Urbain est le cinquième pape du nom. Originaire de Lozère, il devint le sixième pape élu à Avignon. Il tenta de rétablir la papauté à Rome, mais dut y renoncer. Il fonda des collèges, des facultés et des universités, et en aida beaucoup d'autres. Il envoya également un certain nombre de missionnaires dans de nombreuses contrées, comme les îles Canaries ou Pékin.

La rubrique du 13 h

LE JARDIN D'AGRONOMIE TROPICALE

Île-de-France

Jouxtant le bois de Vincennes, le Jardin d'agronomie tropicale abrite les vestiges de l'Exposition coloniale de 1907, que la végétation dissimule quelque peu. Il ne reste pas grand-chose des cinq villages symbolisant les colonies françaises, mais le pavillon de l'Indochine a été récemment restauré et accueille parfois des expositions temporaires. Les pavillons de la Tunisie, du Maroc et de la Guyane sont encore visibles, tout comme ce qu'il reste d'anciennes serres tropicales, ainsi que deux ponts de style asiatique qui contribuent à créer l'ambiance romantique et exotique de ces lieux.

Un gentilé

de Rhône-Alpes

Située non loin du parc animalier de Villars-les-Dombes, la ville de Joyeux, dans l'Ain, peut être fière de son très beau château construit dès la fin du XIXe siècle. La commune compte aussi une trentaine d'étangs, qui en font un lieu bucolique apprécié de ses habitants, les...

Joliacois.

Il était une fois en 1562

Bataille de Dreux

Centre

Nous sommes au début des guerres de Religion : le protestantisme est de plus en plus répandu et lutte pour être reconnu au même titre que le catholicisme. Cela mène à de terribles combats, dont la bataille de Dreux, qui a lieu lors de la première guerre, le 19 décembre 1562. L'armée protestante doit remonter vers Le Havre pour récupérer l'argent destiné à payer les mercenaires allemands qu'elle a engagés, mais elle est talonnée par l'armée royale. Les deux camps se battent à Dreux, et ce sont les catholiques qui finissent par l'emporter. La bataille aura fait huit mille morts.

mardi 20 décembre

lever : 8 h 40
coucher : 16 h 55

St Dominique

Une charade en Lorraine

Mon 1er n'est pas faible. Mon 2e est une célèbre famille de canards originaire de Donaldville. Mon 3e est la lettre que l'on rencontre le plus en français. Mon 4e est un article défini. Mon tout est une structure militaire datant de la guerre franco-prussienne.

Au fil de l'eau
Alsace

Née dans les Vosges, la Bruche, une rivière encore sauvage et authentique, sillonne ensuite le Bas-Rhin jusqu'à sa confluence avec l'Ill à Strasbourg, une partie de la rivière alimentant le canal de la Bruche : ses onze écluses permettaient de relier Molsheim à la capitale alsacienne.

La rubrique du 13 h

LE JARDIN BOTANIQUE DE L'ARQUEBUSE À DIJON
Bourgogne

Le jardin botanique de l'Arquebuse, à Dijon, qui fut créé en 1833, est un lieu de visite des plus agréables pour qui se rend en Bourgogne. Il offre sur ses cinq hectares plus de trois mille cinq cents espèces de plantes botaniques issues du monde entier. Lors de votre promenade, vous déambulerez au milieu des statues qui décorent le parc traversé par un petit ruisseau, avant de vous rendre peut-être au planétarium ou au muséum d'histoire naturelle, qui accueille de nombreuses expositions. Enfin, la roseraie ne manquera pas de charmer les amateurs de fleurs avec les deux cent trente variétés de rosiers qu'elle abrite.

Bonne fête !

Dominique de Silos

À l'origine, Dominique était un berger qui profitait de la solitude de son métier pour prier Dieu. Il devint ensuite bénédictin et fut exilé par un prince de Navarre, qui pillait les monastères et les églises qui refusaient de lui prêter de l'argent. Dominique se réfugia donc en Espagne, à Silos, où il restaura l'ermitage de Saint-Sébastien. C'est là qu'il prédit sa mort pour « dans trois jours »... et il mourut effectivement trois jours plus tard !

Il était une fois en 1966

Naissance d'Hélène Rollès au Mans
Pays de la Loire

Née le 20 décembre 1966, elle a fait ses premiers pas dans la musique avec l'album *Ce train qui s'en va* en 1989. Mais le plus connu reste *Je m'appelle Hélène*, sorti en 1993. En 1991, elle joue dans la série *Premiers baisers*, où elle est lycéenne, puis l'on suit ses pérégrinations étudiantes dans *Hélène et les garçons*. Elle apparaît ensuite dans *Le Miracle de l'amour* et *Les Vacances de l'amour*. *Les Mystères de l'amour*, série diffusée depuis 2011, remporte un certain succès, puisqu'elle a dépassé les dix saisons.

Fort de Queuleu (fort-Duck-E-le).

mercredi 21 décembre

lever : 8 h 41
coucher : 16 h 56

Hiver

Un gentilé
de Haute-Normandie

L'église Notre-Dame-du-Silex, à Bois-l'Évêque, date du XVIe siècle et abrite un retable du XVe siècle. La ville possède aussi un château du XIXe siècle, doté d'un grand parc, ainsi qu'une belle maison en brique rose et à pans de bois du XVIIIe siècle, bien connue des habitants, les...

Boisépiscopiens.

Bonne fête !
Pierre Canisius

Pierre Canisius a vécu au XVIe siècle, essentiellement en Allemagne et en Suisse. Il devient très vite jésuite et sera d'ailleurs un proche d'Ignace de Loyola, le fondateur de la Compagnie de Jésus. Il rédige *Le Grand Catéchisme*, un livre pour l'enseignement de la religion, ainsi qu'un abrégé, *Le Petit Catéchisme*, qui remportent un franc succès. Le but ? Instruire le clergé et les fidèles, afin de lutter contre l'essor du protestantisme.

La rubrique du 13 h

LE CENTRE DE DÉCOUVERTE DES SCIENCES DE LA TERRE
Martinique

Sur l'île de la Martinique, le Centre de découverte des sciences de la Terre est un musée dédié aux volcans, aux séismes et aux cyclones, dans un bâtiment faisant face à la montagne Pelée. L'édifice à lui seul vaut le détour : construit selon les dernières techniques antisismiques, cet énorme bloc blanc repose sur un gros fût et sur des piliers pourvus d'appuis en élastomère – une sorte de caoutchouc –, qui permettent au plancher d'absorber les chocs et de désolidariser le musée de ces supports. Si vous le visitez par grand vent, vous sentirez sûrement le bâtiment bouger selon un mouvement latéral !

Savoirs d'antan

Connaissez-vous cette croyance concernant les intempéries de l'année à venir ? Nos anciens pensaient que la météo de chacun des douze jours entre le 25 décembre et le 6 janvier était à l'image de celle de chacun des douze mois de l'année qui débutait.

Il était une fois en 1903

Proclamation du premier prix Goncourt pour John-Antoine Nau
Île-de-France

John-Antoine Nau est désormais un illustre inconnu. Pourtant, il est le premier auteur à avoir reçu le prix Goncourt, le 21 décembre 1903 ! Le prix avait été créé l'année précédente, selon les volontés d'Edmond de Goncourt, formulées dans son testament. Le roman primé, intitulé *Force ennemie* et publié aux éditions de La Plume, raconte l'histoire d'un homme qui est possédé par un être venant d'une autre planète et qui perd donc l'usage de son corps. La proclamation du prix n'eut qu'un faible retentissement, et les autres œuvres de l'écrivain ne connurent aucun succès.

jeudi 22 décembre

lever : 8 h 41
coucher : 16 h 56

Ste Françoise-Xavière

INSOLITE

Centre

Deux clochers dans une ville, ce n'est pas si surprenant… sauf quand la ville en question compte à peine deux mille habitants et que les clochers sont distants de quelques mètres seulement ! C'est le cas à Vernantes, près de Saumur, où l'ancienne église est devenue mairie, tandis qu'une nouvelle était bâtie sur l'ancien cimetière.

Une charade en

Nord-Pas-de-Calais

Mon 1er est un morceau de papier peint. Mon 2e est plus grand qu'un village, mais plus petit qu'une ville. Mon 3e est un sentiment proche du bonheur. Mon 4e est indispensable dans les noms nobles. Mon 5e se situe au fond du navire. Thuyas, ifs ou encore troènes composent mon 6e. Mon tout orne la place de l'hôtel de ville de Calais.

La rubrique du 13 h

LE ROCHER DE ROCALINAUD

Provence-Alpes-Côte d'Azur

À l'est du village de Beaumes-de-Venise, en Provence, se dresse le rocher de Rocalinaud. Il n'est pas tombé de la Lune, comme le suggère son nom provençal *Rocca luna*, « rocher lunaire », mais il est le vestige d'une époque très lointaine, entre vingt-quatre millions et cinq millions et demi d'années, où la région était recouverte par la mer. Ce « rocher » est en réalité constitué de sable aggloméré, ce qui le rend très friable et ce dont l'homme profita très tôt, sûrement dès la préhistoire, en creusant dans le massif plusieurs abris, qui sont encore assez facilement accessibles. De nombreuses gravures sont visibles sur le rocher, mais les plus anciennes ont depuis longtemps été effacées par le vent et la pluie.

Bonne fête !

Françoise-Xavière

Françoise-Xavière était italienne et rêvait d'être missionnaire en Chine, mais aucune congrégation ne voulait l'emmener à cause de sa santé fragile. Entêtée, Françoise-Xavière fonda alors sa propre congrégation. Malheureusement, le pape ne consentit pas à ce qu'elle aille en Chine : il préféra l'envoyer aux États-Unis ! Quoique déçue, Françoise-Xavière n'en fit pas moins très bien son travail : elle créa hôpitaux, dispensaires, écoles et communautés.

Il était une fois en 1639

Naissance de Jean Racine à La Ferté-Milon

Picardie

« Je le vis, je rougis, je pâlis à sa vue, / Un trouble s'éleva dans mon âme éperdue. » Qui ne connaît pas ces vers que prononce Phèdre lorsqu'elle se souvient de sa première rencontre avec Hippolyte, dans la pièce de théâtre écrite par Jean Racine ! Dramaturge fort connu du règne de Louis XIV, Racine est né le 22 décembre 1639. Il fut très vite repéré et protégé par le roi. Grand poète tragique, il n'écrivit qu'une seule comédie. Parmi ses pièces les plus célèbres, on compte donc *Phèdre*, mais aussi *Bérénice*, *Britannicus*, *Iphigénie*… Il devint ensuite l'historien du roi, et mourut en 1699 à Paris.

Les Bourgeois de Calais (lé-bourg-joie-de-cale-haie).

vendredi 23 décembre

lever : 8 h 42
coucher : 16 h 57

St Dagobert

Savoirs d'antan

Si vous avez la possibilité de fabriquer des bougies, pensez à les parfumer au pin des Landes ou au bois de santal. Si vous souhaitez que ces bougies, une fois allumées, durent plus longtemps, laissez-les plusieurs heures dans le congélateur. La cire durcie sera plus longue à couler.

Bonne fête !

Dagobert

Ce Dagobert-là ne mettait pas ses culottes à l'envers, mais cela aurait été préférable à la vie qu'il mena. À la mort de son père, le roi d'Austrasie, Dagobert fut tonsuré par le maire du palais, pour qu'il soit inapte à porter la couronne et que son fils Childebert prenne sa place. Dagobert fut exilé et envoyé en Irlande. Foin de tout ceci ! Il revint vingt ans plus tard et régna... trois ans. Il mourut assassiné dans une forêt.

La rubrique du 13 h

LE PONT DE BROTONNE

Haute-Normandie

Entre Le Havre et Rouen, l'immense structure du pont de Brotonne impressionne encore quiconque la contemple. La travée centrale de trois cent vingt mètres de ce pont suspendu, construit en 1977 pour désenclaver le pays de Caux, était alors la plus longue au monde. Ce pont à haubans, qui enjambe la Seine, entièrement réalisé en béton, a cependant subi un phénomène de vieillissement observé dès 2007, avec l'apparition de fissures verticales dues aux changements de température sur plusieurs de ses piles. Ainsi, depuis 2012, des travaux de réhabilitation se poursuivent pour les consolider, sans vous empêcher pour autant de l'emprunter en toute sécurité.

Au fil de l'eau

Bretagne

Petit fleuve des Côtes-d'Armor qui arrose notamment Guingamp et Pontrieux, le Trieux a son embouchure dans la Manche, face à l'île de Bréhat, avec un estuaire de dix-huit kilomètres d'eau saumâtre. Il accueille de nombreuses espèces, dont le saumon atlantique et la loutre.

Il était une fois en 1943

Mort de Charles Brennus au Mans

Pays de la Loire

Charles Brennus est né en 1859, à Châteaudun, et a exercé le métier de ciseleur graveur. Peut-être son nom vous rappelle-t-il quelque chose ? Le bouclier de Brennus ! Oui, Charles Brennus est le créateur de ce trophée qui récompense l'équipe remportant le Championnat de France de rugby. Réalisé à partir d'un dessin de Pierre de Coubertin, le bouclier est créé en 1892. Mais Charles Brennus est aussi connu pour son implication dans le sport, et en particulier... dans le rugby. Il est en effet le cofondateur de la Fédération française de rugby. Il se retire chez sa fille, au Mans, en 1941, et meurt le 23 décembre 1943.

Les petits pâtés salés

Martinique

Ingrédients

Pour 4 personnes

400 g de pâte brisée
200 g d'échine de porc hachée finement
50 g de chair à saucisse
200 g d'épinards frais
1 œuf + 1 jaune
1 oignon
4 cives ou petits oignons blancs
2 gousses d'ail
½ piment frais
½ citron
4 branches de persil
1 branche de thym
½ c. à c. de piment de la Jamaïque
1 c. à s. d'huile
sel et poivre

Recette

- Ôtez les graines du piment, épluchez l'oignon et les cives, puis hachez le tout finement. Pelez et pressez l'ail. Ciselez le persil. Effeuillez le thym. Lavez les épinards, puis hachez-les au couteau après les avoir soigneusement égouttés.
- Dans un grand saladier, mélangez les deux viandes avec le jus du demi-citron. Ajoutez ensuite le hachis d'oignon et de piment, l'ail, le persil, le thym, les épinards, le piment de la Jamaïque et l'œuf entier.
- Faites chauffer l'huile dans une poêle à feu moyen. Faites-y revenir la préparation jusqu'à ce que la viande soit bien cuite. Rectifiez l'assaisonnement, puis laissez refroidir à couvert.
- À l'aide d'un rouleau à pâtisserie, et entre deux feuilles de papier sulfurisé, étalez la pâte brisée sur 3 mm d'épaisseur environ.
- Faites préchauffer le four à 200 °C. Découpez des ronds de pâte à l'aide d'un emporte-pièce ou d'un verre retourné.
- Mettez 1 c. bombée de farce sur un premier rond. Humectez le bord du rond à l'eau froide, puis recouvrez d'un second rond de pâte. Du bout des doigts, pressez les bords ensemble pour les souder. Renouvelez l'opération jusqu'à épuisement des ingrédients. Vous devriez obtenir une vingtaine de petits pâtés.
- Déposez les pâtés sur une plaque recouverte de papier sulfurisé. Badigeonnez-les avec 1 jaune d'œuf battu additionné d'eau. Enfournez à mi-hauteur pour 20 min environ. Les petits pâtés doivent être bien dorés. Servez chaud.

Joyeux Noël !

Les petits pâtés salés sont un incontournable des menus antillais de fin d'année. Même si, aujourd'hui, il en existe plusieurs variantes, ils sont traditionnellement réalisés à base de porc. En effet, aux Antilles, pour Noël, on cuisine sous toutes ses formes le cochon que l'on a engraissé au long de l'année.

lundi 26 décembre

lever : 8 h 43
coucher : 16 h 59

St Étienne

Bonne fête !

Étienne

Étienne, aussi appelé Stéphane, est le premier martyr, puisqu'il mourut l'année de l'Ascension du Seigneur. Selon les Actes des Apôtres, Étienne était un érudit et un brillant orateur. Accusé d'avoir blasphémé, il réussit, grâce à ses talents, à se disculper sans peine, mais il termine son discours en accusant ses juges d'avoir le cœur dur. Ils n'apprécient pas, et le lapident donc. Assiste à ce jugement un certain Saül… qui deviendra plus tard l'apôtre Paul !

La rubrique du 13 h

LE CENTRE D'ART CONTEMPORAIN DE MEYMAC

Limousin

En Corrèze, le Centre d'art contemporain de Meymac a été créé en 1979, non loin du plateau de Millevaches, et installé dans une ancienne abbaye. Lieu de résidence d'artistes et d'expositions temporaires – puisqu'il ne possède pas de collection –, il s'est donné pour mission de faire connaître dans la région les arts plastiques contemporains et de promouvoir les jeunes artistes issus des écoles d'art de Bourges, Limoges et Clermont-Ferrand, grâce à une sélection de leurs œuvres présentée chaque année à l'automne, lors d'une exposition collective. Sur l'esplanade de l'abbaye se dresse une sculpture monumentale de Robert Jacobsen.

INSOLITE

Bretagne

À l'ère du numérique, il reste encore des amoureux des livres, et ils le font savoir ! Dans les années 1990, Bécherel, cité médiévale située entre Rennes et Saint-Malo, se mourait. Pour enrayer la désertification, de nombreux libraires et artisans d'art du livre s'y sont installés : la Cité du livre était née.

Un gentilé

d'Aquitaine

À Saubusse, découvrez l'église Saint-Jean-Baptiste du XIIIe siècle, mais surtout les thermes de la commune. Amateurs de paysages bucoliques, les barthes de l'Adour vous promettent aussi de belles promenades ! Mais quel est le gentilé de cette commune landaise ?

Sibusates.

Il était une fois en 1920

Congrès de Tours

Centre

Du 25 au 30 décembre 1920 a lieu le congrès de Tours, au cours duquel est votée l'adhésion de la SFIO – Section française de l'Internationale ouvrière, parti socialiste – à la IIIe Internationale. À quoi ce vote mène-t-il ? Eh bien, à la clôture du congrès, le 30 décembre, la SFIC – Section française de l'Internationale communiste – est fondée. Cette adhésion au communisme ayant créé des dissensions au sein du parti, la SFIO socialiste, privée d'une partie de ses membres, se maintient toutefois et jouera encore un rôle important au sein de la vie politique française.

mardi 27 décembre

lever : 8 h 43
coucher : 17 h 00

St Jean l'Évangéliste

Savoirs d'antan

La grippe sévit autour de vous ? Protégez-vous en vous massant les poignets avec le mélange suivant : une cuillerée à soupe d'huile végétale d'argan et trois gouttes d'huile essentielle de ravintsara. Renouvelez une à deux fois par jour.

Au fil de l'eau

Aquitaine

Né sur le plateau de Lannemezan, dans les Hautes-Pyrénées, le Gers arrose trois départements avant de grossir la Garonne près d'Agen. Son cours de cent soixante-quinze kilomètres traverse de nombreuses agglomérations, mais aussi des zones restées sauvages, prisées des amateurs de pêche et de canoë.

La rubrique du 13 h

LE CHÂTEAU DE GERMOLLES

Bourgogne

Demeure des ducs de Bourgogne, le château de Germolles, construit dans la seconde moitié du XIVe siècle, est un des exemples les mieux conservés des palais de la veille de la Renaissance en France. Partout, lors de la visite, le faste des lieux frappe ! Les proportions de la salle d'honneur, les peintures murales du corps de logis, les sculptures ornant les portes sont autant de témoignages du luxe dans lequel vivaient alors les ducs de Bourgogne et leur cour. Le parc du jardin, si beau qu'il soit aujourd'hui, n'a cependant plus l'aspect de ce qu'il était au XIVe siècle, et l'immense roseraie qui en était la principale attraction a depuis longtemps disparu.

Bonne fête !

Jean l'Évangéliste

Jean est, dit-on, l'apôtre que Jésus a le plus aimé. Il assiste à des événements marquants de la vie du Christ : sa Transfiguration et sa crucifixion. Plusieurs années après la mort de Jésus, il est amené devant l'empereur Domitien et torturé, puis envoyé sur une île, où il voit la fin des temps, ce qui lui permet d'écrire l'Apocalypse.

Il était une fois en 1946

Inscription de la maison du gouverneur de Saint-Flour aux monuments historiques

Auvergne

Saint-Flour est une bien jolie ville du Cantal, connue pour ses nombreux bâtiments classés monuments historiques, parmi lesquels la cathédrale Saint-Pierre, l'église Saint-Vincent, divers hôtels et plusieurs maisons, dont celle du gouverneur. Mais quel gouverneur ? On hésite. Il s'agirait soit de Jacques Dantil, seigneur de Ligonès, gouverneur sous Charles IX, soit d'Hugues de Rochefort d'Aly, qui le fut sous Louis XI. Toujours est-il que la demeure a été construite aux XIVe et XVe siècles.

mercredi 28 décembre

lever : 8 h 43
coucher : 17 h 01

Sts Innocents

Bonne fête !

Les saints Innocents

Les saints Innocents sont des enfants de moins de deux ans qu'Hérode, roi de Judée, ordonna de tuer, car il avait entendu parler de la venue au monde de Jésus, roi des Juifs. Les mages qu'il avait envoyés à Bethléem pour le rechercher ayant été avertis par un ange qu'il ne voulait pas l'adorer, comme il le leur avait dit, mais au contraire le tuer, ne revinrent pas auprès de lui. Par mesure de précaution, Hérode fit donc tuer tous les nourrissons de Bethléem...

La rubrique du 13 h

LA CÔTE À TRÉBEURDEN

Bretagne

La côte bretonne qui s'étend de Trébeurden à Perros-Guirec est principalement constituée d'un granit rose formé par la cristallisation du magma, il y a plus de six cents millions d'années. La nature joue depuis longtemps avec cette roche, et, grâce à l'érosion provoquée par le vent, l'eau, le sel et le gel, elle a su lui donner d'étonnantes formes, dans lesquelles l'homme a cru reconnaître plusieurs êtres peuplant son quotidien ou son imaginaire. Ainsi, vous pourrez apercevoir dans ces paysages minéraux un ours, un lapin, un épagneul, mais aussi une sorcière, un géant... entre lesquels apparaissent des plages, d'un sable rose issu de ce même granit.

INSOLITE

Picardie

Pendant la Première Guerre mondiale, la commune de Noyelles-sur-Mer, près de l'embouchure de la Somme, a accueilli un camp de travailleurs chinois employés par l'armée britannique, les coolies. C'est ainsi qu'on trouve, dans le hameau de Nolette, huit cent quarante-neuf stèles, qui constituent le plus grand cimetière chinois d'Europe.

Une charade en

Basse-Normandie

Conjuguez « pondre » à la 1re personne du singulier au présent du subjonctif pour obtenir mon 1er. Mon 2e existe. « Beau » devient mon 3e lorsqu'il précède une voyelle. Mon 4e est la forme élidée de « je ». Enjambant la Touques, mon tout relie Deauville à Trouville.

Il était une fois en 1022

Premier bûcher à Orléans

Centre

En ce 28 décembre 1022, il fait un peu froid dans les rues d'Orléans. Mais plus pour longtemps ! En effet, une douzaine de chanoines de la cathédrale d'Orléans étaient jugés quelques jours auparavant pour hérésie. Qu'avaient-ils fait ? Enseigné des dogmes erronés. Or, Robert le Pieux, roi de France, ne porte pas son surnom pour rien. Il convoque un synode lors duquel, après s'être bien défendus, les chanoines reconnaissent leur faute. Aussi sont-ils conduits en dehors de la ville, enfermés dans une cabane en bois et brûlés... C'était la première fois qu'on envoyait des hérétiques au bûcher.

Pont des Belges (ponde-est-bel-j').

jeudi 29 décembre

lever : 8 h 43
coucher : 17 h 01

St David

Un gentilé
des Pays de la Loire

Le Marais breton et son activité ostréicole couvrent près de la moitié de la commune de Bourgneuf-en-Retz, en Loire-Atlantique. La viticulture est également bien représentée et emploie de nombreux habitants, que l'on appelle les…

Novobourgeois ou Novembourgeois.

Au fil de l'eau
Rhône-Alpes

Ancien méandre du Rhône, et devenu un bras mort du fleuve, le méandre du Saugey se situe sur les communes de Brangues et de Saint-Benoît, à cheval entre l'Ain et l'Isère. Composé d'un plan d'eau, de prairies humides et de roselières, il fait partie de la réserve naturelle du Haut-Rhône français.

La rubrique du 13 h

LE MUSÉE DE L'AVENTURE PEUGEOT
Franche-Comté

À Sochaux, ville de son siège historique, Pierre Peugeot crée en 1988 le musée de l'Aventure Peugeot, entièrement dédié à l'histoire de l'industrie automobile familiale. Avec le souci de rassembler et de préserver des objets évoquant ce patrimoine vieux de deux siècles, avant la création d'un atelier de restauration automobile en 1984, il regroupe voitures de collection et pièces. Quatre ans plus tard, le musée ouvre ses portes. En 2000, fort de son succès, il triple sa surface d'exposition, pour pouvoir présenter aux visiteurs les quelque deux cents véhicules constituant l'intégralité de la production de l'entreprise.

Bonne fête !
David

David ? Le David qui a combattu Goliath ? Oui ! Il s'agit bien de ce David-là. Ce personnage de la Bible est le deuxième roi d'Israël et a fait de Jérusalem la capitale de son royaume. Il aurait vécu au xe siècle avant Jésus-Christ. Mais alors, quel rapport avec le christianisme, si ce n'est qu'il est dans la Bible ? Eh bien, Dieu lui aurait promis que son trône serait affermi. Les chrétiens ont fait de Jésus l'héritier de cette promesse.

Il était une fois en 1674
Combat de Mulhouse
Alsace

Louis XIV est un conquérant, et la guerre de Hollande illustre parfaitement ses ambitions. Il désire en effet s'emparer des Provinces-Unies. Il charge donc le vicomte de Turenne, fameux stratège, de retenir les impériaux, c'est-à-dire le Saint Empire romain germanique. Contrairement aux habitudes de l'époque, Turenne attaque en hiver ! Il entre dans Mulhouse le 29 décembre 1674. Il est ensuite victorieux à Turckheim – bataille lors de laquelle il déploie tout son génie militaire – le 5 janvier 1675, avant d'être tué par un boulet de canon en juillet.

vendredi 30 décembre

lever : 8 h 44
coucher : 17 h 02

St Roger

Bonne fête !
Roger

On ne sait pas grand-chose de lui, si ce n'est qu'il était évêque de Cannes, en Italie, et que, après que la ville eut été rasée, il alla lui-même chercher de la nourriture pour les habitants dans la campagne. Ce qui est intéressant survient après sa mort : la cathédrale de Cannes aurait été pillée par les habitants de Barletta, qui auraient tout emporté, y compris son corps. S'ils furent obligés de rendre les objets l'année suivante, il n'en fut pas de même du corps, qu'on n'estimait pas précieux. Alors les habitants décidèrent... de le prier !

La rubrique du 13 h

LE CHÂTEAU DE GAILLON

Haute-Normandie

Le château de Gaillon, dans le département de l'Eure, est un château de la Renaissance bâti sur l'emplacement d'un château fort que se disputèrent Philippe Auguste et Jean sans Terre, rois de France et d'Angleterre. Il est ensuite le premier château de la Renaissance en France, grâce à plusieurs travaux d'embellissement. Napoléon l'achète en 1812 et en fait un centre pénitentiaire, ce qui entraîne des transformations qui le détruisent aux trois quarts. La prison ferme en 1901, mais l'État ne se porte acquéreur qu'en 1970. En 1977, la restauration de l'édifice est entreprise, mais le château, s'il est visible, n'est toujours pas ouvert au public.

Un gentilé
d'Aquitaine

Laplume, dans le Lot-et-Garonne, compte deux églises médiévales classées monuments historiques, ainsi que des remparts typiques des cités aquitaines. Vous pourrez y voir également quatre beaux lavoirs et parcourir un sentier botanique où aiment flâner les habitants, les...

Pennaviens.

Au fil de l'eau
Nord-Pas-de-Calais

Petit fleuve côtier du Pas-de-Calais, la Liane prend sa source à Quesques. Elle termine son cours en traversant Boulogne-sur-Mer, où elle se déverse dans un bassin, sur lequel est aménagé un barrage, afin de prévenir les crues fréquentes de ce fleuve abondant.

Il était une fois en 1999
Jean Blaise inaugure le Lieu unique à Nantes
Pays de la Loire

Quel drôle de nom, nous direz-vous ! Et qu'abrite ce lieu de si exceptionnel ? Le Lieu unique est un centre culturel installé dans les anciens locaux de la célèbre biscuiterie LU. Les initiales de la biscuiterie sont également celles du centre ! En dehors de son site atypique, il possède une orientation intéressante : son but est de mêler la vie de tous les jours à l'art contemporain. Ainsi, outre une scène nationale et des espaces d'exposition et de spectacle, on trouve, dans le Lieu unique, une librairie, un hammam, un restaurant et une boutique. Il a été inauguré le 30 décembre 1999 par Jean Blaise, qui en a été le directeur jusqu'en 2011.

samedi 31 décembre

St Sylvestre

dimanche 1er janvier

Jour de l'An

La poularde au champagne

Champagne-Ardenne

Ingrédients

Pour 6 personnes

1 poularde de 1,5 kg
1 bouteille de champagne brut
100 g de beurre
25 cl de crème fraîche épaisse
1 c. à s. de farine
1 c. à c. de concentré de tomates
1 c. à c. de cognac
sel et poivre

Recette

- Découpez la poularde en morceaux, puis assaisonnez-les de sel et de poivre.
- Dans une cocotte en fonte, faites fondre 60 g de beurre à feu doux. Quand le beurre est bien mousseux, déposez-y les morceaux de volaille et faites-les dorer de tous les côtés, sans les laisser trop colorer. Saupoudrez ensuite de 1 c. à s. bombée de farine, puis mélangez pour bien enrober chaque morceau. Laissez revenir encore quelques minutes en retournant la volaille régulièrement.
- Passez à feu vif et déglacez avec le champagne. Grattez le fond de la cocotte pour décoller les sucs de cuisson.
- Baissez à feu moyen, puis incorporez la crème fraîche préalablement mélangée au concentré de tomates. Couvrez, puis laissez mijoter pendant 35 à 45 min.
- Une fois la cuisson terminée, égouttez la volaille et réservez-la au chaud dans un plat de service creux.
- Transvasez le fond de cuisson dans une casserole, en le passant au chinois, puis faites-le réduire à feu vif. Incorporez ensuite le reste du beurre en parcelles, à l'aide d'un fouet, et poursuivez la cuisson à petite ébullition pendant 2 ou 3 min, sans cesser de battre, jusqu'à obtention d'une sauce onctueuse. Ajoutez le cognac, puis rectifiez l'assaisonnement. Nappez la poularde de la sauce et servez aussitôt.

Recette ancestrale

On dit qu'il est de tradition, en Champagne, de toujours laisser sur la première marche de la cave une bouteille destinée à la cuisine. Pourtant, la plupart des recettes utilisant le fameux nectar ont été imaginées par de grands cuisiniers hors des frontières de la région. La poularde au champagne, elle, est typiquement champenoise et existait déjà sous l'Ancien Régime, sous le nom de « poularde fleur de lys ».

Crédits photographiques

1er janvier
13 heures : © Photo Pascal Bourguignon – Collection Lac du Der
Insolite : © PLTH – Fotolia.com
Il était une fois : © Collection IM/Kharbine-Tapabor

2 janvier/3 janvier
©MSPhotographic – Fotolia.com

4 janvier
13 heures : © PhotoGAPULMBozouls
Bonne fête : © Jean-Baptiste Hostache
Savoirs d'antan : © acmanley – Fotolia.com

5 janvier
13 heures : © Emmanuel Watteau
Bonne fête : © Collection LOU/Kharbine-Tapabor
Il était une fois : © Collection IM/Kharbine-Tapabor, Avant-Demain/Kharbine-Tapabor

6 janvier
13 heures : © Les Pointilleuses
Bonne fête : © Jean-Baptiste Hostache
Insolite : © Collection IM/Kharbine-Tapabor

7 janvier
Savoirs d'antan : © yurakp – Fotolia.com
Il était une fois : © Maud Delaflotte/Gamma-Rapho

8 janvier
Bonne fête : © Sensilya – travail personnel. Sous licence CC BY-SA 3.0 via Wikimedia Commons
Insolite : © DR

9 janvier/10 janvier
© Hussenot // Photocuisine

11 janvier
13 heures : © F. Hanscotte
Bonne fête : © Wolfgang Sauber – Travail personnel. Sous licence CC BY-SA 3.0 via Wikimedia Commons
Il était une fois : © Keystone-France

12 janvier
13 heures : © Laurent Dupont
Insolite : © Laurent Dorey
Il était une fois : © Collection Kharbine-Tapabor

13 janvier
13 heures : © Éric Chazerans
Bonne fête : © Collection Kharbine-Tapabor

14 janvier
13 heures : © OT Basse Marche, William Ruchaud
Bonne fête : © Giorgi777 de ka. Sous licence CC BY-SA 3.0 via Wikimedia Commons

15 janvier
13 heures : © OT Domfront

16 janvier/17 janvier
© Tycoon101 – Fotolia.com

18 janvier
13 heures : © Musée Fragonard, EnvA
Bonne fête : © Jean-Baptiste Hostache
Il était une fois : © Alain Benainous/Gamma

19 janvier
13 heures : © Office de Tourisme de Dijon
Insolite : © Greg – Fotolia.com

20 janvier
13 heures : © Association Anim'Avioth - Nolwenn Maroteaux
Il était une fois : © Destination Rennes/Ludovic Maisan

21 janvier
13 heures : © Hervé Rouveure – Fotolia.com
Insolite : © Gael13011 — Travail personnel. Sous licence CC BY-SA 3.0 via Wikimedia Commons
Il était une fois : © Frederic Souloy/Gamma

22 janvier
13 heures : © S. Hammam/Estran Animé île de Ré
Il était une fois : © Collection Kharbine-Tapabor

23 janvier/24 janvier
© Viel // Photocuisine

25 janvier
13 heures : © PackShot – Fotolia.com
Bonne fête : © Clicsouris – Travail personnel. Sous licence CC BY-SA 2.5 via Wikimedia Commons

26 janvier
13 heures : © Chantal Domeniconi, Club alpin du Pays de Gex, www.capdg.asso.cc-pays-de-gex.fr
Il était une fois : © Collection Kharbine-Tapabor

27 janvier
13 heures : © TerreNeuve
Insolite : © Collection Perrin/Kharbine-Tapabor
Il était une fois : © Collection Perrin/Kharbine-Tapabor, Collection IM/Kharbine-Tapabor

28 janvier
13 heures : © Véronique Rontard
Il était une fois : © V. Rumi – Fotolia.com

29 janvier
13 heures : © Mathieu Anglada
Bonne fête : © Romary – Travail personnel. Sous licence CC BY-SA 2.5 via Wikimedia Commons
Il était une fois : © Jean-Baptiste Hostache

30 janvier/31 janvier
© Bilic – Photocuisine

1er février
13 heures : © Fondation Claude Monet Giverny/droits réservés
Bonne fête : © « Lacock abbey GB » par Original téléversé par Frerix sur Wikipedia anglais, transféré de en.wikipedia à Commons. Sous licence CC BY-SA 3.0 via Wikimedia Commons

2 février
13 heures : © SommeTourisme-AB
Bonne fête : © Jean-Baptiste Hostache
Il était une fois : © Collection Kharbine-Tapabor

3 février
13 heures : © Maison du verre de Dordives. Photo : Florian DEBU
Il était une fois : © sauve qui peut le court métrage, illustrateur-affichiste Ronald Curchod

4 février
13 heures : © Office de Tourisme Communautaire des Boucles de Meuse et Semoy
Insolite : © www.passion-tarn-et-garonne

5 février
13 heures : © Mairie de Montpeyroux
Savoirs d'antan : © LuisaPuccini – Fotolia.com

6 février/7 février
© Collection IM/Kharbine-Tapabor, M.studio – Fotolia.com

8 février
13 heures : © Alain Chermat/Flickr
Insolite : © Jean-Louis Didelon
Il était une fois : © Collection Kharbine-Tapabor

9 février
13 heures : © C. Thouvenin/A Cupulatta
Il était une fois : © Collection Jonas/Kharbine-Tapabor

10 février
13 heures : © Claire Suaudeau, travail confié à Hervé Suaudeau pour traitements et publications. Sous licence CC BY-SA 4.0 via Wikimedia Commons
Bonne fête : © Jean-Baptiste Hostache
Il était une fois : © DR

11 février
13 heures : © Office de Tourisme de Locronan
Bonne fête : © Jean Vigne/Kharbine-Tapabor
Il était une fois : © Collection Kharbine-Tapabor

12 février
13 heures : © Office de tourisme Galeria-Falasorma
Bonne fête : © Collection IM/Kharbine-Tapabor
Insolite : © Musée Troglodytique de Rochemenier

13 février/14 février
© Collection IM/Kharbine-Tapabor, Pictures news – Fotolia.com

15 février
13 heures : © Valentin Roussière, Conservation des musées de Vendée
Savoirs d'antan : © Les Pointilleuses

16 février
13 heures : © Marc Adolf, Sauvegarde du Klingenthal
Bonne fête : © OHM - St. Julianaby Wolfgang Sauber - Treball propi. Sous licence CC BY-SA 3.0 via Wikimedia Commons
Il était une fois : © Maindru Photos

17 février
13 heures : © Julien Boureau
Savoirs d'antan : © Ivonne Wierink – Fotolia.com
Il était une fois : © www.guerredesgaz.fr

18 février
13 heures : © kristobalite/Flickr
Bonne fête : © Jean Vigne/Kharbine-Tapabor
Il était une fois : © Collection Laurent Quevilly

19 février
13 heures : © OT du Pays de Falaise
Bonne fête : © Jean-Baptiste Hostache
Insolite : © Émilie Queyroy

20 février/21 février
© Viel // Photocuisine

22 février
13 heures : © A. Bachelier – CG 94
Bonne fête : © Marie-Lan Nguyen-WikimediaCommons. licence CC
Savoirs d'antan : © pixelrobot – Fotolia.com

23 février
13 heures : © Musée de la Bière de Stenay
Insolite : © Thierry Millière
Il était une fois : © Jean-Baptiste Hostache

24 février
13 heures : © C. Brin

25 février
13 heures : © J. Tournier
Insolite : © Cinéma Utopia de Bordeaux
Il était une fois : © Jean-Baptiste Hostache

26 février
13 heures : © Île de Ré tourisme, Xavier Leoty
Il était une fois : © Jean-Baptiste Hostache

27 février/28 février
© FOOD-pictures – Fotolia.com

29 février
13 heures : © Jeanne Bergeret-Morère
Savoirs d'antan : © Collection Kharbine-Tapabor

1er mars
13 heures : © Salle à manger, Maison de l'Armateur - Musées d'Art et d'Histoire © Laurent Bréard
Bonne fête : © Collection Jonas/Kharbine-Tapabor
Insolite : © musée du Rhum
Il était une fois : © Photo Demolin/Kharbine-Tapabor

2 mars
13 heures : © Mathieu Anglada, Office de Tourisme Sarlat Périgord Noir
Savoirs d'antan : © mwtierfoto – Fotolia.com

3 mars
13 heures : © JF. Cholley
Il était une fois : © Romar. Sous licence CC BY-SA 2.5 via Wikimedia Commons

4 mars
13 heures : © Amskad/Shutterstock
Insolite : © Loran Tatooine

5 mars/6 mars
© koss13 – Fotolia.com

7 mars
13 heures : © Collection IM/Kharbine-Tapabor

8 mars
13 heures : © Jodie Way
Insolite : © Jpp59310 – Travail personnel. Sous licence CC BY-SA 3.0 via Wikimedia Commons
Il était une fois : © Collection IM/Kharbine-Tapabor

9 mars
13 heures : © Bernard Ameloot
Insolite : © Basilio – Travail personnel. Sous licence CC BY-SA 3.0 via Wikimedia Commons

10 mars
13 heures : © Office de Tourisme Région de Molsheim-Mutzig
Il était une fois : © Keystone-France

11 mars
13 heures : © Jean-Christophe Benoist – Travail personnel. Sous licence CC BY-SA 2.5 via Wikimedia Commons
Bonne fête : © Jean-Baptiste Hostache

12 mars/13 mars
© Harris // Photocuisine

14 mars
13 heures : © M. Langle
Bonne fête : © M. Kunz. — Travail personnel. Sous licence CC BY-SA 3.0 via Wikimedia Commons
Savoirs d'antan : © Jean-Jacques Cordier – Fotolia.com
Il était une fois : © Collection IM/Kharbine-Tapabor

15 mars
13 heures : © ville de Saint-Quentin – Luc Couvée
Bonne fête : © Collection Jonas/Kharbine-Tapabor
Insolite : © Pinpin (UTC) — Travail personnel. Sous licence CC BY-SA 3.0 via Wikimedia Commons
Il était une fois : © Pays du Grand Bergeracois

16 mars
13 heures : © Brica Monnier
Il était une fois : © Jean-Baptiste Hostache

17 mars
13 heures : © Victor Ferrer Rico
Bonne fête : © Sicarr – Flickr. Sous licence CC BY-SA 2.0 via Wikimedia Commons
Insolite : © Vincent Fillon
Il était une fois : © Bernard Tschumi architecte

18 mars
13 heures : © Maelwenn Leduc/Saint-Nazaire Tourisme & Patrimoine

19 mars/20 mars
© Collection Jonas/Kharbine-Tapabor, lil_22 – Fotolia.com

21 mars
Bonne fête : © Jean-Baptiste Hostache
Savoirs d'antan : © Margo555 – Fotolia.com
Il était une fois : © Mohamed Lounes/Gamma

22 mars
13 heures : © Samy Salamor
Bonne fête : © Jean-Baptiste Hostache
Insolite : © Toutaitanous 2 + F.L.C., ADAGP 2015
Il était une fois : © Yves Le Roux/Gamma

23 mars
13 heures : © Philippe Clairay, Musées de Villedieu
Savoirs d'antan : © garmonbaziya – Fotolia.com
Il était une fois : © Collection Kharbine-Tapabor

24 mars
13 heures : © Vincent Lagardère CMPC
Bonne fête : © Collection Jonas/Kharbine-Tapabor
Il était une fois : © 2011 Sputnik Oy - Pyramide Productions

25 mars
13 heures : © Jacqueline Kerdanoff, Le Manac'h

26 mars/27 mars
© Subiros // Photocuisine

29 mars
13 heures : © Manfred Heyde – Travail personnel. Sous licence CC BY-SA 3.0 via Wikimedia Commons
Bonne fête : © Jean-Baptiste Hostache
Insolite : © Oleksiy Drachenko – Fotolia.com
Il était une fois : © CB - OT Bayeux Intercom

30 mars
13 heures : © Sébastien Félio
Insolite : © Fanoflesage – Travail personnel. Sous licence CC BY-SA 3.0 via Wikimedia Commons
Il était une fois : © Christophe Pecout

31 mars
13 heures : © Renate Zimmerman
Bonne fête : © Jean-Baptiste Hostache
Il était une fois : © Collection Musée Français du Pétrole

1er avril
13 heures : © Philippe Gal
Bonne fête : © Collection Kharbine-Tapabor
Il était une fois : © Collection Kharbine-Tapabor

2 avril/3 avril
© Sudres // Photocuisine, Collection Jonas/Kharbine-Tapabor

4 avril
13 heures : © mairie de Sainte-Engrace
Insolite : © Martin Bueche
Il était une fois : © Marie-Lan Nguyen — Travail personnel. Sous licence CC BY-SA 3.0 via Wikimedia Commons

5 avril
13 heures : © André Unterfinger/www.lieux-insolites
Insolite : © Alfran-VéloRail de Chauvigny
Il était une fois : © David Etien/Artefact Prod

6 avril
13 heures : © Les Amis de Lyons
Savoirs d'antan : © Nata777_7 – Fotolia.com

7 avril
13 heures : © Maison de l'Outil et de la Pensée Ouvrière
Bonne fête : © Collection Kharbine-Tapabor

8 avril
13 heures : © Doronenko — Travail personnel. Sous licence CC BY-SA 4.0 via Wikimedia Commons
Insolite : © Gilles Malloire
Il était une fois : © Reporters Associes/Gamma

9 avril/10 avril
© Alain Wacquier – Fotolia.com, Cheuva/Kharbine-Tapabor

11 avril
Bonne fête : © Collection Jonas/Kharbine-Tapabor
Il était une fois : © Keystone-France

12 avril
13 heures : © Raymonde Dapzol
Insolite : © Michel Pardon/Flickr
Il était une fois : © JM Guyon – Fotolia.com

13 avril
13 heures : © Thierry Guimbert – Fotolia.com
Savoirs d'antan : © vandycandy – Fotolia.com

14 avril
13 heures : © office de tourisme de l'Île-Rousse
Bonne fête : © Collection Grob/Kharbine-Tapabor
Insolite : © Jean-Baptiste Hostache

15 avril
13 heures : © Collection Saline royale
Bonne fête : © Collection IM/Kharbine-Tapabor
Il était une fois : © Collection Jonas/Kharbine-Tapabor, Collection Kharbine-Tapabor

16 avril/17 avril
© Nito/Shutterstock, Collection IM/Kharbine-Tapabor

18 avril
13 heures : © Collection IM/Kharbine-Tapabor
Bonne fête : © Photlook – Fotolia.com
Savoirs d'antan : © ComZeal – Fotolia.com
Il était une fois : © Collection Kharbine-Tapabor

19 avril
13 heures : © Office de Tourisme de Trébeurden
Bonne fête : © I, Poussin jean. Sous licence CC BY-SA 3.0 via Wikimedia Commons
Il était une fois : © François Lochon/Gamma-Rapho

20 avril
13 heures : © Guy Schivy_Alsace-medievale.wifeo.com
Bonne fête : © Jean-Baptiste Hostache
Il était une fois : © Collection Jonas/Kharbine-Tapabo

21 avril
13 heures : © D. Vernier-CG53
Il était une fois : © Collection IM/Kharbine-Tapabor

22 avril
13 heures : © JC Drapier – Fotolia.com
Bonne fête : © Jean-Baptiste Hostache
Insolite : © Bruno74 — Travail personnel. Sous licence CC BY-SA 3.0 via Wikimedia Commons

23 avril/24 avril
© feuerpferd1111 – Fotolia.com

25 avril
13 heures : © Philippe Graindorge
Il était une fois : © Tanguy Jossi

26 avril
13 heures : © Office de Tourisme de Saint-Martin-de-Ré
Bonne fête : © Jean-Baptiste Hostache
Insolite : © Office du tourisme du pays de Brocéliande
Il était une fois : © Collection Jonas/Kharbine-Tapabor

27 avril
13 heures : © Bruno Marguerite/RATP
Bonne fête : © Arnould de Vuez – photographie autoproduite, Velvet. Sous licence CC BY-SA 3.0 via Wikimedia Commons
Savoirs d'antan : © Ivonne Wierink – Fotolia.com
Il était une fois : © Collection Jonas/Kharbine-Tapabor

28 avril
13 heures : © Pline – Travail personnel. Sous licence CC BY-SA 3.0 via Wikimedia Commons
Bonne fête : © Jean-Baptiste Hostache

29 avril
13 heures : © Patrick Peltier
Insolite : © André Guerville

30 avril/1er mai
© www.safrandugatinais.fr

2 mai
13 heures : © Fondation Abbaye de La Lucerne d'Outremer
Il était une fois : © Gabriel-Xavier Culioli

3 mai
13 heures : © Steve Bennett – Travail personnel. Sous licence CC BY-SA 3.0 via Wikimedia Commons
Insolite : © Olivier Drapé

4 mai
13 heures : © Bertrand Côme - La Vanilleraie
Bonne fête : © icône contemporaine/iconesalain.free.fr
Savoirs d'antan : © dulsita – Fotolia.com
Il était une fois : © Collection NB/Kharbine-Tapabor

5 mai
13 heures : © Nicolas Angleys
Bonne fête : © Jean-Baptiste Hostache
Il était une fois : © Keystone-France

6 mai
13 heures : © Office de Tourisme du Pays de Bitche – G. Muller
Bonne fête : © Jean-Baptiste Hostache

7 mai/8 mai
© Jérôme Rommé – Fotolia.com

9 mai
13 heures : © C. Loisel/C. Lancien
Bonne fête : © Collection Grob/Kharbine-Tapabor
Insolite : © office de tourisme d'Ahun
Il était une fois : © DR

10 mai
13 heures : © Val d'Ardenne Tourisme
Bonne fête : © Julien Descloux – Travail personnel. Sous licence CC BY-SA 3.0 via Wikimedia Common

11 mai
13 heures : © Guy Grégoire
Bonne fête : © Xauxa (Håkan Svensson) — Travail personnel. Sous licence CC BY-SA 3.0 via Wikimedia Commons
Il était une fois : © Collection IM/Kharbine-Tapabor, Philophoto – Fotolia.com

12 mai
13 heures : © Paul Saccard
Il était une fois : © Collection Jonas/Kharbine-Tapabor

13 mai
13 heures : © Ferme des Orgues - musée de la Musique Mécanique- Steenwerck
Bonne fête : © Jean-Baptiste Hostache

14 mai/15 mai
© Radvaner // Photocuisine

16 mai
Bonne fête : © Marie-Lan Nguyen-Wikimedia Commons

17 mai
13 heures : © Philippe Mercier
Bonne fête : © Jean-Baptiste Hostache
Insolite : © andyparant.com
Il était une fois : © Collection Kharbine-Tapabor

18 mai
13 heures : © Office de Tourisme de Mazan

19 mai
13 heures : © Nicolas Méquin
Il était une fois : © Michel Artault/Gamma, Collection Grob/Kharbine-Tapabor

20 mai
13 heures : © lionel Periault
Il était une fois : © Philippe from Bordeaux, France — d'abord publié sur Flickr sous le nom « pont d aquitaine ». Sous licence CC BY 2.0 via Wikimedia Commons

21 mai/22 mai
© Viktor1/Shutterstock

23 mai
13 heures : © Erwan Corre
Il était une fois : © agence Ouf Communication

24 mai
Bonne fête : © Collection Jonas/Kharbine-Tapabor
Insolite : © B. Almodovar
Il était une fois : © Jean-Jacques Lapeyronnie/Gamma-Rapho

25 mai
Bonne fête : © AntonyB — Travail personnel. Sous licence CC BY-SA 3.0 via Wikimedia Commons
Savoirs d'antan : © emer – Fotolia.com
Il était une fois : © British Library/Kharbine-Tapabor

26 mai
13 heures : © Calvaire de Pontchâteau
Bonne fête : © Profburp — Travail personnel. Sous licence CC BY-SA 3.0 via Wikimedia Commons
Insolite : © DR
Il était une fois : © Collection IM/Kharbine-Tapabor

27 mai
13 heures : B. Caffin
Bonne fête : © Collection Kharbine-Tapabor

28 mai/29 mai
© vpardi – Fotolia.com

30 mai
13 heures : © Freesurf – Fotolia.com
Bonne fête : © Coll. Jonas/Kharbine-Tapabor
Il était une fois : © C. Méravilles

31 mai
13 heures : © Martyn Copcutt
Insolite : © Pays des Portes d'Ariège Pyrénées
Il était une fois : © François Besch, Luxembourg

1er juin
13 heures : © mairie de Mervent
Savoirs d'antan : © Coulanges – Fotolia.com
Il était une fois : © Laurent Frézouls

2 juin
13 heures : © Jean-Marc Lebaz
Bonne fête : © Collection Grob/KHARBINE-TAPABOR
Il était une fois : © Collection Kharbine-Tapabor

3 juin
13 heures : © aquaphoto – Fotolia.com
Bonne fête : © British Library/Kharbine-Tapabor
Insolite : © Jean-François Hamon
Il était une fois : © musée portuaire de Dunkerque

4 juin/5 juin
© sashahaltam – Fotolia.com, Cheuva/Kharbine-Tapabor

6 juin
13 heures : © Alain Muller/Flickr
Insolite : © Thomas Boivin/asisi
Il était une fois : © British Library/Kharbine-Tapabor

7 juin
13 heures : © Mfrays – Travail personnel. Sous licence CC BY-SA 3.0 via Wikimedia Commons
Bonne fête : © Jean-Baptiste Hostache

8 juin
13 heures : © Collection IM/Kharbine-Tapabor

Bonne fête : © Collection IM/Kharbine-Tapabor
Savoirs d'antan : © Natalia Klenova – Fotolia.com
Il était une fois : © J.L. Aubert/Domaine de Chantilly

9 juin
13 heures : © Le Lionel/Flickr
Bonne fête : © Jean-Baptiste Hostache
Insolite : © André Unterfinger/www.lieux-insolites

10 juin
13 heures : © Jean-François Feutriez
Bonne fête : © Collection Kharbine-Tapabor
Il était une fois : © Nigel Norrington/Camerapress/Gamma

11 juin/12 juin
© Jean-Baptiste Hostache, Studio // Photocuisine

13 juin
13 heures : © Megalithic portal/A Lopez
Bonne fête : © Collection Kharbine-Tapabor

14 juin
13 heures : © Caroline Matondot
Insolite : © mairie de Noyant d'Allier
Il était une fois : © Bernard Brun/imagesfactory

15 juin
13 heures : © Annette Bourrut Lacouture
Bonne fête : © Raoul du Faur de Pibrac – Travail personnel. Sous licence CC BY-SA 4.0 via Wikimedia Commons
Savoirs d'antan : © Dario Lo Presti – Fotolia.com
Il était une fois : © Coll. Jonas/Kharbine-Tapabor

16 juin
13 heures : © Zalavin – Travail personnel. Sous licence CC BY-SA 4.0 via Wikimedia Commons
Bonne fête : © Bmclaughlin9 – Travail personnel. Sous licence CC BY-SA 3.0 via Wikimedia Commons

17 juin
13 heures : © Franck Feret/Flickr
Bonne fête : © Moreau Henri
Il était une fois : © Laurent Maous/Gamma-Rapho

18 juin/19 juin
© Florilegius/Kharbine-Tapabor, Denise Gerelli/ www.gourmandenise.fr

20 juin
13 heures : © Les Pointilleuses
Il était une fois : © Jean-Baptiste Hostache

21 juin
13 heures : © Christian Lorenzoni
Bonne fête : © Jean-Baptiste Hostache

22 juin
13 heures : © Julie Bozza
Il était une fois : © Collection Kharbine-Tapabor

23 juin
13 heures : © rosier — Travail personnel. Sous licence GFDL via Wikimedia Commons
Savoirs d'antan : © Zerbor – Fotolia.com
Il était une fois : © Jérémy Dufourgt

24 juin
13 heures : © MNP (Les Eyzies) - Dist. RMN - Cliché Ph. Jugie.
Savoirs d'antan : © Photocrew – Fotolia.com

25 juin/26 juin
Comugnero Silvana – Fotolia.com, Collection IM/Kharbine-Tapabor

27 juin
13 heures : © Spouik – Travail personnel. Sous licence CC BY-SA 4.0 via Wikimedia Commons
Insolite : © François Bernardin – Travail personnel (photo personnelle). Sous licence CC BY-SA 2.5 via Wikimedia Commons
Il était une fois : © Daniel Culsan – Travail personnel. Sous licence CC BY-SA 3.0 via Wikimedia Commons

28 juin
13 heures : © Claude Lacourarie
Insolite : © Alexander Leonov/Shutterstock
Il était une fois : © Alexandre Marchi/Gamma

29 juin
13 heures : © Office du tourisme de Baccarat
Il était une fois : © ASO/ B. Bade

30 juin
13 heures : © Musée-Forum de l'Aurignacien
Bonne fête : © Jean-Marc Rosier from www.rosier.pro.

Sous licence CC BY-SA 3.0 via Wikimedia Commons
Il était une fois : © Wladyslaw. Sous licence CC BY 3.0 via Wikimedia Commons

1er juillet
13 heures : © Catherine NEUILLY/Coccinelle18/Flickr
Il était une fois : © Collection Kharbine-Tapabor

2 juillet/3 juillet
© Rivière // Photocuisine

4 juillet
13 heures : © Raul Pires Coelho/Flickr
Il était une fois : © Château de Villandry

5 juillet
13 heures : © Gérard Derouet
Bonne fête : © Ignoto - Travail personnel. Sous licence CC BY-SA 3.0 via Wikimedia Commons
Savoirs d'antan : © Mara Zemgaliete – Fotolia.com

6 juillet
13 heures : © Office de tourisme, Florian Simonnet
Insolite : © Jean-Baptiste Hostache

7 juillet
13 heures : © Jean-Louis Didelon
Bonne fête : © Jean-Baptiste Hostache
Il était une fois : © Ericd, Wikipedia. Sous licence CC BY-SA 3.0 via Wikimedia Commons

8 juillet
13 heures : © Geneviève Lemaire
Savoirs d'antan : © Collection Jonas/Kharbine-Tapabor

9 juillet/10 juillet
© Perrin // Photocuisine

11 juillet
13 heures : © Yvon52 – Fotolia.com

12 juillet
13 heures : © AL Nicolas – Mairie de Venasque
Insolite : © André Guerville

13 juillet
13 heures : © Jean-François Feutriez
Bonne fête : © Georges Jansoone (JoJan) – Travail personnel. Sous licence GFDL via Wikimedia Commons
Il était une fois : © LAMEFEL

14 juillet
13 heures : © Steve PEARCE
Insolite : © Mairie de Dénezé-sous-Doue
Il était une fois : © Collection Perrin/Kharbine-Tapabor

15 juillet
13 heures : © Moselle Tourisme - JC Kanny
Bonne fête : © Jean-Baptiste Hostache
Il était une fois : © Collection Kharbine-Tapabor

16 juillet/17 juillet
© Collection Kharbine-Tapabor, fieryphoenix – Fotolia.com

18 juillet
13 heures : © OT Gravelines
Bonne fête : © Collection IM/Kharbine-Tapabor
Il était une fois : © Sébastien Falcon-Rocher Saint-Michel d'Aiguilhe

19 juillet
13 heures : © Office de Tourisme Intercommunal des Monts de Châlus
Bonne fête : © Jean-Baptiste Hostache
Insolite : © Photlok – Fotolia.com
Il était une fois : © Thierry Ryo – Fotolia.com

20 juillet
13 heures : © Joëlle Paur de Glay (Doubs)
Savoirs d'antan : © Collection IM/Kharbine-Tapabor

21 juillet
13 heures : © fred34560 – Fotolia.com
Bonne fête : © Quistnix at nl.wikipedia. Sous licence CC BY-SA 2.5 via Wikimedia Commons
Insolite : © Stephane Bidouze/Shutterstock

22 juillet
13 heures : © Fangio678
Bonne fête : © Cheuva/Kharbine-Tapabor
Il était une fois : © photomontage SMBMSM - Thomas Jouanneau DFA SBP

23 juillet/24 juillet
© Collection PITT/Kharbine-Tapabor, Csehak Szabolcs/ Shutterstock

25 juillet
13 heures : © Jean-Baptiste Hostache
Il était une fois : © Collection IM/Kharbine-Tapabor

26 juillet
13 heures : © Érick Frejean
Insolite : © CIAP
Il était une fois : © Brad Pict - Fotolia.com

27 juillet
13 heures : © Rémy Brugière
Bonne fête : © alessandro0770/Shutterstock
Il était une fois : © Jean Vigne/Kharbine-Tapabor

28 juillet
13 heures : © Fabrice Cario
Bonne fête : © Collection Cowen/Kharbine-Tapabor
Il était une fois : © Archives Brest Métropole/auteur Van de la Fosse-David, © Yannick LE BRIS — Wiki-Brest

29 juillet
13 heures : © Villa Arnaga
Bonne fête : © Collection Kharbine-Tapabor
Insolite : © ternisien

30 juillet/31 juillet
© Collection FLO/Kharbine-Tapabor, Riou // Photocuisine

1er août
13 heures : © Service Municipal du Tourisme d'Angles
Il était une fois : © Frog 974 - Fotolia.com

2 août
13 heures : © Mairie de Thônes
Bonne fête : © Anton Denisenko. Sous licence CC BY-SA 3.0 via Wikimedia Commons
Insolite : © Pymouss — Travail personnel. Sous licence CC BY-SA 3.0 via Wikimedia Commons
Il était une fois : © Collection IM/Kharbine-Tapabor

3 août
13 heures : © Airborne Museum - Travail personnel. Sous licence CC BY-SA 3.0 via Wikimedia Commons
Bonne fête : © Jean-Baptiste Hostache
Savoirs d'antan : © Maksim Shebeko - Fotolia.com
Il était une fois : © Festival Interceltique de Lorient, Collection Jonas/Kharbine-Tapabor

4 août
13 heures : © P. ROGER
Bonne fête : © Torsade de Pointes — Travail personnel. Sous licence CC0 via Wikimedia Commons
Insolite : © Bambi79 - Fotolia.com
Il était une fois : © Collection Kharbine-Tapabor

5 août
13 heures : © Antoine Dumont
Il était une fois : © Collection Jonas/Kharbine-Tapabor

6 août/7 août
© HandmadePictures - Fotolia.com, Collection Florilegius/Kharbine-Tapabor

8 août
13 heures : © André Unterfinger/www.lieux-insolites.fr
Il était une fois : © Collection Dixmier/Kharbine-Tapabor

9 août
13 heures : © Patrick (Morio60/Flickr)
Bonne fête : © Collection IM/Kharbine-Tapabor
Insolite : © Gilda Bourguignon. www.datcha-kalina
Il était une fois : © Collection Jonas/Kharbine-Tapabor

10 août
13 heures : © Jan Berckmans
Bonne fête : © Cheuva/Kharbine-Tapabor

11 août
13 heures : © André Unterfinger/www.lieux-insolites.fr
Bonne fête : © BMIU-Clermont-Ferrand
Il était une fois : © Collection Grob/Kharbine-Tapabor

12 août
13 heures : © Nicolas Valdeyron
Bonne fête : © Jean-Baptiste Hostache
Il était une fois : © Stéphane/Gamma

13 août/14 août
© Collection IM/Kharbine-Tapabor, Sudres // Photocuisine

15 août
13 heures : © Fondation du château de Hautefort
Bonne fête : © Collection IM/Kharbine-Tapabor
Il était une fois : © pixarno - Fotolia.com, Collection IM/Kharbine-Tapabor

16 août
13 heures : © André Unterfinger/www.lieux-insolites.fr
Bonne fête : © Collection Jonas/Kharbine-Tapabor
Insolite : © Daniel Villafruela – Travail personnel. Sous licence CC BY-SA 3.0 via Wikimedia Commons

17 août
13 heures : © Guy Schnell
Insolite : © Packshot – Fotolia.com
Il était une fois : © Collection Kharbine-Tapabor

18 août
13 heures : © Marek Pisa
Bonne fête : © Collection IM/ Kharbine-Tapabor
Il était une fois : © Collection : IM/Kharbine-Tapabor

19 août
13 heures : © Brad Pict – Fotolia.com
Bonne fête : © Jean-Baptiste Hostache
Insolite : © homme-feuille Faustin Tougma Burkina Faso, biennale 2009
Il était une fois : © Michel Mako/Rapho ; Collection Kharbine-Tapabor

20 août/21 août
© Czerw // Photocuisine

22 août
13 heures : © JFGirard
Savoirs d'antan : © dekanaryas – Fotolia.com
Il était une fois : © Collection Kharbine-Tapabor

23 août
13 heures : © Pascal06 – Fotolia.com
Bonne fête : © Collection IM/Kharbine-Tapabor
Insolite : © Atlantis – Fotolia.com
Il était une fois : © Collection IM/Kharbine-Tapabor

24 août
13 heures : © André Unterfinger/www.lieux-insolites.fr
Bonne fête : © British Library/Kharbine-Tapabor
Il était une fois : © Keystone-France

25 août
13 heures : © André Unterfinger/www.lieux-insolites.fr
Bonne fête : © Collection Pizzi/Kharbine-Tapabor
Insolite : © mattei – Fotolia.com

26 août
13 heures : © Markus3 (Marc ROUSSEL) – Travail personnel. Sous licence CC BY-SA 3.0 Wikimedia Commons
Il était une fois : © Alain Wacquier – Fotolia.com

27 août/28 août
© Subiros // Photocuisine, Collection Grob/Kharbine-Tapabor

29 août
13 heures : © Jean-Louis Didelon
Bonne fête : © Renáta Sedmáková – Fotolia.com
Il était une fois : © Festival d'Aurillac © Nadège and Co d'après une illustration d'Henri Galeron

30 août
13 heures : © Jardin Jungle Karlostachys
Insolite : © www.randoalsacevosges.com
Il était une fois : © Velvet – Travail personnel. Sous licence CC BY-SA 3.0 via Wikimedia Commons

31 août
13 heures : © vouvrayvan – Fotolia.com
Bonne fête : © Jean-Baptiste Hostache
Savoirs d'antan : © Collection Jonas/ Kharbine-Tapabor

1er septembre
13 heures : © Roland Letscher
Insolite : © Pays Issoire val Allier sud, N. Dutranoy
Il était une fois : © Mohamed Lounes/Gamma

2 septembre
13 heures : © Cap Atlantique
Bonne fête : © Jean-Baptiste Hostache
Il était une fois : © DR – Scanné par Claude Villetaneuse. Sous licence CC BY-SA 3.0 via Wikimedia Commons

3 septembre/4 septembre
© Collection IM/Kharbine-Tapabor
Nicoloso // Photocuisine

5 septembre
13 heures : © www.lieux-insolites.fr/André Unterfinger
Bonne fête : © DR
Insolite : © Jean-Louis Didelon

6 septembre
13 heures : © Éric Pouhier
Bonne fête : © Jean-Baptiste Hostache
Savoirs d'antan : © Collection Kharbine-Tapabor

7 septembre
13 heures : © CJBN
Bonne fête : © Collection IM/Kharbine-Tapabor
Savoirs d'antan : © mariesacha – Fotolia.com
Il était une fois : © Collection Kharbine-Tapabor

8 septembre
13 heures : © muséemagnin
Bonne fête : © Philippesalv

9 septembre
13 heures : © Musée Marmottan Monet
Bonne fête : Alanus Psalter 1492. Sous licence CC BY-SA 3.0 via Wikimedia Commons
Insolite : © Jean-Baptiste Hostache
Il était une fois : © Éric Travers/Gamma

10 septembre/11 septembre
© Margouillat Photo/Shutterstock

12 septembre
13 heures : © Préhistoparc
Il était une fois : © Collection Grob/Kharbine-Tapabor

13 septembre
13 heures : © www.gersicottigersicotta.fr
Insolite : © Studio Launay
Il était une fois : © Mikael Vojinovic

14 septembre
13 heures : © Gérald Garita – Travail personnel. Sous licence CC BY-SA 3.0 via Wikimedia Commons
Il était une fois : © Éric Catarina/Gamma

15 septembre
13 heures : © Mastrofoto – Fotolia.com
Bonne fête : © Jean-Baptiste Hostache
Insolite : © vyskoczilova/Shutterstock
Il était une fois : © Jean-Baptiste Hostache

16 septembre
13 heures : © André Unterfinger/www.lieux-insolites.fr
Insolite : © Marc Pivetta/Flickr
Il était une fois : © Collection Kharbine-Tapabor

17 septembre/18 septembre
© Jean-Baptiste Hostache, Subiros // Photocuisine

19 septembre
13 heures : © mujepa/flickr
Bonne fête : © Collection IM/Kharbine-Tapabor
Il était une fois : © Collection Kharbine-Tapabor

20 septembre
13 heures : © Michel Giguet/michel.giguet@orange.fr
Bonne fête : © Jean-Baptiste Hostache
Savoirs d'antan : © lantapix – Fotolia.com
Il était une fois : © Festival des Nuits de Nacre 2015

21 septembre
13 heures : © Office de tourisme des Combes à la Saône
Savoirs d'antan : © Collection IM/Kharbine-Tapabor

22 septembre
13 heures : © Pays du Limousin
Bonne fête : © Collection IM/Kharbine-Tapabor
Insolite : © Jean-Baptiste Hostache

23 septembre
13 heures : © joningall1– Fotolia.com
Bonne fête : © Collection NBL/Kharbine-Tapabor

24 septembre/25 septembre
© Collection Kharbine-Tapabor, Radvaner // Photocuisine

26 septembre
13 heures : © Blockhaus
Bonne fête : ©
Il était une fois : © Parc naturel de la montagne de Reims

27 septembre
13 heures : © Fort de la Prée

28 septembre
13 heures : © Jean-Paul Soulier (Sioule & Patrimoine)
Insolite : © Jean-Louis Didelon

29 septembre
13 heures : © Alexicographie – Travail personnel. Sous licence CC BY-SA 3.0 via Wikimedia Commons
Il était une fois : © Jean-Louis Didelon

30 septembre
13 heures : © office de tourisme de la vallée de la Bruche

1er octobre/2 octobre
© Royalty Free // Photocuisine

3 octobre
13 heures : © Jean-Louis Malpertu
Il était une fois : © Collection Grob/Kharbine-Tapabor ; © amp - jcu

4 octobre
13 heures : © Hervé Harel
Insolite : © André Unterfinger/www.lieux-insolites
Il était une fois : © Ville de Lille

5 octobre
13 heures : © Terra Botanica
Insolite : © Marie-Claude Jean
Il était une fois : © Keystone-France

6 octobre
13 heures : © musée Zafer Lontan
Il était une fois : © Trophée photo 2013 - F. Bucciarelli - AFP - Syrie

7 octobre
13 heures : © Pascal/Groman123/flickr
Bonne fête : © James Gordon from Los Angeles, California, USA. Sous licence CC BY-SA 2.0 via Wikimedia Commons
Savoirs d'antan : © Collection IM/Kharbine-Tapabor

8 octobre/9 octobre
© Studio // Photocuisine ; Collection Grob/Kharbine-Tapabor

10 octobre
13 heures : © beauregard-loire.com
Il était une fois : © Collection Grob/Kharbine-Tapabor

11 octobre
13 heures : © Philip Menke
Insolite : © Nelly Lemiere lenordcotentin.eklablog.com
Il était une fois : © Association Pierre Le Vénérable, abbaye de Sauxillanges

12 octobre
13 heures : © André Unterfinger/www.lieux-insolites.fr
Insolite : © Jean-Baptiste Hostache
Il était une fois : © Collection Dixmier/Kharbine-Tapabor ; Collection Dixmier/Kharbine-Tapabor

13 octobre
13 heures : © Château de Tanlay
Bonne fête : © NdFrayssinet — Travail personnel. Sous licence CC BY-SA 3.0 via Wikimedia Commons
Savoirs d'antan : © Mirek Kijewki – Fotolia.com
Il était une fois : © Archives départementales du Nord - Collection Carlos Bocquet

14 octobre
13 heures : © 2015 ESA-CNES-ARIANESPACE/Optique Vidéo du CSG - Philippe Baudon
Il était une fois : © Dorian Cessa

15 octobre/16 octobre
© Riou // Photocuisine ; Collection IM/Kharbine-Tapabor

17 octobre
13 heures : © D. Viet/CRT Midi-Pyrénées
Bonne fête : © Claude Nissens – Fotolia.com

18 octobre
13 heures : © Carmen Moya OT Agglo Reims
Bonne fête : © Collection Kharbine-Tapabor
Il était une fois : © Les Pointilleuses

19 octobre
13 heures : © Michel Schmid
Insolite : © Jean-Michel Drochon
Il était une fois : © Jean-Claude Brunet, château de la Mercerie

20 octobre
13 heures : © g215 – Fotolia.com
Bonne fête : © Père Igor – Travail personnel. Sous licence CC BY-SA 3.0 via Wikimedia Commons
Savoirs d'antan : © Collection Jonas/Kharbine-Tapabor
Il était une fois : © Collection Jonas/Kharbine-Tapabor

21 octobre
13 heures : © André Unterfinger/www.lieux-insolites.fr
Bonne fête : © G. Garitan — Travail personnel. Sous licence CC BY-SA 3.0 via Wikimedia Commons
Insolite : © onrefaitlaphoto – Fotolia.com
Il était une fois : © Collection Grob/Kharbine-Tapabor

22 octobre/23 octobre
© Comugnero Silvana – Fotolia.com ; British Library/ Kharbine-Tapabor

24 octobre
13 heures : © Olivier Cottin
Bonne fête : © Jean-Baptiste Hostache
Il était une fois : © Jean-Baptiste Hostache

25 octobre
13 heures : © Manufacture musée d'Ezy
Il était une fois : © Collection Jonas/Kharbine-Tapabor

26 octobre
13 heures : © photothèque musée de l'Alta Rocca
Savoirs d'antan : © Collection Jonas/Kharbine-Tapabor
Il était une fois : © Patrice NIN - Toulouse Métropole

27 octobre
13 heures : © Office de Tourisme Intercommunal des Monts de Châlus
Bonne fête : © Jean-Baptiste Hostache
Insolite : © Bruno Bique Hoarau/ bruno.bique.hoarau@gmail.com
Il était une fois : © Caribou Pamandzi

28 octobre
13 heures : © Yann Tierny
Il était une fois : © Keystone-France

29 octobre/30 octobre
© Collection Jonas/Kharbine-Tapabor ; Aurélie Pointe

31 octobre
13 heures : © Patrick Monchicourt (Morio60/Flickr)
Insolite : © Didier Babarit Photographe

1er novembre
13 heures : © @aeroprince
Bonne fête : © Collection IM/Kharbine-Tapabor
Il était une fois : © Yvette Gauthier

2 novembre
13 heures : © Office de Tourisme Intercommunal Terres Dômes-Sancy
Bonne fête : © NN - Ökumenisches Heiligenlexikon, licence sous CC BY-SA 3.0 de via Wikimedia Commons
Il était une fois : © Natursports/Shutterstock

3 novembre
13 heures : © André Unterfinger/www.lieux-insolites
Bonne fête : © Collection Jonas/Kharbine-Tapabor
Savoirs d'antan : © Pakhay Oleksandr – Fotolia.com

4 novembre
13 heures : © Jacques Kuyten/MADOI
Insolite : © Alain Tavernier (Flickr)
Il était une fois : © Keystone-France

5 novembre/6 novembre
© MSPhotographic – Fotolia.com

7 novembre
13 heures : © guindy Larkéo – Travail personnel. Sous licence CC BY-SA 3.0 via Wikimedia Commons
Bonne fête : © Jean-Baptiste Hostache
Insolite : © CRT Midi-Pyrénées D. Viet
Il était une fois : © Alain Denantes/Gamma

8 novembre
13 heures : © André Unterfinger/www.lieux-insolites.fr
Il était une fois : © Pool Garcia/Urli/Stills/Gamma

9 novembre
13 heures : © Château des Aventuriers
Il était une fois : © Eric Bouvet/Gamma-Rapho ; Collection Dixmier/Kharbine-Tapabor

10 novembre
13 heures : © Jean-Louis Didelon
Il était une fois : © Jean-Baptiste Hostache

11 novembre
13 heures : © Sesma La Cambe
Il était une fois : © Aitor Ortiz

12 novembre/13 novembre
© M.studio – Fotolia.com

14 novembre
13 heures : © musée d'art et d'histoire - Saint-Denis, Saad Ellaoui
Bonne fête : © Collection Perrin/Kharbine-Tapabor
Insolite : © Jean-Louis Didelon
Il était une fois : © Cornillet

15 novembre
13 heures : © Régis Sierra
Bonne fête : © Collection Grob/Kharbine-Tapabor
Il était une fois : © Jean-Claude Francolon/Gamma-Rapho

16 novembre
13 heures : © Abbaye de Saint-Wandrille
Bonne fête : © Fab5669 — Travail personnel. Sous licence CC BY-SA 3.0 via Wikimedia Commons
Insolite : © Reégis Dubus
Il était une fois : Philippe Benoist Images Bleu Sud

17 novembre
13 heures : © Office de Tourisme Tournus & Tournugeois
Savoirs d'antan : © Brent Hofacker – Fotolia.com
Il était une fois : © Les Amis de Martin Nadaud

18 novembre
13 heures : © A.P.I. Ardennes Patrimoine Insertion
Bonne fête : © Collection Kharbine-Tapabor
Insolite : © Domaine de La Citadelle
Il était une fois : © Jean Vigne/Kharbine-Tapabor

19 novembre/20 novembre
© Roulier/Turiot // Photocuisine ; FLO/Kharbine-Tapabor

21 novembre
13 heures : © photothèque du château de Villandry
Bonne fête : © Twice25 & Rinina25. Sous licence CC BY-SA 2.5 via Wikimedia Commons
Savoirs d'antan : © Collection Kharbine-Tapabor
Il était une fois : © Collection IM/Kharbine-Tapabor

22 novembre
13 heures : © Lothar Kittel
Bonne fête : © Collection IM/Kharbine-Tapabor
Insolite : © KarSol – Fotolia.com

23 novembre
13 heures : © Catherine Mordin
Savoirs d'antan : © Scisetti Alfio – Fotolia.com

24 novembre
13 heures : © B. Malassingne
Bonne fête : © Jean-Baptiste Hostache
Insolite : © Philophoto
Il était une fois : © Collection Jonas/Kharbine-Tapabor

25 novembre
13 heures : © Musée départemental de préhistoire corse et d'archéologie – W. Moureaux, 2003
Il était une fois : © Collection Kharbine-Tapabor ; Office de tourisme du pays de Vesoul

26 novembre/27 novembre
© Riou // Photocuisine ; Collection IM/Kharbine-Tapabor

28 novembre
13 heures : © André Unterfinger/www.lieux-insolites.fr
Il était une fois : © Collection Jonas/Kharbine-Tapabor ; Collection Jonas/Kharbine-Tapabor

29 novembre
13 heures : © Bruno Guerin (Urêka)
Insolite : © Jean-Claude Servat

30 novembre
13 heures : © Association sauvegarde du fort de Leveau
Bonne fête : © Plamen Agov • studiolemontree.com. Sous licence CC BY-SA 3.0 via Wikimedia Commons

1er décembre
13 heures : © Graphlight – Fotolia.com
Bonne fête : © Collection Kharbine-Tapabor
Insolite : © Patrick Peltier
Il était une fois : © Erik SAMPERS/Gamma

2 décembre
13 heures : © André Unterfinger/www.lieux-insolites

3 décembre/4 décembre
© Alain Wacquier – Fotolia.com

5 décembre
13 heures : © André Unterfinger/www.lieux-insolites.fr
Bonne fête : © Pecold/Shutterstock
Il était une fois : © Serge Benhamou/Gamma

6 décembre
13 heures : © André Unterfinger/www.lieux-insolites
Bonne fête : © Collection IM/Kharbine-Tapabor
Il était une fois : © Franck Crusiaux/Gamma

7 décembre
13 heures : © mariongib – Fotolia.com
Insolite : © Romersa Franck

8 décembre
13 heures : © Jean Roche
Bonne fête : © Jean-Baptiste Hostache
Savoirs d'antan : © by-studio – Fotolia.com
Il était une fois : © Collection Sev/Kharbine-Tapabor ; Collection IM/Kharbine-Tapabor

9 décembre
13 heures : © d-e-r-i-c – Fotolia.com
Il était une fois : © Alain Buu/Gamma

10 décembre/11 décembre
© Larik–Malasha/Shutterstock ; British Library/Kharbine-Tapabor

12 décembre
13 heures : © Kerazalvy – Fotolia.com
Il était une fois : © Collection Jean Vigne/Kharbine-Tapabor

13 décembre
13 heures : © David Fugère
Bonne fête : © Collection IM/Kharbine-Tapabor
Insolite : © DR, ADAGP, 2015
Il était une fois : © Collection Jonas/Kharbine-Tapabor, ADAGP 2015

14 décembre
13 heures : © Atlantis – Fotolia.com
Bonne fête : © Collection IM/Kharbine-Tapabor
Il était une fois : © Collection Kharbine-Tapabor

15 décembre
13 heures : © Ville de Ribeauvillé- Bernard SCHWACH
Insolite : © Michel Thierry
Il était une fois : © Raphodon – Travail personnel. Sous licence CC BY-SA 3.0 via Wikimedia Commons

16 décembre
13 heures : © Sites Touristiques Ariège_SESTA - E. Demoulin
Savoirs d'antan : © Collection Kharbine-Tapabor
Il était une fois : © Jean-Marc Charles/Rapho ; Collection Kharbine-Tapabor

17 décembre/18 décembre
© Studio // Photocuisine ; Cheuva/Kharbine-Tapabor

19 décembre
13 heures : © David Thibault
Savoirs d'antan : © Smileus – Fotolia.com

20 décembre
13 heures : © Atelier Demoulin
Il était une fois : © Laurent Sola/Gamma

21 décembre
13 heures : © Centre de Découverte des Sciences de la Terre
Bonne fête : © Jean-Baptiste Hostache
Savoirs d'antan : © Collection Jonas/Kharbine-Tapabor
Il était une fois : © Jean-Baptiste Hostache

22 décembre
13 heures : © André Unterfinger/www.lieux-insolites.fr
Insolite : © François Lechat
Il était une fois : © Collection Grob/Kharbine-Tapabor ; Collection Kharbine-Tapabor

23 décembre
13 heures : © Gérard Derouet
Savoirs d'antan : © Dario Lo Presti – Fotolia.com

24 décembre/25 décembre
© Prisca Morjon - www.macuisinecreole.com

26 décembre
13 heures : © CAC Meymac
Il était une fois : © Collection Kharbine-Tapabor

27 décembre
13 heures : © Elisabeth Delavergne
Bonne fête : © British Library/ Kharbine-Tapabor
Il était une fois : © OT Saint-Flour

28 décembre
13 heures : © Office de Tourisme Communautaire de Lannion-Trégor Communauté
Il était une fois : © British Library/Kharbine-Tapabor

29 décembre
13 heures : © L'Aventure Peugeot
Bonne fête : © British Library/Kharbine-Tapabor

30 décembre
13 heures : © ville de Gaillon

Bonne fête : © Jean-Baptiste Hostache
Il était une fois : © Collection Kharbine-Tapabor ; Martin Argyroglo

31 décembre/1er janvier
Ryman // Photocuisine ; Collection IM/Kharbine-Tapabor

Couverture
De gauche à droite et de haut en bas
© Pays Issoire val Allier sud, N. Dutranoy
© SommeTourisme-AB
© Collection Saline royale
© Philippe Gal
© Fondation Claude Monet Giverny/droits réservés
© M.studio – Fotolia.com
© Photo Pascal Bourguignon – Collection Lac du Der
© Atelier Demoulin
© © Royalty Free // Photocuisine
© J. Tournier
© Villa Arnaga
© andyparant.com

Direction artistique
Isabelle Dupont

Direction éditoriale
Florence Maine

Réalisation
Aurélia Monnier

Fabrication
Christian Toanen et Nikola Savic

Photogravure
Nord Compo

Avec la collaboration de
Aurélie Argellies
Céline Candie
Nicolas Debussy
Céline Derouet
Elizabeth Derouet
Camille Didelon
Élodie Ganneau
Jean-Baptiste Hostache
Simon Latreille
Sarah Leclerc-Dony
Judith Nouvion
Aurélie Pointe
Véronique Théo
Ana Sinde
Gaëlle Vanherzeeke

Achevé d'imprimer en septembre 2015 en Espagne

ISBN 13 : 978-2-7499-2611-7
Dépôt légal : octobre 2015
Laf : 2044

118, avenue Achille-Peretti
CS 70024 – 92521 Neuilly-sur-Seine Cedex

www.michel-lafon.com